邱敏捷

著

以佛解莊

以《 莊 子 》 註 為 線 索 之 考 察

Interpretation of Chuang-tzu's Philosophy From Buddhist Perspective

An Investigation Based On Annotations of Chuang-tzu

▌自序

　　「以佛解莊」是中國思想史的一個重要現象，此種現象散見於歷代《莊子》註疏本。探討其衍變與模式，自有研究意義與價值。要掌握「以佛解莊」——《莊子》註疏本觀點的衍進、取徑與內涵，有必要從其源頭切入；而回溯「以佛解莊」之歷史淵源，則須就「以佛解莊」的形成論起，尋繹其來龍去脈，並點出「以佛解莊」之思想發展。

　　在「『以佛解莊』的形成及其發展」部分，本書就「魏晉『佛道交流』：『以空解莊』的淵源及發展」、「唐代『莊禪合流』：『以禪解莊』的淵源及發展」、「清末民初『唯識盛行』：『以唯識解莊』的淵源及發展」三方面論述之。其中，「魏晉『佛道交流』」的部分內容，如「佛教與老莊交會」中「般若空義與莊學之關係」，是筆者七年前的國科會專題研究計畫《從僧肇到印順——《肇論》研究史的回顧與檢討》之延續。至於「唐代『莊禪合流』」，拙著《印順佛教思想研究》（博士論文）第五章〈印順對禪宗與淨土宗的批判〉作過初探，本書則加以深化、廣化。

　　「空」的思想，實為佛教不共於世俗學問或其他宗教教義的

獨特思想。「以空解莊」的《莊子》註疏本，唐、宋、明，代有傑作出現，歷史既早且久。學界對於備載、體現「空」義的「中觀思想」之研究文獻已相當可觀。筆者博士論文的第四章〈印順緣起性空思想〉已有所涉獵；而前述筆者的國科會專題研究係聚焦於中觀思想在中國思想史上之發展軌跡。以過去這些研究成果為基礎，進一步精研細究，相信更能為「以空解莊」之《莊子》註疏本釐清頭緒。

佛教東傳而在中土開出奇葩的「禪宗」，不僅對中國學術、教育、文學、藝術，乃至於其他社會諸領域，均帶來影響作用。在「以佛解莊」的歷史進程上，禪宗思想所引起的效應尤為彰顯。唐代，中國禪宗逐漸壯大，禪風席捲而下，從宋到明末清初，「以禪解莊」之佳構先後問世，為「以佛解莊」畫上縱貫約四百五十年的美麗長軸。本書投之以最大的篇幅（第五章），盼能將此一文采義理兼勝的思想史輪廓勾勒出來。

到了清末，西方列強勢力大舉入侵中國，時代社會頓時巨變，救亡圖存的思潮此起彼落，「唯識學」因應而興，在《莊子》「註疏史」上形成了「以唯識解莊」的新生面。這些《莊子》註疏本的觀點與成果，同樣是「以佛解莊」之衍變路程中不可小覷的環節。這應是系統耙梳「以佛解莊」──《莊子》註疏學術史的壓軸階段。

本書從發現問題、研擬主題起軔，經檢索、蒐羅並研讀資料，歷理解、分析、綜合、應用與評鑑等工夫，梳理出歷史全期「以佛解莊」──《莊子》註疏之衍進軌跡及代表作之內容特

徵。「以佛解莊」由古至今約略可歸納為「以空解莊」、「以禪解莊」、「以唯識解莊」等三種不同思想取徑。為了條貫及解析各發展期與各取徑之脈絡、特質和思想結構，本書之述論，不僅涵蓋了各期發展的背景與代表人物的佛教因緣，更以各主要「以佛解莊」——《莊子》註疏之內涵探析為重點，再輔以檢討。本書最後一章提出「以佛解莊」在思想史之意義作結。還有，書末有四個「附錄」，提供相關表格，權資參考。

本書應用了豐富的原典、史料和晚近的論著，以揭示「以佛解莊」——《莊子》註疏之衍變與現象。其中，第四章有部分內容先前整理為〈以「空」解莊之考察〉一文，刊載於《南師學報》第38卷第1期（民國93年4月）；第五章〈林希逸《莊子口義》「以禪解莊」析論〉收入於《玄奘佛學學報》第4期（民國95年1月）；同章〈方以智《藥地炮莊》之「以禪解莊」〉發表於《南大學報》第39卷第1期（民國94年4月），同章〈釋淨挺《漆園指通》之「以禪解莊」述析〉登錄於《南師語教學報》第3期（民國94年4月）；第六章〈楊仁山、章太炎以「唯識」解莊析論——以真心派的唯識之詮釋〉則發表於《佛學研究中心學報》第11期（民國95年7月）。

本書的「研究計畫」曾獲得國科會的經費補助（NSC91-2411-H-024-003），讓我感到十分的欣慰。另外，上舉數章投稿後，先後收到許多寶貴的審查意見，使我得以填補罅漏，精益求精。還有，過去在研撰期間，臺南妙心寺住持傳道法師，以及高雄師範大學張光甫教授、臺灣大學林義正教授、世新大學莊耀郎教

授、中正大學謝大寧教授、成功大學林朝成教授、北臺科技大學
江燦騰教授、臺北大學賴賢宗教授、文藻外語大學施忠賢教授、
屏東大學簡光明教授等都提供不少卓見。在此,我要向國科會和
各學報、期刊審查教授,以及所有熱心協助本書順利完成的師
長、同道摯友,致上最大的敬意與謝忱。

邱敏捷　謹識於臺南大學國語文學系

2019年6月

目次 contents

自序　　　　　　　　　　　　　　　　　　　　003

摘要　　　　　　　　　　　　　　　　　　　　011

第一章　緒論　　　　　　　　　　　　　　　　015

　第一節　問題敘述　　　　　　　　　　　　　016

　第二節　文獻探討　　　　　　　　　　　　　023

　　　　　一、原典的考察　　　　　　　　　　024

　　　　　二、相關研究文獻述評　　　　　　　038

第二章　「以佛解莊」的形成及其途徑　　　　　047

　第一節　魏晉「佛道交流」：

　　　　　「以空解莊」的淵源及發展　　　　　047

　　　　　一、佛教與道教的互動　　　　　　　048

　　　　　二、佛教與老莊的交會　　　　　　　054

　第二節　唐代「莊禪合流」：

　　　　　「以禪解莊」的淵源及發展　　　　　061

　第三節　清末民初「唯識盛行」：

　　　　　「以唯識解莊」的淵源及發展　　　　080

第三章　「莊佛」原義及其會通　　087

　第一節　《莊子》的思想內涵　　087

　　　一、道體論　　088

　　　二、認識論　　093

　　　三、修養論　　098

　　　四、境界論　　102

　第二節　「空」、「禪」、「唯識」的思想內涵　　110

　　　一、「空」的理論與實踐　　110

　　　二、「禪」的特質與境界　　115

　　　三、「唯識」的系統與意義　　121

　第三節　莊佛會通的努力與問題　　128

第四章　「以空解莊」的背景與思想　　131

　第一節　「以空解莊」的時空背景　　132

　　　一、唐‧成玄英時代的佛道關係　　132

　　　二、宋‧王雱時代的佛道氛圍　　138

　　　三、明‧陸西星時代的佛道互動　　143

　第二節　以「空」解《莊子》道體論　　149

　　　一、宋‧王雱《南華真經新傳》　　149

　　　二、明‧陸西星《南華真經副墨》　　153

　第三節　以「空」解《莊子》修養論　　159

第四節　以「空」解《莊子》境界論　　162

　　一、唐・成玄英《南華真經注疏》　　162

　　二、宋・王雱《南華真經新傳》　　174

　　三、明・陸西星《南華真經副墨》　　181

第五節　「以空解莊」的檢討　　187

第五章　「以禪解莊」的背景與思想　　189

第一節　「以禪解莊」的時空背景　　190

　　一、宋・林希逸與佛教　　190

　　二、明・方以智與佛教　　202

　　三、清・釋淨挺與佛教　　213

第二節　以「禪」解《莊子》修養論　　217

　　一、宋・林希逸《莊子口義》　　217

　　二、明・方以智《藥地炮莊》　　238

　　三、清・釋淨挺《漆園指通》　　246

第三節　以「禪」解《莊子》境界論　　268

　　一、宋・林希逸《莊子口義》　　268

　　二、明・方以智《藥地炮莊》　　282

　　三、清・釋淨挺《漆園指通》　　289

第四節　「以禪解莊」的檢討　　292

第六章　「以唯識解莊」的背景與思想　　297

　　第一節　「以唯識解莊」的時空背景　　297

　　　　一、楊文會與佛教　　298

　　　　二、章太炎與佛教　　303

　　第二節　以「唯識」解《莊子》境界論　　310

　　第三節　以「唯識」解《莊子》認識論　　313

　　　　一、以「藏識」解《莊子》認識主體之「心」　　320

　　　　二、以「四尋思」解《莊子》認識的主客關係　　327

　　　　三、以「依他起性」與「遍計所執性」

　　　　　　解《莊子》認識的構成條件　　331

　　　　四、以「圓成實性」解《莊子》認識的主客

　　　　　　相泯　　334

　　第四節　「以唯識解莊」的檢討　　337

第七章　結論　　339

參考文獻　　353

附錄一　歷代「以佛解莊」著作一覽表　　381

附錄二　「以佛解莊」代表作基本資料及其註文出處一覽表　　385

附錄三　本書未討論之「以佛解莊」著作的內容對照表　　389

附錄四　歷代「以佛解老」著作一覽表　　413

▌摘要

　　佛教傳行中國，與中土文化結下深遠關係。初期之「格義佛教」，往往藉用「老莊」文字、義理以求知解。「老莊無」義與「般若空」義的「比附」，為後世「以佛解莊」留下伏筆；接著，「六家七宗」之援引《般若經》與僧肇《肇論》之汲取中觀思想，為「以般若空思想解莊」起了微妙的先導作用。可以說，魏晉時代的「佛道交流」，乃「以空解莊」之淵源；而唐代「莊禪合流」，則是「以禪解莊」的思想根源；至於清末民初「唯識盛行」，由之開啟了「以唯識解莊」之新局。

　　《莊子》義蘊深邃宏達，自成一家。其「道體論」繼承老子的學說，主張「道」是宇宙之本根；其性為實存、自存、遍在、先於天地、創生萬物、不為久老。其「認識論」，以為認識的主體——「心」，有正、負兩種意義；心之認識對象，包括「道」與「物」二者。而認識的知能則有「大知」與「小知」不同層次。其「修養論」，強調「心齋坐忘」的內省工夫，「外天下」、「外物」、「外生」、「朝徹」、「見獨」、「無古今」、「不生不死」的修養進路，以及「無心」之道。其「境界論」，提出超越名利、優游自在、無牽無掛、逍遙無待、與物合

一等精神境界，為個人之自我消解與自我證成別開活路。

　　佛教的「空」、「禪」與「唯識」各有理論脈絡。「空」，相對於「有」，具有否定存在自性之意，但並非「無」或「虛無」。理論層面的「空」，指一切法無固定的自性，乃「自性空」；工夫層面的空，指的是體「空」的境界，無所得、不執著的處世態度，是一種自我證成。中國禪宗對於「禪」的表達，包括禪理的論述、禪修的歷程與禪境的呈現等，均富贍異采。「唯識」，倡論「識」及其對象「境」的各種關係，集中表述佛教在認識論上的哲理。

　　「以空解莊」，歷久不衰，包括唐・成玄英《南華真經注疏》、宋・王雱《南華真經新傳》、明・陸西星《南華真經副墨》等都是這方面的傑作。這些著作運用一定質量的佛教「空」思想，註解、詮釋《莊子》的道體論、修養論與境界論。

　　唐前期「重玄派」成玄英是實質「以佛解莊」的第一人，其《南華真經注疏》首開學界採取「空」思想註疏《莊子》之風氣，堪稱「獨步歷史」。從創作背景看，成氏該書是那個「融佛於道」的時代學風中根據佛教「空觀」為「前理解」，以註疏《莊子》的代表作品。而俯仰於類似文化氛圍的宋代儒者王雱，其「註莊本」亦出現這樣的軌跡。至於明中晚期的陸西星，出身道士，在「三教合一」思潮底下，其「註莊作」也有濃厚的「以空解莊」色彩，與前人相互輝映。

　　有唐一代，莊禪合流，「以禪解莊」逐漸成為「以佛解莊」的一種重要取徑，宋、明、清先後出現了這類佳構。例如宋・林

希逸《莊子口義》、明‧方以智《藥地炮莊》，以及清‧釋淨挺《漆園指通》等，均大量運用禪理註解《莊子》。他們會通莊禪之跡相當明顯；大部分的會通，尚稱符契，但也有若即若離之處，甚至殊少交集者。雖然如此，他們不僅徵引禪宗語錄與禪宗公案，而且採取了反詰、暗喻、警覺等禪式教法，以誘發個體自悟《莊子》所倡人生自由、無待之境界。

到了清末民初，時局遽變，「唯識學」以理論精密，被識者從歷史故墟中重新掘發出來。楊文會《南華經發隱》與章太炎《齊物論釋》相繼為「以唯識解莊」作出貢獻，形成了另一「以佛解莊」的新典範。楊文會乃學界最先應用「唯識」註解《莊子》的人物。後起者章太炎，別出心裁，採取「四尋思」、「藏識」、「三性」等唯識學概念詮釋〈齊物論〉。

綜上可知，「以佛解莊」的發展與內涵，有「以空解莊」、「以禪解莊」及「以唯識解莊」三大面向。歷代「以佛解莊」者各有背景，他們與佛教的因緣互見深淺，註解《莊子》之意向、範圍與思想層面，不一而足。要言之，詮釋取向與重點，各家是有出入的。至於「以佛解莊」在思想史之意義：一是，「以空解莊」凸顯「莊佛對話」的境界思維，有別於早期老莊與佛教之格義型態；二是，「以禪解莊」彰明「莊禪匯合」的深度廣度，由莊佛之會通，進入文化融會的領域；三是，「以唯識解莊」呈現「莊佛會通」的時代意涵，跨越中西，在文化層面意義上更形廣闊。

在本書所述論三個發展途徑中，「以禪解莊」最能表現莊

禪之互通關係，故後人多著墨於「莊禪合論」之研究。可以說，「以佛解莊」對佛教與莊學的後世發展都有促進作用與具體貢獻。

第一章
緒論

　　佛學與莊學在中國思想史上有著特殊地位，且由於兩者在宇宙、人生的各種議題中，有諸多近似的觀念，故「莊佛會通」[1]，而出現「以佛解莊」的現象。這種現象從歷代註解《莊子》的註疏本中，便可以窺見；而這些「以佛解莊」的註本也成為佛莊思想交流史上的重要著作。當然，這種「以佛解莊」之註本並非全然把《莊子》「佛教化」；這些著述之思想內涵豐富而多元，在流變過程的相互消長、融解、挪移、借換，甚至刻意或無意的誤讀，成就了不同的面貌；在漫長的思想史進程中，不斷地閃爍智慧的光芒。本書旨在梳理歷代「以佛解莊」之註本，探討其成因與衍變，描述其現象，並略以檢討。研究此一主題，要從該課題的重要性說起，同時需要對原典和已有的相關論述加以探討，作為立論的基礎。

---

[1]　關於「莊佛會通」之橋梁，方東美《中國大乘佛學》（臺北：黎明文化事業公司，1984年7月初版，頁71-73），與牟宗三《才性與玄理》（臺北：學生書局，1985年4月七版，頁92-95），都略作討論。

第一節　問題敘述

　　基本上，「以佛解莊」是「解莊」的模式之一[2]，解莊者內在意圖以「佛教義理」解「莊」，在「心理之默應、心性之體會」下，佛教的義理，成為解莊者詮釋的主觀認知和重構哲學體系的重要依據。解莊者往往按照個人的經驗與學養，將自己的主觀性投射於《莊子》文本。

　　不同文化、思想因接觸而交流，誠然是人類歷史文化發展的一自然現象。雖然漢明帝永平年中，遣使往西域求法[3]，為學界向所公認佛教入中國之始[4]的說法有其爭議[5]，但佛教輸入中國及其傳播，是中國文化史、中國思想史上的一大盛事，則絲毫無疑。

---

[2]　由於「解莊」者立足之前提不同，詮釋角度與目的又異，故呈顯出不同的風貌，或「以莊解莊」，或「以儒解莊」，或「以佛解莊」，或「以道解莊」，或「以文解莊」，或「借莊抒己」。例如，郭象之「莊注」從玄學出發，在「向注」的基礎上加以發揮，並開創其「獨化」與「性足」的「哲學體系」，明顯的是「借莊抒己」；故如後人所言，「非郭注莊，乃莊子注郭」。然而，郭象雖非真發莊義，而自創其哲學，在思想史上仍有其地位。

[3]　關於漢明帝遣使往西域求法之事，按湯用彤之研究：「依今日所知永平求法，最早見於《牟子理惑論》、《四十二章經》及《老子化胡經》。」（氏著：《漢魏兩晉南北朝佛教史》，臺北：駱駝出版社，1987年8月出版，頁16）。任繼愈則認為：「關於漢明帝感夢遣使求法的記載有很多，說法也很不一樣。其中最早的記載當是著於東漢的《四十二章經‧序》。」（氏著：《中國佛教史》第一卷，北京：中國社會科學出版社，1985年11月出版，頁94-95）。

[4]　例如，梁‧慧皎《高僧傳》卷九〈佛圖澄傳〉云：「往漢明感夢，初傳其道。」（《大正藏》第50冊，頁385下）。《魏書》卷一百一十四〈釋老志〉云：「昔後漢荒君，信惑邪偽，妄假睡夢，事胡妖鬼，以亂天常，自古九州之中無此也。」（北齊‧魏收：《魏書》，北京：中華書局，1997年3月出版，頁3034）。

[5]　蔣維喬在《中國佛教史》徵引諸史書謂：「要之，中國知有佛教，應在（漢）武帝通西域後，至明帝時，天竺人來華，朝廷尊之。遂視為異聞，而傳播於後世。實則中國佛教史，當以（桓帝時）安世高、支婁迦讖來時為始也。」（氏著：《中國佛教史》，臺北：莊嚴印書館，1976年12月初版，頁3-4）。

佛教從西域傳入中土，在東漢兩百年間，其發展並不顯著。然而，四世紀初，晉室南遷之後，佛學在士人階層中逐漸風行起來，佛教的地位隨之大增，影響日深。當時中國思想界，浸淫玄學，重視宇宙本源與人生處境的問題，對此有一套複雜精妙之解釋的佛教，順理成章地引起注意。中國士人覺得佛教「空」的概念和道家的「無」很相似，佛學與玄學的接觸，以及「比附」本土思想（特別是道家思想）與佛家觀念的做法，於焉形成。

　　基本上，兩晉之際，佛教「般若思想」尚未被充分掌握，又值「玄學」盛行，因此，在那個佛教經典「初期譯經時代」，譯語方面多採用玄學術語、老莊思想，例如以「無」解「空」、以「本無」譯「真如」等，故有所謂「格義[6]佛教」之稱。借老莊思想以「比附」佛家觀念的「格義佛教」，為後代「以佛解莊」建構了「雛形」[7]；而「六家七宗」[8]之引用早期《般若經》與僧

6　梁・慧皎《高僧傳》卷四〈竺法雅傳〉云：「時依門徒，並世典有功，未善佛理，雅乃與康法朗等，以經中事數，擬配外書，為生解之例，謂之格義。」（《大正藏》第50冊，頁347上）「格」就是比擬、量度的意思。

7　除「以佛解莊」外，亦有「以佛解老」之現象，據筆者研究解老之註本中，「以空解老」者，有唐・成玄英《道德經開題序訣義疏》與李榮《老子注》、宋・林希逸《老子鬳齋口義》與葛長庚《道德寶章》、明・陸西星《老子道德經玄覽》與陶望齡《解老》、清・牟目源訂《呂岩道德經釋義》，以及清末民初張純一《老子通釋》與馬一浮《老子注》等；「以禪解老」者，有宋・邵若愚《道德真經直解》、元・李道純《道德會元》、元・張嗣成《道德真經章句訓頌》、元・陳致虛《道德經轉語》、明・蔣融庵《道德真經頌》，以及清・德園子《道德經證》等。針對「以佛解老」這現象，筆者「『以佛解老』之考察─兼論其在思想史之意義」（國科會研究計畫編號：93-2411-H-024-003）已探究之，並先後發表〈以「空」解老析論〉（《南大學報》第39卷2期，2005年10月，頁1-27）、〈以「禪」解老析論〉（《玄奘佛學研究》第3期，2005年7月，頁53-84）兩文。關於「以佛解老」之著作，參見附錄四「歷代『以佛解老』著作一覽表」。

8　「六家七宗」為東晉時代之般若學派別，據劉宋・臺濟的《六家七宗論》（原書佚，今據唐・元康《肇論疏》所引）、隋・吉藏《中觀論疏》等所載為：（一）本無宗，包括道安、僧叡、慧遠等之說。（二）即色宗，關內之「即色義」與支

肇[9]（384-414）《肇論》[10]之吸收鳩摩羅什[11]（343-413，以下簡稱羅什）所譯龍樹[12]（150-250左右）「中觀」思想，可說是後世

道林之「即色游玄論」。（三）識含宗，為于法蘭之弟子于法開之說。（四）幻化宗，為竺法汰之弟子道壹之主張。（五）心無宗，包括竺法溫、道恒、支愍度等之說。（六）緣會宗，有于道邃之「緣會二諦論」。（七）本無異宗，為本無宗之支派，有竺法琛、竺法汰之說。

9　僧肇是中國佛教史上重要的佛學理論家。早年家貧，以傭書為業。因繕寫各種典籍，而飽讀經史。後來緣於喜愛《維摩詰經》，毅然出家修道。氏慕鳩摩羅什之名，遠至姑藏而追隨之，又至長安逍遙園協助鳩摩羅什翻譯《大品般若經》、《維摩詰經》、龍樹的《中論》、《十二門論》，以及龍樹弟子提婆的《百論》等重要經論。其為後人集結所成之《肇論》一書，為中國佛教史上第一本有關龍樹中觀學的著作。該書包括〈般若無知論〉、〈物不遷論〉、〈不真空論〉與〈涅槃無名論〉等名篇，竭力闡發佛理；其中〈不真空論〉更為凸顯佛教「空」義，而批駁當時「六家七宗」的般若思想（參見邱敏捷：《〈肇論〉研究的衍進與開展》，高雄：復文書局，2003年1月初版）。

10　涂艷秋：《僧肇思想探究》（臺北：東初出版社，1995年9月初版），頁245-263。

11　鳩摩羅什，一作究摩羅什、究摩羅耆婆，祖籍天竺（今印度），生於龜茲（今新疆庫車），是東晉時代重要的譯經師與僧教育家。幼年隨母親出家，師承佛陀耶舍，精通佛教大小乘經典。太安元年（385），前秦滅龜茲，被呂光（337- ？）劫往涼州，深受器重。弘始三年（401），為後秦姚興（366- ？）請至長安，主持編譯佛經，並由僧叡、僧肇、道生等數百人協助譯務。根據梁・慧皎《高僧傳》卷二〈鳩摩羅什〉云：「時有莎車王子、參軍王子兄弟二人，委國請從而為沙門，兄字須利耶跋陀，弟字須利蘇摩。蘇摩才伎絕倫，專以大乘為化，其兄及諸學者皆共師焉，什亦宗而奉之。親好彌至，蘇摩後為什說《阿耨達經》，什聞陰界諸入皆空無相，怪而問曰：『此經更有何義而皆破壞諸法。』答曰：『眼等諸法非真實有。』什既執有眼根，彼據因成無實，於是研覈大小，往復時移，什方知理有所歸，遂專務方等，乃歎曰：『吾昔學小乘，如人不識金，以鍮石為妙。』因廣求義要，受誦中、百二論及十二門等。」（《大正藏》第50冊，頁330下）。羅什所譯之經典甚多，根據梁・僧祐《出三藏記集》卷二之記載，羅什所譯經有：《新大品經》、《新小品經》、《金剛般若經》、《中論》與《大智度論》等，共三十五部，二百九十四卷（《大正藏》第55冊，頁11上）。羅什通曉漢語，譯述嚴謹質簡，雖微遠之言，亦陶練復疏，務存論旨，頗能表達原義思想，是中國四大佛經翻譯家之一。惟羅什少有著述，其較有系統之著作為《實相論》也已佚（詳見湯用彤：《漢魏兩晉南北朝佛教史》，頁310-314）。

12　龍樹是南天竺的婆羅門種，先後習得小乘與大乘教，並到「龍宮」（地方名）參究各種方等深經，證入無生法忍，是印度佛教史上的偉大論師，也是中觀學派的奠基者。關於龍樹的著作，依楊惠南《龍樹與中觀哲學》引《昭和法寶總目錄》（大藏經刊行會編《法寶總目錄》第1冊，頁697上-下）共列有二十四種：（一）《大智度論》，（二）《十住毘婆沙論》，（三）《中論》，（四）《十二門論》，（五）《百字論》，（六）《壹輸盧迦論》，（七）《大乘破有論》，（八）《六十頌如理論》，（九）《大乘二十頌論》，（十）《十八空論》，（十一）《迴諍論》，（十二）《方便心論》，（十三）《大乘寶要

「以空解莊」之淵源，開啟了「以佛解莊」之歷史序幕。

佛教「空」義，既深邃又透徹，表現了迥異於其他宗教或世間學問的特殊思想。歷代註解《莊子》的作品中，到底有哪些「以空解莊」的註本？其註疏內涵為何？當有探討之價值。

佛教與老莊之關係，隨著時空的推移，漸行漸近。到了中晚唐，日漸興盛、儼然成為一大宗派的禪宗，與老莊密不可分，甚至「禪宗被作為道家的合法的繼承人」[13]。或以為，印度禪中國化，即是「禪宗老莊化」（詳後），這豁顯出兩者的聯繫與會通的深度。

進入宋代，更出現了「佛學思想出於莊子說」[14]的觀點。抱持這種見解的人甚夥，朱熹（1130-1200）雖「闢禪」[15]也明言：

義論》，（十四）《因緣心論頌因緣心論釋》，（十五）《寶行王正論》，（十六）《菩提資糧論》，（十七）《菩提心離相論》，（十八）《菩提行經》，（十九）《釋摩訶衍論》，（二十）《福蓋正行所集經》，（二一）《龍樹菩薩為禪陀迦王說法要偈》，（二二）《讚法界頌》，（二三）《廣大發願頌》，（二四）《龍樹五明論》。其中《十八空論》、《方便心論》、《菩提行經》、《釋摩訶衍論》與《龍樹五明論》，依日本學者望月信亨等人之見，已經確定不是龍樹的作品（氏著：《龍樹與中觀哲學》，臺北：東大圖書公司，1988年10月初版，頁13-14）。

[13] 愛蓮心著，周熾成譯：《嚮往心靈轉化的莊子——內篇分析》（南京：江蘇人民出版社，2004年7月初版），頁4。

[14] 簡光明〈宋人「佛學思想源於莊子說」析論〉云：「佛學思想淵源於莊子是宋朝流行的一種說法，如朱熹說：『佛氏之教有說得好處皆出於莊子。』林希逸說：『《大藏經》皆從《莊子》抽繹出。』羅大經說：『佛法出於老莊。』黃震說：『莊子為後世禪學之所自出。』」（《中國學術年刊》第15期，1994年3月，頁111）。

[15] 朱熹「闢禪」，可歸納為下列六項：（一）禪學，「楊朱」也。其文云：「今釋子亦有兩般：禪學，楊朱也；苦行布施，墨翟也。」（宋·黎靖德編：《朱子語類》卷一百二十六，北京：中華書局，1986年3月初版，頁3007）。（二）禪學「義理滅盡」。其文云：「禪學最害道。莊老於義理絕滅猶未盡，佛則人倫已壞。至禪，則又從頭將許多義理掃滅無餘。以此言之，禪最為害之深者。」（同上，頁3014）。（三）禪話頭如「如何是佛」、「麻三斤」等，無義理可言。其文云：「學禪者只是把一箇話頭去看，『如何是佛』、『麻三斤』之類，又都無

「禪家最說得高妙去，蓋自莊老來。」[16]稍後的林希逸（1193-？）也說：「《大藏經》五百四十函皆自此（《莊子》）中抽繹出。」[17]羅大經（1196-1242）亦謂：「佛法出於老莊。」[18]黃震（1213-1280）附和道：「《莊子》……後世禪學之所自出也。」[19]劉辰翁[20]（1232-1297）也云：「佛說無法無覺，展轉諦空，皆出於此（《莊子》）。」[21]又說：「諸佛說本此（《莊子》）。」[22]凡此「禪出於《莊子》」之觀點，當然有待商榷，

義理得穿鑿。」（同上，頁3018）。（四）禪之「作用是性」，如告子「生之謂性」。其文云：「佛氏則只認那能視、能聽、能言、能思、能動底，便是性。……此正告子『生之謂性』之說也。」（同上，頁3020）。（五）批判禪之「離欲」。其文云：「釋教中有『塵既不緣，根無所著，反流全一，六用（六根）不行』之說，……烏有此理。」（同上，頁3010）。（六）禪之心為「人心」，捨精取粗。其文云：「釋氏棄了道心，卻取人心之危者而作用之；遺其精者，取其粗者以為道。」（同上，頁3021）。

[16] 宋・黎靖德編：《朱子語類》卷一百二十六，頁3011。

[17] 宋・林希逸著，周啟成校注：《莊子鬳齋口義校注》之〈發題〉（北京：中華書局，1997年3月初版），頁1。林氏並進一步發揮，對於〈天運〉：「烏鵲孺，魚傳沫，細要者化，有弟而兄啼。」林氏注云：「佛經所言胎生、卵生、化生、濕生，其原必出於此。」（宋・林希逸著，周啟成校注：《莊子鬳齋口義校注》，頁244）。對於〈山木〉：「南越有邑焉，名為建德之國。」林氏注云：「今人禮淨土，其源流在此。」（同上，頁302）。又〈知北遊〉：「自本觀之，生者，暗醷物也。」林氏注云：「此意蓋是貶剝人身，便是釋氏所謂皮囊包血之論也。」（同上，頁337）。

[18] 宋・羅大經：《鶴林玉露》卷三（《四庫全書》第865冊，臺北：商務印書館，1983年初版），頁11。

[19] 宋・黃震：《黃氏日鈔》卷五十五〈讀諸子・莊子〉（臺北：大化書局，1984年12月初版），頁638。

[20] 宋・劉辰翁，字會孟，號須溪，廬陵人，景定三年（1262）進士。於賈似道（1213-1275）掌國政時，「以進士對策，言濟邸無後 可憫，忠良戕害可傷，風節不競可憾」，結果「賈似道惡之，置之丙第」，後「宋亡，逃之方外」（清・黃宗羲撰，清・全祖望續修，清・王梓材校補：《宋元學案》卷八十八〈巽齋學案〉，臺北：河洛出版社，1975年3月初版，頁99）。劉氏「逃之方外」，其所指之「方外」為何？不得而知，然劉氏工於詩文外，有《莊子南華真經點校》傳世。

[21] 宋・劉辰翁：《莊子南華真經點校》（嚴靈峰主編：《無求備齋莊子集成續編》第1冊，臺北：成文出版社，1982年初版），頁54。

[22] 宋・劉辰翁：《莊子南華真經點校》，頁488。

然而「莊禪合流」卻已是歷史上不爭的事實。

莊禪為何可以合流？憨山德清（1546-1623，以下簡稱憨山）[23]曾感慨地說：「抑嘗見士君子為莊子語者，必引佛語為證，或一言有當。且曰佛一大藏盡出於此。嗟乎！是豈通達之謂耶？」[24]如憨山所言，這些「士君子為莊子語者，必引佛語為證」，其內容為何？究竟有多少「以禪解莊」之作？他們「如何引證」？其「一言有當」指哪些具體內容？「未當」的情況又是怎樣？亦即莊禪二者究竟有哪些觀點可進行比附？有哪些則不可？為什麼如此或可或不可？這些均尚待研討。

另外值得注意的是，中國近現代唯識學的興起，也為「以佛解莊」再創新機——即「以唯識解莊」的產生。作為佛學「一支」的唯識學，源遠流長，唐代玄奘（600或602-664）已譯出該宗派的主要經典，包括《解深密經》、《瑜伽師地論》等重要經論，其弟子窺基（632-682）也撰著《成唯識論述記》、《成唯識論掌中樞要》等書，奠定了唯識學的思想體系。不過，這門學問內容深刻、體系嚴密而難解，在中國佛教史上並不盛行，所以沉寂了一大段時間。

為什麼唯識學在式微了一段好長的時間之後，到了清末民初

23　憨山，明末佛教四大師之一，安徽全椒人，俗姓蔡，名德清。十二歲從金陵報恩寺永寧誦習經教。十九歲出家受具足戒，並至棲霞山從法會受禪法。以慕清涼澄觀之為人，自字澄印。萬曆元年（1573）遊五臺山，愛憨山之奇秀，遂取此為號。歷住青州（位於山東）海印寺、曹溪寶林寺等，宣揚禪宗不遺餘力，尤倡念佛與看話頭雙修。憨山與袾宏、真可、智旭，並稱明代四大高僧。著述宏富，有《楞嚴經通議》十卷、《觀楞伽經記》八卷、《法華經通義》七卷等行世。弟子福善、通炯等彙編其遺文，題為《憨山老人夢遊集》。

24　明·憨山：《觀老莊影響論》（臺北：新文豐出版公司，1996年4月初版），頁10。

卻又復甦？它受正視、運用的概況如何？有哪些著作以之作為註解《莊子》的藍本？其註疏內涵為何？這些課題同樣有探究之必要。

中國思想史上，的確出現了不少以佛教的立場來探討、釐析《莊子》文義的著作。學界有人將之概括為「解莊」中的「釋家派」──「晉以後玄學與佛學乃並盛。而支道林、慧琳、慧遠等均善老莊，且用老莊之學闡說佛道。於是莊學佛學交相影響，開後代引佛解莊之路。」[25]──「一千多年來，以佛學研究《莊子》的源源不斷，形成了莊學研究中的一個重要派別。」[26]截至目前，針對這個「解莊」之「釋家派」，學界雖有零散之論著（詳後），然尚未有系統之專題研究。通過佛教思想以註解、詮釋《莊子》，就是「以佛解莊」，這四個字比「莊學研究中的釋家派」，尤為簡明、貼切。

本書旨趣即在闡述、分析「以佛解莊」註疏本註疏觀的衍變──主要探討「以空解莊」、「以禪解莊」及「以唯識解莊」之脈絡與內涵。這三種「以佛解莊」各包含哪些朝代的代表人物及其著作？他們與佛教的因緣何在？他們的著作、思想與時代文化思潮有何關連？各以何種「佛理」註解《莊子》？其解莊之思想觀點與特色為何？「以佛解莊」在思想史之價值為何？這些課題不僅攸關歷代「以佛解莊」註疏脈絡之衍變，而且關涉「佛教與莊子」如何相激相攝的問題。

---

[25] 葉國慶：《莊子研究》（臺北：商務印書館，1978年3月四版），頁120。
[26] 曹礎基：《莊子淺論》（廣州：廣東人民出版社，1987年8月初版），頁184。

可以說，「以佛解莊」，「莊」為「佛」所修飾，既是莊佛融會的現象，也是莊佛會通的實質。就細究各「以佛解莊」——《莊子》註疏本的內涵而言，乃一探討莊佛互動關係之「微觀研究」；就縱觀歷代「以佛解莊」方式之發展而言，則為一梳理莊佛互動史之「宏觀研究」。因此，本書主題：「以佛解莊——以《莊子》註為線索之考察」，乃在建構莊佛互動的面貌與兩者之間的交流史。

在中國思想史研究上，「以佛解莊」並未得到應有的重視；是有待開拓的研究領域。要系統探究「以佛解莊」，惟有針對具有「以佛解莊」代表性的《莊子》註疏本，通過這些著作註解的辨析與歷史的考察之交互運用，即內在理路與外緣因素的兼顧並施，始能完整而客觀地重建其歷史場景與思想語境，並進而條理、澄清其實質與意義。要言之，本書旨在提供「以佛解莊」——《莊子》註的系譜之一參照軸，為「莊佛」思想交流史之研究。

第二節　文獻探討

本書「以佛解莊」之研究文獻，以具備高度代表性與概括性的言論之重要原典註本為依據。可作為「樣本」著作的這些原典註本，依經釋義，藉助佛教經論、高僧語錄，引用「佛教語言」與「佛教思想」等，來詮解、詮釋《莊子》。本書係選擇「以佛解莊」內容較豐富、思想較鮮明、意向較清晰的《莊子》註本作

為研究的對象。此外，本書參考的資料，尚包括有關史料、前賢與今人相關之研究成果。茲分別簡要分析、討論於後。

一、原典的考察

　　首先，關於「以佛解莊」之著作，嚴靈峰主編之《無求備齋莊子集成初編》、《無求備齋莊子集成續編》、《無求備齋老列莊三子集成補編》、《老列莊三子知見書目》與《周秦漢魏諸子知見書目》等叢書，提供非常豐富的考察線索。

　　檢視上面三部「無求備齋」叢書，收於《無求備齋莊子集成初編》中「以佛解莊」之《莊子》註本有：唐・成玄英（約601-690）《南華真經注疏》、宋・王雱（1044-1076）《南華真經新傳》、林希逸《莊子鬳齋口義》（以下簡稱《莊子口義》）、明・方以智（1611-1671）《藥地炮莊》、清・周拱辰[27]《南華真經影史》，以及清末楊文會（1837-1911）《南華經發隱》等。

　　另收於《無求備齋莊子集成續編》而有「以佛解莊」者為：宋・劉辰翁《莊子南華真經點校》，及明・陸西星（1520-1606）《南華真經副墨》、焦竑[28]（1540-1620）《莊子翼》、程以寧[29]

---

[27] 周拱辰，浙江桐鄉人，字孟侯。歲貢生。

[28] 焦竑，字弱侯，號澹園，江寧人。為諸生即有盛名，明萬曆十七年（1589）以殿試第一人官翰林院修撰。竑既負盛名，性復疏直，時事有不可，輒形之言論，政府惡之，謫福寧州同知。歲餘大計，復鐫秩，遂不出。竑博極群書，善為古文，典正馴雅，卓然名家。

[29] 程以寧，號復圭子，與陸西星同為明中後期學人，著有《南華真經注疏》與《太上道德寶章翼》等書。身為道士，程以寧多以道教觀點解《莊子》。誠如鄒忠光《南華真經注疏序》所云：「復圭時潛心《南華》。癸酉春，頓悟其為丹經之祖，鯤魚即丹經之水，虎鵬鳥即丹經之火龍，二語參破，一部《南華》

《南華真經注疏》、憨山《莊子內篇注》、陶望齡[30]（1562-1609）《解莊》、譚元春[31]（1586-1637）《莊子南華真經評》等。

　　至於同樣有「以佛解莊」色彩而輯入《無求備齋老列莊三子集成補編》的有：明・李騰芳[32]（？-1631）《說莊》、清・嚴復[33]（1853-1921）《莊子評點》[34]等。

　　此外，嚴氏在《老列莊三子知見書目》「內容概述」中提到：方以智《藥地炮莊》曾引用明・天界杖人[35]（即覺浪道盛，

莫不迎刃而解矣！」（明・程以寧：《南華真經注疏》，嚴靈峰主編：《無求備齋莊子集成續編》第28冊，臺北：藝文印書館，1974年12月初版，頁1）。《南華真經注疏》與《太上道德寶章翼》也都融入佛教思想以註解之。《太上道德寶章翼》「以佛解老」處，有：（一）對於《老子》第一章「此兩者，同出而異名」，程氏疏云：「萬法歸一，一心本空。」（嚴靈峰主編：《無求備齋老子集成初編》第16冊，臺北：藝文印書館，1965年初版，頁3）。（二）對於《老子》第二十八章「知其白，守其黑，為天下式。為天下式，……為天下谷」，程氏疏云：「空即合無，專柔致柔。見聞覺知，盡皆空寂，……但可空諸所有，不可實諸所無。」（同上，頁41）。（三）對於《老子》第四十八章「為道日損」，程氏疏云：「空諸所有，納諸有無。」（同上，頁17）。（四）對於《老子》第五十五章「是謂不道，不道早已」，程氏疏云：「真不立，妄不空。」（同上，頁29）

30 陶望齡，字周望，號石簣，會稽人。少即有文名。明萬曆十七年（1589）中會試第一，廷試一甲第三，授翰林院編修，再遷諭德告歸。起國子監祭酒，以老母固辭不拜，母喪以毀卒，諡文簡。著有《歇庵集》、《解莊》等書傳世。

31 譚元春，字友夏，湖廣竟陵人。明天啓七年（1627）舉鄉試第一。好詩文，與鍾惺（1574-1625）輯《唐詩歸》、《古詩歸》，有「竟陵派」之稱。

32 李騰芳，湖廣湘潭（今湖南省湘潭市）人，字子實，號湘州。好學負才名，明萬曆二十年（1592）進士，選庶吉士，授檢討，遷右諭德，後被謫去職。天啓初，擢吏部左侍郎，加禮部尚書銜。不久，忤魏忠賢（1568-1627）削職。崇禎三年（1630）任禮部尚書，次年，卒於官。著有《說莊》、《李湘洲集》。

33 嚴復，字又陸，又字幾道，福建侯官（福州）人。曾留學英國，返國後任北洋水師學堂總教習。其後創辦《國聞報》，又先後出任京師大學堂譯局總辦、復旦大學校長、北京大學校長。畢生主要工作是翻譯西方哲學名著，包括《天演論》、《群學肄言》、《群己權界論》及《法意》等。

34 《莊子評點》一書乃彙集嚴復對於馬其昶《莊子故》所加之批注，生前未刊行，於抗戰期間由曾克耑校錄而成。

35 天界杖人，即「覺浪道盛」，為方以智師，主持天界寺，號「天界覺丈人」，又作「杖人」。

1592-1659)《莊子評》[36]、三一齋老人（即吳應賓[37]，1565-1634）

《莊子正語》[38]、王宣[39]（1565-1654）《莊子解》[40]、石谿[41]（即

---

[36] 嚴靈峰主編：《老列莊三子知見書目》（中編），頁125。

[37] 吳應賓，安慶桐城人，字尚之，一字客卿，號觀我、三一老人等，是方以智的外祖父。萬曆十四年（1586）進士，入史館，以目疾歸。篤於佛學，善以《易經》理會通釋典，與當時佛教界大師雲棲袾宏（1535-1615）、憨山與無異元來（1575-1630）皆有思想上的交流。其中，無異元來為曹洞宗自青原下第三十五世（釋聖嚴：《明末佛教研究》，臺北：東初出版社，1987年9月初版，頁14）。吳氏宣揚釋、道、儒三教合一，主張「三教歸儒」。著有《宗一聖論》十篇、《古本大學釋論》五卷、《中庸釋論》十二卷等書，私諡「宗一先生」。

[38] 方以智《藥地炮莊》中多次出現「三一」或「三一齋老人」。三一齋老人《莊子正語》之「以佛解莊」者不少，例如：（一）三一曰：「無所可用，正在無用有用之中。若竟膠無用之盃，是暗痴也。狂心若歇，歇即菩提，然有小休歇，有大休歇，俗人執著且激向那邊去，因此執著那邊，更是執著。呼蛇容易遣蛇難，不見兩端用中，舜下註腳，置樽於堯衢耶！」（明‧方以智：《藥地炮莊》卷一，臺北：廣文書局，1975年4月初版，頁189）。（二）三一曰：「中之名，因過不及而立；中之用，不以過不及而限也，故有圓中、正中、時中之說焉。以緣督為用中，則時中即正中即圓中也。中節之和，即未發之中，豈有兩截三中之贅耶？宗鏡提自證淨分中道、有為中道、實性中道，又說不斷不常中道、不假不空中道、不空不有中道，又載中論玄樞五種中道，將緣何者以為經乎？」（同上，頁250）。（三）三一曰：「形神之離合，事理之顯晦，惑人久矣！惟見性者乃能充之。子思曰：吾性無須眉，君子之所不可及者，其惟人之所不見乎？」（同上，頁305）。

[39] 王宣，江西金溪人，字化卿，號「虛舟子」，為方以智之師。

[40] 方以智《藥地炮莊》中出現王宣（虛舟子）《莊子解》「以佛解莊」者有多處，例如：（一）虛舟曰：「人間世將有天間世耶？將有不落天人間之世耶？《華嚴‧法界品》，化書ird搆一天地，祇溢言耶？法界量滅，乃可語禪，無禪可語，只有一亙。正因了因，藏於緣因，何世可出乎？因物付物，隨分自盡而已。然非窮盡，安能不惑？」（明‧方以智：《藥地炮莊》卷二，頁263-264）。（二）虛舟曰：「能出世乃能入世，能入世乃真出世。此無身有事之雙化也。卓吾曰：用世、超世，不可騎兩頭馬。此論其事與時位耳！折中曰：竭兩用中，藏天下于天下，此聖人之鏡也。然非兩末背翻一遭，上下錯綜一周，安能明百家之長短，確然不惑而隨時隨位，俱所當事乎？有開必先，其不得已。」（同上，頁417）。（三）虛舟曰：「鄧潛谷標孔子，不過乎物一句。此篇曰無乎逃物，合觀之妙于物際矣！《肇論》以物各遺物，謂物不遷。空印駁之，謂何不言性空為不遷。蓮池復駁空印之論，謂物各遺物，即是本空。肇曰：本無也、實相也、法相也、法空也、緣會也。五者一義，何用駁乎？外物，藥也；格物，茶飯也。」（同上，頁656-657）。

[41] 石谿，一作石溪，清初高僧髡殘之號。湖南武陵人，俗姓劉，一字介邱，又號白禿、石道人、殘道人、菴住行人等。幼孤，自剪髮投龍山三家庵為僧。遍遊名山，與顧炎武、錢謙益等人皆有交誼。1658年，拜在覺浪道盛門下，改法名為「大杲」，成為曹洞宗上青系傳人。後住金陵牛首山幽棲寺，為堂頭和尚。翌

髡殘，1612-1675）《莊子解》[42]與蕭士瑋[43]（1585-1651）《莊子解》[44]諸書，大抵有「以佛解莊」之成分[45]，可惜天界杖人等人的這些註本均已亡佚。還有，《老列莊三子知見書目》另載張世犖[46]《南華摸象記》有「以禪解莊」現象，然張書同樣散佚不見[47]。

　　嚴靈峰《周秦漢魏諸子知見書目》亦指出明‧無名氏《古今南華內篇講錄》為「以佛解莊」之作，可惜該著也已失傳[48]。

　　綜合上面嚴靈峰主編之三部「無求備齋」叢書、《老列莊三子知見書目》、《周秦漢魏諸子知見書目》等資料，可見歷

年，覺浪禪師圓寂，遺命髡殘接受法嗣。善畫山水，意境奇奧幽深。書法亦自成一格。

[42] 方以智《藥地炮莊》中出現石谿《莊子解》「以佛解莊」者有三：（一）石谿曰：「忽然道個北冥魚，不過如乾象龍，以譬廣大妙心。《楞嚴》曰：無邊虛空，生汝心內，猶如片雲點太虛裡，然不變化，徒溺法身死水，乃化鳥而怒飛。怒字是大爐韝，不肯安在生死海中，有過人底憤邁，方能破此生死牢關，從自己立個太極，生生化化去也。南冥者，離明也。吶離明作南冥，可參。」（明‧方以智，《藥地炮莊》卷一，頁160）。（二）石谿曰：「恐人執大鵬為實法，故又拈小鳥以別之，兩奚字是小鳥不跂大鵬之大，是小鳥大悟處。佛法無多子，我性如是，性豈有大小哉？」（同上，頁165-166）。（三）石谿曰：「莊生真見靈之血脈，方向盤山雲裡翻箇觔斗，只解成佛，不解度生，是拙於用大也，吾杖人嘗云為善知識，妄想方太，菩薩留惑，佛不捨五濁，安能免哉？」（同上，頁189-190）。

[43] 蕭士瑋，泰和人，字伯玉，明天啓二年（1622）進士，授行人。歷吏部郎中，弘光時擢光祿寺卿。別署「春浮園」，著有《春浮園集》。

[44] 方以智《藥地炮莊》中出現兩段蕭士瑋（伯玉）《莊子解》「以佛解莊」之文字，分別為：（一）蕭伯玉曰：「不賓無而壞相，方為識法根原耳。」（明‧方以智：《藥地炮莊》卷一，頁175）。（二）伯玉曰：「火能熟物，指熟物而謂之火乎？然火有熟物之利，有焚物之害，而或棄之，或取之。守其子而不知其母，則熟物之利亦失矣。心與無明，不相離，得母召子，法本自妙，人自接于群粗耳！」（同上，頁202）。

[45] 嚴靈峰主編：《老列莊三子知見書目》（中編），頁125-137。

[46] 張世犖，錢塘人，字無夜，清乾隆九年（1744）舉人。

[47] 嚴靈峰主編：《老列莊三子知見書目》（中編），頁167。

[48] 嚴靈峰編著：《周秦漢魏諸子知見書目》（二）（臺北：正中書局，1975年12月初版），頁154。

代「以佛解莊」之《莊子》註本，數量確實可觀，但佚失者也不少。

惟迄今尚存的註本中，清・周拱辰《南華真經影史》[49]「以佛解莊」之卷帙寥寥無幾[50]；劉辰翁《莊子南華真經點校》「以佛解莊」之內容亦不多[51]；程以寧《南華真經注疏》之「以佛解莊」也未成體系[52]，這些均非本書討論的「代表性樣本」。

另外，焦竑《莊子翼》，其〈序〉言：「復取莊子義疏讀之，采其合者為此編，亦名之曰《莊子翼》。」[53]此為明儒註疏著作風格之一，焦氏兼採成玄英《南華真經注疏》、王雱《南華真經新傳》、林希逸《莊子口義》、陸西星《南華真經副墨》等作共通之處，加以彙編而成。《莊子翼》所列之《焦氏筆乘》乃焦竑所記，同樣雖有「以佛解莊」之思想，惟成分極少[54]，本書只好割捨。

又者，憨山對於《莊子》極為推崇，他認為，「載道之言廣大自在，除佛經即諸子百氏究天人之學者，唯莊子書而已。」[55]

---

[49] 據《南華真經影史》〈讀南華內篇影史條例〉說：「莊子談道，與竺西談摩訶般若，針鋒相對，……〈逍遙遊〉即圓通大自在也，〈齊物論〉即諸相非相也，……朱晦翁謂莊子近禪，……憨山大師亦目莊子為初禪，……孟侯先生（周拱辰）注中時時漏逗，慧眼所見略同，其道然，其言與之然，非故然而然也。」（清・周拱辰：《南華真經影史》，嚴靈峰主編：《無求備齋莊子集成初編》第22冊，臺北：藝文印書館，1972年5月初版，頁26-27）。

[50] 周拱辰「以佛解莊」部分，請參見本書「附錄三・表十二」。

[51] 劉辰翁「以佛解莊」部分，請參見本書「附錄三・表二」。

[52] 程以寧「以佛解莊」部分，請參見本書「附錄三・表三」。

[53] 明・焦竑：《莊子翼》（嚴靈峰主編：《無求備齋莊子集成續編》第11冊，臺北：藝文印書館，1974年12月初版），頁2。

[54] 焦竑「以佛解莊」部分，請參見本書「附錄三・表五」。

[55] 明・憨山：《觀老莊影響論》（臺北：新文豐出版公司，1996年4月初版），頁7。

其《莊子內篇注》有「以佛解莊」之註文，惜量與質皆有限[56]，故同樣略而不論。

至於陶望齡《解莊》有「以佛解莊」之處[57]；譚元春《莊子南華真經評》有「以佛解莊」痕跡[58]；李騰芳《說莊》有「以佛解莊」成分[59]；嚴復《莊子評點》也有「以佛解莊」色彩[60]，但都「量少質薄」，故皆不在本書論述之列。

其次，關鋒《莊子內篇譯解和批判》附編有〈莊子注解書目〉，分魏晉南北朝、隋唐、宋金元明、清代、近代等五個時期，於每一時期書目前，稍作說明，整理莊子之影響及注莊解莊之流變，並於重要注解書下，略誌數語[61]。

關氏該書這些誌記有助於蒐尋歷代「以佛解莊」著述的梗概。例如，關氏認為，「支氏（遁）所論，大體符合莊子原義，並開所謂『援莊入佛』之先聲」[62]。然依現存資料看來，支道林雖曾注〈逍遙篇〉，並有般若「即色義」思想[63]，然其所謂「逍

---

56 憨山「以佛解莊」部分，請參見本書「附錄三‧表六」。
57 陶望齡「以佛解莊」部分，請參見本書「附錄三‧表七」。
58 譚元春「以佛解莊」部分，請參見本書「附錄三‧表十一」。
59 李騰芳「以佛解莊」部分，請參見本書「附錄三‧表十」。
60 嚴復「以佛解莊」部分，請參見本書「附錄三‧表十三」。
61 關鋒：《莊子內篇譯解和批判》（北京：中華書局，1961年6月初版），頁370。
62 關鋒：《莊子內篇譯解和批判》，頁374。
63 關於支道林的「即色義」，劉宋‧劉義慶《世說新語‧文學第四》云：「支道林造〈即色論〉。」（氏著：《世說新語》，頁172）。此〈即色論〉之內容，「劉孝標的記錄」云：「支道林集《妙觀章》云：『夫色之性也，不自有色；色不自有，雖色而空。故曰：色即為空，色復異空。』」（同上）僧肇〈不真空論〉則云：「即色者，明色不自色，故雖色而非色也。」（氏著：《肇論》，《大正藏》第45冊，頁152上）。以為人們所見的色法，是條件和合而有的，不是獨立自存自有的，所以不是真實的存在，是「非色」。僧肇且品評「即色義」而云：「直言色不自色，未領色之非色。」（同上）即謂支道林不知即「色」本身就是「空」的道理。

遙者，明至人之心也」、「物物而不物於物」等無欲至足的觀點
中，並無明確引用佛教名相或理論者[64]，故「以佛論莊」的證據
並不充分。

關氏又以為，「唐代注莊之風與魏、晉有很大不同，它多重
字義、音釋，少重義理，不尚縱放，並混雜神仙說，且已開始了
佛道（莊）合流之趨勢」[65]。而至宋、明時期，關氏又分析道：

> 宋、明人注莊重義理，但與魏、晉不同，大半是上承支道
> 林以佛義（特別是禪宗義）解莊。……其主要代表人物是
> 王元澤、林希逸、褚伯秀、劉須溪、羅勉道、焦竑、釋德
> 清等。這個時期可以說是實現了佛、莊思想的溶合。[66]

關氏以為宋、明人以佛義解莊，代表人物有王元澤（雱）、
林希逸、褚伯秀[67]（？-約1270）、劉須溪（辰翁）、羅勉道、焦

---

[64] 梁・慧皎（497-554）《高僧傳・支道林》記載支道林曾注〈逍遙篇〉，使王羲之
「留連不已」，而群儒歎服，其文云：「遁（支道林）嘗在白馬寺與劉系之等，
談《莊子・逍遙篇》，云：『各適性以為逍遙。』遁曰：『不然。夫桀蹠以殘害
為性，若適性為得者，彼亦逍遙矣！』於是退而注〈逍遙篇〉，群儒舊學，莫不
歎服。」（氏著：《高僧傳》卷四，《大正藏》第50冊，頁348中）。支道林〈逍
遙論〉已佚，無從見其全貌，劉宋・劉義慶（403-444）《世說新語》「劉孝標注
的記錄」有段文字載錄，其文云：「夫逍遙者，明至人之心也。莊生建言大道，
而寄指鵬鷃。鵬以營生之路曠，故失適於體外；鷃以在近而笑遠，有矜伐之心
內。至人乘天地之正而高興，遊無窮於放浪；物物而不物於物，則遙然不我得，
玄感不為。不疾而速，則遙然靡不適，此所以為逍遙也。若夫有欲當其所足，足
於所足，快然有似天真，猶饑者一飽，渴者一盈，豈忘烝嘗於糗糧，絕觴爵於醪
醴哉？非至足，豈所以逍遙矣！」（氏著：《世說新語・文學第四》，頁170）。
在支道林看來，「逍遙者」「明至人之心也」，「至人至足」故「逍遙」也。
[65] 關鋒：《莊子內篇譯解和批判》，頁374。
[66] 關鋒：《莊子內篇譯解和批判》，頁376。
[67] 關於褚伯秀之生平，現存之史料極為有限。《四庫全書提要》云：「伯秀，杭州

竑、憨山（釋德清）等人。這些人物，除褚伯秀、羅勉道外，前述皆已提及。

　　案褚伯秀《南華真經義海纂微》一書，性質屬「編纂集」[68]，乃結集多家「解莊」註文之作[69]，除褚氏的「管見」[70]外，尤其廣引前人諸作——包括出現些微「以佛解莊」成分的林自[71]《莊子解》[72]與陳景元[73]（1024-1094）《莊子註》[74]。因此，褚氏該書

　　道士，其書成於咸淳庚午（1270），下距亡僅六年。周密《癸辛雜識後集》載，至元丁亥九月與伯秀及王磐隱游閬古泉，則入元尚在也。」（宋·褚伯秀：《南華真經義海纂微》，《四庫全書》第1057冊，臺北：商務印書館，1983年初版，頁1下）說明褚伯秀乃南宋末之道士。

[68]　對褚伯秀《南華真經義海纂微》一書，《四庫全書提要》載：「其書纂郭象、呂惠卿、林疑獨、陳祥道、陳景元、王雱、劉概、吳儔、趙以夫、林希逸、李士表、王旦、范應元十三家說而斷以己意，謂之管見。」（宋·褚伯秀：《南華真經義海纂微》，頁1下）指出該書共引十三家重要的註文，由此保存了兩宋時期各家注《莊子》的重要資料。該《提要》也提到：「成玄英《疏》、文如海《正義》、張潛夫《補注》皆間引之，亦不列於十三家。」（同上）可見其結集多人之註文，非僅十三家而已。在《四庫全書提要》的基礎上，嚴靈峰《老列莊三子知見書目》具體列出了這十三家著作的名稱，分別為：郭象《莊子注》、呂惠卿《莊子解》、林自（疑獨）《莊子解》、陳祥道《莊子注》、陳景元（碧虛）《莊子註》、王雱《莊子注》、劉概《莊子外雜篇注》、吳儔《莊子注》、趙以夫《莊子內篇注》、林希逸《莊子鬳齋口義》、李元卓（士表）《莊子九論》、王旦《莊子發題》與范應元《莊子講語》等（嚴靈峰主編：《老列莊三子知見書目》（中），臺北：中華叢書編委會，1965年10月初版，頁72-91）。

[69]　褚伯秀《南華真經義海纂微》所引十三家註文中，「以佛解莊」者有：林自《莊子解》、陳景元《莊子註》、王雱《莊子注》、林希逸《莊子鬳齋口義》與褚伯秀之「管見」。

[70]　褚伯秀《南華真經義海纂微》「管見」「以佛解莊」部分，請參見本書「附錄三·表一」。

[71]　林自，字疑獨，興化縣人。宋紹盛元年（1094）為太學博士。三年除秘書省正字，次年遷著作佐郎，後轉宣德郎以終。

[72]　林自《莊子解》「以佛解莊」部分，請參見本書「附錄三·表一」。

[73]　陳景元，字太初，玄號碧虛子，建昌南城人，大約生於宋仁宗天聖二年（1024）。慶曆二年（1042），師事高郵天慶觀崇道大師韓知止，次年試經，遂度為道士。不久抵天台山，閱《三洞經》，又遇高道鴻濛子張無夢，遂師事之，得老、莊心印。著有《莊子註》、《南華真經章句音義》、《南華真經章句餘事》、《南華真經餘事雜錄》與《老子註》等。

[74]　陳景元《莊子註》已佚失，今零散見於褚伯秀《南華真經義海纂微》中。關於《莊子註》一書之價值，論者稱道：「唐代道家，頗重成（玄英）、李（榮）；

（含林自《莊子解》與陳景元《莊子註》），一方面雜燴有餘，獨見不彰；一方面「以佛解莊」稀稀疏疏，如褚伯秀以「萬法皆空」、「萬有俱空」解〈知北遊〉「光曜」與「無有」如何修養至「無無」的對話[75]等外，實在不多，故此處仍只好割愛。

另者，羅勉道《南華真經循本》[76]「以佛解莊」之內容只有區區三則[77]。其中一則，如對於〈徐無鬼〉「頡滑有實，古今不代，而不可以虧，則可不謂有大揚搉乎？」羅氏註云：「（揚搉）二字想是當時俗語，今禪家升座說法亦然。」[78]同時，羅氏並不贊同「以佛解莊」之作法，在〈南華真經循本釋題〉一文，他說：「諸家解者，或敷演清談，或牽聯禪語，或強附儒家正理，多非本文指義。」[79]認為「牽聯禪語」，非《莊子》「本文指義」。此外，羅氏對佛教教理亦表質疑，如對於〈至樂〉「萬物皆出於機入於機」句，他註云：「馬生人，人又反入於機，何異釋氏輪迴之說。但釋氏說得拘，謂生前作惡，則死後或變為狗馬，業盡又變為人。有何證據？莊子卻說得活。」[80]認為佛教「輪迴之說」，毫無根據。故該書不應歸入「以佛解莊」代表作

而宋代則重陳景元，於徵引者多，可以概見。」（蒙文通：《古學甄微》，成都：巴蜀書社，1987年初版，頁369）。該書「以佛解莊」部分，請參見本書「附錄三·表一」。

[75] 宋·褚伯秀：《南華真經義海纂微》卷六十九，頁541上。

[76] 參見簡光明：〈羅勉道《南華真經循本》綜論〉（《中國學術年刊》第18期，1997年3月）。

[77] 羅勉道《南華真經循本》「以佛解莊」之內容，請參見本書「附錄三·表四」。

[78] 明·羅勉道：《南華真經循本》卷二十三（嚴靈峰主編：《無求備齋莊子集成續編》第2冊，臺北：成文出版社，1982年初版），頁609。

[79] 明·羅勉道：《南華真經循本》卷首，頁4。

[80] 明·羅勉道：《南華真經循本》卷十七，頁449。

之列。

　　郎擎霄《莊子學案》第十三章〈歷代莊學述評〉之「清代莊學述評」部分，載云：

> 徐廷槐[81]、張世犖評釋《南華》，皆各就東坡所疑諸篇，酌量刪之，張氏以〈寓言〉為開宗第一篇，如林屋洞《南華講錄》之說，然兩氏均以禪解莊，似未盡脫明人之風氣也。[82]

郎氏以為徐廷槐與張世犖二人評釋《南華經》皆「以禪解莊」。

　　案張世犖有《南華摸象記》與《莊子續編》（本書未呈現以佛解莊）二書[83]，其中《南華摸象記》一書，依紀昀（1724-1805）主編《四庫全書總目》卷一百四十七云：「其（張世犖）學以禪為宗，因以禪解《莊子》，以〈天下篇〉為《莊子》自序，以〈寓言篇〉為開宗第一，為首卷。」[84]可見，張氏《南華摸象記》確為「以禪解莊」之作。可惜，該書如前所述已失傳。

　　關於徐廷槐《南華簡鈔》一書，據徐氏《南華簡鈔‧引言》云：

---

[81] 徐廷槐，會稽人，字立三，一字笠山，號墨汀，別署止止老人，清雍正八年（1730）進士。

[82] 郎擎霄：《莊子學案》（臺北：河洛出版社，1974年12月初版），頁349。

[83] 嚴靈峰主編：《老列莊三子知見書目》（中編），頁167。

[84] 清‧紀昀主編：《四庫全書總目》（四）（臺北：藝文印書館，1979年12月五版），頁2903。

歷年手錄評注，有忘其出於誰何氏者，亦不詳其姓氏。凡所繕閱，自劉辰翁、孫月峰、陶石簀、徐天池，林膚齋之《口義》、羅勉道之《循本》、唐荊川之《釋略》、陸方壺之《副墨》[85]。並舊所流傳諸本外，則宋咸淳間古杭道士褚伯秀之《義海》；明嘉靖間靖江朱得之[86]參元之《通義》；又湘潭李騰芳湘洲，有內七篇《說莊》；龍眠方以智密之僧名藥地，有《炮莊》；昆陵蔣金式玉度，有《偶說》。[87]

徐氏《南華簡鈔》綜引褚伯秀的《南華真經義海纂微》、朱得之的《莊子通義》、李騰芳的《說莊》、方以智的《藥地炮莊》，以及蔣金式的《偶說》等書。

然今考察《南華簡鈔》，徐廷槐僅於該書〈養生主〉「古者謂是帝之縣解」，引用朱得之《莊子通義》的註解而說：「《通義》縣者四無係著，解者四無聯屬。佛言大解脫也。帝之縣解，言是天地間無粘滯[88]之人。」[89]蓋引用「佛言大解脫」一詞而已，並未如郎氏所言「以禪解莊」的內涵。

---

[85] 前舉四書，即宋・林希逸《莊子膚齋口義》、明・羅勉道《南華真經循本》、明・唐順之《荊川莊子釋略》、明・陸西星《南華真經副墨》。

[86] 朱得之，字本思，號近齋，靖江人（或作烏程人），以貢生為江西新城丞，邑人稱之。從學於王陽明，屬「南中王門」人物，其學頗近於老氏，著有《莊子通義》。

[87] 清・徐廷槐：《南華簡鈔》（嚴靈峰主編：《無求備齋莊子集成初編》第20冊），頁9-10。

[88] 原文作「帶」（清・徐廷槐：《南華簡鈔》，頁61）。

[89] 清・徐廷槐：《南華簡鈔》，頁61。

曹礎基《莊子淺論》第六章〈《莊子》研究述評〉之「以佛解莊」，勾畫歷代「以佛解莊」之作。曹氏先比對《牟子理惑論》與《莊子》之關係，指出莊、佛直接而又真正發生關係是始於佛教傳教中的格義法。接著，他認為支遁是「以莊比佛」變為「以佛論莊」者[90]；而唐代成玄英《南華真經注疏》是「以佛解莊」之代表作，主要體現在〈齊物論〉一篇[91]。又次，他肯定明清兩代是「以佛論莊」的一個高潮時期，出現明・無名氏《古今南華內篇講錄》[92]、三一齋老人《莊子正語》、王宣《莊子解》、石黥《莊子解》、蕭士瑋《莊子解》、陸西星《南華經副墨》與憨山《莊子內篇注》，以及清・周拱辰《南華真經影史》、張世犖《南華摸象記》等，其中以陸西星《南華經副墨》與憨山《莊子內篇注》最引人注目。

　　曹氏並提出〈齊物論〉是諸家詮釋之重點；而近代釋家派註解《莊子》之代表作，則可推楊文會《南華經發隱》與章太炎（1868-1936）《齊物論釋》。曹氏有關「以佛解莊」之作列舉甚多，除章太炎《齊物論釋》外，前文均已提及。

---

[90] 曹礎基：《莊子淺論》，頁188。關於曹氏以為支道林「以莊解佛」的觀點，如前所論，支氏〈逍遙遊〉已佚，故無從討論。

[91] 曹礎基：《莊子淺論》，頁192。

[92] 清・紀昀主編《四庫全書總目》卷一百四十七云：「（《古今南華內篇講錄》）『南華旨要』中又有莊子至今二千年語，以長歷推之，當為明末國初人。」（清・紀昀主編：《四庫全書總目》（四），頁2901）。嚴靈峰《周秦漢魏諸子知見書目》云：「（《古今南華內篇講錄》）其說以郭象注為『今本』，以向秀注為『古本』。大抵以佛解莊。」（嚴靈峰編著：《周秦漢魏諸子知見書目》（二），頁154）。

除以上所列舉外，明‧袁宏道[93]（1568-1610）《廣莊》[94]與
袁中道[95]（1570-1624）《導莊》[96]等，以及清‧釋淨挺[97]（1615-
1684）《漆園指通》[98]與晚近馬一浮[99]（1883-1967）《莊子箋》

---

[93] 有關袁宏道之生平，可參見邱敏捷：《參禪與念佛——晚明袁宏道的佛教思想》
（臺北：商鼎文化出版社，1993年3月初版）。

[94] 袁宏道《廣莊》作於萬曆二十六年（1598），時年三十一歲。（明‧袁宏道著，
錢伯城箋校：《袁宏道集箋校》卷二十三，上海：上海古籍出版社，1981年7月
初版，頁795）。

[95] 袁中道，字小修，湖廣公安人。明萬曆四十四年（1616）進士，歷徽州府學教
授、國子監博士、南京禮部主事。詩文豪邁，著有《珂雪齋前集》、《珂雪齋近
集》等。

[96] 明‧袁中道：《導莊》（氏著：《珂雪齋前集》卷二十一，臺北：偉文圖書出版
社，1976年9月初版）。

[97] 釋淨挺，雲溪人，其生平詳後（第五章第一節）。

[98] 收於《中華大藏經》第二輯，第67冊。

[99] 馬一浮，號湛翁，清光緒九年（1883）出生於會稽（今浙江紹興市）。光緒二十
四年（1898），馬氏十六歲，應縣試，中在榜首，名聲頓噪，遂為當時的浙江
巨紳湯壽潛所看中，選為東床（滕復：《馬一浮思想研究》，北京：中華書局，
2001年10月初版，頁12）。他是清末民初以來重要的一位佛學者，因他不求
聞達、枕流漱石，故其學術發展，鮮為人知。例如，郭朋等《中國近代佛學思想
史稿》（成都：巴蜀書社，1989年10月初版）、麻天祥《晚清佛學與近代社會思
潮》（臺北：文津出版社，1992年11月初版）、李向平《救世與救心——中國近
代佛教復興思潮研究》（上海：上海人民出版社，1993年12月初版）、于凌波
《中國近現代佛教人物志》（北京：宗教文化出版社，1995年9月初版）、潘桂
明《中國居士佛教史》（北京：中國社會科學出版社，2000年9月出版）等，這
些研究近現代佛教思想及其人物之著作，概未論及馬一浮，殊為可惜。其哲學與
思想帶有濃厚的傳統色彩，疏離於社會和時代，以致對清末民初社會並未產生過
大的影響。不過，近現代新儒學思潮勃興，思想富含儒家精神的學者，在臺港及
大陸逐漸受到關注，馬一浮的思想便在這股潮流中被學界掘發起來，并予以研究
（參見李道湘：《現代新儒學與宋明理學》，瀋陽：遼寧大學出版社，1998年5
月初版，頁239）。馬一浮學佛的過程中，早期與謝无量（1885-1963）等人過從
甚密，留心佛教。其後，楊文會在南京創設祇洹精舍，曾延請馬一浮前往任教。
馬氏曾在寧波聆聽天台宗名僧諦閒法師（1858-1932）講《法華經》，於天台止
觀法門有所體認；因推崇月霞法師（1858-1917），而專心研讀「華嚴經論」。
又一度與諸同道在杭州成立「般若會」（氏著，虞萬里校點：《馬一浮集》第
一冊，杭州：浙江古籍出版社，1996年6月初版，頁862-867），他晚年自言：
「余游心大乘，篤好般若。」（同上，第二冊，頁117）其佛教著作有《法數鉤
玄》五卷和佛教相關著作之序跋數文，如〈《印光法師文鈔》序〉、〈《大方
廣佛華嚴經普賢行願品》寫本自跋〉等（同上，第一冊，頁871-930；第二冊，
頁1-109），而與佛教有關之「獨抒心靈」的詩作，詩中洋溢「空」的思想（同
上，第三冊，頁17-18）。

等書，皆未被提及，然都有「以佛解莊」之內涵。尤以清・釋淨挺《漆園指通》一書，「以佛解莊」極為顯著，應視為「以佛解莊」之代表性論著，不宜摒落。

袁宏道《廣莊》，夾雜佛教思想以「廣」《莊子》。例如，袁氏廣〈大宗師〉云：「夫惟聖人，即生無生，即生故不捨生，無生故不趨生。……尚無生死可了，又焉有生死可趨避哉？」[100]據佛教緣起法，說明現象界的一切是因緣生，「緣生即無生，於彼非有生自性」[101]，並以之詮解生死問題。然亦不全「以空解莊」或「以禪解莊」[102]，故不列入討論。

性質類似《廣莊》的袁中道《導莊》，亦不在本書討論範圍內。袁氏言：「莊生內篇為貝葉，前茅暇日，取其與西方旨合者，以意箋之，覺此老牙頰自具禪髓。」[103]因「作《導莊》」。他以《莊子》「自具禪髓」，惟袁氏《導莊》並未「以禪解莊」[104]，而是雜用了多重的佛教相關概念、語言以解莊[105]，註解主軸晦昧欠顯。

---

[100] 明・袁宏道：《廣莊》（氏著，錢伯城箋校：《袁宏道集箋校》卷二十二，上海：上海古籍出版社，1981年7月初版），頁811。

[101] 明・宗泐、如玘同註《楞伽阿跋多羅寶經註解》卷四：「謂凡夫從本以來，惟逐妄緣，流轉生死，如鉤鎖連環之不可斷。若能了達妄緣生無生故，云生義不可得也。言生無性不起等，謂了生無生性執不起，則離外道邪見。」（《大正藏》第39冊，頁409下）。隋・吉藏《中觀論疏》卷二：「以了真諦故知因緣生即無生，於一切假生不復生心動念。」（《大正藏》第42冊，頁24下）。

[102] 袁宏道「以佛解莊」部分，請參見本書「附錄三・表八」。

[103] 明・袁中道：〈雜文〉（氏著：《珂雪齋前集》卷二十一，臺北：偉文圖書出版社，1976年9月初版），頁2027。

[104] 袁中道「以佛解莊」部分，請參見本書「附錄三・表九」。

[105] 參見邱敏捷：〈明代註莊之現象——融「佛教觀念」解莊〉（收於黃文樹主編：《教育史哲的舊牖與新窗》，高雄：復文書局，2006年1月初版），頁185-217。

最後者，晚近馬一浮《莊子箋》「以佛解莊」[106]，例證短少，故一樣捨去。

茲將上面歷代「以佛解莊」註本依年代順序羅列，整理為「歷代『以佛解莊』著作一覽表」作為「附錄一」（詳後），本表並將本書討論的代表性《莊子》註疏本加以註明。此外，本書同時列出「『以佛解莊』代表作基本資料及其註文出處一覽表」，作為「附錄二」。還有，本書亦將上述未列入討論之「以佛解莊」著作的內容對照，整理為「附錄三」，凡十四張表供參。

總之，雖然歷代「以佛解莊」之作甚多，但本書主要探討之對象則為其中較為重要者，即包括唐代成玄英《南華真經注疏》，宋代王雱《南華真經新傳》、林希逸《莊子口義》，明代陸西星《南華真經副墨》、方以智《藥地炮莊》，清初釋淨挺《漆園指通》，清末民初楊文會《南華經發隱》與章太炎《齊物論釋》等八本代表作。冀望針對這些註本進行解讀、勾勒、分析及研判，以梳理這些《莊子》註本的註疏取徑及其衍變脈絡，並彰顯「以佛解莊」的現象。

二、相關研究文獻述評

有關「以佛解莊」議題，學者已有相關研究成果，可歸納為「綜論著作」與「專題論述」二類，茲列舉其中犖犖大者略以探

---

[106] 馬一浮「以佛解莊」部分，請參見本書「附錄三・表十四」。

討如下：

（一）綜論著作

其一，葉國慶《莊子研究》第十一章〈莊注的派別〉，把莊注分為「儒家派」、「道家派」、「釋家派」與「集解派及其他」[107]，其中「釋家派」即「以佛解莊」者。該書所討論的「釋家派」，僅提及唐・成玄英《南華真經注疏》、明・陸西星《南華真經副墨》、方以智《藥地炮莊》與憨山《莊子內篇注》[108]、清・張世犖《南華摸象記》，以及近人章太炎《齊物論釋》等六種，資料有所不足。

其二，黃釗主編《道家思想史綱》第十五章〈漢代黃老道術和魏晉玄學對佛學的滲透和影響〉與第二十一章〈道家思想向隋唐佛學中滲透〉，有關佛學與道家之關係，其觀察角度皆從「道家對佛學之影響」而言，而非從「佛學對道家思想之滲透」立論[109]，僅「焦竑以佛解老的思想特色」[110]一節，是從「佛學對道家思想之影響」切入，指出焦氏「以佛解老」的內涵。

其三，熊鐵基等合撰《中國莊學史》，首章先界說莊子其人其書及其思想，指出《莊子》內七篇思想具有統一性──注重內在精神的超越。緊接著，該章分述《莊子》逍遙論、自然論、

---

[107] 葉國慶：《莊子研究》（臺北：商務印書館，1978年3月四版），頁110-132。
[108] 葉氏原文作「釋德清《觀老莊影響論》」（葉國慶：《莊子研究》，頁121）有誤，蓋《觀老莊影響論》乃憨山有關「三教合一」思想的論著，非注《莊》之作。
[109] 黃釗主編：《道家思想史綱》（南昌：湖南師範大學出版社，1991年4月初版），頁307-322、頁448-458。
[110] 黃釗主編：《道家思想史綱》，頁572-577。

無為論及齊物論四個方面。其後共五章，依時代先後探論「莊學」之重要著作。該書對於宋代王雱《南華真經新傳》、林希逸《莊子口義》、褚伯秀《南華真經義海纂微》、明代陸西星《南華真經副墨》，以及方以智《藥地炮莊》等「雜揉佛教思想」的論著，亦多有分析，尤其指出林希逸《莊子口義》「以禪解《莊子》」等觀點，足資參究[111]。

其四，謝祥皓《莊子導讀》第一章第八節〈莊學史簡介〉，以時代為主軸，梳理「莊學史」發展之概況，列舉歷代重要的《莊子》註本，資料豐富，頗可參用。惟對於「以佛解莊」之作，並未全然指出，僅於明・陸西星《南華真經副墨》與憨山《莊子內篇注》二書，引《四庫提要》「多引佛經以證老莊，大都欲援道入釋」[112]略為說明，未予進一步耙梳。

其五，卿希泰主編之《中國道教史》第二卷第五章中「道教學者的湧現和道教理論的發展」，點出成玄英《南華真經注疏》「以佛解莊」之特色有二：（一）借用佛教中觀思維方法，（二）以「虛通」混融莊子的解釋與佛教的空觀[113]。但關於成玄英《南華真經注疏》如何體現佛教思想之細節，且詮釋《莊子》哪些層面的問題，同樣欠缺深入探討。

其六，崔大華《莊學研究》第十章〈莊子思想與道教、佛學〉，關於「莊子思想與佛學」之部分，崔作認為，在中國固有

---

[111] 熊鐵基等撰：《中國莊學史》（長沙：湖南人民出版社，2003年10月初版）。

[112] 謝祥皓：《莊子導讀》（成都：巴蜀書社，1988年），頁56。

[113] 卿希泰主編：《中國道教史》第二卷（成都：四川人民出版社，1996年12月第二版），頁174-176。

的傳統思想裡，只有莊子思想對人的精神領域作了最深的探索，這與「沉潛在深邃的心理海洋裡」的「佛學」容易接近，這就促成兩者概念上的「連類」或「認同」作用[114]。惟該書著重於莊佛之交涉，而非「以佛解莊」之考察與闡釋[115]。

其七，日本學者久保田量遠《支那儒道佛交涉史》、《中國儒道佛三教史論》二書，有關「佛道關係」僅論及「道教」部分，至於佛教與「道家」方面則僅於「格義佛教」部分，未觸及「以佛解莊」之議題；而吉岡義豐《道教と佛教》、常盤大定《支那に於ける佛教と儒教道教》，也都聚焦於探究佛教與「道教」的關係。事實上，佛教與「道家」關係深遠，也是屬於「佛道關係」的一部分，「以佛解莊」是佛、道的交涉、融會現象之一，應該賦予討論才盡完整，但這些著作都略而不論，誠屬有憾[116]。

（二）專題論述

其一，蘇美文〈從「以莊解佛」到「以佛解莊」〉，闡述「以莊解佛」之歷史現象，舉證「以佛解莊」之重要註本，包括

---

[114] 崔大華：《莊學研究》（北京：人民出版社，1992年11月初版），頁497。

[115] 崔大華：《莊學研究》，頁494-537。

[116] 廖肇亨〈從主體到客體——談荒木見悟的中國思想史研究〉說：「從久保田量遠著名的《支那儒道佛三教交涉史》一書開始，三教關係一直是日本漢學界關注的課題之一，……小柳司氣太、久須本文雄、常盤大定等人雖然都有專著討論，但大多只停留私人交誼或字句比附的層次，從思惟樣式的異同，剖析彼此之間錯綜複雜關係的學者仍然必須首推荒木見悟。」（《當代》第226期，頁60）。筆者以為，荒木見悟《佛教與儒教》處理的是儒佛關係的著作，至於莊佛關係則未見深刻的討論。

唐‧成玄英《南華真經注疏》、宋‧林希逸《莊子口義》、明‧憨山《莊子內篇註》與清末民初章太炎《齊物論釋》等，並引牟宗三與方東美「莊佛會通之共通理路模型」作結。唯「以佛解莊」之註本不僅此四本而已，而「以佛解莊」之取徑也有其階段性之差異，故有待進一步討論[117]。

　　其二，龔鵬程〈成玄英《莊子疏》探論〉，判定成玄英《南華真經注疏》是思想史上第一部道教莊子解，它「吸收佛學」以「深化道教思想」並貶抑儒家。龔氏這一觀察有其見地，惟對於成玄英《南華真經注疏》之「以佛解莊」，龔文僅指出：「在《莊子疏》中，他（成玄英）更是廣泛使用『鏡／智』、『能／所』、『聖／凡』、『空／有』來說明玄理，也認為玄悟者應該『內蘊慈悲，外弘接物，故能俯順塵俗，惠救蒼生。』」[118]實際上，成玄英如何運用佛教思想以解莊是值得進一步探究的方向。

　　其三，呂文英《成玄英莊學研究》第三章〈成玄英引中觀思維疏《莊》之辨析〉，對於成氏運用中觀思想疏解《莊子》文義，有所著墨[119]。呂文指出：成玄英的《莊子疏》應用了不少的佛學詞彙，如「不斷不常」、「不一不異」、「非有非無，不落兩邊」、「超此四句，離彼百非」等句式，且這些行文大都用以陳述「道體」。這樣的句式可以肯定來自中觀的「八不」

---

[117] 蘇美文：〈從「以莊解佛」到「以佛解莊」〉（《中華技術學院學報》第30期，2004年6月），頁31-47。
[118] 龔鵬程：〈成玄英「莊子疏」探論〉（《鵝湖》第17卷第1期，1991年7月），頁21。
[119] 呂文英：〈成玄英莊學研究〉（中央大學中文研究所碩士論文，2000年），頁43-64。

偈[120]。本書希望由此進一步解析成玄英究竟如何應用佛教思想詮釋《莊子》。

其四，簡光明〈王雱「南華真經新傳」析論〉[121]，論述王雱《南華真經新傳》「以佛解莊」的部分，是其貢獻之一。但，該文界說「真空妙有」之義，指為「法相宗所說圓成實性所具的空有二義」等，則是有待商榷的[122]，此「真空妙有」與「法相宗所說圓成實性」不必然相關。如何把王雱「以真空妙有」解莊，放置到思想史衍變脈絡上來檢視，則是本書要進一步的研究方向。

其五，簡光明《林希逸莊子口義研究》，乃針對林希逸《莊子口義》的研究專著。簡文不足之處有二：一是提及時代學術氛圍在莊注中之反應，勾畫歷代莊注文本之「時代因素」，但對於「詮釋（莊文）的歷史脈絡」則未說明，亦即對於前代詮釋者對後世注疏者之影響作用，並無討論[123]；二是對於林希逸「宋代大藏經出於莊子說」，未能從唐以下「莊禪合流」之現象說起，故對問題之破解有限[124]。

其六，李素娓《方以智《藥地炮莊》中的儒道思想研究》[125]，著重《藥地炮莊》的「儒家思想」與「道家思想」的分析。針對

---

[120] 呂文英：《成玄英莊學研究》，頁61。
[121] 簡光明：〈王雱「南華真經新傳」析論〉（《中國文化月刊》第228期，1999年3月）。
[122] 簡光明：〈王雱「南華真經新傳」析論〉，頁37。
[123] 簡光明：〈林希逸莊子口義研究〉（逢甲大學中文研究所碩士論文，1991年1月），頁79-81。
[124] 簡光明：《林希逸莊子口義研究》，頁88-92。
[125] 李素娓：〈方以智《藥地炮莊》中的儒道思想研究〉（臺灣大學中文研究所碩士論文，1976年）。

後者，李文從「自然觀」與「自得說」兩個角度加以闡述。至於方以智如何「以佛解莊」，則略過不提。

其七，謝明陽《明遺民的莊子定位論題》，認為明季覺浪道盛等遺民，在追求生命價值的過程中，因對於莊子思想的人格產生了「認同的感受」，故將一己之成心融入《莊子》的無成心之言，這是一場「異代衰世間的思想激盪與心靈交感」[126]。謝文對於覺浪道盛《莊子提正》與釋淨挺《漆園指通》皆有論述，雖然未分析覺浪道盛《莊子提正》與禪的關係，但點出釋淨挺《漆園指通》「以禪解莊」的性質。

其八，蘇美文《章太炎《齊物論釋》之研究》[127]，闡述章太炎《齊物論釋》之思想內涵，分析《齊物論釋》之詮釋方法，並將之同憨山、楊文會作比較，最後又回歸《齊物論釋》在章氏思想中的地位，及其與近代佛教思潮之關係。從文阡字陌中可見蘇氏之用心與功力，相關論點可供本書參引。不過，蘇文受限於主題論述，故無法呈顯「以佛解莊」之歷史軌跡。其主要缺失在於「以佛解莊」之詮釋類型與佛教思潮如何相應的問題，討論時並未扣緊[128]。基本上，「以佛解莊」之面貌，除了與注解者之佛教素養有關外，跟其時代之佛教思潮與「佛道交涉」之發展，也都會有所關連。若能提出這個思想脈絡，則「以佛解莊」在思想史

---

[126] 謝明陽：〈明遺民的莊子定位論題〉（臺灣大學中文研究所博士論文，2000年6月），頁271-272。

[127] 蘇美文：〈章太炎《齊物論釋》之研究〉（淡江大學中文研究所碩士論文，1993年6月），頁171-172。

[128] 蘇美文：〈章太炎《齊物論釋》之研究〉，頁167-171。

上之意義便能彰顯。筆者以為，章太炎《齊物論釋》之研究，還需要梳理的問題是：章太炎《齊物論釋》「以唯識解莊」詮解《莊子》哪些思想層面？對於這個問題的釐清，對於章太炎《齊物論釋》之了解，必能加深加廣。

其九，黃建邦《章太炎《齊物論釋》莊佛會通思想之研究》，主要探討章太炎如何以唯識理論，重新建構莊學「齊物」的體系。該作首先檢視章氏會通莊佛的基礎；其次，觀察其以佛學詮釋莊學思想的脈絡；再者，審視《齊物論釋》的創新詮釋和思想會通，並分較其與原本莊學佛論迥異之處；最後，評定其思想體系的價值與時代意義[129]。

從上可知，學界對於歷代「以佛解莊」作品與發展脈絡之研究，已有一定的成績，但仍有許多不足、罅漏之處，值得再予深究、補強。此外，明・陸西星《南華真經副墨》，至今未見學者討論，這一研究空白，尤值填補。以陸氏《南華真經副墨》言，該書「以佛解莊」受到同時代焦竑的激賞，焦氏在其《莊子翼》一書大量引用其見解與觀點。

另外，關於清末楊文會的《南華經發隱》一書，雖然蘇美文《章太炎《齊物論釋》之研究》已略為提及，但楊氏實為「以唯識解莊」的發軔者，他的「以唯識解莊」之特點尤有深化分析之必要。至於探討章太炎《齊物論釋》的論文，蘇文、黃建邦文與黃錦鋐之〈章太炎先生的〈齊物論釋〉〉，皆有可觀處，其中後

---

[129] 黃建邦：〈章太炎《齊物論釋》莊佛會通思想之研究〉（中興大學中文研究所碩士論文，2003年1月）。

文簡短有力，惟其所提章太炎《齊物論釋》「以《莊子》思想詮釋佛氏理論」之觀點，則與事實恰恰相反[130]。

基本上，「以佛解莊」透露「佛道（包括道家與道教）」如何相激相攝的問題，尤其是從「以老莊會通佛學」，到「以佛解莊」的過程與轉變。成玄英《南華真經注疏》、王雱《南華真經新傳》、林希逸《莊子口義》、陸西星《南華真經副墨》、方以智《藥地炮莊》、釋淨挺《漆園指通》、楊文會《南華經發隱》、章太炎《齊物論釋》等「以佛解莊」的取向為何，乃成為本研究的焦點。

根據上面的問題敘述與文獻探討，本書主要透過「以空解莊」、「以禪解莊」、「以唯識解莊」等三方面條理、論述主題。「空」、「禪」與「唯識」分屬佛教大乘思想的不同體系，一是「性空唯名」，二是「真常唯心」，三是「虛妄唯識」[131]。這三種不同理論之運用，各闡發《莊子》哪些思想層面？在詮釋上帶來哪些「正面意義」與「負面意義」？這些同樣有待精研細究。

本書考察「以佛解莊」註疏之衍變，目的在揭示「以佛解莊」之發展成因、脈絡與現象及其在中國思想史之義涵，期以豐富中國思想史的研究。

---

[130] 黃錦鋐：〈章太炎先生的〈齊物論釋〉〉（《國文學報》第20期，1991年6月），頁40。

[131] 此依印順（1906-2005）以「三法印」為三系所依而提出之大乘三系「性空唯名論」、「虛妄唯識論」、「真常唯心論」的判教（氏著：《契理契機之人間佛教》，臺北：正聞出版社，1989年8月初版，頁16）。

第二章
「以佛解莊」的形成及其途徑

　　任何一種思想會通現象或交流活動，都有其形成之因與發展之跡。「以佛解莊」的興起與衍進，同樣有前因後果與發展軌跡。本章擬就其形成及途徑，作一梳理。

　　佛教與道教之互動、佛教與老莊思想之交流，往往隨著社會文化的發展及佛教思潮的衍進而變化，自然也就形塑了不同時代「以佛解莊」之內涵。這類以佛解《莊子》註疏觀的源流與取徑，依其歷史發展與詮釋之內容特徵，大致可分為三種：一是魏晉「佛道交流」：「以空解莊」的淵源及發展，二是唐代「莊禪合流」：「以禪解莊」的淵源及發展，三是清末民初「唯識盛行」：「以唯識解莊」的淵源及發展。

第一節　魏晉「佛道交流」：「以空解莊」的淵源及發展

　　魏晉時代「佛道交流」是「以佛解莊」之緣起，為「以空解莊」之根源。「以佛解莊」——「佛」與「莊」之會通如何

形成？這是個思想史的外緣問題。此一問題，可從「佛道交流」——包括「佛教與道教的互動」及「佛教與老莊的交會」談起。

一、佛教與道教的互動

佛教傳入中國之初，在面對、適應中國歷史悠久的傳統壓力下[1]，逐漸與和其思想比較相近的本土文化結合起來，形成一層深遠的「交流」關係。佛教史家湯用彤（1893-1964）說：

> 漢世佛法初來，道教亦方萌芽，紛歧則勢弱，相得則益彰。故佛道均藉「老子化胡之說」，會通兩方教理，遂至帝王列二氏並祭，臣下亦合黃老、浮屠為一，固毫不可怪也。[2]

依湯氏觀點，初來的印度佛教與本土甫萌芽的道教是彼此「搭

---

[1] 葛兆光說：「佛教進入中國後，處在中國語境籠罩之中，中國歷史悠久的傳統構成一種巨大的壓力，這種壓力是無形的，借用福科（Michel Foucault）的一個術語，叫『話語權力』，這種話語權力常常由三方面構成，一是世俗政權所擁有的強制性力量，二是這一文明區域中人們所形成的習慣理解與解釋方式，三是繼承了這一文明的歷史傳統的權威。佛教進入中國後面臨的三方面壓力都存在，它不可能改變這一話語權力的構成，於是，……在中國的語境中回應中國的問題時，佛教的思路其實是悄悄地發生變化。……常常傾向於提倡一種『從今』的、隨順時宜的態度，以消解強大的歷史壓力和傳統習慣。」（氏著：《中國思想史——七世紀前中國的知識、思想與信仰世界》，上海：復旦大學出版社，1999年1月初版，頁581）。

[2] 湯用彤：《漢魏兩晉南北朝佛教史》（臺北：駱駝出版社，1987年8月），頁61。

伴」成長的。佛教這種外來的知識、思想與信仰，在東漢初年入華，一開始是與黃老信仰、道教有所聯繫，被視為道術之一種，其流行之教理，與當時中國黃老方技相通。

「老子化胡說」是佛道二教交涉史上一個重要的公案。關於此說，現存之最早史料《後漢書·襄楷傳》云：

> 延熹九年（166），楷自家詣闕上疏曰：「……臣前上琅邪、宮崇受于（原書誤作「干」）吉神書，不合明聽。……又聞宮中立黃老、浮屠之祠。此道清虛，貴尚無為，好生惡殺，省慾去奢。……或言老子入夷狄為浮屠。浮屠不三宿桑下，不欲久生恩愛，精之至也。天神遺以好女，浮屠曰：『此但革囊盛血。』遂不眄之。其守一如此，乃能成道。」[3]

「老子化胡說」起於何人？不得而知。三國時，「化胡說」內容進一步有所發展。《三國志·魏書》卷三十〈烏丸鮮卑東夷傳第三十〉注引魚豢《魏略·西戎傳》稱：「《浮屠經》所載與中國《老子經》相出入，蓋以為老子西出關，過西域之天竺，教胡。浮屠屬弟子別號，合有二十九。」[4]可見《浮屠經》以老子為佛陀之師，為《老子化胡經》的形成奠定了基礎。到西晉，依

---

[3] 劉宋·范曄：《後漢書》卷二十下（北京：中華書局，2003年8月出版），頁1080-1082。
[4] 西晉·陳壽：《三國志》卷三十（北京：中華書局，1982年7月二版），頁859-860。

梁・慧皎《高僧傳・帛遠傳》云：「昔祖（帛遠）平素之日與浮（王浮）每爭邪正，浮屢屈，既瞋，不自忍，乃作《老子化胡經》以誣謗佛法。」[5]道佛之爭日益加劇，道士祭酒王浮與沙門帛遠辯論二教邪正後，遂撮合歷史上的老子化胡說，並創作《老子化胡經》，以證明道在佛先，道教地位應在佛教之上。

此外，更有「化華」之說，依西晉・竺法護譯《佛說申日經》云：

> 佛告阿難：我般涅槃千歲千歲已後，經法且欲斷絕，月光童子當出於秦國作聖君，受我經法，興隆道化。秦土及諸邊國，鄯善、烏長、龜茲、疏勒、大宛、于填，及諸羌虜夷狄，皆當奉佛尊法，普作比丘。其有一切男子女人，聞《申日經》，前所作犯惡逆者，皆得除盡。[6]

以佛陀遣聖入中國而教化之[7]。

由上面這些史料可見，在漢魏兩晉之際，無論是「老子入夷狄為浮屠」，或是「老子西出關，入天竺教胡——浮屠」，或是「某作《老子化胡經》以誣謗佛法」，或是「佛陀遣聖入秦弘化東土」等說法，都反映出佛教與道教二教的確都利用了「老子化胡說」這一歷史公案，作為傳播、發展本教的津梁。

---

[5] 梁・慧皎：《高僧傳》卷一（《大正藏》第50冊），頁327中。
[6] 西晉・竺法護譯：《佛說申日經》（《大正藏》第14冊），頁819中。
[7] 參見姜佩君：〈《老子化胡經》研究〉（文化大學中文研究所碩士論文，1993年6月），頁75-76。

在這種佛道互動的氛圍中,「以佛解莊」的《莊子》註疏本,有不少是由具有道士身分的人完成的(詳後)。因此,我們有必要略為探討《莊子》與道教的關係。

　　《莊子》雖然不如《老子》受到道教徒的青睞——尊老子為教祖;奉老子為神明;神化老子之「道」[8];對《老子》作出宗教性的詮釋與闡述;唐朝皇室自稱「老子之後」;唐高宗甚至封其為「太上玄元皇帝」——但在魏晉時代,《莊子》仍然被列為「三玄」之一;至唐,則更廣為道士所關注。

　　關於《莊子》思想的來源與性質,聞一多指出:

> 我常疑心這哲學(莊學)或玄學的道家思想必有一個前
> 身,而這個前身很可能是某種富有神祕思想的原始宗教,
> 或更具體點講,一種巫教。……這個不知名的古代宗教,
> 我們可暫稱為古道教。[9]

他舉例析道:

> 我們只要記得靈魂不死的信念是宗教的一個最基本的出發
> 點,對莊子這套思想,便不覺得離奇了。他所謂的「神
> 人」或「真人」,實即人格化了的靈魂。所謂「道」或
> 「天」實即「靈魂」的代替字。靈魂是不生不滅的,是生

8　《老子河上公注》是《老子》由道家學說向道教理論過渡的重要標幟。
9　聞一多:《神話與詩》(臺中:藍燈文化事業公司,1975年9月出版),頁143。

命的本體，所以是真的。因之，反過來這肉體的存在便是
假的。[10]

聞氏的觀點勾勒出《莊子》的宗教性質。

聞一多經比較發現，《莊子》比《老子》更接近道教的宗教
精神，他說：

> 後世的新道教雖奉老子為祖師，但真正接近道教的宗教精
> 神的還是莊子。《莊子》書裡實在充滿了神祕思想，這種
> 思想很明顯的是一種古宗教的反影。《老子》書中雖也帶
> 著很濃的神祕色彩，但比起《莊子》似乎還淡得多。[11]

在他看來，《莊子》雖後來才受到道士的推重，然其內容之宗教
色彩實不亞於《老子》。

大體說來，漢魏兩晉南北朝，道教與佛教互動之概況是：
佛教初傳漢地，除了依附中國本土的儒家、道家外，與約同一時
期萌芽、興起的「道教」亦相互模仿、觀摩。東晉以後，佛教逐
漸擺脫對玄學與道家的依附關係，發展出獨立的力量，而道教勢
力相對於佛教則有相形見絀之勢。道教之於佛教不免衍生敵意，
上面西晉道士王浮作《老子化胡經》，把佛道議題設定為「夷夏

---

[10] 聞一多：《神話與詩》，頁146。
[11] 聞一多：《神話與詩》，頁144。

之辨」，即是一個例證。佛、道雙方為宗教之傳播與信仰之領導權，已由原來的「和諧互動」變為「對立鬥爭」，且由義理之辯駁轉而訴諸武力之壓迫，造成佛教在歷史上有名的「三武法難」[12]。

值得注意的是，這一時期道教出現「融佛於道」的作法與跡象。由於東西兩晉時代，佛教在社會上發展較快，又有深奧的理論、整理良好的經典、完備的制度，道教不得不受到衝擊。經過葛洪（261-341）、寇謙之（365-448）、陸修靜（406-477）、陶弘景（456-536）等人的努力，漸漸完成道教的教會組織、理論體系、經典撰輯、教規教儀、神仙系譜等，一步步邁向成熟的境地。其中不乏「融佛於道」的歷史事實。

根據卿希泰的研究，東晉之後，道教廣泛吸取了佛教思想，諸如：北魏道士寇謙之借鑒佛教，建立道教教規、教儀；劉宋道士陸修靜吸收佛教思想創建道教齋儀，並改造天師道；梁代道士陶弘景融入釋家理論尤為突出[13]。《南史‧陶弘景傳》載，

---

[12] 佛教有所謂「三武一宗法難」，其中與佛道衝突有關者為「三武法難」。依卿希泰的研究，「佛教史書上所謂『三武一宗法難』，有兩次就發生在北朝。一次是北魏太武帝太平真君中的廢佛；一次是北周武帝建德中的廢佛。這前後兩次的廢佛事件，連同其他一些大大小小的鬥爭，表現了『三教』之間主要佛、道之間的激烈衝突。」（卿希泰主編：《中國道教史》第一卷，成都：四川人民出版社，1996年12月第二版，頁445）。卿氏又說：「武宗在位期間，於會昌五年（845）所發動的『廢佛』事件，也與他崇奉道教、寵信道士有關。史載：『（趙）歸真乘寵，每對，排毀釋氏，言非中國之教，蠹耗生靈，盡宜除去，帝頗信之。』」（同上，第二卷，頁366）。他以為，「徽宗崇道的同時，卻發生了廢佛衛道的事件。在這一事件中，有兩人起了大的作用：一是徽宗本人，一是道士林靈素。就徽宗而言，廢佛行動既含有個人好惡因素，又有深刻的政治、文化背景。……至於林靈素，其非毀佛教，則純係個人挾私泄憤，並不能體現大多數道士的意志。」（同上，頁627）。

[13] 卿希泰：《道教與中國傳統文化》（福州：福建人民出版社，1990年9月初

陶氏「曾夢佛授其菩提記云，名為勝力菩薩。乃詣鄮縣阿育王塔自誓，受五大戒。」[14]逝世前，遺令弟子「以大袈裟覆衾蒙首足。明器有車馬。道人（僧人）道士並在門中，道人左，道士右。」[15]足徵他之熱衷佛教。

　　同卿氏看法一致，治道教思想史的唐大潮在追溯道教「三教合一」思想論的源頭時指出，南北朝時期的道教經書，「大量吸取佛教思想」：諸如《太上洞玄靈寶智慧定志通微經》、《太上洞玄靈寶三元品戒功德輕重經》等，「很明顯是以佛教的大乘空宗思想來解釋『形神』、『生命』等問題」[16]。此外，佛教的因果報應、五道輪迴、地獄天堂說，在此時的道教經書中也是「連篇累牘，觸目皆是」[17]，不勝枚舉，在在反映道士「融佛於道」的史實。

二、佛教與老莊的交會

　　如前所述，佛教初入中國，與道教已有某種聯繫，而佛教與老莊也逐漸建立起「溝通橋梁」。及至魏晉，玄學清談漸盛，中國學術重心轉移，而佛教則更依附玄理，於是老莊與佛學有了交

　　版），頁165-166。

[14] 唐・李延壽：《南史》卷七十六（北京：中華書局，1975年初版），頁1899。

[15] 唐・李延壽：《南史》卷七十六，頁1900。

[16] 唐大潮：《明清之際道教「三教合一」思想論》（北京：宗教文化出版社，2000年6月初版），頁98-99。

[17] 唐大潮：《明清之際道教「三教合一」思想論》，頁99。

涉，其中最被討論的是《牟子[18]理惑論》[19]融合佛與老莊之說，開佛家玄風之端。該書載牟子「銳志於佛道，兼研《老子》五千文」，其文云：

> （牟子云）方世擾攘，非顯己之秋也。乃歎曰：「老子絕聖棄智，修身保真，萬物不干其志，天下不易其樂，……故可貴也。」於是銳志於佛道，兼研《老子》五千文。[20]

牟子作論，兼取釋家與老莊。《牟子理惑論》又載：

---

[18] 關於「牟子」為誰？向來頗有爭議。據梁・僧祐《弘明集》卷一云：「（《牟子理惑》）一云蒼梧太守牟子博傳。」（《大正藏》第52冊），頁1上），或即「牟子博」。明・胡應麟指出《理惑論》的作者牟子不是牟融，疑為「六朝、晉、宋間文士偽撰」（氏著：《四部正訛》，臺北：開明書局，1969年4月初版，頁65）。其後，清・孫星衍編《孫氏祠堂書目內編》把《牟子》收了進去（氏著：《孫氏祠堂書目內外編》卷一，臺北：廣文書局，1969年出版，頁37）。接著，晚清學者孫詒讓則確認此書為東漢牟子所作（氏著：《籀稿述林》卷六，臺北：廣文書局，1971年出版，頁299-301）。梁啓超作〈牟子理惑論辨偽〉，否定牟子真有其人，認為此書是後世偽造，內容文字都欠佳，「為晉六朝鄉曲人不善屬文者所作」（氏著：《佛學研究十八篇》，臺北：中華書局，1985年5月五版，頁11）。到了呂澂則主張《牟子理惑論》「應該屬於偽書」，「作者決非漢末時人」，因「當時佛家的學說不會有書內記載的情況」，推定為「約當晉宋之間」所出（氏著：《中國佛學源流略講》，臺北：里仁書局，1985年1月初版，頁28-29）。另外，湯用彤與周叔迦二人同樣認為該書是漢牟子所作無疑（湯用彤：《漢魏兩晉南北朝佛教史》，頁121；周叔迦《周叔迦佛學論著集・中國佛教史》上冊，北京：中華書局，1991年1月初版，頁116）。

[19] 《牟子理惑論》是佛教初傳時的一部中國佛教論著、中國佛教史上有關「三教關係」的最早著作。該書最早見於劉宋明帝（465-471在位）時人陸澄（425-494）《法論》一書中，但《法論》早已失傳，今收於梁・僧祐《弘明集》。關於《理惑論》之研究，詳見久保田量遠《支那儒道佛交涉史》第一章〈佛教傳來之後三教交涉之發端〉；湯用彤《漢魏兩晉南北朝佛教史》第四章〈漢代佛法之流布〉。

[20] 梁・僧祐：《弘明集》卷一（《大正藏》第52冊），頁1中。

問曰：云何佛道至尊至快、無為儋怕（應作「澹泊」），
世人學士多謗毀之云。……牟子曰：……靈龜發夢於宋
元，不能免豫且之網[21]。大道無為，非俗所見，不為譽者
貴，不為毀者賤，用不用自天也。[22]

問曰：見博其有術乎？牟子曰：由佛經也。……雖誦五
經適以為華，未成實矣。既吾睹佛經之說，覽《老子》
之要，守恬儋（應作「澹」）之性，觀無為之行，還視世
事，……五經則五味，佛道則五穀矣！吾自聞道以來，如
開雲見白日，矩火入冥室焉。[23]

　　由《牟子理惑論》可見，「佛與老莊」已有「同言並論」之
現象。故湯用彤認為：

至魏世一變而好尚老莊之學。東京佛法本可視為道術之一
種，而魏晉釋子則襲玄學清談。牟子援引《老》、《莊》
以申佛旨，已足徵時代精神之轉換。[24]

---

[21] 〈外物〉篇云：「宋元君夜半而夢人被髮闚阿門，……元君覺，使人占之，曰：
『此神龜也。』……君曰：『獻若之龜。』龜至，君再欲殺之，……仲尼曰：
『神龜能見夢於元君，而不能避余且之網；知能七十二鑽而无遺筴，不能避刳腸
之患。』」（清・郭慶藩輯：《莊子集釋》卷九上，臺北：華正書局，1985年8
月初版，頁933-934）。
[22] 梁・僧祐：《弘明集》卷一，頁5中。
[23] 梁・僧祐：《弘明集》卷一。
[24] 湯用彤：《漢魏兩晉南北朝佛教史》，頁78。

有別於佛教初傳漢地「依附黃老」的方式，在魏世清談的思潮與玄學的語境中，有了「援老莊以說佛」的跡象。這種莊佛互動，隨著佛教經典中譯的增加而益為明顯。

　　早期進入中國的重要譯經師，如漢末的安世高[25]、支婁迦讖[26]、支謙[27]與竺法護[28]（約265-313）等人，已譯出若干禪數及般若學兩個系統的經典，其中屬於般若經典者，如支婁迦讖《道行般若經》[29]、支謙《大明度無極經》[30]（即《道行般若經》之異譯）、竺法護《光讚般若經》等經，以及華人朱士行到西域覓取《般若經》原本，送回中土，而由竺叔蘭譯出的《放光般若經》。這些般若經典雖然零散不全，但受到當時佛教界的喜愛，研讀者或多或少可從中汲取其精粹。

---

[25] 安世高，安息國人，漢桓帝初入中夏，未久即通漢語文，譯《安般守意經》、《陰持入經》與《大小十二門經》等數十部。主要傳播小乘佛教「說一切有部」之毘曇學和禪定理論。中國早期佛學之流布，由其奠定基礎，是將禪觀引進華土的第一人。

[26] 支婁迦讖，又稱「支讖」，大月支人。漢末桓帝在位年間（147-167）至洛陽，從事譯經，共譯出《道行般若經》、《般舟三昧經》與《雜譬喻經》等，其中以《道行般若經》最為重要，乃般若系各種經典中最早的譯本，該書促進了魏晉時代玄學清談之風，而《般舟三昧經》則是慧遠的廬山東林寺等念佛社之主要經典。

[27] 支謙，一名越，字恭明，大月支人，為三國吳之譯經家。東漢獻帝末年隨族人避亂東吳，拜為博士。自吳黃武元年（222）至建興年中（252-253），約三十年間，致力於佛典漢譯工作，主要譯出《維摩詰經》、《大阿彌陀經》、《首楞嚴經》、《大明度經》等大小乘經典四十九部。

[28] 竺法護，又稱法護，即曇摩羅剎（一作「曇摩羅察」），乃西晉譯經僧，祖先大月支人，世居敦煌。八歲出家，師事竺高座，遂以竺為姓。時大乘經典多在西域，乃隨師游歷西域諸國，通三十六國語，遍學諸經古訓及音義，攜大量胡本還。自敦煌至長安，沿路傳譯；泰始二年（266）譯《須真天子經》。其後又譯《修行道地經》、《勇伏定經》等；永嘉二年（308）於天水（今甘肅天水市西南）譯《普曜經》，對大乘佛教在中國之傳播有重大影響。主要之譯經有《光讚般若經》、《正法華經》等。

[29] 《道行般若經》或云《摩訶般若波羅蜜經》，在漢靈帝光和二年（179）譯出（梁・僧祐：《出三藏記集》卷二，《大正藏》第55冊，頁6中）。

[30] 梁・僧祐：《出三藏記集》卷二，頁6中。

這些早期的般若經典，在翻譯的過程中，不乏引借老莊思想以解說佛理。例如，支婁迦讖《道行般若經》云：「佛言，菩薩摩訶薩心念如是，我當度不可計阿僧祇人，悉令般泥洹，如是悉般泥洹，是法無不般泥洹一人也。何以故？本無故。」[31]乃借「本無」以說佛教「本空」的理論。梁‧劉虬（437-495）即指出：

> 自極教應世，與俗而差。神道救物，稱感成異。玄圃以東，號曰太一，罽賓以西，字為正覺。東國明殃慶於百年，西域辯休疚於三世。希無之與修空，其揆一也。[32]

以為《老子》之「無」與佛教之「空」無異，可為例證。

　　東晉偏安後，南方般若之學日以興盛，那時研究般若學可考者就不下五十餘人。他們或各抒己意，或比較異同，或相互品評，以致派別林立，形成中國佛教史所稱「六家七宗」之多元化格局，其中講說最為熱烈者莫如道安[33]（約312-385）。而支道林[34]也是當時相當出色的僧人，他的般若思想被列為「六家七

---

[31] 後漢‧支婁迦讖：《道行般若經》卷一（《大正藏》第8冊），頁427下。

[32] 梁‧僧祐：《出三藏記集》卷九〈無量義經序〉，頁68中。

[33] 梁‧慧皎《高僧傳》卷五〈道安傳〉云：「安窮覽經典，鉤深致遠，其所注《般若道行》、《密跡》、《安般》諸經，並尋文比句，為起盡之義，乃析疑甄解，凡二十二卷。……安在樊沔十五載，每歲常再講《放光般若》，未嘗廢闕。」（《大正藏》第50冊，頁352上-下）。

[34] 關於支道林的著作，梁‧慧皎《高僧傳‧支遁傳》載有：〈逍遙論〉、〈上書告哀帝〉與〈座右銘〉等作品（《大正藏》第50冊，頁348中-349下），再加上梁‧僧祐《出三藏記集》卷八所收〈大小品對比要抄序〉（《大正藏》第55冊，頁52上）、劉宋‧劉義慶《世說新語‧文學第四》記載之〈妙觀章〉等作。此外，唐‧道宣《廣弘明集‧統歸篇》卷十錄有：〈四月八日讚佛詩〉、〈詠八日詩三首〉、〈五月長齋詩〉、〈八關齋詩序〉、〈八關齋詩三首〉、〈詠懷詩

宗」之「即色宗」。在「以佛解莊」的發展史中，支道林起了微妙的先導作用。

　　基本上，「言語談論，各有時也」，故魏晉佛教借道家之「無」說佛家之「空」，或借道家之「道」說佛家之「實相」，這是一種「權宜」，並不唐突。本來語言文字的翻譯需要應用自己本土原有的語詞去一一對應，互相融通、彼此挪借。佛教在此時期尚未成為「擁有權力」的「話語」，這就是中國思想史上所稱的「格義佛教」的時代，亦即「借老莊以說佛」的時代。然這個時期，佛教「空」的思想還未被澈底理解。

　　中國佛教對於「空」義的認識，在道安往生後，來到中國的羅什，矻矻於龍樹中觀學的譯作，使龍樹《中論》、《十二門論》及其弟子提婆《百論》之大乘佛法，得在中國佛教界推播開來，促成佛教「空」義可以被進一步的理解與受用，佛教也才確立了自己的思想畛域，形成一以「空」之思想為主的時期。其中尤以僧肇所作而為後人集結成之《肇論》[35]，乃中國佛教史上第一本有關龍樹中觀學的著作[36]。雖然後來龍樹中觀學並未因此大盛，但在中國思想史上已產生一定的影響。

五首〉、〈述懷詩二首〉、〈詠大德詩〉、〈詠禪思道人〉、〈詠山居〉等詩（《大正藏》第52冊，頁349中-351中）；同書卷十五〈佛德篇〉另載有：〈釋迦文佛像讚（幷序）〉、〈阿彌陀佛像讚（幷序）〉、〈文殊師利讚〉、〈彌勒讚〉、〈維摩詰讚〉、〈善思菩薩讚〉、〈不二入菩薩讚〉、〈首閉菩薩讚〉、〈不昫菩薩讚〉、〈善宿菩薩讚〉、〈善多菩薩讚〉、〈首立菩薩讚〉、〈月光童子讚〉等讚文（同上，頁195下-197下）。

[35] 僧肇的作品，除了《肇論》外，有《注維摩詰經》、〈維摩詰經序〉、〈長阿含經序〉、〈百論序〉、〈梵網經序〉等著作。

[36] 參見邱敏捷：《《肇論》研究的衍進與開展》（高雄：復文書局，2003年1月初版）。

龍樹「空宗」思想傳入中國，其學術文化效應之一便是：佛教「空」義成為「以佛解莊」「最先登場」模式的主要依據。可以說，老莊「無」義與般若「空」義的「比附」，為後代「以佛解莊」建構了「雛形」；而「六家七宗」之引用早期《般若經》與僧肇《肇論》之吸收羅什所譯龍樹中觀思想，則為後世「以空解莊」之淵源，開啟了「以佛解莊」之歷史序幕。

　　早期在佛教與老莊交流的過程中，將老莊之「無」等同於佛教的「空」，於是「空」這個佛教最為核心的思想，也就成為「以佛解莊」的主要途徑之一。同時「以空解莊」也是「以佛解莊」方式最早發生，而且是歷時最為長久的（詳後）。

　　「空宗」思想隨著羅什與僧肇相繼辭世、關中大亂、龍樹思想無人繼承、真常思想大量譯出，以及各宗思想紛起等時代變遷，逐漸不被重視[37]。然「空」思想卻深烙於士人心中，源遠流長。這之間又有三論宗、天台宗的興起，故有關「空」的討論，更形豐富而有變化，尤其是對於「法相與法性空寂的關係」之探究。其中，天台宗承繼中觀而來，雖然抱持「法性不二、空有不二」思想，然「空」中有了「不空」的思維，於是從「空」推演

---

[37] 另者，涂艷秋說：「羅什的思想固然因為僧肇的關係得到了繼承與發展，但般若思想的轉折也是起自關河僧團的內部，而且是起自羅什的大弟子僧叡。……弘始十年，他（僧叡）突然視般若為『冥末解懸』的工具。認為它只是用來止息紛亂的心識，消解名言戲論的工具。……僧叡讀了法顯所帶來的《大般若泥洹經》之後，便正式宣稱《般若經》只是『祛其染滯，除其虛妄』的經典，指出真正代表實相的是《泥洹經》。……般若思想在羅什過世後不久就為佛性思想所取代。從外在條件而言，這是因為法顯帶回了《大般若泥洹經》的影響。但從內部的條件來看，般若思想中的畢竟空是很難徹底的被人所接納。因為佛教既要主張輪迴與成佛，又要主張畢竟無所有，這當中的矛盾的確不易解釋。」（氏著：《鳩摩羅什般若思想在中國》，臺北：里仁書局，2006年2月初版，頁328-329）。

出「不空」，乃至由「性空」到「妙有」的軌跡，於是，「真空妙有」的思想隨之而起[38]。

不管是從「空」到「不空」或「真空妙有」，「以空解莊」之現象，從唐・成玄英《南華真經注疏》，經宋・王雱《南華真經新傳》，到明・陸西星《南華真經副墨》等，約長達一千年的時間。在他們的註文中，輒應用佛教「空」的思想以註解、詮釋《莊子》。

第二節　唐代「莊禪合流」：「以禪解莊」的淵源及發展

隋代，為由大紛亂而進於大統一之過渡。到了有唐一代，中國政治與文化均相當隆盛；宗教上，尤以佛教禪宗之力量為最大。禪宗隨著時代之發展，漸行漸盛。梁・普通年中（520-526，一說南

---

[38] 關於從「空」到「不空」，乃至「真空妙有」之思想發展，印順作了下面分析：「如天臺，……著重於法性，都自稱性宗，以圓融見長。從法性平等不二的立場來說，一切事相都為法性所融攝；一切染淨法相，都可說即法性的現起。因此，天臺宗說『性具』……。一切法，即法性，不異法性，所以不但法性不二，相與性也不二──理事不二。」（氏著：《佛法是救世之光》，臺北：正聞出版社，1992年4月修訂一版，頁185-186）。天台宗雖然抱持「法性不二、空有不二」，然「空」中有了「不空」的思維。從「空」推演出「不空」，乃至由「性空」到「妙有」的軌跡，印順也條理道：「般若法門的『一切皆空』，天臺學者說得好：或見其為空，或即空而見不空，或見即空即不空，非空非不空。換言之，《般若經》所說的空，有一類根性，是於空而悟解為不空的；這就是在一切不可得的寂滅中，直覺為不可思議的真性（或心性）。大乘佛教從性空而移入真常妙有，就是在這一意趣下演進的。」（氏著：《中國禪宗史》，臺北：正聞出版社，1987年4月四版，頁55）。於是，「真空妙有」的思想隨之而起。

朝宋末），菩提達摩[39]（？-528，以下簡稱達摩）承繼求那跋陀羅[40]（394-468）一路衍傳而來的禪宗，在華夏傳統文化的土壤上，培植出中國禪宗這朵波羅花，並將衣缽傳給慧可[41]（487-592），再經

---

[39] 菩提達摩，一作菩提達磨，南天竺人。南朝宋末航海東來，初達南越，後又北行至魏，傳求那跋陀羅所譯之四卷《楞伽經》，所修禪法名為「壁觀」。唐·道宣《續高僧傳》卷十六〈菩提達摩傳〉云：「菩提達摩，……神慧疏朗，聞皆曉悟，志存大乘冥心虛寂。……如是安心謂壁觀也；如是發行謂四法也。如是順物教護譏嫌；如是方便教令不著。然則入道多途，要唯二種，謂理行也，藉教悟宗，深信含生同一真性，客塵障故，令捨偽歸真，疑住壁觀，無自無他凡聖等一，堅住不移不隨他教，與道冥符寂然無為名理入也。行入四行萬行同攝。初報怨行者。……二隨緣行者。……三名無所求行。……四名稱法行。……自言年一百五十餘歲。遊化為務不測于終。」（《大正藏》第50冊，頁551中-下）。

[40] 求那跋陀羅，義譯為功德賢，中天竺人，同菩提達摩一樣，也是從南方海道入華。達摩不用菩提流支所譯《入楞伽經》十卷，而運用求那跋陀羅所譯四卷《楞伽阿跋多羅寶經》，印順以為其中大有學問。他說：「達摩『初達宋境』，以四卷《楞伽》印心，達摩是有晤見跋陀，並稟受《楞伽》法門之可能的。在達摩禪的傳承中，弘忍門下就有這一傳說，如《楞伽師資記》（《大正藏》第85冊，頁1284下）說：『魏朝三藏法師菩提達摩，承求那跋陀羅三藏後。』達摩繼承跋陀，是本於『古禪訓』的：『求那跋陀羅禪師，以《楞伽》傳燈，起自南天竺國，名曰南宗，次傳菩提達摩禪師。』道宣的達摩『初達宋境』，也暗示了這一消息。但在中國禪宗的傳承中，跋陀三藏的地位，被遺忘了。」（氏著：《中國禪宗史》，頁17-18）。對此，楊曾文則持相反觀點，他說：「禪宗史書一般皆以菩提達摩作為漢地（東土）禪宗初祖，唯獨此書以《楞伽經》的譯者求那跋陀羅為初祖。雖然達摩與其弟子重視以《楞伽經》的心性思想指導坐禪，但《楞伽經》的作者求那跋陀羅與達摩以及繼承達摩禪法的人之間並沒有直接的聯繫。」（氏著：《唐五代禪宗史》，北京：中國社會科學出版社，1999年5月初版，頁139）。楊氏又說：「淨覺是為了強調《楞伽經》在奉達摩為祖的北宗禪法中的指導地位，才把此經的譯者求那跋陀羅奉為初祖的。至於求那跋陀羅在時間上略早於菩提達摩，兩者之間沒有直接聯繫的事實，對他來說並不重要。應當指出的是，這種做法並非是他的首例。」（同上，頁140）在楊氏看來，求那跋陀羅與達摩並無直接關係。

[41] 唐·道宣《續高僧傳》卷十六〈釋僧可〉云：「釋僧可，一名慧可，俗姓姬氏，虎牢人，外覽墳素，內通藏典，末懷道京輦，默觀時尚，獨蘊大照，解悟絕群。雖成道非新，而物貴師受，一時令望，咸共非之。……年登四十，遇天竺沙門菩提達摩遊化嵩洛。可懷寶知道，一見悅之。奉以為師。畢命承旨，從學六載，精究一乘。……後以天平之初，北就新鄴，盛開祕苑，滯文之徒，是非紛舉，時有道恒禪師，先有定學，王宗鄴下，徒侶千計。承可說法，情事無寄，謂是魔語。……始悟一音所演，欣怖交懷。海跡蹄瀅，淺深斯在。可乃縱容順俗，時惠清猷，乍託吟謠。……故末緒卒無榮嗣。」（《大正藏》第50冊，頁551下-552上）。

僧璨[42]（？-606）、道信[43]（580-651）、弘忍[44]（602-675），代代
薪火相傳到慧能[45]（638-713）。

　　當然這之間，屬於北宗初期禪史的著作則載「神秀」（？

---

[42] 關於僧璨傳法於道信的記載，唐‧道宣《續高僧傳》卷二十〈道信傳〉並沒有
明言，僅說：「又有二僧莫知何來，入舒州皖公山靜修禪業。（道信）聞而往
赴，便蒙授法。」（《大正藏》第50冊，頁606中）。關於此「二僧」，唐‧杜
朏《傳法寶記》指明為僧璨與「同學定禪師」，其文云：「釋僧璨，……與同學
定禪師，隱居皖公山。」（引自柳田聖山：《初期禪史書的研究》，京都：
禪文化研究所，昭和41年出版，頁565）。唐‧道宣《續高僧傳》卷十一〈辯義
傳〉云：「四年春末，（辯義）又奉敕於廬州獨山梁靜寺起塔。……處既高敞，
而恨水少，僧眾汲難。本有一泉，乃是僧璨禪師燒香求水，因即奔注。至璨亡
後，泉涸積年。及將擬置，一夜之間，枯泉還涌。」（《大正藏》第50冊，頁
510下）。因此，印順說：「廬州獨山，在皖公山東，與皖公山相連。所以論地
點，這位獨山僧粲禪師，與傳說的皖公山粲禪師，顯然是同一人。……皖公山的
粲禪師，在道宣的《續高僧傳》中，雖〈道信傳〉沒有明文，卻存在於不同傳說
的〈辯義傳〉中。所以弘忍門下所傳，道信從僧璨得法，應該是可信的。」（氏
著：《中國禪宗史》，頁47）。
[43] 道信，為中國禪宗第四祖。嗣法於僧璨，傳於弘忍。湖北蘄州廣濟人，俗姓司
馬。據《景德傳燈錄》卷三載，師於幼時即慕空宗諸解脫門而出家，隋開皇十
二年，入舒州皖公山參謁僧璨，言下大悟，奉侍九年，得其衣。大業十三年
（617），領徒眾至吉州廬陵，遇群盜圍城七旬，其時泉井枯涸，眾皆憂懼，師
乃勸城中道俗念《摩訶般若》；盜賊遙望城，如有神兵守之，遂解圍而去。後師
欲往衡岳，路出江州，道俗請留廬山大林寺。另，因所住「破頭山」後改稱「雙
峰山」，故世人又稱其為「雙峰道信」。著有《入道安心要方便法門》、《菩薩
戒作法》等書。
[44] 弘忍，唐代僧，為中國禪宗第五祖。江西潯陽（今九江）人，或謂蘄州黃梅（今
湖北蘄春）人，俗姓周。七歲，從四祖道信出家於蘄州黃梅雙峰山東山寺，窮
研頓漸之旨，遂得其心傳。唐永徽二年（651）五十一歲，道信入寂，乃繼承師
席，世稱「五祖黃梅」，或僅稱「黃梅」。咸亨二年（671），傳法於六祖慧
能。禪宗自初祖菩提達摩至唐代弘忍之傳承，為後世禪宗各派所承認。弘忍繼此
傳承，發揚禪風，形成「東山法門」。弘忍之思想以悟徹心性之本源為旨，守心
為參學之要，門下甚眾。相傳著有《最上乘論》一卷，或以為偽作。
[45] 慧能，或作惠能，唐代名僧。祖籍范陽（今北京西南），俗姓盧，生於南海新興
（廣東新州）。據《六祖法寶壇經‧行由品》載，其父早亡，家貧，常採薪汲水
以奉母。一日負薪至市，聞客讀誦《金剛經》，心即開悟，時五祖弘忍住蘄州
黃梅之東禪院，法門甚盛。師乃前往拜謁。五祖識其為真能傳大法者，乃夜召入
室，潛授衣法，並遣其連夜南歸。儀鳳元年（676）至南海，遇印宗法師於法性
寺，遂依之出家，受具足戒。翌年，移住於韶陽曹溪寶林寺，弘揚「直指人心，
見性成佛」之頓悟法門。與神秀於北方所倡之漸悟法門相對，史稱「南頓北漸、
南能北秀」。

-706）為得弘忍之衣鉢者，如唐・杜朏《傳法寶紀》載其傳承為：菩提達摩、慧可、僧璨、道信、弘忍、法如與神秀[46]；唐・淨覺（約683-750）《楞伽師資記》[47]所敘之傳承為：求那跋陀羅、菩提達摩、慧可、僧璨、道信、弘忍、神秀[48]等，都把「神秀」列為六祖或七祖。不過，北宗的命運，由於中原文化的全面衰落，而漸歸泯滅，如論者所言：

> 北宗的衰落，……就是經歷武宗的滅法（845），晚唐及五代的軍政混亂，民生凋敝，引起中原文化的全面衰落。北宗……也就漸歸於泯滅，獨讓南方的禪者盛行中國。[49]

南方禪者大盛於中國，「莊禪合流」與南方的禪者——慧能門下關係尤密。

慧能在曹溪設壇說法，「直指人心」、「見性成佛」的「頓悟說」，一枝獨秀，廣為僧俗所鍾愛。「曹溪流派」瓜瓞綿延，有中原的荷澤宗、江南的洪州宗與石頭宗、劍南的保唐宗[50]等。

---

[46] 唐・杜朏：《傳法寶紀》（藍吉富主編：《禪宗全書》第1冊，臺北：文殊出版社，1988年4月初版），頁22。

[47] 《楞伽師資記》，又稱《楞伽師資血脈記》，唐・淨覺集於景龍二年（708）頃。本書記述《楞伽經》八代相承傳持之經過，北宗立場所撰述之初期禪宗傳承史。由於初期宗師之傳法特重《楞伽經》，故名為《楞伽師資記》。

[48] 唐・淨覺：《楞伽師資記》（藍吉富主編：《禪宗全書》第1冊，臺北：文殊出版社，1988年4月初版），頁5-20。

[49] 印順：《中國禪宗史》，頁294。

[50] 有關劍南的保唐宗，鈴木大拙《禪思想史研究第二》、宇井伯壽《禪宗史研究》等相關研究並未提及；關口真大《禪宗思想史》則以保唐宗為弘忍門下之宗派（氏著：《禪宗思想史》，東京：山喜房佛書林，昭和39年7月初版，頁204）。不過，印順依《歷代法寶記》所載，認為：「無住初與老安門下有關，而出家是

其中，中原的荷澤宗與北宗同樣因武宗滅法與軍政混亂而衰落。而洪州宗與石頭宗等，這些「慧能門下，發展在江南的，逐漸的面目一新，成為中國禪（即「禪宗中國化[51]」），那是受到牛頭禪（也就是老莊化）的影響。」[52]因此，「莊禪匯合」在慧能之後便逐漸明朗化。

慧能的再傳弟子。與淨眾寺的金和尚無相，僅有極短暫的、形式上的關係。……無住並以傳衣為據，自以為直承慧能的頓法，這應該是（至少是依附）曹溪門下的一流。無住住成都的保唐寺，受相國杜鴻漸的尊信。傳禪的時代並不長，從永泰二年（766）到大曆九年（774），只有九個年頭，時代與道一、希遷相當。」（氏著：《中國禪宗史》，頁326）。無住遇到弘忍門下慧安弟子陳楚璋，密契相知。天寶年間，會見慧能弟子自在和尚，削髮披衣。乾元二年，在成都金和尚處，也隨眾「受緣」三日夜。由此，印順推論「保唐宗」應為慧能門下一支。

[51] 從內在思想理路上看，首先是「禪宗的儒學化」，禪宗與儒家的思想內涵及修養理論相結合，並且將「成佛」視為「不離現實世間的生活」。在思想上，禪宗的「眾生是佛」、「即心是佛」、「心性本淨」、「自心是佛」，與儒家的「人人皆可為堯舜」、「反身而誠」、「性善論」、「存誠盡性」、「盡心知天」等相通。在修養上，禪宗的「佛向心中作，莫向心外求」與孟子的「反身而誠」頗為契合；禪宗的「頓悟成佛」與孔孟的「我欲仁，斯仁至矣」可謂同調；神秀主張的「時時勤拂拭」以免清淨本心受染，與儒家孔孟的「正心」、「明明德」等修養方法，也有異曲同工之處。尤其，禪宗將禪修的工夫融入日常生活之中，提倡「平常心即是道」，將成佛視為不離現世生活而通過個人修行即可達到的一種解脫涅槃境界。除了佛教大乘入世精神外，也與來自儒家肯定現世及積極入世修身養性以成賢聖的思想有關。其次是禪宗的老莊玄學化，從佛教初傳之時即已產生，如支婁迦讖、支謙在所譯的佛經中就大量借用了老莊道家術語，因此，早期便有所謂「格義佛教」，造就了玄學化的六家七宗的般若學。老莊玄學與佛教思想一直有不解之緣，禪宗的玄學化比儒學化之程度有過之而無不及。老莊玄學家所說的「道」，雖然不比儒家「性善」等思想理論與禪宗「如來藏」的思想那麼貼近，但老莊玄學的自然主義與人生態度卻可以與禪宗的修行相似。無論是達摩的「安心無為」、「形隨運轉」（唐·道宣：《續高僧傳》卷十六，《大正藏》第50冊，頁551下），還是僧璨的「放之自然」、「任性合道」（隋·僧璨：《信心銘》，《大正藏》第48冊，頁376下），道信的「直（須）任運」（唐·淨覺：《楞伽師資記》，《大正藏》第85冊，頁1287中），神秀的「自然無礙解脫」（敦煌本《無題》，引自洪修平：《禪宗思想的發展與形成》，高雄：佛光文化事業公司，1991年10月，頁464），慧能「南宗禪」的「隨緣任運」，都可以看到禪宗與道家自然即無為的融會。胡適十分強調禪宗的自然主義無為哲學與人生觀的關係，甚至認為「古來的自然主義的哲學與佛教思想的精采部分相結合，成為禪宗的運動。」（氏著：《白話文學史》，臺北：遠流出版社，1986年10月二版，頁41）這都是佛教與中國文化融合後所形成的。

[52] 印順：《中國禪宗史》〈自序〉，頁10。

攸關「莊禪合流」之現象，有必要探討的課題是：（一）「莊禪」何時匯合？（二）兩者有哪些相近思想「合流」？而與「莊禪合流」相涉，且與其後續效應有關的是「禪宗中國化」的問題。

　　使「禪宗中國化」的關鍵人物，向來主要有三種說法：一是胡適（1891-1962）所倡言的「神會」（668-760）；二是錢穆（1894-1990）所主張的「慧能」[53]；三是印順所提出的「法融」（594-657）。

　　胡適〈荷澤大師神會傳〉以為《壇經》的作者是神會。他引用敦煌寫本《壇經》慧能臨終時預言二十餘年後之事——即所謂「懸記」[54]，考察《壇經》的來歷。胡適認為，此預言乃成於神會或神會一派之手[55]。接著，胡適又徵引宗密《禪門師資承

---

[53] 吳怡（1939-）有關中國禪宗史研究之《禪與老莊》與《逍遙的莊子》二書，對於初期禪史的主張與錢穆近似，認為「慧能」從「印度禪」開出「中國禪」。他說：「至於惠能，承接了弘忍般若……，以《金剛經》教人，卻不同於楞伽宗的系統。此後禪宗的心要，不再強調小乘的禪法，不再強調漸修的禪定，而是在中國思想的園地內，受大乘佛學的滋潤，所生長出來的禪道。所以自惠能開始，才真正揮脫了印度禪的色彩，建立了中國的禪宗。……從惠能開創出來的中國禪宗，已完全脫離了印度禪的老路，而由中國人自己的方法，自己的情趣，自己的智慧，建立了一套屬於中國人自己的佛學。」（氏著：《禪與老莊》，臺北：三民書局，2003年4月二版，頁12-13）吳氏以為慧能以《金剛經》教人，開創出中國禪宗。此外，對於「禪宗中國化」，他以為「自魏晉以來，佛學的中國化，實際上乃是道家化。」（同上，頁38）此說與印順雷同，只是他以為慧能是關鍵人物。

[54] 該「懸記」云：「上座法海向前言：『大師，大師去後，衣法當付何人？』大師言：『法即付了，汝不須問。吾滅後二十餘年，邪法撩（原作「遼」）亂，惑我宗旨。有人出來，不惜身命，第佛教是非，豎立宗旨，即是吾正法。衣不合轉。』」（胡適：〈荷澤大師神會傳〉，收於氏著，柳田聖山編：《胡適禪學案》，臺北：正中書局，1990年1月一版，頁102）。

[55] 胡適說：「此一段今本皆無，僅見於敦煌寫本《壇經》，此是《壇經》最古之本，其書成於神會或神會一派之手筆，故此一段暗指神會在開元、天寶之間『不惜身命，第佛教是非，豎立宗旨』的一段故事。」（氏著：〈荷澤大師神會

襲圖》的兩段話[56]，證明「《壇經》出於神會或神會一派的手筆」。

胡適根據敦煌寫本的《壇經》與宗密《禪門師資承襲圖》，論斷《壇經》作者為神會。胡適自言以「考證學所謂『內證』」而判定神會是《壇經》的作者，神會是中國禪宗轉變的關鍵性人物──「新禪宗的建立者」，具有革命性的成就[57]。但胡適對於「禪宗中國化」的內容並未深入探究。

錢穆完成於民國四十年（1951）的《中國思想史》，一來肯定「禪宗是中國佛教史上一番大革命」[58]；二來以為「慧能使禪宗（佛學）中國化開花結果」[59]。錢氏認為，禪宗乃中國「本土新佛學」，有別於印度的空宗、有宗，而更富於「中國味」[60]。

傳〉，頁102）。

[56] 這兩段話分別是：（一）「傳末又云：和尚（慧能）將入涅槃，默授密語於神會，語云：『從上已來，相承准的，只付一人。內傳法印，以印自心，外傳袈裟，標定宗旨。然我為此衣，幾失身命。達磨大師懸記云：至六代之後，命如懸絲。即汝是也。是以此衣宜留鎮山。汝機緣在北，即須迴嶺。二十年外，當弘此法，廣度眾生。』」（二）「和尚臨終，門人行滔、超俗、法海等問和尚法何所付。和尚云：『所付囑者，二十年外，於北地弘揚。』又問誰人。答云：『若欲知者，大庾嶺上，以網取之。』」（氏著：〈荷澤大師神會傳〉，頁103）。

[57] 胡適根據敦煌本《壇經》及《禪門師資承襲圖》等資料，結論道：「南宗的急先鋒，北宗的毀滅者，新禪宗的建立者，《壇經》的作者──這是我們的神會。」（氏著：〈荷澤大師神會傳〉，頁142）關於胡適所說「神會是北宗的毀滅者」，印順以為「不免誇大失實」，「北宗的衰落，從史傳所見，是與神會禪系──荷澤宗的命運相同。那就是經歷武宗的滅法（845），晚唐及五代的軍政混亂，民生凋敝，引起中原文化的全面（不但是佛教）衰落。北宗與荷澤宗，也就漸歸於泯滅，獨讓南方的禪者盛行中國。」（氏著：《中國禪宗史》，頁294）。

[58] 錢穆：《中國思想史》（臺北：學生書局，1983年9月四版），頁170。

[59] 錢穆：《中國思想史》，頁158。

[60] 錢穆說：「（禪宗）為中國僧人自己創闢之新佛學，其一切義理，雖從空、有兩宗出，而精神意趣輕重先後之間，則不盡與印度本有之空、有兩宗合。其主要側重點，乃在人生界之自我精修，內心密證，生活上的實踐，更勝於哲理上的思辨，實為更富於中國味。」（氏著：《中國思想史》，頁148-149）。

他宣稱：「（道）生公為佛學中國化栽根，到慧能時纔開花結果。」「所謂佛學中國化，最要的是在其沖淡了宗教精神，加深了人生情味。」[61]

按錢穆的觀察，慧能是使「禪宗中國化」開花結果的人物，他以中國本土的「現世人文精神」取代了印度佛教的宗教性質[62]。錢穆判定「慧能」是使禪宗中國化的轉捩點，強調慧能「明心見性」、「頓悟」與「無念」等，與原本之「印度禪」別趣，故使「印度禪」轉變為「中國禪」。此外，錢氏所討論的內容，尚未涉及到莊禪合流的課題。

印順《中國禪宗史》研究發現，中國禪宗到了牛頭法融，融入老莊玄學「空為道本」、「無心合道」[63]等觀念，中國禪宗起了關鍵性的變化。印順辨析：

> 牛頭禪的「無心合道」，「無心用功」，是從道體來說的。以為道是超越於心物，非心境相對所能契合的。不能發現分別觀察的必要意義，不能以分別觀察為善巧方便，

---

[61] 錢穆：《中國思想史》，頁157-158。

[62] 錢穆說：「宗教必然帶有崇拜性，到六祖始說成絕對平等。……六祖這些說法，已把佛學大大轉一彎，開始轉向中國人的傳統精神，即平等的、與入世的，即完全是現世人文的精神。也可說到六祖，中國人的傳統精神始完全從佛教裏得解放。」（氏著：《中國思想史》，頁168）。

[63] 關於法融「無心合道」思想之來源，呂澂有不同於印順的看法。他說：「從法融的著作《心銘》、《絕觀論》看，其基本思想是講三論宗的無心之理，由『無心』即『心性本空』的基礎出發，因此他所得出的結論乃是『絕觀忘守』，無所謂有心可守，更沒有什麼可觀。」（氏著：《中國佛學源流略講》，臺北：里仁書局，1985年1月初版，頁226）。然「三論宗」所說之「無心」之理，亦受到老莊的影響。故歸根究底，法融「無心合道」思想即得自老莊。

但見心識分別的執障，於是「無心合道」，「無心用功」
——發展出一種無方便的方便。其實，這是受了莊子影響
的。[64]

他又申論：

> 發展所成的，南嶽、青原下的中國禪宗，與印度禪是不同
> 的。印度禪，即使是達摩禪，還是以「安心」為方便，定
> 慧為方便。印度禪蛻變為中國禪宗——中華禪，胡適以為
> 是神會[65]。其實，不但不是神會，也不是慧能。中華禪的
> 根源，中華禪的建立者，是牛頭。應該說，是「東夏之達
> 摩」——法融。[66]

印順認為，以「安心」[67]、「定慧」為方便的還是「印度
禪」，而不重「定慧」，直言「無心合道」即為「中國禪」。
印順認為，達摩到慧能的發展，就思想而言，是「一貫的如來
禪」[68]，也就是印度禪。可見印順的說法與胡適、錢穆等人的觀
點，有極大的出入。

依印順的觀點，「印度禪」轉變為「中國禪」，既不是胡適

---

[64] 印順：《中國禪宗史》，頁127-128。
[65] 胡適〈荷澤大師神會傳〉中提出「《壇經》作者是神會」（胡適著，柳田聖山
編：《胡適禪學案》，頁142）。
[66] 印順：《中國禪宗史》，頁128。
[67] 如達摩「安心者壁觀」、道信《入道安心要方便》，以「安心」為名。
[68] 印順：《中國禪宗史》，頁10。

所說的神會，當然也不是錢穆所說的慧能，而是牛頭法融。亦即禪宗從牛頭法融開始，已有「禪宗老莊化」、「莊禪合流」的趨勢。

若以印順觀點為探討重點，進一步要思索的是，牛頭法融所倡「空為道本」、「無心合道」[69]之思想與老莊的關連性為何？

首先，檢視老莊「無心」思想。在老莊這裡，所謂「無心」也就是「虛」，即泯除一切「機心」，「無心以應世」、「虛己以遊世」。《老子》倡發「無心」的篇章，如第四十九章云：「聖人常無心[70]，以百姓心為心。」《莊子》〈天地篇〉等論及「無心」[71]。因此，《老子》「聖人常無心」與《莊子》所謂「無心」，有其一貫性。

代表牛頭法融思想的著作《絕觀論》與《無心論》[72]，充分

---

[69] 牛頭法融「無心」思想也影響了永嘉禪師。唐·玄覺《禪宗永嘉集·奢摩他頌第四》云：「恰恰用心時，恰恰無心用。無心恰恰用，常用恰恰無。」（《大正藏》第48冊，頁389中）。

[70] 關於「聖人常無心」，王弼《老子道德經注》作「聖人無常心」，帛書乙本作「聖人恆無心」。張純一考證說：「景龍本、顧歡本皆無『常』字，此文當作『常無心』。」（氏著：《老子通釋》，臺北：學生書局，1981年10月初版，頁70）。對此，嚴靈峰作了更全面的查考，他指出：「張純一曰：『當作常無心。』張說是也。河上公註云：『聖人重改更，貴因循，若自無心。』嚴遵曰：『無心之心，心之主也。』劉進喜曰：『聖人無心；有感斯應。』李榮注曰：『聖人無心與天地合德。』王安石曰：『聖人無心，故無思無為。』王雱註第二章云：『夫聖人無心，以百姓心為心。』正引此章經文。是臨川王氏父子，俱作無心矣。疑古本當作無心。……又顧歡本、景龍本均無常字；正作『無心』。」（引自陳鼓應：《老子今註今譯及評介》，臺北：商務印書館，2002年10月第三次修訂版，頁228）。

[71] 《莊子》〈天地〉篇：「技兼於事，事兼於義，義兼於德，德兼於道，道兼於天。故曰，古之畜天下者，無欲而天下足，無為而萬物化，淵靜而百姓定。〈記〉曰：通於一而萬事畢，無心得而鬼神服。」

[72] 《絕觀論》、《無心論》，敦煌出土或作《達摩大師絕觀論》、《達摩和尚無心論》，相傳為菩提達摩所作；惟據學者考證，為牛頭法融所作無疑（參見印順：《中國禪宗史》，頁111-117）。

發揮《莊子》「無心」思想[73]。法融《絕觀論》云：

> 問曰：若非心念，當何以念？答曰：有念即有心，有心即
> 乖道。無念即無心，無心即真道。……若眾生實有心，即
> 顛倒。只為於無心中而立心，乃生妄想。[74]

主張「無心即真道」。又法融《無心論》云：

> 問曰：今於心中作若為修行？答曰：但於一切事上覺了，
> 無心即是修行，更不別有修行。故知無心即一切，寂滅即
> 無心也。……和尚又告曰：諸般若中以無心般若而為最
> 上。[75]

本書採用問答方式，內容與《絕觀論》相似，強調「無心」的立
場，主張無心即是修行。

此外，法融也採用老莊的「道體」觀念，其《絕觀論》云：

---

[73] 針對法融之思想源頭，呂澂認為是三論宗的「無心」（「心性本空」），已如前
述（註63）。然「三論宗」「無心之理」即是來自老莊。呂澂這麼說是因為法
融與三論宗有關。唐·道宣《續高僧傳》卷二十云：「釋法融，姓韋，潤州延陵
人。……遂入茅山，依炅法師，剃除周羅，服勤請道。炅譽動江海，德誘幾神，
妙理真荃，無所遺隱。融縱神挹酌，情有所緣。以為慧發亂縱，定開心府；如不
凝想，妄慮難摧。乃凝心宴默於空靜林。二十年中，專精匪懈，遂大入妙門，百
八總持，樂說無盡；趣言三一，懸河不窮。」（《大正藏》第50冊，頁603下）
炅法師乃三論之匠、三論宗之達人；法融依三論宗，領會自得之理（宇井伯壽：
《第二禪宗史研究》，東京：岩波書店，昭和10年7月初版，頁511）。
[74] 唐·法融：《絕觀論》（藍吉富主編：《禪宗全書》第36冊，臺北：文殊出版
社，1988年8月初版），頁3。
[75] 唐·法融：《無心論》（藍吉富主編：《禪宗全書》第36冊），頁43-44。

緣門起問曰：道究竟屬誰！答曰：究竟無所屬，如空無所
依。道若有繫屬，即有遮有開，有主有寄也。問曰：云何
為道本？云何為法用？答曰：虛空為道本，參羅為法用
也。[76]

以「虛空為道本」，此「道本」泛從一切本源說，是「本體
論」。佛教的本體論是持否定本體存在的論點，法融顯然受到老
莊「道體論」的影響。如此，以為道是超越於心物，非心境相對
所能契合，心識有其分別的執障，因此倡「無心合道」。又法融
《信心銘》[77]亦云：「任性合道，逍遙絕惱。」[78]同樣可以看到
老莊思路的痕跡。

由上可知，法融已融合老莊思想，構成道道地地的、有別於
達摩禪的牛頭禪。

融匯老莊思想的牛頭禪，由於後繼無人而逐漸衰落[79]，但其

---

[76] 唐・法融：《絕觀論》，頁5。

[77] 據印順之考證，《信心銘》為法融的作品，他說：「《信心銘》與《心銘》：
《傳燈錄》卷三十，有《三祖僧璨大師信心銘》、《牛頭山初祖法融禪師心銘》
二篇。《信心銘》，傳說三祖僧璨所作，《百丈廣錄》（百丈懷海為720-814）
已明白說到。僧璨的事跡不明，直到《歷代法寶記》與《寶林傳》，都還沒有說
僧璨造《信心銘》。後代依百丈傳說，都以為是僧璨所作的。《宗鏡錄》——延
壽依當時當地的傳說，《心銘》也是稱為《信心銘》，而是看作法融所造的。」
（氏著：《中國禪宗史》，頁114）。

[78] 唐・法融：《信心銘》（藍吉富主編：《禪宗全書》第94冊），頁3。

[79] 關於牛頭宗的派下發展分為：「牛頭山派」、「佛窟派」、「鶴林派」與「徑
山派」等四派。這些牛頭宗之門派，與南宗禪的交涉熱絡而深篤。關口真大
（1907-1986）列舉例證說：「有關徑山法欽的國一大師之賜號，代宗曾諮詢於
南陽慧忠（775寂）；鶴林玄素門人嗣馬祖道一（709-788）之法者，有超岸；
牛頭慧忠弟子投馬祖道一門者，有芙蓉太毓（748-826）；徑山法欽門人嗣馬祖

流裔卻與慧能門下結了很深的法緣，而融入於曹溪禪支流宗派之中。故印順總結道：「慧能門下，發展在江南的，逐漸的面目一新，成為中國禪，那是受到牛頭禪（也就是老莊化）的影響。」[80]

所謂「慧能門下，發展在江南的，逐漸的面目一新」，即慧能及其門下在禪風上有些轉變[81]。禪者，或逐漸重視生活上的體驗，如洪州的馬祖道一強調「平常心是道」[82]，其弟子南泉普願（748-835）也為趙州從諗（778-897）說「平常心是道」[83]。從此，禪學開展出「饑來喫飯睏來眠」[84]、「心真者語默總真，會

道一者，有伏牛自在與夾山會（744-823）；甚至徑山法欽的弟子天皇道悟（748-807）參法馬祖道一與石頭希遷；又馬祖道一門人西堂智藏（739-814）投徑山法欽。如此看來，牛頭宗與南宗禪愈來愈密切，因此後世以為牛頭禪即南宗禪。」（氏著：《達磨大師的研究》，東京：春秋社，昭和44年5月初版，頁183）關口氏指明牛頭禪與南宗禪「互通」、「交集」的實況，呈現出牛頭禪與南宗禪密不可分的歷史圖景。牛頭禪六祖傳承說，從法融、智巖、慧方、法持、智威到慧忠後，慢慢衰落下來，主要是沒有人才。印順分析道：「在江南，石頭、洪州、牛頭的忽然隆盛的時代，彼此間都互通晉問，學者們也往來參訪。然對牛頭宗來說，好景不常，在興盛的表面，開始衰落了。這就是在相互參訪中，來的還要回去，而去了的卻不再回來。」（氏著：《中國禪宗史》，頁424）。

[80] 印順：《中國禪宗史》，〈自序〉，頁10。

[81] 對於慧能及其門下禪風之轉變，印順分別從「直說與巧說」、「隨相與破相」、「尊教與慢教」與「重定與輕定」等四方面切入，並指出禪風逐漸對立的傾向（詳見印順：《中國禪宗史》，頁326-351）。

[82] 宋·道原纂《景德傳燈錄》卷二十八：「江西大寂道一禪師示眾云：『道不用修，但莫污染。何為污染？但有生死心，造作趣向，皆是污染。若欲直會其道，平常心是道。謂平常心無造作，無是非，無取捨，無斷常，無凡無聖。……只如今行、住、坐、臥，應機接物，盡是道。』」（《大正藏》第51冊，頁440上）。

[83] 元·念常集《佛祖歷代通載》卷十七：「乾寧四年趙州從諗禪師示寂，閱歲一百二十。師曹州人，姓郝氏，落髮未具戒，便造南泉。泉一見深器之。一日問：『如何是道？』泉云：『平常心是道。』師曰：『還可趣向不？』曰：『擬向即乖。』師曰：『不擬如何知是道？』泉云：『道不屬知，不屬不知。知是妄覺，不知是無記，若真達不疑之地，猶如太虛廓然虛豁，豈可強是非耶？』師於言下大悟。」（《大正藏》第49冊，頁649上）。

[84] 宋·紹隆等編《圓悟佛果禪師語錄》卷五：「（圓悟佛果禪師）上堂云：我我我

道者行住坐臥皆道」[85]的奇采。在這其間，禪宗思想有了一些衍變[86]。而由此衍變而來的「五家七宗」也有了轉化。

禪宗諸流派理路的轉折，不僅體現在思想取向上，同時反映於語言形式上面[87]。禪宗義理伴隨著語言，由經典原式而漸次「生活化」，乃至「藝術化」。這從各種流傳下來的「禪宗公案」與「禪詩」即可見之。

老莊對禪宗思想影響的廣度和深度，遠超過了禪宗對印度佛教的思想繼承。如陳鼓應所說：

渠渠渠，千聖頂乃穗廬。不是心不是物，一口吞盡三世佛。浮幢王香水海，拈起擲向他方外。淨裸裸赤灑灑，萬象森羅無縫罅。平懷的實鎮巍然，饑來喫飯睏來眠。」（《大正藏》第47冊，頁736下）。

[85] 宋·道原纂《景德傳燈錄》卷二十八：「師（越州大珠慧海和尚）曰：『無有性外事，用妙者動寂俱妙，心真者語默總真，會道者行住坐臥是道。為迷自性，萬惑茲生。』」（《大正藏》第51冊，頁443中）。

[86] 楊惠南〈《壇經》中之「自性」的意含〉一文認為，「慧能後的南禪，之所以提出『平常心是道』的修行法門，也和這一『自性』的新義有關。」（氏著：《禪史與禪思》，臺北：東大圖書公司，1995年4月初版，頁223）。楊氏所說的「自性」的新義是：「在《壇經》中，不但生起心念的『自性』是本性清淨的，而且，由『自性』所轉變出來的心念，儘管有善、惡之分，但也是本性清淨的。『自性』是超越一般經驗的『超驗心』（transcendental mind），而心念則是一般經驗中的心理活動。前者可以是本性清淨的，但後者卻應該是善、惡交雜才對；但是，《壇經》卻說一般經驗中的心念，也是本性清淨的。從『自性』的這一新義，推衍出《壇經》，甚至慧能後的整個『南禪』的重要修行法門。」（同上，頁221）。

[87] 葛兆光說：「在各種文獻中記載下來的五宗禪師語言中，可以察覺的是，當佛教思想在禪門中被日常化生活化之後，佛教知識、思想與信仰世界，也恰恰有一個深刻的『語言學轉向』，從表面上看，是經典中的書面語言被生活中的日常語言所替代，生活中的日常語言又被各種特意變異和扭曲的語言所替代，這種語言又逐漸轉向充滿機智和巧喻的藝術語言，但是從思想深層看，是語言從承載意義的符號變成意義，從傳遞真理的工具變成真理本身，大乘佛教關於真理并不是在語言中的傳統思路，在這時轉了一個很大的彎子，似乎真理恰恰就在語言之內，於是各種暴虐、怪異、矛盾，充滿機鋒以及有意誤解的對話紛紛出現，在這種看似奇特的話語中凸顯著更深刻與更直接的真理。」（氏著：《中國思想史——七世紀至十九世紀中國的知識、思想與信仰》，頁176）。

東晉時期玄學與佛教趨於合流，顯示了佛學傳入後道家的接引之功。在老、莊及玄學的影響下，首先產生了般若學，而莊、禪的相通，……兩者在破對待、空物我、泯主客、齊死生、反認知、重解悟、親自然、尋超脫等方面，特別是在藝術領域中，常常渾然一體，難以區分。[88]

與陳氏看法相近，德國漢學者沃爾法特〈自然——禪宗的道家之源〉也說：

自然的概念對於理解道家的道和禪宗的禪有著舉足輕重的意義。通過自然，人們既能至道，也能頓悟。和「自然」相聯繫的概念「明」，是道家到禪宗的重要的中心環節。[89]

這個見解指出了「自然」的概念是「禪道合流」的媒介[90]，應是中肯之論。

在魏晉南北朝時代，這個「自然」作為宇宙的本原、社會的秩序，被文人士大夫所尊奉；也作為人生的態度，被上層文化人

---

[88] 陳鼓應：《老莊新論》（上海：上海古籍出版社，1997年9月出版），頁328。

[89] 陳鼓應主編：《道教文化研究》第15輯（北京：三聯書店，1999年3月出版），頁288。

[90] 同樣的，吳怡說：「老子的常道，是不離有無，也不落有無；永遠在變，又永遠不變的自然之道。而禪學，也就是要在有與無，變與不變之間，去證悟這個自然的本來面目。所以我們要研究禪道與常道之間的關係，『自然』兩字便是一把最好的鑰匙。」（氏著：《禪與老莊》，頁176）。

所看重，在他們心目中，這個「自然」就是一個上根人應當追尋的終極境界[91]。南宗禪從佛教「般若經典」和中國老莊思想裡尋找到一種非常適合於中國文人士大夫的人生哲理，它不再把「清淨」作為心靈的終極境界，而是延續老莊的「自然」，以一種推到極至的「自然」作為人生的最高理想[92]。南宗禪說「無心是道」，這「無心」不是波瀾不起如古井的純粹清淨之心，而是對任何外在現象不執著的自然之心[93]。之所以不必用功，就是因為自然的人性就是佛性，自然的人生就是最好的生活，自然的心靈無須任何戒、定、慧的矯正，它直實面對大千世界而不被大千世界所誘惑——乃心靈的超越境界；在這種境界中的人是絕對自由的。

南宗禪，尤其是馬祖道一之後的南宗禪，以呵佛罵祖、毀經棄論、棒打口喝的方式創造出一副瀟灑的面目，開啟了純任自然、追求平常的風氣，贏得了文人士大夫的喝彩。生活對於文人士大夫來說總是有雙重意味的：一方面是責任與義務的完成，一方面是對自由與超越的追求。責任與義務使他們積極入世參與政治；很多文人其實都是不能那麼瀟灑的，為了生前與身後聲名，他們要埋首案牘，與種種俗務瑣事打交道，在這些俗務瑣事中實現自己在社會上的價值。而對自由與超越的追求，則使他們總是在尋找一種思想與實踐，以期在這種思想裡找到擺脫俗務瑣事的

---

[91] 葛兆光：《中國禪思想史——從6世紀到9世紀》（北京：北京大學，1998年2月初版），頁100。
[92] 葛兆光：《中國禪思想史——從6世紀到9世紀》，頁205。
[93] 葛兆光：《中國禪思想史——從6世紀到9世紀》，頁206。

依據，在這種實踐中尋覓人生的輕鬆與瀟灑[94]。

邏輯上，禪宗「本心清淨」說，實為一套「尚自然」、「尊本心」的人生哲學；依禪宗的義理，順應「本心」[95]即是人的自然本性生活，乃是最好的自我完善之道。而中國禪宗的「平常心是道」、「鬱鬱黃花，無非般若」的觀點，強調「近取諸身」、「近處觀理」的方法，教導人們從「家常事」學起，把握當下，更從老莊而來，是禪學的「道家化」[96]。因此，中國禪宗與道家兩者的「自然主義」，提供了「禪道合流」的沃土，並為「以禪解莊」鋪上一條坦途。

依上所述，在唐代，「莊禪」有了合流的現象，而禪宗又一直深為士大夫所鍾愛。所謂「儒門淡薄，收拾不住，皆歸釋氏」；「有過孟子者」，如「馬祖、汾陽、雪峰、巖頭、丹霞、雲門」[97]等。這些話，指出儒家門徒傾歸釋氏，而釋氏又以馬祖道一、天然丹霞（739-824）等禪師為中心，大致反映了晚唐五代的思想界概況。且禪宗除代有才人外，歷代禪師平日講話、隨機指點所被結集的「公案語錄」，也相當豐富，為「以禪解莊」

---

[94] 葛兆光：《中國禪思想史——從6世紀到9世紀》，頁275-276。

[95] 在禪宗這裏，信是信自己的本心，證也是證這個自心。禪宗確是這樣的重視自心、本心。

[96] 楊惠南指出：「『頓悟』一詞，在整個南禪的歷史文獻當中，……以平常的生活方式來體悟：『成熟期』的意義，後代禪師所說，建立在道家化的修行方法之上。」（氏著：《禪史與禪思》，頁241）。

[97] 據宋·志磐《佛祖統紀》載：「荊公王安石問文定張方平曰：『孔子去世百年生孟子，後絕無人，或有之而非醇儒。』方平曰：『豈為無人，亦有過孟子者。』安石曰：『何人？』方平曰：『馬祖、汾陽、雪峰、巖頭、丹霞、雲門。』安石意未解。方平曰：『儒門淡薄，收拾不住，皆歸釋氏。』安石欣然歎服。後以語張商英，撫几賞之曰：『至哉，此論也！』」（宋·志磐：《佛祖統紀》，《大正藏》第49冊，頁415中）。

者所引用。

　　向前追溯，禪宗「傳燈錄」的簡式創作起軔於初唐，至中唐始有卷帙較大的著作，如唐・智炬《寶林傳》[98]、後梁・惟勁編《續寶林傳》等之問世。到了五代十國時期，南唐靜、筠所編《祖堂集》，綜合、彙整當時各家禪師傳略、語錄、軼聞，大部頭的「禪宗語錄」於焉形成。基本上，「語錄」乃禪宗祖師平日說法開示，或賓主彼此激揚，互相討論和啟發的記錄書。禪宗師徒或禪師與俗眾應對之間產生了所謂「機鋒」和「機用」，還有講家的所謂「機境」，隨著經驗的累積，這些機鋒、機用、機境等逐漸形成一定的句式[99]。此與《莊子》以「重言」、「卮言」與「寓言」的表達方式，都具有隨機點化、不直接說破的功效。

　　大體而言，禪宗語錄多由禪師的侍者與參隨弟子記錄，再加以蒐集成冊[100]，其用語力求通俗，不加藻飾，以直說宗旨為本。中國禪宗叢林制度成立的時代，凡知名禪師多曾出任方丈，依制度，其下必設「書記」，職司記錄禪師之言行，日後輯成語錄，

---

[98] 《寶林傳》凡十卷，現存七卷，缺七、九、十等三卷，又稱《大唐韶州雙峰山曹溪寶林傳》、《曹溪寶林傳》、《雙峰山曹侯溪寶林傳》。唐・智炬（或作慧炬）撰於貞元十七年（801）。韶州曹溪寶林寺為禪宗六祖慧能宣揚禪法之道場，故以為書名，以闡明六祖慧能之禪法。內容集錄有關之禪宗史料，如《六祖壇經》、《五明集》、《續法傳》、《光璨錄》、《歷代法寶記》等書，而主張二十八祖之傳承。其後遂有《祖堂集》、《景德傳燈錄》、《廣燈錄》、《續燈錄》等，下至宋・契嵩《傳法正宗記》、《宗祖圖》等，確定今日所傳二十八祖之說。

[99] 呂澂：《中國佛學源流略講》（臺北：里仁書局，1985年1月初版），頁255。

[100] 「語錄」之中，將祖師法語作詳細之記錄者，稱為「廣錄」，如《馬祖道一禪師廣錄》、《雲門匡真禪師廣錄》；僅記錄重要部分者，稱為「語要」，如《百丈懷海禪師語要》。此外，僅集一人之法語者，稱為「別集」；集多人之法語者，則稱「通集」。宋以降，儒道二家亦多有沿用者。同時，語錄之內容亦逐漸包括詩偈及文疏等。

如《馬祖道一禪師語錄》、《趙州從諗禪師語錄》等。

　　景德元年（1004），法眼宗道原編就《景德傳燈錄》送呈朝廷，宋真宗命翰林學士楊億[101]（974-1020）等人裁定。楊氏等以一年多時間修訂該書，凡三十卷，為有史以來第一部官修禪書，且入藏流通。此後，宋代又編四部「燈錄」，均以記載歷代祖師的機語為主，分別為：宋・李遵勗[102]（988-1038）編《天聖廣燈錄》三十卷，宋・惟白集《建中靖國續燈錄》三十卷，宋・悟明集《聯燈會要》三十卷，宋・正受編《嘉泰普燈錄》三十卷。鑒於上述「五燈」多有重複，宋・普濟刪繁就簡，合五為一，編成了《五燈會元》二十卷。

　　除了「語錄」、「燈錄」之外，宋代還出現了大量對「公案」的文字解釋。兩宋、元、明、清初士人不但浸淫理學，還受禪學長期薰陶，他們禪宗性格之形成的過程中，「燈錄」與「語錄」起了重要作用。此由宋代的林希逸《莊子口義》、明末的方以智《藥地炮莊》與清初的釋淨挺《漆園指通》等代表「以禪解莊」之作，更可窺見。

---

[101] 楊億，北宋浦城（福建建甌）人，字大年。少時以文章名世，宋太宗（976-997年在位）嘗召入面試，歎為神童。宋真宗（998-1022年在位）時，歷任翰林學士、侍郎、修撰等官。持身清正，不畏權勢。初不知佛，學士李維勉以宗門事相策發，遂生深信，後禮汝州廣慧禪師得法。每翼護法門，多著洪力，一時學佛士夫推為領袖。又屢奉詔命編製《大藏目錄》，校刊《景德傳燈錄》，於譯經院任潤文一職。

[102] 李遵勗，上黨人，字公武。舉進士，任都尉駙馬。參謁谷隱蘊聰問宗要，大悟。曾作偈云：「參禪須是鐵漢，著手心頭便判。直趣無上菩提，一切是非莫管。」（明・朱時恩輯：《居士分燈錄》，《卍續藏經》第147冊，頁886上）。多與禪者交往，天聖年間（1023-1030）集《天聖廣燈錄》三十卷。師楊億卒，為制服，後奠億之墓，痛哭而返。

第三節　清末民初「唯識盛行」：「以唯識解莊」的淵源及發展

唯識，是印度瑜伽行派及中國唯識宗[103]的重要學說。謂一切外在現象都只是心識的變現，而非實存於外。

作為中國佛教大宗派的唯識宗，崇奉印度大乘佛教中從彌勒、無著（Asanga，約336-405）、世親（天親，或名婆藪盤豆：Vasubandha，約361-440）相承而下，直到護法、戒賢的瑜伽一系的學說，以《瑜伽師地論》、《百法明門論》與《大乘莊嚴經論》等為典據。該宗由於體系繁雜嚴密、義理艱深難解，雖震盪一時之人心，而卒幾歸消沉歇絕[104]。在清末民初因時代之變動，唯識學因緣際會再度受到重視，與在歷史上長時間的落寞寡合形成鮮明的對比。

中國在「鴉片戰爭」（1840-1842）的慘敗，不僅肇因於軍事、政治、經濟等難望洋人之項背，也肇因於文化力量的相形見絀；晚清政治秩序的混亂、當權階層的腐敗、西洋列強的船堅砲

---

[103] 因創宗者玄奘、窺基師徒長期住在長安的大慈恩寺，故又稱慈恩宗。

[104] 學界對於唯識學說衰弱之因多有議論，可歸納為三種主要觀點，一是認為該宗思想過於艱澀難懂，僅適合少數知識分子研究，不易普及而持久；二是其受到他宗的排擠與來自滅佛等外部打擊；三是該宗主「五姓各別」──「轉依說」，與廣大平民階層的宗教願望相背離。當然，玄奘、窺基所傳的唯識學對後代亦有影響，如（一）唐·道宣，專事《四分律》的宣揚，在理論上吸收了玄奘新譯的佛典，組織了律宗的體系；（二）明·王夫之《相宗絡索》，對慈恩宗的基本概念，析之頗詳；（三）清·譚嗣同（1865-1898）《仁學》一書，其中有關唯識思想不少。

利及其優勢文化與宗教之侵襲，普遍引起中國朝野各界的焦慮。「宗教」入侵之害，並不亞於戰爭，所謂「通商圖利，情尚可容；邪說橫行，神人共憤」[105]；「通商則漸奪中國之利，傳教則並欲奪華人之心」[106]。

　　無可否認的，當時西方文化的學術思想、民主觀念、科學技術、宗教信仰等，都對中國固有文化造成巨大的衝擊和壓力。因此，如何重建中國文化思想的價值體系，以及重新探索、構築文化內涵，便成了那個時代知識分子努力與關注的重點。他們試圖從自己對文化的認識與生命的關懷起軔，提出改革的方針與策略。可以說，從魏源（1794-1857）、曾國藩（1811-1872）、李鴻章（1823-1901）等的「師夷之長技以制夷」[107]與「師夷智以造炮製船」[108]，直到康有為（1858-1927）、梁啟超（1873-1929）諸賢吸收西方文化的政治思想、自然科學之「維新運動」，一連串的國政改造工程，都是基於這樣的立場而作出的因應。

　　此外，特別關心宗教與人文精神的有識之士，他們發現西洋先進的國家與東鄰崛起的日本都有宗教力量維繫人心、導進社會，乃揭竿而起，標舉「宗教救國」、「宗教救世」之大纛。首先，楊文會在〈南洋勸業會演說〉中聲言：「地球各國，皆以宗

---

[105] 沈葆楨：〈總理船政前江西巡撫沈葆楨奏附條說〉（收於寶鋆等修：《籌辦夷務始末（同治朝）》卷五十三，臺北：文海出版社，1974年2月出版），頁4999。
[106] 李東源：〈論傳教〉（收於鄭振鐸編：《晚清文選》卷上，北京：中國社會科學出版社，2002年9月初版），頁253。
[107] 魏源：〈籌海篇上〉（收於鄭振鐸編：《晚清文選》卷上），頁20。
[108] 曾國藩：《曾文正公全集》奏稿卷十二（臺北：文海出版社，1974年2月出版），頁2025。

教維持世道人心，使人人深信善惡果報毫髮不爽，則改惡遷善之心，自然從本性發現，人人感化，便成太平之世矣！」[109]接著，梁啟超在〈論支那宗教改革〉也急呼：「泰西所以有今日之文明者，由於宗教革命而古學復興也。蓋宗教者，鑄造國民腦質之藥料也。」[110]楊文會於〈觀未來〉說：「且就目前世界論之，支那之衰壞極矣！有志之士熱腸百轉，痛其江河日下，不能振興……欲醒此夢，非學佛不為功。」[111]楊氏另在〈與夏穗卿書〉重申：「近來國家之禍，實由全國民人太不明宗教之理之故所致，非宗教之理大明，必不足以圖治也。」[112]甚至蔡元培（1867-1940）〈佛教護國論〉強調中國之所以衰弱，「與『佛』並絕，而我國遂為無教之國，日近於禽獸。」[113]一波沿著一波，後來太虛（1889-1947）在〈中興佛教寄禪和尚傳〉同樣指出：「日本勃興實佛教為之原動力」[114]。

概括來說，在中國近現代轉型初期，許多學術界人物都有志於鼓吹宗教救國，尤期以佛教力量化洽人心，促進社會安定、國家發展。為此，他們有很多人投入宗教研究，特別是佛教義蘊之探討，如康有為、譚嗣同、章太炎、梁啟超等對此多有著力。

---

[109] 清·楊文會：《楊仁山文集》（北京：中國社會科學出版社，1995年12月出版），頁24。

[110] 梁啟超：《飲冰室合集》（一）（北京：中華書局，1989年3月初版），頁55。

[111] 清·楊文會：《楊仁山文集》，頁9-10。

[112] 清·楊文會：《楊仁山居士遺著》之《等不等觀雜錄》卷六（臺北：河洛出版社，1973年12月影印一版），頁9-10。

[113] 蔡元培：《蔡元培文集》卷六（臺北：錦繡出版事業公司，1995年5月初版），頁9-10。

[114] 釋太虛著，太虛大師全書編委會編：《太虛大師全書》第29冊（臺北：善導寺佛經流通處，1980年11月三版），頁123。

正如民初甘蟄仙在〈最近二十年來中國學術蠡測〉中所說:「晚清思想界,泰半喜研究佛學。」[115]而其中最為他們所注意的應是「唯識學」。「唯識學」再度被確認,成為思想資源和重新出土的「歷史記憶」。

被中國人冷落一千多年的唯識學,為此,在近現代「搖身一變」幾為一門「顯學」;換言之,近現代中國佛教的復興,實由「異軍突起」、「東山再起」的唯識學所領銜推動的。霍韜晦「六十年來的唯識宗」的一系列研究[116],即是針對「中國近代唯識宗再興的機運」所作出的專門性探討。這個思潮的形成,可以上溯、歸因到清末楊文會託日本學者南條文雄(1849-1927),從東瀛搜購、寄回的中國古德的二、三百種著述,其中包括唯識宗最重要的唐・窺基《成唯識論述記》、彌勒菩薩造《瑜伽師地論記》等經典[117]。這些典籍刻版流通以後,使宋朝以降,幾成絕學的唯識宗面目,逐漸再度為人所知。

另就東西方學術實質「碰撞」與「較量」言,清末民初正是

---

[115] 甘蟄仙:〈最近二十年來中國學術蠡測〉(《東方雜誌》第21卷紀念號,1924年1月),頁22。

[116] 霍韜晦「六十年來的唯識宗」一系列文章,包括〈中國近代唯識宗再興的機運〉、〈近代唯識宗流佈大略〉、〈中國近代佛學的推動者「楊仁山」〉、〈起千載沈璧的大師——歐陽竟無之生涯與學問〉、〈支那內學院的理想〉、〈武昌佛學院的唯識研究——並論太虛大師的法相唯識學〉、〈三時學會〉、〈法義論辯〉等。這些論文分別登載《獅子吼》第14-15卷(1975年2月至1976年12月)中。

[117] 楊文會〈成唯識論述記敘〉中稱:「有窺基法師者,奘公之高弟也。親承師命,翻譯《成唯識論》,會萃十家而成一部;並以聞於師者,著為《述記》,學相宗者,奉為準繩。迨元季而失傳,五百年來,無人得見。好學之士,每以為憾。近年四海交通,得與日本博士南條上人遊,上人以此書贈予。」(收於清・楊文會著,洪啓嵩、黃啓霖主編:《楊仁山文集》,臺北:文殊出版社,1987年8月出版,頁142)。

西方近現代學術蜂擁東來的年代，學者如上述章太炎、梁啟超等人，從專事政治改革運動轉移部分心力於傳統學術文化的檢討，反省到東西文化的本質差異。在社會思潮不停起伏變遷的時局，章太炎、梁啟超等人尋求的對治方案中，唯識宗——或者擴大一點說，佛教文化——也成了他們治學、任事、淑世的取向。東西方哲學義理的比附、較量中，唯識學捲土重來，成為中國對抗西洋哲學與科學的一把思想利器，此係由於唯識學的複雜概念與嚴密邏輯，可以同西洋哲學與科學相頡頏。誠如張曼濤所言：

> 在現代中國佛學研究的過程中，有三支研究路向，值得特別注意：第一支就是唯識，第二支是佛教史，第三支是禪宗。……在此三支中，影響思想界最深的，則又可說，只有唯識為最出色。……此原因何在？就在唯識學跟近代西方傳來的學術思想，有相當相似的關連，如科學觀念、哲學系統，都是有體系、有組織的學問。……能與西方哲學相匹敵，組織化、系統化，從一個觀念，而導引出許多連鎖觀念、系統觀念，在整個東方各家學說中，就唯有唯識學最具此中精神。[118]

也因為這種原因，中國近現代的佛學著作幾都與唯識學有關，作者往往在論說唯識佛理中融入西方學術，將它們相互比對，或合

---

[118] 張曼濤主編：《唯識學概論》〈編輯旨趣〉（臺北：大乘文化出版社，1978年1月初版），頁1-2。

而為一。在「以唯識解莊」之前，已有清末譚嗣同採唯識學詮釋儒家「仁學」的先驅作法。譚嗣同撰《仁學》，以「仁」為「以太」[119]，說「以太」「亦唯識之相分」[120]。而楊文會與章太炎以唯識解莊，即在這種思潮之中，應運而生，接踵而起。

縱觀學術史，「以佛解莊」之《莊子》註疏的創作、出版、發行、受用，歷史悠長，唐、宋、明、清諸朝確有明顯地採取佛家「空」義、禪宗公案與思想語彙，用以註解《莊子》的著作。直到近現代才出現應用「唯識」詮釋莊義的作品。

如前所云，章太炎受譚嗣同以「唯識」釋「仁」的「洞識之衝擊」，也以西方「分子」、「小分子」、「微分子」與「原子」解說「唯識」所提之「極微」、「微塵」等概念。他在《齊物論釋》指出：

> 凡說物種起於無生諸行，《大毗婆沙論》一百三十六云：
> 極微是最細色，……此七極微成一微塵，七微塵成一銅
> 塵，七銅塵成一水塵。銅塵、水塵今所謂分子也；微塵今

---

[119] 清末民初，中國出現以「以太」作為宇宙萬物本原的一種哲學理論。「以太」是英文的etherl中文音譯，又譯「伊脫」、「以脫」等。 在西方近代自然科學發展的進程中，「以太」重新被人們作為一種假設的物質提出來，用以解釋某些自然現象。「以太」概念大約在19世紀末隨著西方近代自然科學一起傳入中國，譚嗣同、章太炎、孫中山等人，都曾從西學中吸取了「以太」概念，並把它看作宇宙萬物的原始，用以表述自己的宇宙觀。如章太炎在〈菌說〉指出：「或謂必知各原質之成於以太，萬物之成於各原質，而後知內外四大，至於六道。……然所以見為殊者，以官骸相閡，所以見為合者，以原質相同。原質有形，即以太亦有至微之形。」（章太炎著，湯志鈞編：《章太炎政論選集》上冊，北京：中華書局，1977年11月初版，頁134）

[120] 清‧譚嗣同著，蔡尚思、方行編：《譚嗣同全集》（北京：中華書局，1981年1月出版），頁331。

所謂小分子、微分子；極微乃今所謂原子。[121]

這種風氣一開，引起很大迴響，形成了當時談義理的學者鮮有不讀唯識宗書的特殊文化現象。由於文化學者的認同、青睞，因此，佛學在近現代中國立定了腳跟，非但不再被扭曲為邪說異端，而且被當做一種優質的哲學，廣受探討、運用。

在清末民初這一歷史非常時期，佛學——特別是唯識學受重視，被採納作為裨益世道人心及振奮社會國家的資糧，是自宋元以來罕見的。這股宗教文化新思潮中，真正對近代佛教問題作思想研究並冀圖改革的，是以歐陽竟無（1871-1943）為主的「支那內學院」和以太虛為主的武昌佛學院。在這之前，楊文會無疑是一個「扭乾轉坤」的人物，而後起之章太炎則為其中之佼佼者。「以唯識解莊」即在此情境下形成，楊文會《南華經發隱》與章太炎《齊物論釋》堪為兩本代表作。

從上面「以佛解莊」的形成及其途徑的概述可見，「以佛解莊」正呼應著各個時代的佛教思潮之流變，其概況大略展現三個不同的階段、模式：其一，延續魏晉「佛道」的交涉關係，以「空」解莊；其二，唐以後「莊禪合流」之以「禪」解莊；其三，清末民初「唯識」逐漸興盛之以「唯識」解莊。各時期的解莊者，在「以空解莊」、「以禪解莊」與「以唯識解莊」的發展途徑下，其註解取向與觀點，將在本書第四章以下各章節展開討論。

---

[121] 章太炎：《齊物論釋》（收於氏著：《章氏叢書》上冊，臺北：世界書局，1982年4月再版），頁399下。

第三章
「莊佛」原義及其會通

　　上章討論歷代「以佛解莊」之形成及其途徑。然而，莊佛各有其思想特色，如何以「佛教思想」詮釋《莊子》？其詮釋內涵會有何種出入？值得深思。以下概就《莊子》的核心思想加以分析，並說明佛教「空」、「禪」、「唯識」的思想肌理，並點出其會通可能出現的現象。

第一節　《莊子》的思想內涵

　　《莊子》一書三十三篇，包括莊子及其「後學」[1]之思想，是「莊學」整體思想的體現。該書涵蓋著廣闊的理論領域，內容龐大複雜，從自然到人生，由個我到宇宙，以文學的筆調寄寓深刻的哲思，表現超越的游世態度，關注人的精神生命的擴展與精神自由的追求。本書既是「以佛解莊」──《莊子》註疏本的考察之專題研究，故僅就「道體論」、「認識論」、「修養論」及

---

[1] 劉笑敢把「莊子後學」分為三派：一是述莊派，二是無君派，三是黃老派（參見氏著：《莊子哲學及其演變》，北京：中國社會科學出版社，1988年2月初版，頁261-317）。

「境界論」等面向，大略說說《莊子》思想的梗概。

一、道體論

「道體論」，亦可謂之「本根論」，乃關於宇宙中之最究竟的理論。在中國哲學史上，最早論說「道」體的是《老子》這本書[2]。

老子與莊子都推崇「道」，故後人稱他們為「道家」[3]。《老子》對於「道」有諸多描述，依老子的觀察，道生萬物，即包括人在內的宇宙之間的所有萬事萬物，都是「道」之所生。《老子》第四十二章云：「道生一，一生二，二生三，三生萬物。」說明「道」創生萬物。

老子以為「道」生於天地之先，為一切之母。《老子》第二十五章說：「有物混成，先天地生，寂兮寥兮，獨立而不改，

---

[2]　《老子》一書有出土的郭店楚簡《老子》、帛書《老子》與王弼本，可見非成於一時一地一人之手，有其成書的發展史。

[3]　關於老莊之關係，司馬遷《史記》卷六十三〈老莊申韓列傳〉云：「莊子者，蒙人也，名周。周嘗為蒙漆園吏，與梁惠王、齊宣王同時。其學無所不闚，然其要本歸於老子之言。故其著書十餘萬言，大抵率寓言也。作〈漁父〉、〈盜跖〉、〈胠篋〉，以詆訿孔子之徒。」（氏著：《史記》，臺北：河洛出版社，1979年1月出版，頁1339）。唐‧陸德明〈經典釋文序錄〉亦云：「時人皆尚遊說，莊生獨高尚其事，優遊自得，依老氏之旨，著書十萬餘言，以逍遙自然無為齊物而已。」（唐‧陸德明：《經典釋文》，臺北：漢京文化公司，1980年2月出版，頁16）。憨山也說：「《莊子》一書，乃《老子》之註疏，予嘗謂老子之有莊，如孔之有孟，若悟徹老子之道，後觀此書，全從彼中變化出來。」（氏著：《莊子內篇注》卷一，臺北：新文豐出版公司，1996年4月初版，頁153）。至王夫之（1619-1692）才指出老莊思想有別，他說：「內篇雖與老子相近而別為一宗，以脫卸其矯激權詐之失。」（氏著：《莊子解》卷八，香港：中華書局，1987年3月三版，頁76。）王氏認為「莊子別為一宗」。

周行而不殆，可以為天下母，吾不知其名，字之曰道。」「道」是最高的存在體，是先天地生的，乃天下之母；「道」獨立不改，普遍於萬事萬物而永不消竭，與物無對。此外，「道」不可得而見、不可得而聞，有處下、柔弱等特性，而人應該「法」此「道」之特性。如是，應用到人生，老子認為：「柔弱勝剛強。」

　　按老子的觀點，宇宙的本體，萬物的本原，是超越現象世界之外的絕對存在；因此，感官、言辭都不能碰觸到宇宙的本體、萬物的本質。對於吾人所面對、認識的林林總總之大千世界，亦即依感官所認知的對象，及由此──純已經驗方式獲得的知識，老子提出迥異於一般看法的特殊觀點。《老子》第二章云：「天下皆知美之為美，斯惡已；皆知善之為善，斯不善已。有無相生，難易相成，長短相形，高下相盈[4]，音聲相和，前後相隨。」老子認為人間的存在價值是對待的，一切現象都形成於相反、對立的狀態下。因此，觀察事物不僅要審視它的正面，也應該注意其反面；從反面的立場中來盱衡正面，以顯示正面的深刻含義；事物發展到某種極限的程度時，就會改變原有的狀況，而轉變成它的反面[5]。

　　《莊子》一書承繼《老子》現象界相對立的觀點，主張人們

---

[4]　陳鼓應說：「『盈』通行本皆作『傾』。據帛書本改正。按：『盈』為『呈』字之假（盈聲、呈聲之字古多通假），『呈』與『形』義同，『高下相呈』，是說高與下在對待關係中才顯現出來。郭店簡本正作『涅』。『涅』通『盈』。」（氏著：《老子今註今譯及評介》，頁55）。

[5]　陳鼓應：〈老子哲學系統的形成和開展〉（氏著：《老子今註今譯及評介》），頁7-8。

往往迷妄於現象而無法正確認識事物的本質。為打破一般人對現象的執著，莊子在〈齊物論〉謂：「天下莫大於秋豪之末，而大山為小；莫壽於殤子，而彭祖為夭。」強調現象物之大小、壽命之長短皆是比較而來，沒有其絕對性。該篇云：

> 物无非彼，物无非是。自彼則不見，自知則知之。故曰彼出於是，是亦因彼。彼是方生之說也，……彼亦一是非，此亦一是非。果且有彼是乎哉？果且无彼是乎哉？彼是莫得其偶，謂之道樞。樞始得其環中，以應无窮。是亦一无窮，非亦一无窮也。……可乎可，不可乎不可。

說明現象世界之「彼此」、「是非」都是對待而成；離開對待關係，才是事物之本然。

　　對「道」的描述，《莊子》不及《老子》，但「道」亦是其思想核心之一。關於「道」的本體，莊子承襲並闡發了老子的「道體論」，同樣主張道是宇宙之究竟本根[6]。「內篇」〈大宗師〉中有一段話：

> 夫道，有情有信，无為无形；可傳而不可受，可得而不可見；自本自根，未有天地，自古以固存；神鬼神帝，生天

6　陳鼓應：〈莊子論『道』──兼論莊、老『道』論之異同〉（氏著：《老莊新論》），頁185-209。

生地；在太極之先而不為高[7]，在六極之下而不為深[8]，先天地生而不為久，長於上古而不為老。

這段話提出「道」的四個特點：第一，「有情有信，無為無形」，認為「道」是「實存的」、「實在的」，但又不可感覺；第二，「自本自根，未有天地，自古以固存」，指明「道」是「自存的」，在天地之前，天地乃其所生；第三，「神鬼神帝，生天生地」，闡說「道」是「產生天地萬物」的根源；第四，「在太極之先而不為高，在六極之下而不為深，先天地生而不為久，長於上古而不為老」，彰顯道實永存，無所謂久老；「道」具有「超越時空」的特性[9]。

《莊子》「內篇」，對於「道」的描繪不多，但為莊子後學所作的「外篇」、「雜篇」，卻賦予豐富的討論。如〈天地〉云：

泰初有无，无有无名；一之所起，有一而未形。物得以生，謂之德；未形者有分，且然無閒，謂之命；留動而生物，物成生理，謂之形；形體保神，各有儀則，謂之性。

說明天地萬物的創造歷程。

---

[7] 關於這段文字，錢穆說：「本文疑當作在太極之上，郭象注即可證。先字由後人據《易大傳》妄改。」（氏著：《莊子纂箋》，臺北：三民書局，1993年1月四版，頁52）。

[8] 關於這段文字，錢穆說：「王闓運曰：『六極，坤也。』穆按：『此稱必出易有太極之後。』」（氏著：《莊子纂箋》，頁52）。

[9] 陳鼓應：《老莊新論》，頁186-187。

「道」創生萬物，並統攝、參與萬物的流轉變化，〈知北游〉云：

> 物物者與物無際，而物有際者，所謂物際者也；不際之際，際之不際者也。謂盈虛衰殺，彼為盈虛非盈虛，彼為衰殺非衰殺，彼為本末非本末，彼為積散非積散也。

說明萬物有盈虛、衰殺、本末、積散的變化，而道則無此現象。〈則陽〉云：「少知曰：『四方之內，六合之裡，萬物之所生惡起？』」探討世界萬物的始源問題等等。

作為萬物根源的、實在的、自存的、超越時空的「道」，又具有「遍在」的特性。〈知北遊〉中，東郭子問「道」，闡述了這個觀念：

> 東郭子問於莊子曰：「所謂道，惡乎在？」莊子曰：「無所不在。」東郭子曰：「期而後可。」莊子曰：「在螻蟻。」曰：「何其下邪？」曰：「在稊稗。」曰：「何其愈下邪？」曰：「在瓦甓。」曰：「何其愈甚邪？」曰：「在屎溺。」東郭子不應。莊子曰：「夫子之問也，固不及質。正獲之問於監市履狶也，每下愈況。汝唯莫必，無乎逃物。至道若是，大言亦然。周徧咸三者，異名同實，其指一也。」

「道」內在於萬物之中，無貴賤之分；一切物皆不能離「道」而存在，「道」周遍於一切。

「道無所不在」的意涵，在《莊子》書中俯拾即是。如〈天地〉云：「夫道，覆載萬物者也，洋洋乎大哉！君子不可以不刳心焉。」又如〈天道〉云：「夫道於大不終，於小不遺，故萬物備。廣廣乎其無不容也，淵淵[10]乎其不可測也。」另如〈則陽〉云：「萬物殊理，道不私。」依莊子的觀點，「道」即是行於萬物，統會一切殊理之大理[11]。

由上可見，《莊子》的「道」，實存，但不可感覺；自存，先天地生；創生萬物；超越時空，不為久老。

二、認識論

「認識論」，又稱「知識論」，乃關於知識的起源、發展與限制諸問題的哲學思想。它以人類的認識本身為探討對象，舉凡認識的本質、認識的可能性和可靠性及其根據與基礎、認識的形式和認識的發生歷程等，都是其思索範圍。而中國哲學對於客觀知識的議題與可驗證的程序是缺乏的、不感興趣的，故此處所論不是嚴格意義下的認識論，而是泛指所有述及認識現象，或針對知識態度的一切看法。

---

[10] 陳鼓應說：「陳碧虛《莊子闕誤》引江南古藏本疊『淵』字，當據補，以與上句『廣廣乎』對文。」（氏著：《莊子今註今譯》，臺北：商務印書館，1994年10月初版，頁391）。

[11] 張岱年：《中國哲學大綱》（臺北：藍燈出版社，1992年4月出版），頁86。

如何認識「道」，《老子》第一章開宗明義云：「道可道非常道，名可名非常名。」闡述「道」不可說的道理。

　　學界衡定《莊子》的認識論，或以為是「相對主義」[12]，或以為「不可知論」[13]。然莊子既不是「相對主義者」，也不是「不可知論者」。莊子認為現象是「相對」的、從知識角度上說「道不可知」，但「道」是絕對的、可體證而得。

　　莊子反對一切「人知」。一方面，他認為「知」是不能究竟的，他在〈養生主〉說：「吾生也有涯，而知也無涯。以有涯隨無涯，殆矣。」另一方面，他認為，「人知」是一種沾染，只有丟棄這種沾染，「忘知忘形」才能像「聖人」「有所游」。〈德充符〉云：「故德有所長，而形有所忘；人不忘其忘，而忘其所不忘，此謂誠忘。故聖人有所游。」當一切「人知」不入於「靈府」，就能成全其「道」了。

　　本文主要探討《莊子》認識論中認識的主體──「心」，認識的對象──「道」與「物」，認識的能力──「大知」與「小知」，以及對於「知」與「真知」的認識過程。首先，《莊子》一書對認識的主體──「心」有不少的描述。「心」在《莊子》書上主要有兩種不同意義：

12　例如，胡化凱：〈《莊子》相對主義與相對論物理學思想之比較〉（《安徽大學學報》1997年第1期）；蔣顯榮：〈從認識過程看莊子是怎樣陷入相對主義的〉（《船山學刊》1999年第2期）；韓習山：〈淺論莊子的相對主義〉（《昭通師範高等專科學校學報》第27卷第3期，2005年6月）等。
13　例如，汪秀麗：〈莊子之「道」與康德「物自體」比較研究──兼論莊、康不可知論異同〉（《安徽大學學報》（哲學社會科學版）1998年第6期）；那薇：〈莊子與海德格在不可知論方面的相互詮釋〉（《社會科學輯刊》第153期，2004年）等。

一者，為具有負面意義的「心」。如〈齊物論〉云：「夫隨其成心而師之，誰獨且無師乎？」「成心」即「成見」，無數主觀是是非非的爭執，產生武斷與排他的現象，都是由於「成心」作祟。又如〈人間世〉云：「剋核大至，則必有不肖之心應之，而不知其然也。」還有，〈天地〉所謂：「舉滅其賊心」、「有機事者必有機心」與「趣舍滑心，使性飛揚」。這些「成心」、「不肖之心」、「賊心」、「機心」與「滑心」等，都是負向作用的「心」。一切智巧都從此「心」導出，這一種意義的「心」容易為種種欲念所奴役而成為人生紛擾的根源，它的伸展便構成精神的桎梏。

　　二者，為含有積極意義的「心」。如〈德充符〉云：「彼為己。以其知得其心，以其心得其常心，物何為最之哉？」〈達生〉云：「臣將為鐻，未嘗敢以耗氣也，必齊以靜心。」此「常心」、「靜心」都具有正向功能的「心」。《莊子》又用「靈府」、「靈臺」來形容這種「心」。「靈」是形容心體作用之奧妙，「府」或「臺」是形容心境含藏之豐富。這種意義的「心」，為一切創造的根源，它洗淨了欲念的擾攘，超脫了俗事的牽累；它可照見萬有之真況，能觀賞天地之大美，而游於無所拘繫的境地。這種意義的「心」指的就是「氣」，即〈人間世〉所謂「無聽之以心而聽之以氣」的說法[14]。

　　由於「心」有著不確定性，或出於「成心」、或來自「常

---

[14] 參見陳鼓應：《老莊新論》，頁215。

心」，因此其認識的是非就無法確定，故要「修心」，如〈田子方〉所云：「夫子德配天地，而猶假至言以修心。」

　　其次，《莊子》所討論的認識的對象為「道」與「物」。莊子認為，「道」在天地之先即已存在。對於「道」的認識，《莊子・天地》云：

　　　黃帝遊乎赤水之北，登乎崑崙之丘而南望，還歸，遺其玄珠。使知索之而不得，使離朱索之而不得，使喫詬索之而不得也。乃使象罔，象罔得之。黃帝曰：「異哉！象罔乃可以得之乎？」

以為象徵智巧之「知」、象徵眼睛之「離朱」、象徵言辯之「喫詬」等，皆不能得其至道，而「象罔」得之。關於「象罔」之意，唐・陸德明《經典釋文》曰：「象罔者，若有形，若無形，故曰眸而得之。即形求之不得，去形求之亦不得也。」[15]其意以為，大道無形，不能以固定方式得之。唐・成玄英《南華真經注疏》云：「罔象，無心之謂。」[16]

　　總其言可知，「玄珠」喻「道」，說明「大道」無形，非感官、知識與語言等可以獲得，「無心」方可得「道」。

　　至於「物」，〈達生〉云：「凡有貌象聲色者，皆物也。」

---

[15] 引自清・郭慶藩輯：《莊子集釋》卷五上（臺北：華正書局，1985年8月初版），頁415。
[16] 引自清・郭慶藩輯：《莊子集釋》卷五上，頁415。

而物有精粗，〈秋水〉云：「夫精粗者，期於有形者也；……可以言論者，物之粗也；可以意致者，物之精也。」如何「齊物」，〈齊物論〉中有很多的探討。

吾人對於「道」與「物」的認識，《莊子》又指出認識的能力與層次的差別性，即所謂「小知」與「大知」。「小知」認識的對象是「物」——感官可及的「物之精粗」等「有形」的現象界。而「大知」認識的對象則是超越現象世界的「道」。

《莊子・齊物論》云：「大知閑閑，小知閒閒。」「小知」與「大知」（即真知）的認識過程，可以〈齊物論〉中「周與蝴蝶」之是否有「分」，以及另一段記夢的文字為例。該篇云：

> 昔者周夢為胡蝶，栩栩然胡蝶也。自喻適志！不知周也。俄然覺，則蘧蘧然周也。不知周夢為胡蝶與，胡蝶夢為周與？周與胡蝶則必有分矣！此之謂物化。

> 夢飲酒者，旦而哭泣，夢哭泣者，旦而田獵。方其夢也，不知其夢也。夢之中又占其夢焉，覺而後知其夢也。且有大覺，而後知其大夢也。而愚者自以為覺，竊竊然知之。君乎？牧乎？固哉！丘也與汝，皆夢也。予謂汝夢，亦夢也。是其言也，其名為弔詭。萬世之後而一遇大聖，知其解者，是旦暮之遇也。

「小知」者，停留在現實世界，關注事實層面，認為「周蝶必有

分」;「大知」者,勘破事實,洞見本質,「莊蝶無分無別」。

〈庚桑楚〉云:「知者,接也;知者,謨也;知者之所不知,猶睨也。」這是說,一般知識,即「小知」知識的形成,是感官與外物接觸有了「感官經驗」,並經過思考與謀慮而得,否則就如眼睛斜視而有所不知。這種感性認識與理性思考的結合是人認識與瞭解外界事物的歷程。而「大知」則不然,〈大宗師〉所謂「且有真人而後有真知」,而「真人」對於道(真知)有所體認,在於「修心」;如何「修心」,《莊子》自有其一套「修養」的理論。

由上可知,《莊子》提醒吾人負面認識之現象以及認識之有限性,認為人的認識主體若流於「成心」、「機心」,則易淪為精神的桎梏,且感官經驗有其限度。如此,丟去「人知」這種沾染,修得「常心」、「靜心」,才能獲得「真知」。

三、修養論

「體道」的修養,乃「修養道德」或「完善人格」之「工夫論」。此處之「修養論」,指完成或實現所謂「人生至道」或「生命理想」的方法與途徑。《老子》第一章謂:「故常無,欲以觀其妙。」[17]第五章也說:「多言數窮,不如守中。」崇尚

---

[17] 陳鼓應說:「『常無欲以觀其妙,常有欲以觀其徼。』有以『有』『無』為讀,有以『無欲』『有欲』為讀。王弼以『無欲』『有欲』作解,後人多依從,然本章講形而上之『道』體,而在人生哲學中老子認為『有欲』妨礙認識,則『常有欲』自然不能關照『道』的邊際。所以這裡不當『無欲』『有欲』作解,而應承

「靜觀默察」的修養觀。《老子》第十章云:「專氣致柔」、「滌除玄覽」,闡明專一、去染而後深觀的工夫,而其「預備工夫」、「先期功課」則為第十六章所云:「致虛極,守靜篤。」即虛靜而後方可深觀。

如前所述,莊子以為道是「實存的」、「自存的」,具有「超越時空」的特性,為萬物之根源,而如何「體道」莫不在於「心」上下工夫。去其負面性作用的「心」,而呈顯正面價值的、奧妙而豐富的「心」。

在《莊子》中,「心」是內在生命的主體,是思想情性的本原。它是承受知識的主要機能,更是擴展精神境界的關鍵所在[18]。莊子認為,「道」不可言傳,但是可以體現、證成。如何達到這種「體道」境界,《莊子》書中提出了修養工夫,歸要如下:

其一,「心齋坐忘」的內省工夫。〈人間世〉與〈大宗師〉分別有下面兩段話:

> 若一志,無聽之以耳而聽之以心,無聽之以心而聽之以氣!聽止於耳[19],心止於符。氣也者,虛而待物者也。唯道集虛。虛者,心齋也。

上文以『無』『有』為讀。再則,《莊子・天下》說:『老聃聞其風而悅之,建之以常無有。』莊子所說的『常無有』就是本章的『常無』『常有』。這更可證明此處應以『無』『有』斷句。」(氏著:《老子今註今譯及評介》,頁50)。

18　參見陳鼓應:《老莊新論》,頁215。

19　俞樾說:「上文云,無聽之以耳而聽之以心,無聽之以心而聽之以氣。此文聽止於耳,當作耳止於聽,傳寫誤倒也,乃申說無聽之以耳之義。」(引自清・郭慶藩輯:《莊子集釋》卷二中,臺北:華正書局,1985年8月初版,頁147-148)。

墮肢體，黜聰明，離形去知，同於大通，此謂坐忘。

「心齋」是一種自我內在省察的修鍊，是對於可塑性的「心」，作提升或昇華的工夫；「心齋」就是需要絕對的內心安寧，不受外物的干擾，而超然於物外；就是要滌除心靈，而不停留在感官層次的「耳」；就是要不休止於概念符號認知的「心」，而提升到「虛靈之心」的「氣」。當「心齋」工夫臻於「聽之以氣」的地步時，排除了外界紛繁的干擾，袪除了心中的世俗慾念，則形體不見，感官知覺也停止，身心冥合於道，進入「神與物游」、「坐忘」之地，即空靈明覺之心所展現的境界。

「墮肢體」即「離形」，「黜聰明」即「去知」，「離形」與「去知」是達到「坐忘」的兩道方法或門徑[20]。「離形」是破除形軀的限制，不為形骸所限，以期精神高度自由；「去知」是去掉心知的造作，不為心智所牽，以期泯滅物我界限。這些理論，在《莊子》書中經常出現。如〈在宥〉云：「心養。汝徒處無為，而物自化。墮爾形體，吐爾聰明，倫與物忘；大同乎涬溟，解心釋神，莫然無魂。」亦提及「墮爾形體」之「離形」，「吐爾聰明」之「去知」。又如〈知北遊〉云：「汝齊戒，疏瀹[21]而心，澡雪而精神，掊擊而知！」其「掊擊而知」，亦是

---

20 參見陳鼓應：《老莊新論》，頁217。
21 陳鼓應說：「瀹，原作『淪』。當從崇德書院本作『瀹』（馬敍倫義證）。」（陳鼓應：《莊子今註今譯》，臺北：商務印書館，1994年10月初版），頁623。

「去知」。而「齋戒」、「疏瀹」、「澡雪」，亦都是在心上用功。凡此，都闡述了「心齋坐忘」的修養工夫。

其二，「外天下」、「外物」、「外生」、「朝徹」、「見獨」、「無古今」、「不生不死」的修養進路。如〈大宗師〉所云：

> 夫卜梁倚有聖人之才而无聖人之道，我有聖人之道而无聖人之才，吾欲以教之，……吾猶守而告之，參日後能外天下；已外天下矣，吾又守之，七日而後能外物；已外物矣，吾又守之，九日而後能外生；已外生矣，而後能朝徹；朝徹，而後能見獨；見獨，而後能无古今；无古今，而後能入於不死不生。

「外天下」即「不從事於務」，排除對世事的思慮；「外物」即「不被物役」，拋棄世間貧富得失等各種計較；「外生」即「無慮生死」，把死生置之度外。「外」是不執著、不牽掛或透破的意義。這是著重於進「道」過程中摒除障礙的工夫。從「外在的我」轉向「內在的我」，揚棄世俗，甚至作無限的捨棄——無限地捨棄俗世的耽樂，無限地捨棄俗世的價值[22]。

「朝徹」是掃除俗事欲念及透破生命侷限後所達到的「空明心境」，是實踐入「道」工夫時的心靈狀態，即心靈呈現著清

---

[22] 參見陳鼓應：《老莊新論》，頁200-201。

明洞徹的狀態。心靈達到這種狀態，才能「見獨」，洞見、體證獨立無待且絕對的「道」。得「道」後，可以達到「無古今」、「不生不死」的境界。

其三，「無心」的工夫。《莊子》〈天地〉篇論及「無心」，其文云：

> 技兼於事，事兼於義，義兼於德，德兼於道，道兼於天。故曰，古之畜天下者，無欲而天下足，無為而萬物化，淵靜而百姓定。〈記〉曰：通於一而萬事畢，無心得而鬼神服。

強調「無心」之工夫。此外，〈知北游〉：「形若槁骸，心若死灰，真其實知，不以故自持。媒媒晦晦，無心而不可與謀。彼何人哉？」也是強調「無心」的工夫。

由上可見，《莊子》的「修養論」，植基於「去」、「外」（不）、「無」等角度，強調「心齋坐忘」的內省工夫，「外天下」、「外物」、「外生」、「朝徹」、「見獨」、「無古今」、「不生不死」的修養進路，以及「無心」之道等，重視非感官的心靈層面。

四、境界論

「境界論」，可說是「人生至道論」，指對於人生最高理想之理論。學界大多認為，莊子的思想主軸係將老子的客觀的、實

體的、形上的「道」轉化為主觀的、心靈的、人生的「境界」。
徐復觀說：「莊子主要的思想，將老子的客觀的道，內在化而為
人生的境界。」[23]牟宗三也說：

> 老子之道有客觀性、實體性及實現性，至少亦有此姿態。
> 而莊子則對此三性一起消化而泯之，純成為主觀之境界。
> 故老子之道為「實有形態」，或至少具備「實有形態」之
> 姿態，而莊子則純為「境界形態」。[24]

陳鼓應又說：「老子的『道』，本體論與宇宙論的意味較重，
而莊子則將它轉化而為心靈的境界。」[25]《莊子》不重道體的描
述，而側重體道境界的展現，可以說是一種「境界的哲學」[26]。
　　莊子與老子所期以實現的「聖人氣象」，也有出入。《老
子》第十五章云：

> 古之善為士[27]者，……豫兮若冬涉川；猶兮若畏四鄰；儼
> 兮其若客；渙兮其若釋；敦兮其若樸；曠兮其若谷；混兮
> 其若濁；孰能濁以靜之徐清；孰能安以動之徐生。

23　徐復觀：《中國人性論史》（臺北：商務印書館，1984年4月七版），頁387。
24　牟宗三：《才性與玄理》（臺北：學生書局，1985年4月七版），頁177。
25　陳鼓應：《老莊新論》，頁185。
26　陳鼓應：《老莊新論》，頁210。
27　陳鼓應說：「王弼本『士』，帛書乙本作『道』，同傅奕本，驗之郭店簡本（甲
　　組），正作『士』，此證『士』更近古義。」（氏著：《老子今註今譯及評
　　介》，臺北：商務印書館，2002年10月第三次修訂版），頁104。

這是老子對於「體道者」的容態、氣象與心境之刻劃，相較於《莊子》關於聖人的描摹，確有差異。〈逍遙遊〉云：

> 藐姑射之山，有神人居焉，肌膚若冰雪，綽約若處子。不食五穀，吸風飲露。乘雲氣，御飛龍，而遊乎四海之外。其神凝，使物不疵癘而年穀熟。

可見莊子與老子的「聖人」觀，各有偏重。誠如論者所言：「老子所描繪的人格形態，較側重於凝靜敦樸、謹嚴審慎的一面；莊子所描繪的人格形態，較側重於高邁凌越、舒暢自適的一面。」[28]
　　陳鼓應又作了扼要的區別，他說：

> 老子哲學和莊子哲學最大的不同處，便是老子哲學幾乎不談境界，而莊子學則著力於闡揚其獨特的人生境界。如果老子哲學有所謂「境界」的話，勉強可以說「玄同」的觀念為近似。[29]

又說：「老子特別強調『道』的『反』的規律」以及『道』的無為、不爭、柔弱、處後、謙下等特性，莊子則全然揚棄這些概念而求精神境界的超升。」[30]這些辨析，應是客觀合理的。與此觀

---

[28]　陳鼓應：《老子今註今譯及評介》，頁108。
[29]　陳鼓應：《老子今註今譯及評介》，頁255。
[30]　陳鼓應：《老莊新論》，頁185。

點有異曲同工之妙的首推牟宗三；牟宗三認為，道家「這種形而上學因為從主觀講，不從存在上講」，所以他給它個名詞叫「境界形態的形而上學」[31]。論者也認為，「莊子本人所談的『道』（以內篇為準），乃屬境界意義的」[32]。這話深中肯綮。

莊子論「道」，不在探討宇宙如何生成如何存在，而是為人生追求提供依據而已，目的還在以「『道』即一種境界，『道』的境界即人生最高的境界。」[33]

體道的境界純粹是一種直覺性的內在經驗，《莊子》一書竭力於體道境界的描繪，諸如不被功名與利祿等世俗價值所束縛、優游自在、無牽無掛、逍遙、無待、超越生死、與物合一等精神境地，不勝枚舉。所謂聖人、真人、神人可以達到這個境界，所以這個境界就是所謂的「聖人境界」。《莊子》書中，多處闡述這種境界，給讀者印象深刻。

茲列數例為證：

其一，〈逍遙遊〉云：「乘天地之正，而御六氣之辯，以遊无窮者。」此「乘天地之正，御六氣之辯者」，「即順萬物之性、遊變化之塗」[34]，順萬物之性、遊變化之塗，故無所對立，而物我冥一，以至逍遙、無所待的境界。同篇又云：「藐姑射之山，有神人居焉，肌膚若冰雪，綽約若處子。不食五穀，吸風飲露。乘雲氣，御飛龍，而遊乎四海之外。」這段話彰顯「與天地

---

31 牟宗三：《中國哲學十九講》（臺北：學生書局，1983年10月初版），頁103。
32 陳鼓應：《老莊新論》，頁208-209。
33 陳鼓應：《老莊新論》，頁209。
34 東晉‧郭象：《莊子注》（臺北：金楓出版社，1986年出版），頁51-52。

精神往來」[35]的自在境地。

其二，〈齊物論〉云：「天地與我並生，而萬物與我為一。」這是超越自我與世界、我與非我、主體與客體二分的世界，也就是道的、物我齊一的最高境界，也就是「未始有封」的境界[36]。同篇又云：

> 至人神矣！大澤焚而不能熱，河漢沍而不能寒，疾雷破山風振海而不能驚。若然者，乘雲氣，騎日月，而遊乎四海之外。死生无變於己，而況利害之端乎！

寫至人的精神定力、心靈獨立自足，不為外境所牽，自在遊行，對於死生、利害無所牽掛。還有，該篇且云：「聖人不從事於務，……而遊乎塵垢之外。……旁日月，挾宇宙，……參萬歲而一成純。」揚棄利祿、名位、權勢、毀譽之俗世活動，心靈活動超出物質世界的形相的拘限而精神上達，同日月、宇宙萬物為一體，揉和古今而精神純一。

其三，〈人間世〉云：「乘物以遊心。」表述順任事物之自然而悠遊自適。

其四，〈大宗師〉云：「登天遊霧，撓挑无極；相忘以生，无所終窮？」指精神超然於物外，跳躍於無極，以達忘我之境。同篇另處云：「與造物者為人，而游乎天地之一氣。……芒然彷

---

[35] 陳啟天：《莊子淺說》（臺北：中華書局，1986年8月三版），頁9。
[36] 陳鼓應：《老莊新論》，頁142。

徨乎塵垢之外,逍遙乎无為之業。」與造物者為伴,遨遊於天地之間,逍遙於自然的境地。此外,該篇尚有一處云:「安排而去化,乃入於寥天一。」聽任自然的安排順應變化,而進入道的純一境地。

其五,〈應帝王〉云:「乘夫莽眇之鳥,以出六極之外,而遊无何有之鄉,以處壙埌之野。」指自由之心,悠遊於無何有之鄉、廣闊無邊之地。

以上所舉,皆為內篇之內容,其餘外篇、雜篇亦多有之。如〈在宥〉云:「入无窮之門,以遊无極之野。吾與日月參光,吾與天地為常。」〈天地〉云:「萬物一府,死生同狀。」〈天道〉云:「知天樂者,其生也天行,其死也物化。靜而與陰同德,動而與陽同波。」〈刻意〉云:「精神四達並流,无所不極,上際於天,下蟠於地,化育萬物。」〈田子方〉云:「至人者,上闚青天,下潛黃泉,揮斥八極,神氣不變。」〈列禦寇〉云:「至人者,歸精神乎无始而甘冥乎无何有之鄉。」〈天下〉云:「獨與天地精神往來。」等等,俯拾即是。

這種「遊於天地」、「參與日月」、「與天地精神往來」之境,其實也就是《莊子》「體道」的「入於不死不生」之境。

莊子對於「生死」有深沉的思考。〈齊物論〉云:「彼是方生之說也,雖然,方生方死,方死方生。」又云:

> 予惡乎知說生非惑邪!予惡乎知惡死之非弱喪而不知歸者邪!麗之姬,艾封人之子也。晉國之始得之也,涕泣

沾襟；及其至於王所，與王同筐床，食芻豢，而後悔其泣
也。予惡乎知夫死者不悔其始之蘄生乎！

當然此處所舉麗姬之故事，並未揚舉「以死為樂」之道，而是在
破除一般人「悅生惡死」的心理。

〈德充符〉云：「仲尼曰：『死生亦大矣，而不得與之變，
雖天地覆墜，亦將不與之遺。審乎无假而不與物遷，命物之化而
守其宗也。』」真君不隨生死而變，而無生則無死，無形則無覆
墜。該篇亦云：「以死生為一條。」認為生死如一。

還有，〈大宗師〉云：

> 子祀、子輿、子犁、子來四人相與語，曰：「孰能以無為
> 首，以生為脊，以死為尻，孰知死生存亡之一體者，吾與
> 之友矣。」四人相視而笑，莫逆於心，遂相與為友。

同篇又云：「古之真人，不知說生，不知惡死。」說明「真人」
之死生一如，故不「厭生惡死」。

〈至樂〉載：「莊子妻死鼓盆而歌。」惠施深不以為然，而
莊子曰：

> 不然。是其始死也，我獨何能无概然！察其始而本无生，
> 非徒无生也而本无形，非徒无形也而本无氣。雜乎芒芴之
> 間，變而有氣，氣變而有形，形變而有生，……人且偃然

寢於巨室，而我噭噭然隨而哭之，自以為不通乎命，故
　　止也。

人本無氣無形無生，恍惚之中而有氣有形又有生。故生死只是一
氣之所變，生不值喜，死不必悲。〈至樂〉中所載莊子與髑髏的
對話，亦是表現不必悅生惡死的態度，如髑髏曰：「死，无君於
上，无臣於下；亦无四時之事，從然以天地為春秋，雖南面王
樂，不能過也。」

　　此外，〈列禦寇〉記載，莊子將死時，其弟子欲為厚葬，他
說：「吾以天地為棺槨，以日月為連璧，星辰為珠璣，萬物為齎
送。吾葬具豈不備邪？」對死表現著一種達觀的態度。

　　歸言之，莊子強調無執無對的心態與自由逍遙的意境，認為
打破生死，悠遊於天地間之不生不死之境，是體道的最高境界。

　　綜上可知，《莊子》「道體論」繼承老子的學說，主張
「道」是宇宙之本根；其性為實存、自存、遍在、先於天地、
創生萬物、不為久老。其「認識論」，以為認識的主體──
「心」，有正、負兩種意義；心之認識對象，包括「道」與
「物」二者。而認識的知能則有「大知」與「小知」等不同層
次。其「修養論」，強調「心齋坐忘」的內省工夫，以及「外
天下」、「外物」、「外生」、「朝徹」、「見獨」、「無古
今」、「不生不死」的修養進路與「無心」之道。其「境界
論」，提出超越名利、優游自在、無牽無掛、逍遙無待、與物合
一等精神境界，為個人之自我消解與自我證成別開活路。

第二節　「空」、「禪」、「唯識」的思想內涵

　　「以佛解莊」之取徑，隨著佛教思想的轉變而分殊，有「以空解莊」、「以禪解莊」、「以唯識解莊」等現象，「空」、「禪」與「唯識」各有其思想肌理，以下分別說明之。

一、「空」的理論與實踐

　　佛教思想宗派中，竭力於宣講「空」思想的是龍樹的中觀學。早期《中阿含經》強調的是「緣起」，所謂：「此緣起極甚深，明亦甚深。」[37]

　　一切諸法因緣生，緣生故有，緣滅故無。《雜阿含經》云：

> 所謂此有故彼有，此生故彼生，謂緣無明有行，乃至生、老、病、死、憂、悲、惱苦集。所謂此無故彼無，此滅故彼滅，謂無明滅則行滅，乃至生、老、病、死、憂、悲、惱苦滅。[38]

此「有無」非世俗常見之「有」或斷見之「無」，而是緣起故

---

[37]　東晉・瞿曇僧伽提婆譯：《中阿含經》卷二十四（《大正藏》第1冊），頁578中。
[38]　劉宋・求那跋陀羅譯：《雜阿含經》卷十（《大正藏》第2冊），頁67上。

「有」、緣滅故「無」的「有無」。這就是佛教「此有故彼有，此生故彼生；此無故彼無，此滅故彼滅」的緣起觀，說明一切依待而存在的法則。「此」是泛指一切因緣，「有」是存在，「生」是現起，「彼」是泛指一切果。所以「此有故彼有，此生故彼生」是說一切因的存在、現起，再加上緣的促成，所以一切果才存在，因存在所以果存在，因現起所以果現起。

緣起為佛法的核心，佛法的一切深義、大行都是由觀察因緣（緣起）而發見的。佛教對於諸法之解釋，由原始佛教所說「緣起」思想後，發展出主張諸法為「有」（假必依實）之部派佛教，其中可以「說一切有部」為代表。為對治部派佛教說「有」之思想，佛教也出現主張一切皆「空」之大乘思想，可以龍樹、提婆之教說為中心，亦即中觀思想。中觀思想之特色，即在把握「空」的思想。故以「空」為究竟者，乃「空宗」；以「空」為不究竟者，乃「有宗」。龍樹中觀學之「空」為主張「畢竟空」之「空宗」。

龍樹「空宗」亦從「緣起立論」，且貫通「緣起即空」的道理。緣起是佛法的核心，說明一切「此有故彼有」、「此滅故彼滅」的道理，故從「緣起」說「性空」。《中論》云：「故知緣起空，我說無自性；無物從緣起，無物從緣滅；起唯諸緣起，滅唯諸緣滅。」[39]說的是「緣起故有」，有是因緣有，而無自性，故不是真有；是假有的存在，但不是絕然的空無。

---

39 後秦・羅什譯：《中論》（《大正藏》第30冊），頁69中。

龍樹的「空」貫通了《般若經》的假名、空性及《阿含經》的緣起、中道。《中論》「觀四諦品第二十四」中最有名的「空假中偈」（三是偈）可為其代表，該偈言：「眾因緣生法，我說即是無（空），亦為是假名，亦是中道義。」[40]這一偈頌意指：一切「眾」多「因緣」所「生」的「法」，「我」佛「說」它就「是空」。雖說是空，但並不是否認一切法。這空無自性的空法，「亦」說「為是假名」。離戲論的空寂中，空相也是不可得。佛所以說緣生法是空，目的在使眾生於緣起法中，離一切自性妄見，以無自性空的觀門，體證諸法寂滅的實相。這即是緣起有的「性空」，是修證而得的。

　　在字源上，「空」梵文是śūnya或sunñña，音譯舜若、舜若多，又作空無、空性、空寂、空淨、非有等。在佛法的弘傳流通中，「空」義不斷的發揚，從「佛」被稱為「空王」，而「佛教」被稱為「空門」，就可以想見空義的廣大深遠了。釋迦牟尼佛的原始教說，「空」並非主題，但佛法的特性，確實可用「空」來表達。所以在佛法中，空義越來越重要，終於成為佛法甚深的主要論題[41]。

　　「空」在初期聖典中，與住處有關。作為修行者住處——空屋、空舍，啟發了深遠的意義。住在空屋中，沒有外來的囂雜煩擾，當然是寧靜的、閒適的。在這裡修習禪慧，不為外境所惑亂，不起內心的煩惱，心境一如空屋。於是，在空閒處修行，引

---

[40] 後秦‧羅什譯：《中論》，頁33中。
[41] 印順：《空之探究》（臺北：正聞出版社，1987年3月三版），頁1。

起了以空來象徵禪慧的境地，是「空」義不斷延申的初期意義[42]。

　　佛教所說的空雖有多義，然大致不出「人空」、「法空」。「人空」又稱生空、我空，係以自我（ātman）的實體為空；「法空」則是打破主張諸法之自性（svabh āva）恒存不變的迷執，認為「諸法」皆由「因緣和合」所生，並無實體存在。

　　「空」有理論與實踐兩面。理論性的空，指一切法皆緣起緣滅，無固定的實體，其獨存性、不變性與主宰性皆不可得，乃「自性空」。實踐性的空，指的是體「空」的境界，無所得、不執著的處世態度，是一種自我證成，即以雙遣來破除心靈的執著，表現一空靈的、無所執著、以無所得而得無所礙的境界。

　　為實證空理所修的觀法，謂之「空觀」。佛教各系之空觀，深淺勝劣雖然並不一致，但目標皆為捨遣「實有之情執」。大體來說，小乘佛法主修「我空觀」，斷煩惱障；大乘佛法兼修「我法二空觀」，斷煩惱障與所知障。此外，另有析空觀[43]、體空觀、但空觀等觀法。

　　僧肇《肇論》〈不真空論〉更為凸顯佛教「空」義，而批駁當時「六家七宗」的般若思想。明・蕅益認為僧肇之學說「醇乎其醇」[44]，為「此土大乘宗經論第一」[45]。〈不真空論〉是僧肇

---

[42] 印順：《空之探究》，頁3-4。

[43] 小乘學者在事事物物的觀察上，利用分析的方法，理解事物假合的無體空，以為色法是一微一微的，心法是一剎那一剎那的，所以雖然說空，結果還是不空。這就是所謂的「析法空」、「析空觀」。

[44] 明・蕅益：《閱藏知津》之「凡例」（大藏經刊行會編：《法寶總目錄》第3冊，臺北：新文豐出版公司，1983年1月修訂版），頁1008。

[45] 明・蕅益：《閱藏知津》，頁1225。

針對當時玄學與六家七宗未能正確釐清「性空」而提出來的，其主要內容在於評破當時六家七宗最具代表之「心無宗」[46]、「即色宗」[47]與「本無宗」[48]三宗的般若學，並對佛教的「空」加以解說。

　　總之，「空」強調「非有非無」的「中道義」，以及「否定」、「無執」的思維。而所謂「空」、「真空」、「空而不空」、「真空不空」、「空有並照」、「空有雙照」、「以有資空」、「將空導有」、「妙體真空」、「證空捨有」、「智窮空有」等皆為後人討論，而「以空解莊」者亦加以運用。

---

[46] 「心無宗」的主要人物是支愍度與竺法蘊，其基本觀點是：「無心於萬物，萬物未嘗無。」（後秦・僧肇：《肇論》，《大正藏》第45冊，頁152上），以為「空」是心不執著於萬物，而萬物本身並非是無。僧肇認為，「此得在於神靜，失在於物虛」（同上），沒有認識到外界事物本身的虛假性。

[47] 「即色宗」以支道林為代表，主張「明色不自色，故雖色而非色」，以為人們所見的色法，是條件組合而有的，不是獨立自存自有的，所以不是真實的存在，是「非色」。僧肇品評此「直言色不自色，未領色之非色。」（後秦・僧肇：《肇論》，頁152上），不知「色」本身就是「空」的道理。

[48] 「本無宗」所破的是道安「本無宗」或竺法汰的「本無異宗」，向來說法不一。關於本無宗與本無異宗的論點，隋・吉藏《中觀論疏》說：「一者釋道安明本無義，謂無在萬化之前，空為眾形之始。夫人之所滯，滯在末有，若詫心本無，則異想便息。……次琛法師云：本無者，未有色法，先有於無，故從無出有。即無在有先，有在無後，故稱本無。」（《大正藏》第42冊，頁29上）。據湯用彤的考證，吉藏《中觀論疏》所提「琛法師」另有其人（氏著：《漢魏兩晉南北朝佛教史》，頁252-252）。梁・寶唱《名僧傳抄》〈曇濟傳〉引曇濟的《六家七宗論》說：「第一本無立宗曰：……無在元化之先，空為眾形之始，故稱本無。非謂虛豁之中生萬有也。」（《卍續藏經》第134冊，頁18上）。然從僧肇〈不真空論〉而言，兩者應都為僧肇所批判。僧肇指「本無宗」，「情尚於無，多觸言以賓無，故非有，有即無，非無，無亦無。」（後秦・僧肇：《肇論》，頁152上）認為「本無宗」不管有與無，都是「無」。僧肇認為，「此直好無之談」（同上），佛教所言「空」不是「無」（都沒有）。

二、「禪」的特質與境界

「禪」（梵語dhyā na），又作禪那，義譯為「靜慮」[49]、「思惟修習」、「棄惡」[50]、「功德叢林」[51]，寂靜審慮之意。概指將心專注於某一對象，極寂靜而詳密思惟之定慧均等之狀態，是安靜中思慮，思慮而又安靜的定——是精神「安定與集中」的境界。

基本上，「禪」為大乘、小乘、外道、凡夫所共修，然其目的及思維對象則各異。或以禪為一種定，故將修禪沈思稱為「禪思」。本節主要探討中國禪宗之「禪」思想的特質與境界。

中國禪宗源於達摩所傳授的《楞伽經》，以及道信所依據的《文殊說般若經》等思想，而後又有「教外別傳，不立文字」的主張[52]，闡揚經典之外，以心傳心、以心印心之法門。意即不依經典文字，專以坐禪及棒喝等方法，令眾生悟其本來面目。

中國禪的特殊性何在？論者以為：

---

[49] 止他想，繫念專注一境，正審思慮。

[50] 捨欲界五蓋等一切諸惡。

[51] 以禪為因，能生智慧、神通、四無量等功德。

[52] 印順說：「達摩以四卷《楞伽經》授慧可，是《續高僧傳》所說的。道信依《楞伽經》及《文殊說般若經》，制《入道安心要方便》；神秀『方便通經』，廣引大乘經論來成立自宗，都表示了禪是不離教的。然〈唐中岳沙門釋法如行狀〉說：『天竺相承，本無文字。入此門者，唯意相傳』。並引〈禪經序〉說：『斯人不可以名部分，別有宗明矣。』張說的〈荊州玉泉寺大通禪師碑〉，杜朏的《傳法寶紀》，都說到不立文字，唯意相傳（心傳），表示了離教而別有宗的立場。」（氏著：《中國禪宗史》，臺北：正聞出版社，1987年4月四版，頁331）。

影響中國禪，特別是「南禪」的第一個佛教思想，是《般若經》裡的「般若」思想。另外一個影響中國禪的佛教思想，是《楞伽經》裡的「佛性」思想。[53]

也就是說，中國禪之思想特質有二：一是，「般若」思想，表達「無所有」、「不可得」的「空」的思想；二是，「佛性」思想，傳達「人人本來是佛（本覺）」、「眾生皆有佛性」等「如來藏」（梵語tathā gata-garbha）思想。

此外，不重形式而重本質，以及後來呈現的「喝佛罵祖」或「棒喝」的禪風，顯現不沾不染、無住生心、生心無住、與空無我相應，或從有我到忘我，從忘我到無我的灑脫、無所執著、空靈清涼，表達本地風光的禪境，或「平常心是道」、「觸目會道」、「不可說，不可說」等禪的作用，都是中國禪的特色。

關於「禪」的思想特質，達摩所傳四卷《楞伽經》為「如來藏思想」經典，因此，禪宗是「如來藏緣起」思想。《楞伽經》卷二云：

> 爾時大慧菩薩摩訶薩白佛言：世尊，世尊，修多羅說如來藏自性清淨，轉三十二相，入於一切眾生身中，如大價寶垢衣所纏。如來之藏常住不變，亦復如是。[54]

---

[53] 楊惠南：《禪史與禪思》（臺北：東大圖書公司，1995年4月初版），頁1。
[54] 劉宋‧求那跋陀羅譯：《楞伽經》卷二（《大正藏》第16冊），頁489上。

「如來藏」，指一切眾生本有之「如來藏自性清淨」、「覺性」。如來藏雖覆藏於煩惱中，卻不為煩惱所污，具足本來絕對清淨而不變之佛性，且具足無量德性妙用。「如來藏」思想，肯認眾生皆有佛性，人人本來是佛。

禪師「語錄」中有不少歌頌這種思想的詩偈，如《續指月錄》所載，嚴康朝大徹大悟後，詠出下面這首與「狗子佛性」有關的詩偈：

> 趙州狗子無佛性，我道狗子佛性有；蕃然言下自知歸，從茲不信趙州口！著精神，自抖擻，隨人背後無好手！騎牛覓牛笑殺人，如今始覺從前謬！[55]

體悟「人人本來是佛」，「眾生皆有佛性」，故「騎牛覓牛」笑殺人。

表現「般若空」思想的禪詩，最有名的是，載於《指月錄》中南北朝善慧大士傅翕（497-569）的「矛盾詩」。其詩云：「空手把鋤頭，步行騎水牛；人從橋上過，橋流水不流。」[56]既說「空手」又說「把鋤頭」，既說是「步行」又說是「騎水牛」；且依常理是水流橋不流，但卻說成是橋流水不流；所以說是「矛盾詩」。當然，這也是一首「體空」的詩句：「空手把鋤

---

55 清·聶先編：《續指月錄》卷二（藍吉富主編：《禪宗全書》第13冊，臺北：文殊出版社，1988年5月初版），頁218，

56 明·瞿汝稷集：《指月錄》卷二（藍吉富主編：《禪宗全書》第10冊），頁142。

頭」是心已「空」，不起執著，而步行卻似騎水牛一樣的自在；
且萬物自是動中有靜，靜中有動，故亦可說「橋流水不流」。

　　另外，「平常心是道」、「觸目會道」等禪的教法亦表現於
禪詩中。如天衣子清禪師云：

> 「颯颯涼風景，同人訪寂寥；煮茶山下水，燒鼎洞中
> 樵！」古人將常住物，作自己人情。天衣則不然！「供佛
> 嬾拈華，延賓不煮茶；莫嫌無禮數，冷淡是僧家。」[57]

表現禪家平平常常、冷冷淡淡的生活。又如，石室輝禪師詠城東
老姥，與佛同生，不欲見佛，每見佛來，即便迴避。雖然如此，
東西總皆是佛，遂以手掩面，十指掌中亦總是佛，而頌詩云：
「平生不願佛相逢，十指尖頭現紺容；夾路桃華風雨後，馬蹄何
處避殘紅。」[58]此言，「觸目會道」，道隨處皆在的道理。

　　還有，禪又「不可說，不可說」。白雲度問西來密意，無見
先睹禪師云：「待娑羅峰點頭，即向汝道。」這表達「不可說」
的意思。另示眾云：「風冷冷，日呆呆。蒼蔔華開滿路香，池塘
一夜生春草。堪悲堪笑老瞿曇，四十九年說不到。」[59]顯示「祖
師西來密意」的禪法，不可言說。

　　表達禪修歷程最為大家所稱頌的是歷代的〈十牛圖頌〉，拋

---

[57]　清・聶先編：《續指月錄》卷五，頁428-429。
[58]　清・聶先編：《續指月錄》卷五，頁382。
[59]　清・聶先編：《續指月錄》卷七，頁533-534。

棄印度式的嚴格思辨方法及理論架構，而取用圖畫與詩歌呈現，學徒以及為該圖做禪宗式詩頌者為數不少。用十幅圖畫、十首詩頌說明「由迷起悟」的十段修行過程，是後代禪師的綜合整理。

　　根據蔡榮婷的研究指出，見於《湘山志》之唐湘山宗慧禪師（？-867）〈牧牛歌〉是目前所存時代最早的「牧牛詩組」[60]。後世比較著名的有：（一）宋‧廓庵[61]〈十牛圖頌〉[62]；（二）

---

[60] 蔡榮婷：〈唐湘山宗慧禪師〈牧牛歌〉析論〉（《中正中文學術年刊》創刊號，1997年）。這十首「牧牛詩組」分別為：（一）「未牧」：「落日映山紅，放蕩西東，昂藏頭角勢爭雄。奔走溪山無定止，冒雨沖風。涉水又登峰，似虎如龍，狂心劣性實難從。到處犯人苗與稼，鼻未穿通。」（二）「初調」：「可憐這頭生，永日山行，穿來驀鼻細調停。珍重山童勤著力，緊緊拘牽。水草要均平，照顧精明，狂機偶觸莫容情。收放鞭繩知節候，久久功成。」（三）「受制」：「漸漸息奔波，牽過前坡，從容隨步性平和。度水穿雲雖自在，且莫隨他。又同那山窩，細看如何？低頭緩步慢逶迤。須用鞭繩常管顧，定不蹉跎。」（四）「迴首」：「久久用功深，自在泉林，芒繩輕繫向清陰。任性回頭不著力，息卻狂心。又且看浮沈，細究幽尋，收來放去別無侵。還把繩頭鬆又緊，一刻千金。」（五）「馴伏」：「調伏性安然，任過前川，青山綠水去來還。雖有鞭繩無用處，狂劣都捐。這邊又那邊，泉穴雲巔，悠游踏斷白楊蝀。日暮歸來無罣礙，何用勞牽。」（六）「無礙」：「任意去西東，到處從容，橫身高臥柳陰中。笛聲吹出無思算，快活阿童。淺綠間深紅，景物融融，歇肩穩坐意忘工。憶昔勞心空費力，露地全供。」（七）「任運」：「緣楊芳草邊，任運天然，饑來大嚼渴吞泉。踏轉溪山隨處樂，在在逢源。橫臥萬峰前，景物幽閒，山童熟睡不知年。拋置鞭繩無罣礙，好箇靈堅。」（八）「相忘」：「物我兩形忘，月印滄浪，白雲影裏白牛行。牛本無心雲自靜，彼此相當。交對露堂堂，何用商量，山童不復著提防。雲月人牛俱自在，端的家常。」（九）「獨照」：「忒怪這牛兒，不記吾誰，阿童齊曉獨橫吹。山比山南皆自得，工用俱離。拍手笑嘻嘻，樂以忘疲，逍遙物外自何之。若說無心即是道，猶欠毫釐。」（十）「雙忘」：「無相大圓融，不立西東，人牛何處杳無蹤。子夜赤輪渾不照，八面玲瓏。魔佛總成空，凡聖銷鎔，廁河發焰耀天紅。枯本枝頭花燦爛，絕沒香通。」（清‧徐泌主修、謝允復纂修：《湘山志》，收於白化文等主編：《中國佛寺誌叢刊》第114冊，揚州：江蘇廣陵古籍刻印社，1996年，頁67-71）。

[61] 據宋‧普濟《五燈會元》卷二十〈梁山師遠禪師〉云：「（廓庵師遠禪師）合川魯氏子。上堂，舉『楊岐三腳驢子』話。乃召大眾曰：『揚其湯者，莫若撲其火；壅其流者，莫若杜其源。此乃智人之明鑒。佛法之至論，正在斯焉。』……師有《十牛圖幷頌》行於世。」（宋‧普濟：《五燈會元》，藍吉富主編：《禪宗全書》第8冊，臺北：文殊出版社，1988年4月初版，頁1324-1326）。可見，廓庵屬臨濟宗。

[62] 宋‧廓庵〈十牛圖頌〉：（一）尋牛：「忙忙撥草去追尋，水闊山遙路更深，力

宋・普明〈牧牛圖頌〉。十牛圖的思想，強調眾生皆有佛性，具足無量功德屬性。由於無始以來，耽於迷執，忘失本性，終致不認得「自己」。因此，修行者最重要的目標，就是尋回這原本具足的「佛性」。

對於「禪境」的表達，從禪師語錄或詩集中，也可見他們往往運用「明月」之「一片空靈」、「不著」、「不染」、「心空」、「無礙」的意象，表達心智澄明、清涼無礙的境界[63]；或以「春」有花開、生氣盎然之意，表達尋道如覓春之境[64]；或以

盡神疲無處覓，但聞楓樹晚蟬吟。」（二）見跡：「水邊林下跡偏多，芳草離坡見也麼，縱是深山更深處，遼天鼻孔怎藏他。」（三）見牛：「黃鸝枝上一聲聲，日暖風和岸柳青，只此更無回避處，森森頭角畫難成。」（四）得牛：「竭盡神通獲得渠，心強力壯卒難除，有時纔到高原上，又入煙雲深處居。」（五）牧牛：「鞭索時時不離身，恐伊縱步入埃塵，相將牧得純和也，羈鎖無抑自逐人。」（六）騎牛歸家：「騎牛迤邐欲還家，羌笛聲聲送晚霞，一拍一歌無限意，知音何必鼓唇牙。」（七）忘牛存人：「騎牛已得到家山，牛也空兮人也閑，紅日三竿猶作夢，鞭繩空頓草堂間。」（八）人牛俱忘：「鞭索人牛盡屬空，碧天寥廓信難通，紅爐焰上爭容雪，到此方能合祖宗。」（九）返本還源：「返本還源已費功，爭如直下若盲聾，庵中不見庵前物，水自茫茫花自紅。」（十）入鄽垂手：「露胸跣足入塵來，抹土塗灰笑滿腮，不用神仙真祕訣，直教枯木放花開。」（宋・廓庵等：《十牛圖頌》，藍吉富主編：《禪宗全書》第32冊，臺北：文殊出版社，1988年7月初版，頁621-624）。

[63] 這種例子甚多，諸如唐・船子德誠云：「千尺絲綸直下垂，一波纔動萬波隨；夜靜水寒魚不食，滿船空載月明歸。」（宋・惟蓋竺編：《明覺禪師語錄》卷三，《大正藏》第47冊，頁692上）以「魚」代表自己，表示已不受外界的引誘，雖然未得魚，空船而返，有皎潔明月同行，表達禪師我執已破，能所雙泯的清涼境界。又如宋・惠泉集《黃龍慧南禪師語錄》〈答張職方〉云：「夢幻年光過耳順，茆庵草座頗相宜；日高一缽和羅飯，禪道是非都不知。不知猶作不知解，解在功成百鳥奔；欲絕銜花箇中意，江心明月嶺頭雲。」（宋・惠泉集：《黃龍慧南禪師語錄》，《大正藏》第47冊，頁639中）以「明月」表其禪境。再如宋・仁勇等編《楊岐方會和尚語錄》云：「風散亂雲長空靜，夜深明月照窗前。」（宋・仁勇等編：《楊岐方會和尚語錄》，《大正藏》第47冊，頁643下）亦以「明月」闡述其體證的境界。

[64] 這類詩文不少，如宋・羅大經《鶴林玉露》卷十八〈道不遠人〉一文所載佚名比丘尼「脫灑可喜」之〈悟道詩〉云：「盡日尋春不見春，芒鞋踏遍隴頭雲。歸來笑撚梅花嗅，春在枝頭已十分。」（宋・羅大經：《鶴林玉露》卷十八，臺北：正中書局，1969年12月初版，頁21）映顯「道不遠人」、「道就在身邊」的禪

「雲」來象徵高潔無瑕、自由不羈、閒適自在之境[65]。

　　總之，禪「般若空」與「佛性」的思想特質，以及由之展現不沾不染，自在無礙的「禪境」，為後世「以禪解莊」者所引用。

三、「唯識」的系統與意義

　　「唯識」是大乘佛教思想之一支，創立其學說的重要人物是無著、世親等。無著生於佛滅度後九百餘年的北印度健馱羅布路沙城，成學後遊化於中印度一帶；著有《攝大乘論》，紹繼彌勒成為唯識學成立時期的中心人物之一。《攝大乘論》云：「此中何者依他起相？謂阿賴耶識為種子，虛妄分別所攝諸識，……如此諸識皆是虛妄分別所攝，唯識為性。」[66]又云：「又此諸識皆唯有識，都無義故。……應隨了知一切時處，皆唯有識。」[67]這些論說，都是唯識學理論的主要內涵。而世親，親承無著，撰有

理。另如明・山茨通際（1608-1645）：「春回幽谷見梅新，雪水煎茶樂不勝，誰道夜深年是盡，曉來依舊日東昇。」（引自清・性音重編：《禪宗雜毒海》卷八，藍吉富主編：《禪宗全書》第93冊，臺北：文殊出版社，1990年5月初版，頁576），以「春」字為新生活、新生命的展現。可以說，以「春」示「道」的文字蔚然勃發。

[65] 此等作品亦夥，如皎然〈奉酬顏使君真卿見過郭中寺寺無山水之賞故予述其意以答焉〉：「履聲知客貴，雲影悟身閒。」（全唐詩索引編輯委員會編：《全唐詩》卷八百一十五，北京：中華書局，1992年10月初版，頁9175-9176）。又皎然〈寄昱上人上方居〉：「片雲閒似我，日日在禪扉。」（同上，卷八百一十七，頁9207）。另如熊孺登〈送僧游山〉：「雲身自在山山去，何處靈山不是歸。」（同上，卷四百七十六，頁5419）。

[66] 後魏・佛陀扇多譯：《攝大乘論》（《大正藏》第31冊），頁137下-138上。

[67] 後魏・佛陀扇多譯：《攝大乘論》，頁138上。

《唯識二十論》、《唯識三十論頌》等書。《唯識二十論》說：
「安立大乘三界唯識，……內識生時似外境現，如有眩翳見髮蠅
等，此中都無少分實義。」[68]《唯識三十論頌》說：「由假說我
法，有種種相轉；彼依識所變，此能變唯三。」[69]凡此論說，皆
是唯識學重要論點。

關於「唯識」思想的形成，可推至《雜阿含經》等所說「識
緣名色」。該經文云：

> 然彼名色緣識生，而今復言名色緣識。此義云何？尊者摩
> 訶拘絺羅答言：「今當說譬，如智者因譬得解。譬如三蘆
> 立於空地，展轉相依，而得豎立，若去其一，二亦不立，
> 若去其二，一亦不立，展轉相依，而得豎立，識緣名色亦
> 復如是，展轉相依，而得生長。」[70]

「識緣名色」，名色一般是概括一切精神與物質之總稱。名指心
的方面，色指物的方面。識是精神、也是有取識，慢慢輾轉而變
成後來唯識所說的「阿賴耶識」。

---

[68] 唐·玄奘譯：《唯識二十論》（《大正藏》第31冊），頁74中-下。
[69] 唐·玄奘譯：《唯識三十論頌》（《大正藏》第31冊），頁60上。
[70] 劉宋·求那跋陀羅譯：《雜阿含經》卷十二（《大正藏》第2冊），頁79上。

唯識學的發展，與「部派佛教」關係深遠[71]，大體上受到北方「說一切有部」（簡稱「有部」）與「經部」（即「說轉部」）的影響最大。唯識學乃依循「有部」及「經部」「依實立假」之思考路線，立「假說自性」及「實有唯事」之「離言自性」；取入「經部」「現在實有」及「種子熏習」的思想，而成立了「阿賴耶識」為所知依[72]的唯識學說[73]。

　　「阿賴耶識」是唯識學說的核心思想之一，又作「阿羅耶（或作「邪」）識」、「阿陀那識」、「阿黎耶識」、「阿刺耶識」等名，意譯作「藏識」。唐・玄奘譯《解深密經》卷一：「廣慧，此識亦名阿陀那識，何以故？由此識於身隨逐執持故，亦名阿賴耶識。」[74]玄奘另一譯作《攝大乘論本》卷上云：

---

[71] 有關「部派佛教」之間的發展與系譜關係，圖示如下：

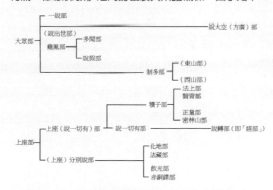

　　（引自印順：《印度佛教思想史》，臺北：正聞出版社，1988年9月二版，頁46）。

[72] 吾人認知世間流轉乃至還滅的根源，亦即「阿賴耶識」。

[73] 釋昭慧：《初期唯識思想──瑜伽行派形成之脈絡》（臺北：法界出版社，2001年3月初版），頁163-167。

[74] 唐・玄奘譯：《解深密經》（《大正藏》第16冊），頁692中。

又即此識於彼攝藏為因性故，是故說名阿賴耶識。或諸有
情攝藏此識為自我故，是故說名阿賴耶識。復次此識亦名
阿陀那識。此中阿笈摩者。如《解深密經》說：「阿陀那
識甚深細，一切種子如瀑流。我於凡愚不開演，恐彼分別
執為我。」[75]

對此，印順說：

在初期唯識學上，阿陀那識有著特別重要的地位，因為它
以攝取為義，能攝取自體，攝取諸法的種子。後期的唯識
學，以攝藏的賴耶為中心，所以阿陀那識，反退居次要的
地位了。[76]

所謂「阿陀那」（梵語ādāna），玄奘、窺基等新譯家認為，
「阿陀那識」執持善惡業之勢力及有情之身體，令之不壞，將之
意譯作「執」、「執持」、「執我」，並以之為「第八識」之別
名。但地論宗、攝論宗與天台宗之舊譯家，以「阿陀那識」係
執持「阿賴耶識」為自我之第七「末那識」之別名，真諦（499-
569）譯作「無解」，以其深細難解故。此即形成「阿陀那識」
為第八識或第七識的分歧說法。
　　「部派佛教」，六根之「意」是「意根」、是精神。「有

---

[75]　唐・玄奘譯：《攝大乘論本》卷上（《大正藏》第31冊），頁133中。
[76]　印順：《攝大乘論講記》（臺北：正聞出版社，1992年2月修訂一版），頁42。

部」「無間滅意」，前念滅後念生，前為後所依，故無「細意識」為其所依。「經部」有「俱有依」，根識同時，但不別立「細意識」。「大眾部」，成立「根本識」即「細意識」，此在六識之外。

《解深密經》成立阿利耶，即阿賴耶，執受根身，是果報識。而《攝大乘論》執受根身的是「末那」，其「果報識」則無覆無記。世親晚年之《唯識三十論頌》成立六、七、八識[77]，每一識皆有心所法，強調分別識、分別性。

唯識宗以為部派「我空法有」，還有自性執。認為中觀般若系統，空過了頭，該有不有，該空不空，故談三性。以為「遍計所執性」是「名假」，是「虛妄」；「依他起性」是「世俗諦」，是緣起法，是「假有」；「圓成實性」是「勝義諦」，是「真有」。

唯識宗講「阿賴耶識」、「三性」等觀念，但其中亦有宗派之別。印順研究指出：

> 在印度大乘佛教的開展中，唯心論有真心派與妄心派二大流。傳到中國來，即有地論師、攝論師、唯識師三派。此兩大流，真心派從印度東方（南）的大眾分別說系發展而來；妄心派從印度西方（北）的說一切有系中出來。[78]

---

[77] 唐·玄奘譯《唯識三十論頌》云：「初阿賴耶識，異熟一切種。……次第二能變，是識名末那。……次第三能變，差別有六種。」（《大正藏》第31冊），頁60中-下。

[78] 印順：《唯識學探源》〈自序〉（臺北：正聞出版社，1992年3月修訂二版），

指出唯識「真心派」從印度東方大眾分別說系發展而來；「妄心派」從印度西方（北）說一切有系中出來。他又說：

> 真心派說虛妄熏習是客，真常的如來藏藏識是主體；妄心派說正聞熏習是客，虛妄的異熟藏識才是主體。[79]

> 空宗是緣起論的，說緣起即空——不是說沒有，所以與妄心派不同。依此即空的緣起，在相依相待的因果論中，能成立一切法，所以不幻想宇宙的實體，作為現象的根源，與真心派不同。[80]

「唯識」有「妄心派」與「真心派」，前者以為我的心虛妄分別，故應致力於轉染成淨，轉識成智；後者則認為我的心本清淨，如何找回清淨的心，才是修行重點。

不過，雖分化，但妄心派與真心派兩派均強調成佛的可能性。後來的唯識宗是「妄心派」（阿賴耶識）與「真心派」（如來藏）合流，而有「如來藏藏識」。在中國魏晉南北朝時代的「相州北道」之「攝論師」屬「妄心派」，「相州南道」之「地論師」屬「真心派」[81]。到了唐代「法相宗」主要是分辨「賴耶

　　頁2。
[79] 印順：《攝大乘論講記》，頁139。
[80] 印順：《無諍之辯》（臺北：正聞出版社，1992年3月修訂一版），頁27。
[81] 關於南北二道學說的差異，有一種說法是：北道的學說是梨耶依持說，南道的學說是真如依持或法性依持說。唐・荊溪湛然（711-782）《法華玄義釋籤》卷十八云：「陳、梁以前，弘地論師，二處不同：相州北道，計阿黎耶以為依持；相

真或妄」的問題。

唐代「法相宗」，它是由玄奘法師扶植起來的中國「唯識宗派」。唐太宗貞觀三年（629），玄奘起身遠赴印度取經，至貞觀十九年（645）歸返長安，他選取了當時在印度流行的一些佛學著作，把它們編譯成《成唯識論》。從此「唯識宗」便在中國流行起來，雖然時間不長。

照《成唯識論》的說法，共有三種「能變」。第一種「能變」是「阿賴耶識」。這個識，又名「藏識」，因其具有能藏、所藏義。另又名「種子識」，因其中藏有諸法，即世間及出世間一切事物的種子。換言之，「阿賴耶識」，既是「能識」，也是「所藏」，藏有一切事物的種子。第二種「能變」是「末那識」，即「第七識」。第三種「能變」是「前六識」。「我」及一切「法」，都是這三種「能變」所變現[82]。

此外，唯識學也著力於「根塵」、「能所」的探討。「根塵」又作「根境」，乃六根與六塵之並稱。色之所依而能取境者，稱為根，乃認識對象之器官；根之所取者，稱為塵（亦稱境），乃所認識之對象。五根即眼、耳、鼻、舌、身，加上「意」則稱六根；五塵即色、聲、香、味、觸，加上「法」則稱六塵。根塵二字並舉，猶如主觀、客觀之並列，含有相依又相對

州南道，計於真如以為依持。此二論師，俱稟天親，而所計各異，同於水火。加復攝大乘興，亦計黎耶以助北道。又攝大乘前後二譯，亦如地論二計不同。舊譯即立菴摩羅識。唐三藏譯，但立第八。」（《大正藏》第33冊，頁942下）。

[82] 馮友蘭：《中國哲學史新編》（第4冊）（臺北：藍燈出版社，1991年12月初版），頁271。

立之意。《俱舍論》卷十：「雖有根境不發於識，而無有識不託根境。」[83]

至於「能所」，某一動作之主體，稱為能；其動作之客體（對象），稱為所。例如，能見物之「眼」，稱為能見；為眼所見之「物」，稱為所見。認識之主體，稱為能緣；其被認識之客體，稱為所緣。以語句、文章等表示意義者，稱能詮；為其所表示之意義、內容者，稱所詮。總之，能與所具有相即不離與體用因果之關係，故稱能所一體。凡此，皆為「以唯識解莊」者所運用。

綜上可見，佛教的「空」、「禪」與「唯識」各有理論特質。「空」，相對於「有」，具有否定存在實體之意，但並非「無」或「虛無」。理論層面的「空」，指一切法無固定的實體，乃「自性空」；實踐性的空，指的是體「空」的境界，無所得、不執著的處世態度，是一種自我證成。中國禪的思想特質與禪境的表現等，均富贍異采。「唯識」，倡論「識」及其對象「境」的各種關係，集中表述佛教在認識論上的哲理。

第三節　莊佛會通的努力與問題

兼重理論哲學與實踐哲學的佛、道思想，都有它們共同關心的課題。佛教旨在了生脫死，以至圓滿成佛；道家意在成為真

---

[83] 唐‧玄奘譯：《俱舍論》卷十（《大正藏》第29冊），頁52中。

人，以臻逍遙的境界。既是如此，故都有他們的根本理論，以及所需之「修養論」與達至目標的「境界論」等。

　　《莊子》核心思想之一的「道」，是《莊子》道體論之主要概念。就佛教來說，根本沒有所謂實體存在。如理論性的「空」，指一切法無實體，乃自性空，然或以為「空」乃實體，因此，在「以空解莊」的發展上，以「空」的理論詮解《莊子》的「道體」，自是難免；而「禪理」，主要指的是「如來藏緣起」、「人人本來是佛」、「眾生皆有佛性」等思想，與《莊子》「道體論」，也有出入；至於「唯識」「阿賴耶識」，與《莊子》「心」，同樣存在差異性。

　　另一方面，實踐性的「空」與「禪」，所表現的無所得、無執著的態度，是一種自我消解的智慧，即以雙遣來破除心靈的執著，表現一空靈的、無所執著的境界，與《莊子》不被功名與利祿等世俗價值所束縛、優游自在、無牽無掛、逍遙、無待、超越生死、與物合一等「體道境界」，則有其神似的地方，而「唯識」的「圓成實性」的境界，與《莊子》也有可以多少會通之處。

　　「以佛解莊」，在莊佛兩者「同中有異」或「異中有同」的思想中，出現「以空解莊」、「以禪解莊」、「以唯識解莊」的現象。本書所列「以佛解莊」具代表性的八本《莊子》註疏本如何「會通莊佛」，是以下各章節的重點。

第四章
「以空解莊」的背景與思想

　　如前所述，佛教傳入中土，一開始依黃老之術，轉而藉由老莊文字、義理以解說佛法。而在佛教思想受認同且被理解後，「以佛解莊」的著作隨之陸續問世。佛教「空」義隨著支婁迦讖與羅什等傳譯而漸受重視，雖然在羅什、僧肇相繼過世，後續無人的情況下，中觀思想逐漸為三論宗、天台宗所取代，然般若「空」的思想仍為「以佛解莊」的主要根據之一，「以空解莊」形成別具風格的解莊方式。「以空解莊」者，如何「以空解莊」？其現象為何？值得探究。

　　本章以唐‧成玄英《南華真經注疏》、宋‧王雱《南華真經新傳》、明‧陸西星《南華真經副墨》等，作為「以空解莊」之考察對象，探討其中引用「空」義（未必是中觀的「空」義，包括天台「真空」思想者亦皆然）註解《莊子》義之內涵，並略作檢討。本書「以空解莊」註本之界定，並非整個註疏本全書從頭到尾均以佛教「空」思想詮釋《莊子》，而是指該書明顯有運用「空」義作為註解之依據者。

第一節 「以空解莊」的時空背景

　　唐・成玄英、宋・王雱與明・陸西星分屬不同的時代，然都有「以空解莊」的現象，這種現象如何形成？其時空背景為何？以下分論之。

一、唐・成玄英時代的佛道關係

　　成玄英是唐代著名的道士，熟讀老莊，其《南華真經注疏》大量融入佛教「空」思想以註解《莊子》，堪稱是學界實質「以空解莊」的第一人。「以空解莊」這種現象應從唐代之佛道關係談起。

　　南北朝以來的三教論爭[1]，到隋唐依舊紛擾不已。諸如隋開皇（581-600）間三教辯論會；大業（605-617）間的沙門慧淨與道士余永通二人的辯諍；唐武德（618-626）間的儒、道聯合反對佛教的鬥爭；貞觀（627-649）間的釋、道先後之爭；高宗（650-683）時的多次佛、道大辯論；高宗、武后和中宗（684-709）時的《老子化胡經》之爭；唐中後期（710-907）的多次

---

[1] 葛兆光說：「北周武帝設立『通道觀』成為中國歷史上獨一無二的合三教於一體的文化機構，而正是這個機構的名稱『通道』，象徵了五到七世紀中，佛教、道教和傳統中國思想世界中擁有絕對活動權力的儒家思想在根本之道上『一以貫之』的趨向。」（氏著：《中國思想史——七世紀前中國的知識、思想與信仰世界》，上海：復旦大學出版社，1999年1月初版，頁593）。

佛、道大辯論；武宗（841-846）時的滅佛（此與道士趙歸真、劉元靖等人的排佛和武宗崇信道教有關係）[2]。這些長期的扞格鍛鍊了道教徒們的思辨能力，激發他們從理論上進一步提高自己；再加上這個時期統治者對道書研究的重視和提倡[3]，因此，在唐朝，道教理論的發展已進入了新的階段，面對佛教也採取了新的態度。

唐代是所謂中國文化的全盛時期，但就儒學的衰微而言，恰恰是思想史相對比較平庸的時期。儒、道、佛「三教」之間的爭衡已經在強大的政治壓力下逐漸平息。在過去作為邊緣的佛教、道教，卻成為在這個時代極為活躍的、富贍生機的知識、思想與信仰。唐玄宗開元二十九年（741），置崇玄學，令生徒預習《老子》、《莊子》等，策試亦有《莊子》題[4]。天寶元年（742），詔封莊子為「南華真人」，其書為《南華真經》。通過「道舉」[5]與宗教雙重手段，將《老子》、《莊子》與道教緊密地結合起來，使道學風氣為之而開。

道教在唐代受到重視、大力發展，佛教也不遑多讓。由隋到唐，佛教宗派陸續出現，天台宗、法相宗、華嚴宗、密宗、律

---

[2] 唐大潮：《明清之際道教「三教合一」思想論》（北京：宗教文化出版社，2000年6月初版），頁81-82。

[3] 從道教史檢視，自唐高祖建國初年到唐玄宗天寶年間，除了武則天掌權時期之外，道教一直是處於蓬勃發展的狀態，可說是道教發展史的「極盛期」；而其形成之因，乃是道教與唐皇室的相互依附而造就出來的。

[4] 五代・劉昫《舊唐書》卷九〈玄宗紀下〉云：「（開元）二十九年春正月丁丑，制兩京、諸州各置玄元皇帝廟幷崇玄學，置生徒，令習《老子》、《莊子》、《列子》、《文子》，每年准明經例考試。」（氏著：《舊唐書》第1冊，臺北：鼎文出版社，2000年12月九版），頁213。

[5] 「道舉」即道教之科舉，唐玄宗開元二十九年始設。

宗與禪宗等競相興起，加上玄奘等人已有能力直接掌握佛教原典，將其譯成漢文，因此，史家認為，佛教是唐代「最盛行的宗教」，它的傳佈，超越了種族、國別、階級、性別、教育程度的界線。有關佛教的種種思想和信仰活動，對一般文化的影響，有如「水銀瀉地」，無孔不入。可見，道教同佛教一樣盛於唐代，兩者差不多同時在歷史舞台上嶄露頭角。

另一方面，到了隋唐，道教經典融入佛教義理的作品，仍是一種「常態」。卿希泰在《中國道教史》析說：

> 《上清經》法又吸收了佛教的思想和大量語彙。……《本際經》的內容可以大體反映隋道教的面貌。在《本際經》中即充滿了大量的佛教語彙，如「三界」、「五道」、「煩惱」、「生業」、「無量」等等，又融匯了一些佛教義理，處處表現出對佛教的吸取。……這種融匯外來文化以豐富自己的作法，為唐代重玄派與茅山宗所繼承，也是隋唐道教的教理教義獲得大發展的一個重要原因。[6]

在卿氏看來，隋唐道教汲取了佛教文化（包括佛教語彙與義理）為己用，才「興旺」起來。這種引用佛教語彙及思想的現象，彰顯出「融佛於道」的特徵。

葛兆光也持同樣的觀點，他說：

---

[6] 卿希泰主編：《中國道教史》第二卷（成都：四川人民出版社，1996年12月第二版），頁23。

在隋唐時代開始的重視理論的風氣，也漸漸在道教上層人士中滋漫開來，像《玄門大義》以及後來孟安排的《道教義樞》，就是在佛教刺激下重新闡釋道教玄理的作品，它討論的自然、道德、法身、三一等等觀念，已經不再是實用性的救贖技術而是相當抽象的宗教理論。[7]

他又說：

成書於隋代的《本際經》這種深入討論道性的經典被官方推重並在社會流行，……而這部道經討論的中心，並不是神仙之術，而是「本際」（本無）、道身（道性）、兼忘（修煉）、重玄（境界）等等相當抽象的問題。[8]

葛氏歸結道：

自兩晉南北朝以來一直延續到唐代的，道教與佛教的知識與思想的較量，促成了道教上層人士的這種風格轉化。……這也許是在與佛教的論爭中不知不覺的融入，這種融入使道教上層人士越來越關注形而上的精神性問題。[9]

---

[7] 葛兆光：《中國思想史——七世紀至十九世紀中國的知識、思想與信仰》（上海：復旦大學出版社，2000年12月初版），頁245-246。
[8] 葛兆光：《中國思想史——七世紀至十九世紀中國的知識、思想與信仰》，頁246。
[9] 葛兆光：《中國思想史——七世紀至十九世紀中國的知識、思想與信仰》，頁247-249。

依葛氏的見解，道教理論的深化與提昇，乃得力於佛教思想的衝擊與激盪。

可以說，唐代的「道教與佛教在知識、思想與信仰上的較勁」，促成了道教思想的轉化；道教在與佛教的論爭中不知不覺的融入、吸收了佛教的思想，進而「融佛於道」。

「融佛於道」之概況為何？依唐・道宣《集古今佛道論衡》所載，玄奘對於成玄英與蔡晃諸道士等「引用佛經《中》、《百》等論，以通玄極」[10]，持反對意見，該書載：

> 奘曰：「佛教道教理致天乖，安用佛理，通明道義？」……奘曰：「諸先生何事遊言，無可尋究？……《道經》明道但是一義，又無別論用以通辯。不得引佛義宗用解《老子》斯理定也。」晃遂歸情曰：「自昔相傳祖承佛義，所以《維摩》、三論，晃素學宗，致令吐言命旨，無非斯理。且道義玄通，洗情為本，在文雖異，厥趣攸同。故引解之理例無爽。如僧肇著論，盛引《老》、《莊》。成誦在心，由來不怪，佛言似道，如何不思？」[11]

從玄奘反對道士「以佛解老」的論述中，以及蔡晃所言「自昔相傳祖承佛義，所以《維摩》、三論，晃素學宗，致令吐言命旨，無非斯理」等資料，可見《維摩經》、《中論》、《百論》、

---

10 唐・道宣：《集古今佛道論衡》卷丙（《大正藏》第52冊），頁386下。
11 唐・道宣：《集古今佛道論衡》卷丙，頁386下。

《十二門論》等，這些宣說「空義」的經論，已是唐代道士熟讀的佛典。

唐代道教湧現了許多著名的道士學者，他們不只注《老子》[12]，也開始注《莊子》，今所知者，有成玄英《南華真經注疏》、孫思邈[13]（581-682）《莊子注》、李含光[14]（582-679）《莊子學記》與《莊子義略》、文如海[15]《莊子正義》與《莊子邈》、張九垓[16]《莊子指要》等。可惜，這些撰述大多散佚[17]，僅成玄英《南華真經注疏》較為完整；而文如海《莊子邈》中僅剩〈天地篇〉、〈天道篇〉、〈天運篇〉、〈刻意篇〉、〈說劍篇〉、〈漁父篇〉等保留在《道藏》[18]，至於其《莊子正義》部分殘卷在褚伯秀《南華真經義海纂微》中可以見到。由上可見，《莊子》已在道教中奠定地位，成為道教教理的骨幹之一。

這些著作中，以「重玄」思想注釋《道德經》第一章「玄之又玄，眾妙之門」而聞名於世的道教中之「重玄派」[19]的代表

---

[12] 例如，成玄英《老子注》、孫思邈《老子注》與李含光《老子學記》等（參見嚴靈峰編著；《周秦漢魏諸子知見書目》（二），臺北：正中書局，1975年12月初版，頁58-69）。

[13] 孫思邈，唐京兆華原（今陝西耀縣）人。善談老、莊及百家之說，兼好釋典。唐太宗、唐高宗曾欲延攬任官，皆固辭不受。當時名士如盧照鄰、宋令文等均師事之。因幼時患病，刻意醫學。著有《備急千金要方》、《千金翼方》、《福祿論》、《攝生真錄》等書。後人尊為「藥王」。北宋崇寧二年（1103）追封妙應真人。

[14] 李含光，唐天寶年間道士，司馬承禎弟子。初居龍興觀，後居陽臺觀。贈正議大夫，賜號「玄靖」。

[15] 文如海，唐玄宗時代的劍南道士。

[16] 張九垓，字隱居，號「渾淪子」。

[17] 參見嚴靈峰編著：《周秦漢魏諸子知見書目》（二），頁77-81。

[18] 唐・文如海：《莊子邈》（陸國強等編：《道藏》第16冊，上海：文物出版社，1994年初版），頁5下-6中。

[19] 參見卿希泰主編：《中國道教史》第二卷，頁171-172。

——成玄英《南華真經注疏》等，雖然仍篤守本身宗教立場，但勇於消化、吸收佛教理論，從佛教獲取靈感、指引而彌補其不足，從而豐富、提升、深化道教的理論性與超越性，重建道教權威，故塑造出「融佛於道」的思想傾向[20]。

這之中，如前第二章所述，天台承中觀思想而來，然「空」中有了「不空」、「妙有」的思想興起。成氏《南華真經注疏》引用佛教空義[21]，更開「以佛解莊」——「以空解莊」之風氣，透顯唐代道教理論家之於佛教的立場與關係。

二、宋·王雱時代的佛道氛圍

「以空解莊」的作法延續到宋代，其中佛道之氛圍亦承接唐代「融佛於道」之現象。宋代「以空解莊」之史實與內涵，可從王雱《南華真經新傳》探究之。

兩宋佛教興盛，政治界與文化界的上流階層，多偏好佛家。

---

[20] 如王玄覽《玄珠錄》乃「以佛解老」之作。朱森溥〈王玄覽《玄珠錄》評述〉，討論王玄覽「融佛入道」的思想有四：（一）引「法」實「道」；（二）借「相性」以「明道」；（三）給「有無」以新義；（四）引「空」論「道」（詳見唐·王玄覽著，朱森溥校釋：《玄珠錄校釋》，成都：巴蜀書社，1989年3月初版，頁24-42）。案王玄覽（626-697），唐廣漢（今四川）綿竹人，本名暉。少習方術，後棄之，坐起行住，唯識法是務。其思想宗道家，兼有佛家色彩。著有《玄珠錄》（收於《道藏·太玄部》），另有《遁甲四合圖》等已佚。

[21] 道教學者龐國龍說：「佛教的本體論哲學與莊子哲學比較接近，所以東晉以來佛教般若學與莊學在相互參證中不斷深入。重玄之道在最初形成過程中，曾受到般若學的深刻影響，又承兩晉以來玄學家以莊為老的學風，所以重玄之道雖在形式上表現為發揮老子思想，而理論實質更接近於莊子和般若學。這樣便產生了一個理論矛盾，即如何將本體論思想注入到老子的本原論哲學體系中。具體而言，即道本體與老子由『道生』的生成到返本還元、返樸歸真的矛盾。」（氏著：《道教哲學》，北京：華夏出版社，1997年10月，頁301-302）。

余英時指出：「皇帝崇信釋氏，士大夫好禪，這是宋代政治文化的一個基本特徵。」[22]余氏又說：

> 佛教的入世轉向始於中唐新禪宗的興起。到了北宋，佛教的入世更深了，高僧大德關懷時事往往不在士大夫之下。又由於宋代士大夫在政治與社會上的地位上升，影響特大，釋氏之徒為了弘揚佛法必須借重他們的鼓吹之力。因此，僧徒與在位士大夫之間的交游密切，也成為宋代政治文化中一個最突出的現象。我們可以毫不誇張地說，北宋名僧多已士大夫化，與士大夫的「談禪」適為一事之兩面。[23]

足見北宋佛教與士大夫關係密切而深遠，雖然這之間反對佛教者也大有人在[24]。

北宋禪宗大興，尤其是雲門宗特盛。在此禪宗較為盛行的時代，龍樹大乘中觀思想，在羅什、僧肇以後，未能永續發展；依三論而得名的三論宗也式微；天台、華嚴思想反而相繼興起。註解僧肇《肇論》之大家，如宋・遵式（964-1032）《注肇論疏》、宋・淨源[25]（1011-1088）《肇論中吳集解》與《肇論集解

---

[22] 余英時：《朱熹的歷史世界──宋代士大夫政治文化的研究》（北京：三聯書店，2004年8月重版），頁67。

[23] 余英時：《朱熹的歷史世界──宋代士大夫政治文化的研究》，頁74-75。

[24] 如王禹偁（954-1001）、孫復（992-1057）、石介（1005-1045）、歐陽修（1007-1072）、司馬光（1019-1086）、王令（1032-1059）、程顥（1032-1085）、程頤（1033-1107）等人，都持闢佛之態度。關於北宋佛教之狀況，可參見黃啟江《北宋佛教史論稿》（臺北：商務印書館，1997年4月初版）。

[25] 關於淨源，據宋・志磐《佛祖統紀》卷十云：「晉江楊氏（淨源），受華嚴於五

令模鈔》等，對於《肇論》之註解、詮釋逐漸融入自家天台或華嚴的思想；換言之，天台、華嚴已代龍樹中觀思想而起。

當時華嚴之興起與發展，實得力於禪；跟從長水子璿之淨源被贊為「中興之主」。而北宋佛教之另一復興現象為天台之中興[26]。天台宗繼三論宗而南傳；其宗風與中觀思想淵源深厚。天台家藉龍樹《中論》之真諦與俗諦的二諦思想，發揮空、假、中三諦圓融。此外，受時代思潮的影響，天台宗思想多少有「妙有不空」的氣息，所以出現「真空妙有」之說。故「以空解莊」的學者，幾好用「真空」二字，此大致受到天台「真空妙有」思想之影響。

至於佛教與道教的關係尚稱和諧。宋初統治者對道教加以扶持和崇奉，對三教採取「並用」的政策。其中，道教與佛教的互動，承襲過去「融佛於道」之風的道士，大有人在。如北宋施肩吾[27]，襲取佛教專門術語以及輪迴報應等觀念，融鑄於其內丹仙道之中，此可從其《修真十書鍾呂傳道集》看出端倪[28]。

再者，內丹道士張伯端[29]（987-1082）吸收佛教禪宗思想，

臺承遷，學合論於橫海明覃，還南聽長水楞嚴、圓覺、起信，時四方宿學推為義龍。……時稱中興教主。」（《大正藏》第49冊，頁294上）。

[26] 印順說：「北宋佛教之復興而差強人意者，天台之中興也。五代時，錢氏據兩浙，歷代崇佛法。第五世懿王錢俶（948-978），遣使致書高麗求取天台諸章疏；螺溪義寂（天台）得而研習之，智者之學，因以重光此土。寂傳寶雲義通（甬），再傳四明知禮（甬），慈雲遵式（杭）。」（氏著：《中國佛教史略》，臺北：正聞出版社，1992年4月修訂一版），頁80。

[27] 北宋施肩吾，字希聖，自號華陽子。唐代亦有一道士施肩吾，字希聖，自號棲真子。

[28] 宋·施肩吾：《修真十書鍾呂傳道集》（《道藏》第4冊，上海：文物出版社，1994年初版），頁656下-657上。

[29] 張伯端，字平叔，號紫陽，因尊為「紫陽真人」，又人稱「悟真先生」，為北宋

以為已用。他說：「老、釋以性命學開方便門，教入修種以逃生死。釋氏以空寂為宗，若頓悟圓通，則直超彼岸。」[30]而符籙道士亦有援引佛教觀念以論證道教教義者，如張繼先[31]（1092-1127），其《心說》云：「夫心者『萬法之宗』，……一念萌動於內，六識流轉於外，……故有天堂、地獄、因果之報，六道輪迴無有出期，可不痛哉？」[32]可以說，北宋佛道有其會通之人，即使徽宗「崇道廢佛」[33]，並未對這種形勢構成衝擊或干擾。

至南宋，內丹學亦有融攝、和會禪宗理論之道士，如全真道與承繼鍾呂一系的南宗陳楠[34]（？-1213）、葛長庚[35]（1194-1289）

道士，金丹派南宗五祖之一。

[30] 宋·翁葆光等：《紫陽真人悟真篇注疏》（《道藏》第2冊，上海：文物出版社，1994年初版），頁914上。

[31] 張繼先，北宋末著名道士，字遵正（或說字嘉聞，又字道正），號「翛然子」。道教天師派第三十代天師。九歲時繼承教位，為人沉默寡言。徽宗崇寧以後，共四次被召至東京，建醮內廷，賜號「虛靖先生」。

[32] 明·張宇初編：《三十代天師虛靖真君語錄》卷一（《道藏》第32冊，上海：文物出版社，1994年初版），頁368下。

[33] 依據論者之研究，宋徽宗崇道之表現，犖犖大者有下列六項：（一）「寵任道流，大興符籙道法」；（二）「奉神仙，詩祥瑞，自稱『教主道君皇帝』」；（三）「興宮觀，鑄九鼎」；（四）「設立道學制度，提倡學習道經，編修《道史》、《道典》」；（五）「增置道官、道階和道職，提高道士的社會地位」；（六）「廣開入道之門，使道教勢力有較大的發展」。（卿希泰主編：《中國道教史》第二卷，頁593-621）。徽宗排佛之說如：（一）清·畢沅《續資治通鑑》卷九十二云：「士庶拜僧者，論以大不恭。」（第5冊，臺北：文光出版社，1975年出版，頁2327）。（二）清·畢沅《續資治通鑑》卷九十云：「朕乃昊天上帝之子，為太霄帝君，睹中華被金狄之教，焚指煉臂，捨身以求正覺，朕甚憫焉。逐哀懇上帝，願為人主，令天下歸於正道。」（同上，頁2386）。

[34] 陳楠，字南木，號翠虛。常以符水撚土為人治病，時人稱為「陳泥丸」。定居長沙，開創南宗「清修派」。

[35] 葛長庚，宋瓊州人，母以「白玉蟾」名之。年十二，應童子科，後隱居於武夷山，號海瓊子。事陳翠虛，九年始得其道。宋嘉定（1208-1224）中，詔徵赴闕，對御稱旨，命館太一宮，一日不知所往。後每往來名山，神異莫測。詔封紫清明道真人，所著有《道德寶章》、《上清》、《武夷》等，行於世。適園居士〈刻道德寶章跋〉云：「蟾仙解老就老氏本文，稍為橐括下一轉語，大類禪者旨，覺此中無言語湊泊處，其於伯陽可謂千古神遇，金鍼默度者矣！」（宋·葛

等。全真道祖王喆[36]（1112-1169）在《重陽真人金關玉鎖訣》論述內丹，根據佛教《心經》[37]為證，其《重陽真人授丹陽二十四訣》引用孔氏仁、義、禮、智、信及佛教《金剛經》之「無諍三昧」[38]等。道教理論家吸收佛教思想以建立道教理論，又效法禪宗，標榜不立文字、明心見性與頓悟成佛等思想，可見一斑。

傳承鍾呂一系的道教南宗，其佼佼者陳楠與葛長庚，同樣融禪於內丹。如陳楠云：

> 但能凝然靜定，念中無念，工夫純粹，打成一片，終日默默，如雞抱卵，則神歸氣復，自然見玄關一竅，其大無外，其小無內，則是採取先天一氣以為金丹之母，勤而行之，指日可與鍾呂並駕矣！[39]

此中，「無念」即是來自禪宗，故頗有禪的氣味。而葛長庚說：「只此『忘』之一字，則是無物也。」[40]以「忘」和慧能偈說

長庚：《道德寶章》，嚴靈峰主編：《無求備齋老子集成初編》第5冊，臺北：藝文印書館，1965年初版，頁1）。學者以其《道德寶章》「夾雜著佛學觀點註《老》」（陳鼓應：〈歷代《老子》註書評介〉，收於氏著：《老子今註今譯及評介》，臺北：商務印書館，2002年10月第三次修訂版，頁359）。

[36] 全真道創立於金代初年，創始人王喆。王喆原名中孚，字允清，道號重陽子，又稱王重陽，陝西咸陽大魏村人。47歲時棄家修道，於終南山南時村挖洞而居，自稱「活死人墓」，內則修煉金丹，外則佯狂裝瘋，自號「王害風」。

[37] 宋·王喆：《重陽真人金關玉鎖訣》（《道藏》第25冊，上海：文物出版社，1994年初版），頁799中。

[38] 宋·王喆：《重陽真人授丹陽二十四訣》（《道藏》第25冊，上海：文物出版社，1994年初版），頁808中。

[39] 宋·石泰編：《修真十書雜著指玄篇》卷四〈修仙辨惑論〉（《道藏》第4冊，上海：文物出版社，1994年初版），頁618上中。

[40] 宋·葛長庚：《海瓊問道集》之〈玄關顯秘論〉（《道藏》第33冊，上海：文物

「本來無一物」相和會。

　　上面顯示，宋代王雱之前及其學術活動的時代，禪宗興盛，「士大夫偏好佛家」是政治文化的一個特徵。其中，佛道之氛圍承接唐代「融佛於道」之現象，佛道關係尚稱和諧。而當時承繼中觀思想之天台宗中興，「真空妙有」之思想多所傳播，這是自宋起，學者延續前人「以空解莊」而好用「真空」為註腳的宗教文化背景。

三、明・陸西星時代的佛道互動

　　宋代以降，佛教與老莊之關係，與時俱進，日益難分難捨。老莊在僧家心中亦有其地位，或「驚為祖道」[41]，或去之恐有「毀法之禍」[42]，其浸染之深更可想見，雖然也有僧人視老莊為佛家之小乘思想而已[43]。宋・契嵩（1007-1072）更以「逍遙」名

出版社，1994年初版），頁142上。

[41] 印順說：「禪者為傳統之『教外別傳』、『不立文字』窠臼所縛，莫能自拔。質而不文者，聞儒道而驚謂同於祖道，於是乎三教合流。」（氏著：《佛教史地考論》，臺北：正聞出版社，1992年4月修訂一版，頁87）。

[42] 史書載有這種現象，如宋・志磐《佛祖統紀》卷四十六記載宋徽宗崇寧五年（1106）下詔曰：「『舊來僧居多設三教像，遂為院額殿名，釋迦居中，老君居左，孔聖居右，非所以奉天真與儒教之意，可迎其像，歸道觀學舍以正其名。』洛京沙門永道讀詔泣曰：『域中孔、老法天制教，故不違天，佛出世法，天人所師，故不違佛。自古明王奉佛以事上帝者，為知此理也。佛法平等，故其垂教，雖聖凡俱會，而君臣尊卑之分，莫不自殊。祖宗以來奉法已定，一旦除削，吾恐毀法之禍兆於此矣！』」（《大正藏》第49冊，頁419上中）。

[43] 元・覺岸（1286- ？）編《釋氏稽古略》卷四有寶印禪師（1109-1190）與皇帝之對答，其文云：「帝又曰：『莊老何如人？』印曰：『只是佛法中小乘聲聞以下人。蓋小乘厭身如桎梏，棄智如雜毒，化火焚身入無為界，即如莊子所謂形固可使如槁木，心固可使如死灰。若大乘人則不然，度象生盡，方證菩提，正如伊尹，所謂予天民之先覺者也，將以斯道覺斯民也。』」（《大正藏》第49冊，

其篇，發揮「三教合一」之思想[44]。到了明代，佛道關係，更形密切；「三教同源」之觀點普受倡導。其間，明中後期的道士陸西星《南華真經副墨》是「以空解莊」之代表作。

追尋道教思想史，「三教合一」思想「初顯端倪」於南北朝，「鋪開」於隋唐五代，「成型」於宋元明。道教思想史家指出，南北朝時，寇謙之、陸修靜、陶弘景、顧歡、孟景翼等比較著名的道教中堅人物，都已稍露道教的「三教合一」之跡[45]。至隋唐五代，道士對佛教義理的攝取，已開始進入消化、吸收的階段，為「三教合一」設立窗口。其中，帶有濃厚佛學色彩的「重玄派」，他們所建立的道教理論，不僅令人耳目一新，而且也反映道教「三教合一」思想的高度[46]。到了宋元明時期，道教對佛教、儒學的吸收已達到全面融會貫通的階段，「三教一家」、「萬善歸一」的論調比比皆是[47]。

有明一代，儒、釋、道三教的融合趨勢，「沛然莫之能禦」，原為某家獨有的思想，後來都成為三家共同的學問，「三教同源」已然是宗教文化上的「時尚」。論者說：

頁895下）。案：寶印禪師，字別峰，號坦叔。嘉州（四川樂山）李氏。幼通六經，長窮七史。厭俗，從德山清素得度。具戒後，聽《華嚴經》、《起信論》，窮盡其說。後至臨安徑山，謁大慧宗杲，杲掃室迎之。歷主金陵保寧、鎮江金山、明州雪竇。

[44] 宋‧契嵩：〈逍遙篇〉（氏著：《鐔津文集》卷八，《大正藏》第52冊），頁683下。

[45] 唐大潮：《明清之際道教「三教合一」思想論》，頁99-100。

[46] 唐大潮：《明清之際道教「三教合一」思想論》，頁101。

[47] 唐大潮：《明清之際道教「三教合一」思想論》，頁106。

理學家談禪、談內丹，佛教徒談正心誠意、治國平天下，道士談天理，談解脫，已成為普遍現象。其結果是三家各自融進對方更多的東西，使彼此的個性幾近泯滅，思想面貌彼此混同，以致難辨你我。這種現象，無以名之，或可謂之「三教混融」。……張宇初……不僅大量融合理學，也大量融合佛學。……又有一些道士借用佛教的「參究」法門以講道法修煉。明初全真道士何道全是其中之一。[48]

明代「三教混融」之現象，較之前代有過之而無不及。明初全真派何道全[49]（1319-1399）、正一派張宇初[50]（1359-1410）；明中葉丹法派陸西星；明後期伍柳派伍守陽[51]（1573-1644）、龍門派王常月[52]（？-1680）等即是道教中主張此一立場的檯面人物。

以伍守陽為例，他把修道煉丹理論概括為「三關修練」，其目的在於成佛成仙，其途徑是儒、釋、道三家共有的「還虛」[53]。此外，「仙佛功夫合而為一」，也是伍氏丹道理論的特色。依其觀點，道教的「煉精化氣」等同於佛教的「持戒修行」；丹道的「轉神入定」等同於佛教的「四禪定」，通出色界；丹道的「煉神還虛」等同於佛教的「超出色界」[54]。再如王

---

[48] 卿希泰主編：《中國道教史》第三卷，頁495-500。
[49] 何道全，字無垢，道號松溪道人，為明代全真道士，著有《隨機應化錄》二卷。
[50] 張宇初，字子璿，別號耆山，為明代正一派著名道士，著有《峴泉集》十二卷、《道門十戒》一卷等書。
[51] 伍守陽，號沖虛子，全真教龍門派第八代傳人，伍柳派創始人。
[52] 王常月，為清初著名龍門派道士。俗名平，法名常月，號昆陽，山西長治人。
[53] 唐大潮：《明清之際道教「三教合一」思想論》，頁39。
[54] 唐大潮：《明清之際道教「三教合一」思想論》，頁39-40。

常月身為全真道龍門派「中興」的主帥，強調「持戒在心」、「明心見性」，他在闡述持戒修道論時，引入了佛教戒定慧三學、四大假合說、色身法身說等，儒家的鬼神觀念也被援入，體現出「三教一體」[55]。

明末四大高僧之一的雲棲袾宏，他在《山房雜錄·詩歌·題三教圖》中咏唱：

> 鬍鬚秀才書一卷，白頭老子丹一片，碧眼胡僧袒一肩，相看相聚還相戀。……想是同根生，血脈原無間。後代兒孫情漸離，各分門戶生仇怨，但請高明玩此圖，尋取當年宗祖面。[56]

三教不僅「同源」，而且還「同理」。其《竹窗隨筆》之〈莊子〉文中，認同「引用孔周老莊之言以發明佛意」[57]的「三教融混」方式。他說：「三教……理無二致，而深淺歷然。深淺雖殊，而同歸一理，此所以為三教一家也。」[58]

此外，憨山對於「三教」採取「融通」的立場，其《觀老莊影響論》[59]之「敘意」云：「吾宗末學，安於孤陋，昧於同體，

---

[55] 唐大潮：《明清之際道教「三教合一」思想論》，頁45-47。
[56] 明·蓮池：《蓮池大師全集》（四）（臺北：中華佛教文化館，1983年12月再版），頁4426。
[57] 明·雲棲袾宏說：「曰：『古尊宿疏經造論，有引莊子語者何也？』曰：『震旦之書，周孔老莊為最矣！佛經來自五天，欲借此間語而發明，不是之引，而將誰引？然多用其言，不盡用其義，彷彿而已矣！』」（明·蓮池：《蓮池大師全集》（三），頁3649）。
[58] 明·蓮池：《蓮池大師全集》（四），頁4094。
[59] 一名《三教源流異同論》。

視為異物，不能融通教觀，難於利俗。」[60]認為「利俗」必須「融通教觀」。他在〈論學問〉一文說：

> 學佛而不通百氏，不但不知世法，而亦不知佛法。……不
> 知《春秋》，不能涉世；不知《老》、《莊》，不能忘
> 世；不參禪，不能出世。知此可與言學矣。[61]

以為三教思想應該皆備才是。他同時在〈論教乘〉中強調「三教本來一理」、「三教本來一體」[62]。憨山且云：「蓋人天隨俗而說四諦者也。原彼二聖，豈非吾佛密遣二人而為佛法前導者耶？」[63]以孔子、老子為佛法之前導。

另者，蕅益智旭（1599-1655），在〈金陵三教祠重勸施棺疏〉一文闡明了其明確而肯定的「三教合一」思想，他說：

> 三教深淺未暇辯也，而仁民愛物之心則同。夫仁愛非外鑠
> 也。……充惻隱之心，仁不可勝用，儒以之保民，道以之
> 不疵癘於物，釋以之度盡眾生。……自心者，三教之源，
> 三教皆從此心施設。苟無自心，三教俱無；苟無自心，三
> 教俱昧。若知此心而擴充之，何患三教不總歸陶鑄也哉！[64]

60　明・憨山：《觀老莊影響論》（臺北：新文豐出版公司，1996年4月初版），頁1。
61　明・憨山：《觀老莊影響論》，頁10。
62　明・憨山：《觀老莊影響論》，頁10-11。
63　明・憨山：《觀老莊影響論》，頁13-14。
64　明・蕅益：《靈峰宗論》（下）卷七之四（臺北：台灣印經處，1986年6月出版），頁1186。

依他的觀點，儒、釋、道三教的教法皆以「不昧本心、自心」，將此心「擴而充之」。

對於三教關係，蕅益則是通過判教的方式將儒、道二家納入佛教體系中。他指出：

> 儒於五乘法門，屬人乘攝，所明五常，合於五戒。……老屬天乘，未盡天中之致。……此方聖人，是菩薩化現，如來所使，……蓋機緣未至，不得不然，……故權智垂跡，不得不示同凡外。[65]

這是說，佛教判教體系中所以會有儒、道二家，乃是因中國古代更高一層佛法的產生尚「機緣未至」，「如來」只能以儒、道二家作為佛法的跡與權，而化示於中國。

可以說，明中晚期中國哲學中各種學派與思想的發展已臻成熟，儒、釋、道三家思想內在的哲學體系業趨定型，創造力面臨疲乏，而所謂「三教同異的反省」也被「三教合一的融攝與會通」所取代。換言之，儒、釋、道三教分流的文化形態，到了明代有了重整合流、不辯異同[66]的新趨向。在這「三教合一」的氛圍中，陸西星《南華真經副墨》「融佛於道」，且「以空解莊」最為明顯。

---

[65] 明·蕅益：《靈峰宗論》（上）卷三之二，頁517-519。
[66] 清·黃宗羲《明儒學案》卷六十二〈蕺山學案·會語〉載：「問：『三教同源否？』曰：『莫懸虛勘三教異同，且當下辨人禽兩路。』」（臺北：河洛出版社，1974年12月初版，頁53）。

第二節　以「空」解《莊子》道體論

　　在「佛道會通」的著作中，宋・王雱《南華真經新傳》以及明・陸西星《南華真經副墨》等，都以佛教「空」義為注腳，詮解《莊子》的道體論，以下分別說明之。

一、宋・王雱《南華真經新傳》

　　王雱，字元澤，北宋臨川（今江西撫州市）人，為王安石（1021-1086）之子。他生性敏捷，未弱冠已著書數萬言。《宋史・王雱傳》載：其為人剽悍陰刻，無所顧忌，睥睨一世，不能作小官。治平四年（1067）中進士，神宗數留之，受詔註《詩》、《書》義，累官天章閣學士。其受家學影響，積極參與熙寧新法，王安石更張政事，王雱亦為其中之要角。熙寧九年（1076）卒，得年三十三，特贈左諫議大夫。

　　王雱之佛教思想與信仰受到其父之影響。王安石早期對佛教雖肯定中有批判，然晚年則逐漸皈依佛教，與僧人亦多所交往，對於過去之經解亦有所不滿。王安石在〈進二經札子〉中說：「臣蒙恩免於事累，因得以疾病之餘日，覃思內典。切觀《金剛般若經》、《維摩詰所說經》，謝靈運、僧肇等注多失其旨。」[67]

---

[67] 宋・王安石：《王安石全集》卷二十（上海：上海古籍出版社，1999年6月初版），頁179。

因此，注有《維摩詰經》、《金剛經》、《楞嚴經》等經典，還保存大量論述佛學的詩文。其中《維摩詰經》、《金剛經》等都是闡發「空」思想的經典。王雱俯仰於宋代佛道和諧氛圍與家學潛移默化中，對佛教也有其素養，故於註疏《莊子》過程中，流露出「以空解莊」之思想。

王雱的著作共有：《洪範說》、《論語口義》、《孟子解》、《孝經義》、《爾雅》、《老子注》[68]、《南華真經新傳》（附《南華真經新傳拾遺》一卷，其內又有《莊子雜說》及《說莊子二十九則》）、《佛經義解》[69]以及《莊子內篇注》等。然《莊子內篇注》下落不明，而《南華真經新傳》[70]並非僅

---

[68] 王雱《老子注》已散佚，嚴靈峰輯校《老子崇寧五注》，包括：王安石《老子注》、王雱《老子注》、陸佃《老子注》、劉概《老子注》與劉涇《老子注》五書。案王雱《老子注》有數處「以佛解老」，如對於《老子》第二十五章「地法天，天法道，道法自然」，王雱曰：「自然在此道之先，而猶非道之極致。假物而言，則此四者如以次相法；而至論，則四者各不知其所始，非有先後。莊子曰：『季真之莫為，接子之或使在物一曲。』佛氏曰：『非因、非緣，亦非自然。』」（嚴靈峰輯校：《老子崇寧五注》，臺北：成文出版社，1979年10月初版，頁145）又如對於《老子》第五十章「夫何故？以其無死地」，王雱曰：「無死地者，由其無生；彼無生者，湛然常生，而不自生，故未嘗死，未嘗生。道至乎此，則雖其形有禪，而神未嘗變，安得死乎？此中國之神聖，而西方之佛也。」（同上，頁197）。

[69] 程元敏：《三經新義輯考彙評（二）——詩經》（臺北：國立編譯館，1986年9月初版），頁388-394。

[70] 簡光明考證此二書內容之不同，他說：「王雱所註的《莊子注》（《莊子內篇注》）與《新傳》（《南華真經新傳》）確非同一本書，《四庫全書》誤以為同一書，誤矣；嚴靈峰分二書名收錄，是也。」（氏著：〈王雱「南華真經新傳」析論〉，《中國文化月刊》第228期，1999年3月，頁28）。案嚴靈峰所編著的《周秦漢魏諸子知見書目》（二）列有《莊子注》十卷與《南華真經新傳》二十卷（臺北：正中書局，1975年12月初版，頁87）。而清·紀昀主編的《四庫全書總目》卷一百四十六則云：「故所說內篇為詳後附〈拾遺雜說〉一卷，以發揮餘義，疑其書成後補綴也。」（臺北：藝文印書館，1979年12月五版，頁2878）。未正視《莊子內篇注》曾經存在的事實。

「以儒解莊」[71]而已，亦有「以佛解莊」以會通「佛道」之處。

關於王雱之「以佛解莊」，簡光明〈王雱「南華真經新傳」析論〉一文道：

> 王雱用以詮釋的佛教思想主要是「真空妙有」，……所謂「真空妙有」，是指法相宗所說圓成實性所具的空有二義，……王雱「以佛解莊」不是偶然為之，而是有意調合釋道。[72]

簡文提出王雱《南華真經新傳》以佛教「法相宗」「圓成實性」之「真空妙有」詮釋《莊子》義，然不知其根據為何？

筆者以為，依前述時代背景的說明，以及王雱受王安石喜好《維摩詰經》與《金剛經》之影響等，與其說王雱「真空妙有」之說來自「法相宗」（因「法相宗」說的是「假必依實」，不說「真空妙有」），不如說來自承繼中觀思想之天台。

王雱《南華真經新傳》以「空」註解《莊子》「道體論」之例證如下：

例一，〈大宗師〉：

---

[71] 關於王雱「以儒解莊」的思想，簡光明說：「在儒家的義理中，王雱援引最多的是《易傳》〈說卦〉，『窮理盡性以至於命』的思想，……莊子所謂『安天之命』，所謂『大宗師』是取順應自然之義，不是經由仁義的道德實踐而來，顯然與《易傳》『窮理盡性以至於命』的義理不同。……是以調合《莊子》與《易傳》的思想方式來進行儒道的會通。」（簡光明：〈王雱「南華真經新傳」析論〉，頁35-36）。也就是說，「以儒解莊」目的在於會通「儒道」。
[72] 簡光明：〈王雱「南華真經新傳」析論〉，頁37-38。

夫道，有情有信，无為无形；可傳而不可受，可得而不可
見；自本自根，未有天地，自古以固存；神鬼神帝，生天
生地；在太極之先而不為高，在六極之下而不為深，先天
地生而不為久，長於上古而不為老。

此言「道」具有「真實內涵」、「不可言說而得」、「一切根
源」、「超越時空」以及「創生功能」之特性。

王雱註云：

夫道，天下之至妙而無體無跡無乎不在也，萬物莫不由之
而似有情，萬物由之而生而似有信，寂然默運故無為，窈
然真空故無形，可以神會而難以情求，故曰可傳而不可
受，可以心得而難以理察。[73]

王氏對於道體之描述，加入了佛教「真空」的義理，所謂「窈然
真空故無形」，用以說明《莊子》「道體」無體、無形而遍在的
狀態。

例二，〈知北遊〉：

知北遊於玄水之上，登隱弅之丘，而適遭无為謂焉。知謂
无為謂曰：「予欲有問乎若：何思何慮則知道？何處何服

---

[73] 宋‧王雱：《南華真經新傳》卷六，頁188。

則安道？何從何道則得道？」三問而无為謂不答也，非不答，不知答也。

無為謂不答，表示「道」「不可言說」的特質。

王雱註云：

> 何思何慮者無心也，何處何服者無體也，何從何道者無方也。無心所以言至虛，無體所以言真空，無方所以言至妙。至虛者，道之所集也，故曰則知道。真空者，道之所存也，故曰則安道。至妙者，道之所在也，故曰則得道。[74]

王氏以「無心」、「無體」、「無方」為「知道」、「安道」與「得道」之方，且以佛教「真空」詮說「道體」之「無」，以「真空」為道之所存。

由上可知，王雱以「真空」詮說《莊子》「道」的無形、無體。

二、明·陸西星《南華真經副墨》

陸西星，字長庚，號方壺外史、潛虛子、蘊空居士，揚州府興化縣（今江蘇省興化縣）人，自幼聰慧，久試不遇，遂絕意仕

---

[74] 宋·王雱：《南華真經新傳》卷十一，頁420。

進。他是宋元明道教內丹雙修理論的集大成者[75]，著有《方壺外史》，其理論重點是「凝神聚氣」、「道歸自然」[76]。陸氏內丹學之外的著作有：《南華真經副墨》[77]、《老子道德經玄覽》、《楞嚴述旨》與《楞嚴經說約》等書。

由《楞嚴述旨》和《楞嚴經說約》二作可推，陸氏對《楞嚴經》應下過工夫。《楞嚴經》自宋代以來，即盛行禪、教之間。該經運用般若手法詮釋真如心性，論說修行法門，證果次第以及可能出現的魔道，內容精要，理序井然，學界曾把該經當作一部「小型的佛教百科全書」[78]。依陸西星的觀點，莊子與佛家是同路人，其《南華真經副墨》釋《莊子·則陽》時，謂：「此段大類禪語，故予嘗言《南華經》中國之佛經也。」[79]

在三教關係問題上，陸西星有意消除其間之紛諍。其〈讀南華真經雜說〉說：

> 《南華經》如山肴海錯，別是一種，卻不可與菽粟同味者。然使並席而陳，合口而食，亦自不相妨害。今儒者見其突兀，以為非聖之書，掩卷廢之，殊可惜也。[80]

---

[75] 卿希泰主編：《中國道教史》第四卷，頁28。
[76] 唐大潮：《明清之際道教「三教合一」思想論》，頁24。
[77] 陸西星〈南華真經副墨序〉作於「萬曆戊寅」，可知該書完成於萬曆六年（1578）。
[78] 陳志良、黃明哲：《中國佛家》（北京：宗教文化出版社，1996年11月初版），頁411。
[79] 明·陸西星：《南華真經副墨》卷六，頁965。
[80] 明·陸西星：《南華真經副墨》卷首，頁24-25。

因此，他在對《南華經》與《道德經》二書進行註疏、詮釋時，無不致力於會同儒、釋、道三教之旨要。

陸西星對《莊子》有其特殊觀點，他在〈讀南華真經雜說〉又云：

> 《南華經》分明是《道德經》註疏，……其詆侮聖賢，正如禪宗中喝佛罵祖。……道德言為道者，豫兮若冬涉川，……蓋老子說心小，莊子說心空。心小是工夫，心空是體假。……讀《南華》者先須大其胸襟，空其我相，不得一以習見參之。……莊子說保始之微，不懼之實，一夫雄入於九軍。佛言不取於相，如如不動，便是演說《金剛般若》。[81]

承認《南華經》文字「突兀驚人」，頗有「詆侮聖賢」之言，如禪宗之「喝佛罵祖」；所說「雄入於九軍」，如佛言「不取於相，如如不動」。故讀《南華經》者「先須大其胸襟，空其我相」。

在陸西星看來，儒、釋、道三教的立教宗旨一致，都是為了教化人「返樸歸真」，他說：「莊子《南華》三十三篇，篇篇皆以自然為宗，以復歸於樸為主，蓋所以羽翼《道德》之經旨。其書有玄學，亦有禪學；有世法，亦有出世法。」[82]陸氏以

---

[81] 明・陸西星：《南華真經副墨》，頁23-32。
[82] 明・陸西星：《南華真經副墨》卷二，頁306。

《莊子》中有玄學亦有禪學，而其《南華真經副墨》一書則佛道思想兼具，或「以道解莊」[83]，或「以禪解莊」[84]，或「以空解

---

[83] 陸氏「以道解莊」部分如下：（一）對於〈在宥〉「廣成子南首而臥，黃帝順下風膝行而進，再拜稽首而問曰：『聞吾子達於至道，敢問，治身奈何而可以長久？』廣成子蹶然而起，曰：『……慎女內，閉女外多知為敗。……慎守女身，物將自壯。我守其一以處其和，故我修身千二百歲矣，吾形未常衰。』」此廣成子告知黃帝如何「養生」。陸氏註云：「此物字下得不苟，即丹家所謂藥物也。由是而守其一，以處其和，使彼互藏之精與吾身中之物混合為一，而後聖修之能事始畢。」（明·陸西星：《南華真經副墨》卷三，頁390）。以「物」為「丹家」所謂藥物之內涵。此「丹家」為道教之內涵。（二）〈讓王〉：「中山公子牟與瞻子」的對話，中山公子牟身雖居隱，而心猶有外慕之欲，知而不能勝。瞻子曰：「不能自勝則從，神無惡乎？不能自勝而強不從者，此之謂重傷。重傷之人，无壽類矣。」此二人之對話在於討論「重生」與「輕利」。陸氏註云：「蓋人有元神有識神，元神則虛靜恬淡，寂寞無為，乃本然之性；識神則見境生情，貪著其事，氣質之性是也。所以學道之人，務須降此識神，常使一念不起，萬緣皆空，而後吾之真性始得，否則清靜之中，不勝擾雜，而神之惡之，在所不免矣！」（同上，卷七，頁1037）。中國道教的許多派別都認為，人的靈魂是一種擁有意識的特殊物質，並稱之為「元神」、又叫作「內丹」。內丹學把心、神進一步分析為先天的「元神」與後天的「識神」，或真心與妄心，只以元神、真心為「本來真性」。此物本不生滅，超出生死，為道、金丹的同義語。此即陸氏所謂人有「元神」、「識神」之說。「元神」是人的「本然之性」，「識神」是人的「氣質之性」。故降伏「識神」，「一念不起」、「萬緣皆空」而真性之「元神」現。此中有道教之「元神」等思想。

[84] 陸氏「以禪解莊」部分。（一）〈齊物論〉：「喜怒哀樂，慮嘆變慹，姚佚啟態；……非彼无我，非我无所取。是亦近矣，而不知其所為使。若有真宰，而特不得其眹。可行己信，而不見其形，有情而无形。」陸氏註云：「怒者其誰之誰是他為真宰立箇暗號，如禪家所謂這箇。……真宰有情而無形，有情故能使人，無形故不得其眹也。善乎禪家有言，水中鹽味，色裏膠青，決定是有，不見其形。」（明·陸西星：《南華真經副墨》卷一，頁72-73）（二）〈養生主〉：「吾生也有涯，而知也无涯。以有涯隨无涯，殆已；已而為知者，殆而已矣。」陸氏註云：「人生百年為期，會有涯盡，而心之思慮千變萬化，則無涯盡。此箇思慮，禪家謂之識神，播弄主人，無有休歇。」（同上，卷一，頁132）其實禪家也不稱為「神識」。（三）〈大宗師〉：「古之真人，其寢不夢，其覺無憂，其食不甘，其息深深。真人之息以踵，眾人之息以喉。屈服者，其嗌言若哇。其耆欲深者，其天機淺。」陸氏註云：「真人性定於內，……禪家以此機勘人，一受其勘，便見底蘊。其嗜欲深者，其天機淺。多欲之人，易為物誘，貌言視聽自是浮淺。」（同上，卷二，頁234-235）禪家「以此機勘人」。（四）〈大宗師〉：「顏回曰：『回益矣。』仲尼曰：『何謂也？』……曰：『回坐忘矣。』仲尼蹙然曰：『何謂坐忘？』顏回曰：『墮肢體，黜聰明，離形去知，同於大通，此謂坐忘。』仲尼曰：『同則无好也，化則无常也。而果其賢乎！丘也請從而後也。』」陸氏註云：「曰忘仁義、忘禮樂、墮肢黜聰、心齋坐忘，別是莊子一段學問，如今所謂禪家者流，大率類是。」（同上，卷二，頁282）（五）

莊」。尤其，「以空解莊」部分共十三則，也較「以禪解莊」十則為多，且陸氏註〈逍遙遊〉也云：「此篇極意形容出箇致廣大的道理，令人展透胸次，空諸所有，一切不為世故所累，然後可進於道。」[85]可見，「空」之觀念對陸氏頗有影響。此處先介紹

〈天地〉：「黃帝遊乎赤水之北，……遺其玄珠，……乃使象罔，象罔得之」一段。陸氏註云：「象罔，無心也，無心得道止矣，而禪宗更有上上機關，莫謂無心云是道，無心猶隔一重關。此則《清淨經》所謂無無亦無者，更當理會。」（同上，卷三，頁428）在陸氏看來，《莊子》的「無心」不夠徹底。「無心」非究竟，更當將「無心」無之，才是禪宗的「上上機關」──「上乘禪」。
（六）〈刻意〉：「故曰：悲樂者，德之邪；喜怒者，道之過；好惡者，德之失。故心不憂樂，德之至也；一而不變，靜之至也；無所於忤，虛之至也；不與物交，淡之至也；無所於逆，粹之至也。」陸氏註云：「太虛之體，本自虛無恬淡，一有所動，俱屬妄念，六祖教人於不思善不思惡時，認取本來面目，故一有憂樂則德分，一有變動則心擾。」（同上，卷四，頁560）引用《六祖壇經》。
（七）〈達生〉：「紀渻子為王養鬥雞。十日而問：『雞已乎？』曰：『未也，方虛憍而恃氣。』十日又問，曰：『未也，猶應嚮景。』十日又問，曰：『未也，猶疾視而盛氣。』十日又問，曰：『幾矣，雞雖有鳴者，已無變矣，望之似木雞矣，其德全矣。異雞無敢應者，反走矣。』」陸氏云：「九年面壁，乃證真空，聖神之事，豈一朝一夕之所能至哉？禪林有云，『若還生摘下，到底不馨香。』此不可與躁士道之，佩韋者可也。」（同上，卷五，頁672）（八）〈知北遊〉：「知問黃帝曰：『我與若知之，彼與彼不知也，其孰是邪？』黃帝曰：『彼無為謂真是也，狂屈似之，我與汝終不近也。夫知者不言，言者不知，故聖人行不言之教。道不可致，德不可至。仁可為也，義可虧也，禮相偽也。』故曰；失道而後德，失德而後仁，失仁而後義，失義而後禮。禮者，道之華而亂之首也。」陸氏註云：「大抵此種不言之學問，要人直下領悟，擬議即差，商榷即乖。又使說透天機，談盡玄妙，自耳根入者，終無覺用，禪家往往以此勘人，一擊粉碎。」（同上，卷五，頁754）（九）〈外物〉：「目徹為明，耳徹為聰，鼻徹為顫，口徹為甘，心徹為德，知徹為德。凡道不欲壅，壅則哽，哽而不止則眾疹，疹則眾害生。」陸氏註云：「夫目蔽於色，……是皆夫人六根所起之六塵，必須徹而淨之，然後能復其本然之靈覺。然六根門頭，頭頭是障，須下幾箇徹字，實則一了百當，一處徹，則處處皆徹矣！」（同上，卷七，頁988）六根、六識對六塵（六境），根、境、識三和合觸，若能與明（智慧）相應，則六根門頭，放光動地，恢復本來之靈覺。此「靈覺」即禪家所言「本來面目」。
（十）〈天下〉：「寂漠無形，變化無常，死與生，與天地並，與神明往，與芒乎何之？忽乎何適？萬物畢羅，莫足以歸。」陸氏註云：「寂寞無形，言清虛而無象也。變化無常，言往來而無住也。以無相為宗，以無住為行，萬物一府，生死同狀，直與天地並而神明俱芒乎？」（同上，卷八，頁1171）其中，「以無相為宗，以無住為行」，類於《六祖壇經》之「無相為體，無住為本，無念為宗」。
[85] 明·陸西星：《南華真經副墨》卷一，頁33。

該書以「空」解《莊子》道體論之例。

其一，〈知北遊〉：

> 冉求問於仲尼曰：「未有天地可知邪？」仲尼曰：「可。
> 古猶今也。」冉求失問而退，明日復見，曰：「昔者吾問
> 『未有天地可知乎？』夫子曰：『可。古猶今也。』昔日
> 吾昭然，今日吾昧然，敢問何謂也？」仲尼曰：「昔之昭
> 然也，神者先受之；今之昧然也，且又為不神者求邪？」

說明「未有天地」之先在的「道」，只可意會，不可以形象求。

陸氏註云：「未有天地之先，空相如此。」[86]以「空相」解
「未有天地」之先的「道」。

其二，〈庚桑楚〉：

> 道通，其分也，成也[87]；其成也，毀也。所惡乎分者，其
> 分也以備；所以惡乎備者，其有以備。故出而不反，見其
> 鬼；出而得是，謂得死。滅而有實，鬼之一也。以有形者
> 象無形者而定矣。

86　明・陸西星：《南華真經副墨》卷五，頁790。
87　此「成也」二字依王叔岷《莊子校詮》而增補。王叔岷說：「于省吾云：『此應
　　依高山寺卷子本作：道通，其分也成也，其成也毀也。』今本『其分也』下挩
　　『成也』二字。案『其分也』下無『成也』二字，則文意不完，卷子本是也。
　　〈齊物論〉：『其分也成也，其成也毀也。』文與此同。」（氏著：《莊子校
　　詮》，臺北：中央研究院歷史語言研究所，1999年6月三版），頁895。

關於「道通，其分也，成也；其成也，毀也」，郭象《莊子注》云：「成毀無常分而道皆通。」[88]說明不管現象之成或毀，道遍於一切。外在變化不定，有成有毀，心神外馳則不得定，故以有形的形體效法無形的道可以安定。

陸氏註云：「道則實際理地，故滅而不滅，空而不空，蓋雖以鬼喻，而造化之至理，實不外是，故以有形者象之無形，而人事定矣！」[89]以佛教「滅而不滅，空而不空」言《莊子》之「道體」乃實有。

由上可知，陸西星以「空」釋《莊子》實存的道體論。

第三節　以「空」解《莊子》修養論

陸西星《南華真經副墨》以「空」解《莊子》修養論，至少有下列三則：

其一，〈天道〉：

> 夫虛靜恬淡、寂漠无為者，萬物之本也。明此以南鄉，堯之為君也；明此以北面，舜之為臣也。以此處上，帝王天子之德也；以此處下，玄聖素王之道也。以此退居而閒遊江海，山林之士服；以此進為而撫世，則功大名顯而天

---

[88] 引自郭慶藩輯：《莊子集釋》卷八上（臺北：華正書局，1985年8月初版），頁798。
[89] 明·陸西星：《南華真經副墨》卷六，頁831。

下一也。

闡述「虛靜恬淡、寂漠無為」是立身之根本。

　　陸氏註云：「如《大學》止於至善之止。止則心中無物，故曰止則虛，虛則真空之中妙有生焉，故曰虛則實。」[90]以「虛則真空之中妙有生焉」釋「虛靜恬淡、寂漠無為」之涵養。「真空」曰「虛」；「妙有」曰「實」，故說「虛則實」。此喻道家強調「無為而無不為」，「無為」是「虛」；「無不為」是「實」；故曰「虛則實」。

　　其二，〈列禦寇〉：

> 小夫之知，不離苞苴竿牘，敝精神乎蹇淺，而欲兼濟道
> 物，太一形虛。若是者，迷惑於宇宙，形累不知太初。彼
> 至人者，歸精神乎无始而甘冥[91]乎无何有之鄉。水流乎无
> 形，發泄乎太清。悲哉乎！汝為知在毫毛，而不知大寧！

這段話申論不要拘泥於小事物，要像至人遊於無何有之鄉，純任自然。

　　陸氏註云：

90　明・陸西星：《南華真經副墨》卷四，頁481。
91　關於「冥」，清・郭慶藩說：「《釋文》，……本亦作瞑，又音眠。」（氏輯：《莊子集釋》卷十上），頁1048。

苞苴，以禮物相遺餽者也；竿牘，以竹簡相問訊者也，皆
世俗往來之常套。……太一形虛，虛則無有，苞苴竿牘安
在何處？虛則無情，苞苴竿牘欲以奚為？所以學道之人，
損之又損，常思一念不起，萬緣皆空，然後始合於太一之
虛。[92]

修道之人不拘於世俗，體「萬緣皆空」，故合「太一之虛」。
　　其三，〈天下〉：

人皆取先，己獨取後，曰受天下之垢；人皆取實，己獨取
虛，……以深為根，以約為紀，曰堅則毀矣，銳則挫矣。
常寬容於物，不削於人，可謂至極。

稱揚關尹與老聃濡弱謙下、「常寬容於物，不削於人」的處世
態度。
　　陸氏註云：

以空虛不毀萬物為實者，實即佛氏所謂實相，蓋真空不
空，故不壞世相而成實相，若毀壞萬物則斷滅頑空，而非
所謂道矣！[93]

---

[92] 明・陸西星：《南華真經副墨》卷八，頁1117-1118。
[93] 明・陸西星：《南華真經副墨》卷八，頁1167。

以佛教「真空不空，故不壞世相而成實相」釋處世之修養態度。

　　綜上可見，陸西星《南華真經副墨》採取佛教「空」的義理詮解《莊子》修養論。他分別以「虛則真空之中妙有生焉」解「虛靜恬淡、寂漠無為」；以體「萬緣皆空」解合「太一之虛」；以「真空不空，故不壞世相而成實相」解「寬容於物，不削於人」。

第四節　以「空」解《莊子》境界論

　　唐‧成玄英《南華真經注疏》、宋‧王雱《南華真經新傳》、明‧陸西星《南華真經副墨》諸作，均有多處以「空」解《莊子》境界論，分別舉述如後。

一、唐‧成玄英《南華真經注疏》

　　成玄英，字子實，唐陝州（今河南陝縣）人，早年隱居東海（今江蘇連雲港市東南）。貞觀五年（631），唐太宗李世民召至京師（長安），加號西華法師；高宗永徽年間（650-655），流寓郁州（今連雲港東海中雲台山），為唐代著名道士，竭力註疏道教所重視之《老子》、《莊子》等，著《老子注》[94]（一名

---

[94] 現存成玄英的「老子注疏」有三個輯本：（一）蒙文通輯《老子成玄英疏》（見於四川省立圖書館石印，1946年），（二）嚴靈峰輯《道德經開題序訣義疏》（《無求備齋老子集成初編》三，臺北：藝文印書館，1965年初版），（三）藤原高男《輯校贊道德經義疏》（見於《高松工業高等專門學校研究紀要》第

《道德真經義疏》）與《南華真經注疏》（即《莊子疏》）等傳
世。

　　關於成玄英《南華真經注疏》的寫作背景，成氏自言：「少
而習焉，研精覃思三十年矣。依子玄所注三十三篇，輒為疏揔，
揔三十三卷。」[95]該書闡發重玄之道最為深刻，他說：「夫莊子
者，所以申道德之深根，述重玄之妙旨。」[96]論者判定，成玄英
的《南華真經注疏》「多雜佛仙，宣揚所謂重玄之道，與莊子思
想頗有偏離」[97]，或為「以佛解莊」之代表作[98]。

二號，1967年）。參見卿希泰主編：《中國道教史》第二卷，頁172。案成玄英
《老子注》為「以空解老」之作，例如，對於《老子》第一章「道可道，非常
道；名可名，非常名，⋯⋯常有欲以觀其徼。⋯⋯此兩者，同出而異名，同謂之
玄。」成玄英註云：「義有因起（原誤作「超」）緣、有漸頓。開之以方便，
捨無常以契真常；陳之以究竟，本非無常之可捨，亦無真常之可取。⋯⋯肆情
染滯者，適見世境之有，未體有之是空，所以不察妙理之精微，唯睹死生之歸趣
也。」（唐・成玄英著，嚴靈峰輯校：《道德經開題序訣義疏》（一），嚴靈峰
編：《無求備齋老子集成初編》（三），頁3-4）。《老子》第一章：「常無，
欲以觀其妙，常有，欲以觀其徼」，其所謂「無」、「有」皆指稱「道」體。
「無」說「道」之「體」，「有」說「道」之「用」，是謂「同謂異名」。而
成玄英註云：「適見世境之有，未體有之是空」，以佛教「有」、「空（無）」
思想理解之，與原意大有別。對於《老子》第二章「天下皆知美之為美，斯惡
已，⋯⋯故有無相生，難易相成，⋯⋯高下相傾。」成玄英註云：「言一切蒼
生，莫不眈滯諸塵而妄執美惡。逆其心者，遂起憎嫌，名之為惡；順其意者，必
生愛染，名之為美。不知諸法，即有即空；美惡既空，何憎何愛？⋯⋯有無二
名，相因而立，推窮理性，即體而空。既知有無相生，足明萬法無實。⋯⋯空心
慧觀，無易無難，分別執情，有難有易，是知難易二法，相互而成。⋯⋯向者之
高，今之成下，故知高下竟無定相，更相傾奪，所以皆空也。」（同上，頁6-7）
《老子》第二章所言乃就「現象界」立論，認為人間的存在價值是相對待的，一
切現象也都是對待狀態的存在。而成氏從「空性」的角度破除「有無」、「難
易」、「高下」的執著，以為「即有即空」、「即體而空」、「空心慧觀」，則
無易難、高下、美醜等差別之存在。

[95] 唐・成玄英：〈南華真經序〉（氏著：《南華真經注疏》，北京：中華書局，
1998年7月出版），頁3。
[96] 唐・成玄英：〈南華真經疏序〉，頁1。
[97] 曹礎基、黃蘭發：〈點校說明〉（唐・成玄英：《南華真經注疏》），頁1。
[98] 曹礎基：《莊子淺論》，頁192。

成玄英《南華真經注疏》如何「以空解莊」？龔鵬程〈成玄英《莊子疏》探論〉指出，成氏《南華真經注疏》應是思想史上第一部「道教莊子解」，它吸收佛學以深化道教思想並貶抑儒家。龔氏又指出，成玄英在該書「廣泛使用『鏡／智』、『能／所』、『聖／凡』、『空／有』來說明玄理，也認為玄悟者應該『內蘊慈悲，外宏接物，故能俯順塵俗，惠救蒼生。』」[99]龔文約略點出成玄英《南華真經注疏》以佛教「空、有」觀念解莊之重心。

　　此外，卿希泰主編的《中國道教史》發現，成玄英「否定的思維方式，借鑒於佛教中觀派」[100]，又說：

> 「道」的第一要義為「虛通」，這同他（成玄英）對重玄的解釋是一致的。他說：「夫至道虛通，妙絕分別，在假不假，居真不真。」「道以虛通為義。」「道者，虛通之妙理，眾生之正性也。」……他所說的「虛」則接近佛教的「空」。故他以「虛通」為道之定義，實混融了莊子的解釋與佛教空觀。[101]

依卿氏的觀察，成玄英「以空注莊」之特色凡二：其一，借用佛教中觀思維方法[102]；其二，以「虛通」混融《莊子》的解釋與佛

99　龔鵬程：〈成玄英「莊子疏」探論〉（《鵝湖》第17卷第1期，1991年7月），頁21。
100　卿希泰主編：《中國道教史》第二卷，頁174。
101　卿希泰主編：《中國道教史》第二卷，頁175-176。
102　卿希泰主編：《中國道教史》第二卷，頁174。

教的「空觀」[103]。卿氏同樣發現成氏混融佛教「空觀」以解莊之特徵。

另者，呂文英《成玄英莊學研究》第三章〈成玄英引中觀思維疏《莊》之辨析〉，對於成氏援引中觀思維解莊，稍有著墨[104]。還有，李大華謂：「成玄英曾引用佛教『能所』等概念，其本意卻在運用這些概念論證道家『能所兩忘』的坐忘理論，恰如蒙文通先生所云：『成公之疏，不捨仙家之術，而參釋氏之文。』[105]」[106]李氏也看到成玄英以佛教「能所」概念解莊之現象[107]。

---

[103] 卿希泰主編：《中國道教史》第二卷，頁175-176。

[104] 呂文英：〈成玄英莊學研究〉（中央大學中文研究所碩士論文，2000年），頁43-64。

[105] 蒙文通：〈校理老子成玄英疏敘錄〉（氏著：《古學甄微》，成都：巴蜀書社，1987年初版），頁346。

[106] 李大華：〈略論隋唐老莊學〉（陳鼓應主編：《道家文化研究》第1輯，上海：上海古籍出版社，1992年6月初版），頁323。

[107] 中觀「以破而立」的論述方法，在於指明「不落（對待）兩邊」、「不著名相」的「中道」，即所謂「離能所」、「離四句」等論述。所謂「能所」，即動作之主體，稱為「能」；其動作之客體（對象），稱為「所」。「離能所」，沒有「能」與「所」——主體與客體的對立，是渾然的無二無別（也不會覺得是一體）的現觀。另所謂「四句」，即一般判斷論議形式之「四句」；為一「有」，二「無」，三「亦有亦無」，四「非有非無」。一切法不出有、無等四句。凡稱之為有、無、亦有亦無、非有非無，都不過是名言的概念。非有非無，本表示觀心的「不落有無」戲論，如以為是非有非無，這不能契合中道的本意。所以必須即此「非非」的名相，也不再取著，這便是「離四句」。龍樹《中論》廣破四句都不可得，所以一切法畢竟不可得。成玄英《南華真經注疏》運用了「中觀」「離能所」、「離四句」之「論述方法」以解莊。例如，（一）對於〈德充符〉之「一知之所知而心未嘗死者乎」，其疏云：「一知，智也，所知境也。能知之智，照所知之境，境智冥會，能（無）所（無）差。故知與不知，通而為一。雖復跡環物化，而心未嘗見死者也，豈容有全兀於其間哉？」（唐‧成玄英：《南華真經注疏》卷二，頁115）以「能知」與「所知」泯而為一，解莊子「死生通而為一」之理。（二）對於〈知北遊〉之「光曜問乎無有曰：『夫子有乎？其無有乎？』光曜不得問，而孰視其狀貌，窅然空然。終日視之而不見，聽之而不聞，搏之而不得也。光曜曰：『至矣！其孰能至此乎？予能有無矣！而未能無無也。及為無有矣！何從至此哉？』」其疏云：「光曜者，是能視之智也。無有者，所觀之境也。智能照察，故假名光曜；境體空寂，故假名無有也。而智有明暗，境無深淺，故以智問境，有乎無乎？夫妙境希夷，視聽斷絕，故審狀

「聖人境界」是《莊子》一書所呈顯的核心思想之一，成玄英《南華真經注疏》主要以佛教「空」的思想詮釋《莊子》中的聖人境界[108]，其例證有下列十三則。

　　其一，〈逍遙遊〉：

　　　　曰：「藐姑射之山，有神人居焉，肌膚若冰雪，綽約若處
　　　　子。」……堯治天下之民，平海內之政，往見四子藐姑射

貌，唯空唯寂也。……光明照曜，其智尚淺，唯能得無喪有，末能雙遣有無，故歎無有至深，誰能如此玄妙！」（同上，卷七，頁433）這段是《莊子》中「光曜」與「無有」之對話，成玄英視「光曜」為能照之「智」，「無有」為所照之「智」，而此「光曜」其智尚淺，不克「有無雙遣」，故未達「能所雙泯」之境。從上面的例證看來，成玄英《南華真經注疏》確實應用了佛教「中觀論述方法」，作為理解、詮釋《莊子》之著力點。這裏，值得注意的是，中觀「不落能所」，在於泯絕能所，融入一切中直覺一切，以證真實性。此「真實性」即「緣起」、「實相」，沒有一個不變的本體。且所謂四句之「亦有亦無」、「非有非無」，亦不在說明「真空」中有「妙有」。

[108] 成玄英《南華真經注疏》尚有其他「以佛解莊」之註文，如：（一）〈齊物論〉：「物無非彼，物無非是。自彼則不見，自知則知之。故曰彼出於是，是亦因彼，彼是方生之說。……彼亦一是非，此亦一是非，果且有彼是乎哉？果且無彼是乎哉？彼是莫得其偶，謂之道樞。樞始得其環中，以應無窮。是亦一無窮，非亦一無窮也。……可乎可，不可乎不可。」成氏疏云：「彼此是非，相因而有，推求分析，即體皆空也。……體夫彼此俱空，是非兩幻……當體自空，前淺後深，所以為次也。……環者，假有二竅；中者，真空一道。環中空矣！……違順既空，故知可不可皆妄也。」（唐・成玄英：《南華真經注疏》卷一，頁34-36）（二）〈齊物論〉：「故自無適有，以至於三，而況自有適有乎？無適焉，因是已！」成氏疏云：「夫諸法空幻，何獨名言！是知無即非無，有即非有，有無名數，當體皆寂。」（同上，頁44）（三）〈齊物論〉：「萬世之後而一遇大聖知其解者，是旦暮之遇也。」成氏疏云：「且世（歷）萬年而一逢大聖，知三界悉空，四生非有，彼我言說，皆在夢中。」（同上，頁54）（四）〈德充符〉：「仲尼曰：『自其異者視之，肝膽楚越也。』」成氏疏云：「萬物云云，悉歸空寂。倒置之類，妄執是非，於重玄道中，橫起分別。何異乎膽〔附〕肝生，本同一體也。楚越迢遞，相去數千，而於一體之中，起數千之遠。異見之徒，例皆如是也。」（同上，卷二，頁112）（五）〈徐無鬼〉：「大信稽之，大定持之。」成氏疏云：「物各信空，持而用之，其理空矣！」（同上，卷八，頁491）（六）〈天下〉：「黃馬驪牛三，白狗黑。」成氏疏云：「夫名謂不實，形色皆空，欲反情執，故指白為黑也。」（同上，卷十，頁621）。

之山，汾水之陽，窅然喪其天下焉。

描述聖人潔白、文靜之貌。

　　成氏疏云：

> 言聖人動寂相應，則空有並照，雖居廊廟，無異山林，和
> 光同塵，在染不染。冰雪取其潔淨，綽約譬以柔和。處子
> 不為物傷，姑射語其絕遠。……雖復凝神，四子端拱而坐
> 汾陽，統御萬機，窅然而喪天下。斯蓋即本即跡，即體即
> 用[109]，空有雙照，動寂一時。[110]

按「空有雙照」語出天台宗隋・智顗的《摩訶止觀》[111]，可見
成氏受天台思想之影響。成氏藉佛教「空有並照」、「空有雙
照」講《莊子》的「聖人境界」。「空有」是佛教語言，佛教說
「有」也說「空」，所謂「空有並照」、「空有雙照」是空有相
成而不相礙，是空有無礙的等觀，亦即聖人對於道的體悟境界是
「亦空亦有」、「動寂相應」，真空即妙有，妙有即真空。

　　其二，〈齊物論〉：「古之人，其知有所至矣。惡乎至？有
以為未始有物者，至矣，盡矣，不可以加矣。其次以為有物矣，

---

[109] 「本跡（末）」、「體用」是魏晉玄學所討論的範疇。
[110] 唐・成玄英：《南華真經注疏》卷一，頁13-16。
[111] 隋・智顗說《摩訶止觀》卷二上：「非有故空，非空故有，不得空有，雙照空有，三諦宛然，備佛知見，於四運心，具足明了。」（《大正藏》第46冊，頁16上）。

而未始有封也。」言淳古至人，和光同塵，與萬物合一；其次，雖有彼此，然沒有隔閡。

成氏疏云：

> 世所有法，悉皆非有。唯物與我，內外咸空。四句皆非，蕩然虛靜，理盡於此，不復可加。答於前問，意以明至極者也。初學大賢，鄰乎聖境，雖復見空有之異，而未曾封執。[112]

以「內外咸空」解《莊子》「未始有物」之「至人」的修養境界。

其三，〈齊物論〉：「大仁不仁，大廉不嗛[113]。」言大仁、大廉者，無偏私之愛、不自言其廉；或言大仁則無偏私之愛、大廉則不遜讓。

成氏疏云：「夫玄悟之人，鑒達空有，知萬境虛幻，無一可貪。物我俱空，何所遜讓。」[114]以「鑒達空有」、「物我俱空」解「大仁不仁，大廉不嗛」之「聖人境界」。

其四，〈養生主〉：

> 方今之時，臣以神遇而不以目視，官知止而神欲行。依乎

---

[112] 唐·成玄英：《南華真經注疏》卷一，頁39。
[113] 李勉說：「原句應作『大廉不廉』，與上句『大仁不仁』句法同，下『廉』字動詞，謂大廉者不自言其廉也。」（氏著：《莊子總論及分篇評註》，臺北：商務印書館，1976年12月二版，頁83）。
[114] 唐·成玄英：《南華真經注疏》卷一，頁46。

天理，批大郤，導大窾，因其固然。技經肯綮之未嘗，而況大軱乎！良庖歲更刀，割也；⋯⋯今臣之刀十九年矣，所解數千牛矣，而刀刃若新發於硎。

以「刀」喻心，表「心」因任自然之理而不為所傷。

成氏疏云：

骨節空處，蹤導令殊。亦猶學人以有資空，將空導有。⋯⋯夫伎術之妙，遊刃於空，微礙尚未曾經，大骨理當不犯。況養生運智，妙體真空，細惑尚不染心，麤塵豈能累德？良善之庖，猶未中理，經乎一歲，更易其刀。況小學之人，未體真道，證空捨有，易奪之心者矣！⋯⋯是以年經十九，牛解數千，遊空涉虛，⋯⋯況善養生人，智窮空有，和光處世，妙盡陰陽。雖復千變萬化而（自）〔日〕新其德，參涉萬境，而常湛凝然矣！[115]

聖人能「以有資空」、「將空導有」、「妙體真空」、「證空捨有」、「智窮空有」，則「參涉萬境」而「常湛凝然」。以「空」為根本道理，並說聖人能體此境界。

其五，〈大宗師〉：

---

[115] 唐・成玄英：《南華真經注疏》卷二，頁68-69。

其一與天為徒，其不一與人為徒。天與人不相勝也，是之
謂真人。……參日而後能外天下；……他日，復見，曰：
「回益矣。」……顏回曰：「墮肢體，黜聰明，離形去
知，同於大通，此謂坐忘。」

言真人能打破天人之對立。且由「外天下」，至於不為形骸、智
巧束縛而達一切無礙之境界。

成氏疏云：

雖復天無彼我，人有是非，確然論之，咸歸空寂。若使天
勝人劣，豈謂齊乎？此又混一天人，冥同勝負。體此趣
者，可謂真人者也。……外，遺忘也。夫為師不易，傳道
極難，方欲教人，故凝神靜慮，修而守之。凡經三日，心
既虛寂，萬境皆空，是以天下地上，悉皆非有也。……空
解日新，時更復見。……既悟一身非有，萬境皆空，故能
毀廢四肢百體，屏黜聰明心智者也。[116]

以佛教體悟「咸歸空寂」、「萬境皆空」解莊子之「外天下」
（即「忘天下」）、「同於大通」之聖人境界。

　　其六，〈在宥〉：

---

[116] 唐・成玄英：《南華真經注疏》卷三，頁142、148、163。

无視无聽，抱神以靜，形將自正。必靜必清，无勞女形，无搖女精，乃可以長生。目无所見，耳无所聞，心无所知，女神將守形，形乃長生。……无己，惡乎得有有！睹有者，昔之君子；睹无者，天地之友。

言聖人體「靜」，不為外物所擾。

成氏疏云：

任視聽而無所見聞。根塵既空，心亦安靜，照無知慮，應機常寂，神淡守形，可長生久視也。……睹無為之妙理，見自然之正性。二儀非有，萬物盡空，翻有入無，故稱為友矣！[117]

以「根塵既空」、「萬物盡空」講聖人「抱神以靜」、「無勞汝形」之境界。

其七，〈天地〉：「有形者與无形无狀而皆存者盡无。……忘乎物，忘乎天，其名為忘己。」有形的人與無形無狀的道共同存在是絕對沒有的。不執著於物、不執著天然，即是達到忘己的境界。

成氏疏云：「有形者，身也；無形者，心也。汝言心與身悉存，我以理觀照，盡見是空也。……豈唯物務是空，抑亦天理非

---

[117] 唐・成玄英：《南華真經注疏》卷四，頁220、226。

有。」[118]以「盡見是空」講「忘己」之「聖人境界」。

其八，〈達生〉：「子列子問關尹曰：『至人潛行不窒，蹈火不熱，行乎萬物之上而不慄。請問何以至於此？』」講至人「不窒」、「不熱」與「不慄」之境界。

成氏疏云：「夫至極聖人，和光匿耀，潛伏行世，混跡同塵，不為物境障礙，故等虛室，空而無塞。」[119]以「空而無塞」講「聖人境界」。

其九，〈庚桑楚〉：「古之人，其知有所至矣。惡乎至？有以為未始有物者，至矣，盡矣，弗可以加矣。其次以為有物矣！」聖人體「未始有物」之境。

成氏疏云：「其次以下，未達真空，而諸萬境，用為有物也。」[120]以「體會空的境界」講「聖人境界」。

其十，〈則陽〉：「冉相氏得其環中以隨成，與物无終无始，无幾无時。日與物化者，一不化者也，闔嘗舍之！」指聖人冉相氏內心虛空而靜，隨物自成、與物俱化。

成氏疏云：

> 冉相氏，三皇以前無為皇帝也。環，中之空也。言（右）〔古〕之聖王，得真空之道，體環中之妙，故道順群生，混成庶品。……闔，何也。言體空之人，冥於造物，千變

---

[118] 唐・成玄英：《南華真經注疏》卷五，頁244-245。
[119] 唐・成玄英：《南華真經注疏》卷七，頁369。
[120] 唐・成玄英：《南華真經注疏》卷八，頁456。

萬化,而與化俱往,曷常暫相捨離也。[121]

以領會「空」為聖人之最高境界。

其十一,〈外物〉:「惠子謂莊子曰:『子言无用。』莊子曰:『知无用而始可與言用矣。』」此莊子與惠子言「無用之用」的意義。

成氏疏云:「莊子,通人也。空有並照,其言宏博,不契俗心,是以惠施譏為無用。」[122]推言莊子能知「無用之用」之道,故是通人,體「空有並照」之境界。

其十二,〈外物〉:「聖人之所以駴天下,神人未嘗過而問焉;賢人所以駴世,聖人未嘗過而問焉。」言心靜的神人、聖人不以外物擾其心。

成氏疏云:「證空為賢,並照為聖,從深望淺,故不問之。」[123]以體「空有並照」講『聖人境界』。

其十三,〈外物〉:

> 有自也而可,有自也而不可;有自也而然,有自也而不然。惡乎然?然於然。惡乎不然?不然於不然。惡乎可?可於可。惡乎不可?不可於不可。

---

[121] 唐・成玄英:《南華真經注疏》卷八,頁502-503。
[122] 唐・成玄英:《南華真經注疏》卷九,頁530。
[123] 唐・成玄英:《南華真經注疏》卷九,頁533。

事物有可有不可，可有可的原因，不可有不可的原因；事物有是有不是，是有是的原因，不是有不是的原因。

　　成氏疏云：「自他並空，物我俱幻，於何處而有可不可？於何處〔而〕有然不然？」[124] 以聖人體「自他並空，物我俱幻」之境界，則沒有可或不可的問題。

　　由上可見，在內容上，成玄英《南華真經注疏》「以空解莊」成分多集中於藉用「空」義註疏《莊子》境界論。除引用佛教天台「空有雙照」外，尚以「內外咸空」、「物我俱空」、「妙體真空」、「萬境皆空」等概念，說明《莊子》「和光同塵」、「動寂相應」、「大仁大廉」、「無勞汝形」、「忘物忘己」、「同於大通」等聖人境界。

二、宋‧王雱《南華真經新傳》

　　王雱《南華真經新傳》的註文至少有九例以「空」解《莊子》境界論：

　　例一，〈大宗師〉：

> 子祀、子輿、子犂、子來四人相與語，曰：「孰能以无為首，以生為脊，以死為尻，孰知死生存亡之一體者，吾與之友矣。」四人相視而笑，莫逆於心，遂相與為友。……

---

[124] 唐‧成玄英：《南華真經注疏》卷九，頁540。

彼，遊方之外者也；而丘，遊方之內者也。外內不相及，
而丘使女往弔之，丘則陋矣。彼方且與造物者為人，而遊
乎天地之一氣。彼以生為附贅縣疣，以死為決疣潰癰。夫
若然者，又惡知死生先後之所在！……彼又惡能憒憒然為
世俗之禮，以觀眾人之耳目哉？

此言子祀、子輿、子犁、子來四人之「外生死」。

王雱註云：

夫至人者，了於真空之妙趣，達於無為之真理。萬物不可
役其志，造化不可拘其體。以吾喪我而形骸豈足為累乎？
若子祀、子輿、子犁、子來之四人了於真空，達於無為，
不知生死存亡之變，而四人入道而為友，所謂至人而已
矣！……有內寓六骸而外象耳目，周流無極而莫窮本始，
超然遊六虛之外，而寂然處真空之內。豈務拘執於禮法而
駭凡常之聞見乎？[125]

「四人了於真空」、「寂然處真空之內」，乃以佛教「真空」闡
說《莊子》「至人」之境界，以為子祀、子輿、子犁、子來四子
了達「真空」，故不為生死所惑，達了生脫死之境界。

　　例二，〈大宗師〉：「且汝夢為鳥而厲乎天，夢為魚而沒
於淵。不識今之言者，其覺者乎？其夢者乎？」此乃〈齊物論〉

---

[125] 宋・王雱：《南華真經新傳》卷六，頁194-204。

「莊周夢蝶」「物化」思想的延續。

王雱註云：

> 夢為鳥者必飛，夢為魚者必潛。此理勢之自然也，故曰且
> 汝夢為鳥而屬乎天，夢為魚而沒於淵。夫夢之與覺，生之
> 與死，混然一致而皆為真空，何足哀樂於其間也。故曰不
> 識今之言者，其覺者乎？其夢者乎？[126]

「夢之與覺，生之與死，混然一致而皆為真空」，乃以「真空」
說明「夢覺」、「死生」皆一之境界。

例三，〈應帝王〉：

> 天根遊於殷陽，至蓼水之上，適遭無名人而問焉，曰：
> 「請問為天下。」无名人曰：「去！汝鄙人也，何問之不
> 豫也！予方將與造物者為人，厭，則又乘夫莽眇之鳥，以
> 出六極之外，而遊无何有之鄉，以處壙埌之野。汝又何帛
> 以治天下感予之心為？」

言「無名人」遊於「萬物合一」之境。

王雱註云：

---

[126] 宋・王雱：《南華真經新傳》卷六，頁210-211。

製二子之名而取其意。夫無名必至於有名，……出六極之
外者，言不入於形器也。遊無何有之鄉者，言入真空之奧
也。處壙垠之野者，言居無盡之外也。[127]

以「入『真空』之奧」，說明「無何有之鄉」的聖人之境。

　　例四，〈應帝王〉：

　　无為名尸，无為謀府；无為事任，无為知主。體盡无窮，
　　而遊无朕；盡其所受乎天，而无見得，亦虛而已。至人之
　　用心若鏡，不將不迎，應而不藏，故能勝物而不傷。

言聖人「無為」以至「虛心」之境，故不為外物所傷。

　　王雱註云：

　　天者，至命也，而無見得者，無得而無喪也，亦虛而已
　　者。道至此而極於真空也。夫至虛而極於真空者，物來則
　　應，事至則辨，所以勝物而物莫能傷矣！[128]

以佛教「真空」說明「無見」、「無得」、「無喪」之最高境
界，而體之者則能「物來則應，事至則辨」、「應物而不傷」。

　　例五，〈田子方〉：「顏淵問於仲尼曰：『夫子步亦步，夫

---

[127] 宋・王雱：《南華真經新傳》卷六，頁226。
[128] 宋・王雱：《南華真經新傳》卷六，頁234。

子趨亦趨，夫子馳亦馳；夫子奔逸絕塵，而回瞠若乎後矣！』」
此顏淵自言不及孔子「奔逸絕塵」之境。

王雱註云：

> 仲尼者入於道也，顏回者知於道也。入於道者已至於真
> 空。此所以奔逸絕塵而不可以及也。知於道者，未達於真
> 空，此所以趨步馳騁而瞠若乎後也。[129]

以為仲尼入於「真空」之「道」，而顏回則僅「知」而未「入」
其道。

例六，〈知北遊〉：

> 光曜問乎无有曰：「夫子有乎？其无有乎？」光曜不得問，
> 而孰視其狀貌，窅然空然，終日視之而不見，聽之而不聞，
> 搏之而不得也。光曜曰：「至矣！其孰能至此乎！予能有无
> 矣，而未能无无也；及為无有矣，何從至此哉！」

託名「光曜」與「有無」之對話，闡述光曜自謂不若「有無」可
以達到「無」的境界。

王雱註云：

---

[129] 宋・王雱：《南華真經新傳》卷十一，頁399。

光曜者，言其明智也。無有者，言其真空也。以明智而求真空，則所以止知粗徽也。……夫真空之妙理，蓋自無而得之矣！非由學而後至也。故曰及為無有矣！何從而至哉？此莊子寓言至道之妙於二子矣！[130]

以「真空」解《莊子》「無有」之境界，也說明「真空」非知可得，非由學而後至。

例七，〈庚桑楚〉：

老聃之役有庚桑楚者，偏得老聃之道，以北居畏壘之山，其臣之畫然知者去之，其妾之挈然仁者遠之；擁腫之與居，鞅掌之為使。居三年，畏壘大穰。

言庚桑楚不以「知」、「仁」治天下，其回歸真樸、無為而治、無為而民自化。

王雱註云：

夫老子之道以真空為體，以妙有為用，非至人孰能心得之。庚桑子可謂至人而能達真空妙有之趣也，故曰偏得老聃之道。夫得於真空則至虛也，達於妙有則至靜也。虛靜無為則與天地同其流，……此畏壘所以大穰也。[131]

---

[130] 宋・王雱：《南華真經新傳》卷十一，頁438-439。
[131] 宋・王雱：《南華真經新傳》卷十二，頁446-447。

道家之體用，「體」指的是「道」體，「用」是指「道」的作用；而佛教之體用，「體」說的是「心體」、「佛體」，「用」是指「心體」、「佛體」的作用。此說明「老子之道以真空為體」，而「至人」達「真空（妙有）」之趣，故天地同其流。

例八，〈庚桑楚〉：

> 老子曰：「汝自洒濯，孰哉鬱鬱乎！然而其中津津乎猶有惡也。夫外韄者不可繁而捉，將內揵；內韄者不可繆而捉，將外揵。外內韄者，道德不能持，而況放道而行者乎！」

南榮趎請教老子護養生命的道理。

王雱註云：「惟至人無我而外遺於耳目，內忘於心智，入於真空自得之域，而自古以固存。此老子諭南榮趎以至人之道也。」[132]以「至人」「入於真空自得之域」，體悟「真空」之最高境界，故能「外遺耳目而內忘心智」。

例九，〈寓言〉：

> 顏成子游謂東郭子綦曰：「自吾聞子之言，一年而野，二年而從，三年而通，四年而物，五年而來，六年而鬼入，七年而天成，八年而不知死，不知生，九年而大妙。」

---

[132] 宋・王雱：《南華真經新傳》卷十二，頁455。

載顏成子游修道、進道的歷程。

王雱註云：

> 夫聖人之道，奧妙真空而不可以卒知，惟在久而方得矣！
> ……九年而大妙者，盡於真空妙有之至也。夫入道而未至
> 於大妙，未足以為心得也。顏成子游九年而然後至大妙，
> 亦可謂之心得矣！[133]

以為聖人久修累鍊，故得證「真空（妙有）」之境。

歸納上面諸例可知，王雱《南華真經新傳》「以空解莊」
著重以佛教「達真空之境」解《莊子》之聖人境界。他分別採用
佛教「了真空」、「真空」、「真空之奧」、「入真空自得之
域」等，註解《莊子》「外生死」、「夢覺一致」、「無何有之
鄉」、「無得無喪」、「無我」、「外遺耳目而內忘心智」等
「至人」理想情調。

三、明‧陸西星《南華真經副墨》

同唐代成玄英以及宋代王雱兩人一樣，明人陸西星《南華真
經副墨》亦採取「空」的思想詮釋《莊子》的境界論，其例證可
縷列下面八則。

---

[133] 宋‧王雱：《南華真經新傳》卷十六，頁572-573。

其一，〈德充符〉：「仲尼曰：『死生亦大矣，而不得與之變，雖天地覆墜，亦將不與之遺。審乎无假而不與物遷，命物之化而守其宗也。』」所言真君不隨生死而變，故無生則無死，無形則無覆墜。

陸氏註云：

> 雖死生事大，而心不得與之變，雖天地覆墜，而變亦不得與之遺。遺謂遺變於彼。何者，彼知吾身之與天地，其在道中同為一物，幻妄不常，皆非實相。若夫所謂性體真空，性空真體，審乎無假，不受變滅，超然獨存，故不與物而有遷化。既不與之遷，又焉得而與之變，又焉得而遺其變乎？[134]

陸氏以為生死之變非「實相」，體悟「性體真空」、「性空真體」，乃能不變不遷。

其二，〈大宗師〉：

> 古之真人，不知說生，不知惡死；其出不訢，其入不距；翛然而往，翛然而來而已矣。不忘其所始，不求其所終；受而喜之，忘而復之，是之謂不以心捐道，不以人助天。是之謂真人。

---

[134] 明・陸西星：《南華真經副墨》卷二，頁201-202。

闡述真人體道的境界，不悅生惡死、不欣不拒、無所拘束，與天合一。

陸氏註云：「真人只知養其自然而已矣。觀此一段則知，今之畏生死而求修證者，猶落第二義，非空道也。」[135]以「畏生死而求修證者」，未體佛教「空道」。

其三，〈應帝王〉：「列子入，以告壺子。壺子曰：『鄉吾示之以天壤，名實不入，而機發於踵。是殆見吾善者機也。嘗又與來。』」壺子示以天地間生氣，此氣從踵而出而為列子所覷破。

陸氏註云：「蓋壺子修觀，示之以天壤。天壤者，游心於虛，空諸無所有，故名實不入，只有一假生氣自踵而發。」[136]以「空諸無所有」釋「天壤」之境界。

其四，〈至樂〉：「天无為以之清，地无為以之寧，故兩无為相合，萬物皆化。芒乎芴乎，而无從出乎！芴乎芒乎，而无有象乎！萬物職職，皆從无為殖。」強調自然「無為」之道。

陸氏註云：「芒乎芴乎，象帝之先，而無從出乎？蓋無則真空無象矣，芴乎芒乎而無有象乎？」[137]以「無則真空無象」說明「無為」之道。

其五，〈知北遊〉舜與丞之對話：「舜問乎丞曰：『道可得而有乎？』曰：『汝身非汝有也，汝何得有夫道？』」述說「道

[135] 明・陸西星：《南華真經副墨》卷二，頁237。
[136] 明・陸西星：《南華真經副墨》卷二，頁300。
[137] 明・陸西星：《南華真經副墨》卷四，頁629。

不可得」。

陸氏註云：

> 蓋知身非我有，則貪著此身以為有常者，妄矣！知道非我
> 有，則執著此道以為有得者，妄矣！細味此語，不惟可以
> 消人鄙吝之私，而佛氏所謂人法雙忘乃成空道[138]者，其義
> 亦可想矣！[139]

知「身非我有」，此即「人無我」。既是「人無我」，自然也是
「法無我」，「無道可得」。體會「人法二無我」，則達「空
道」自得之境界。

其六，〈知北遊〉：

> 光曜問乎无有曰：「夫子有乎？其无有乎？」光曜不得
> 問，而孰視其狀貌，窅然空然。終日視之而不見，聽之
> 而不聞，搏之而不得也。光曜曰：「至矣！其孰能至此
> 乎！予能有无矣，而未能无无也；及為无有矣，何從至此
> 哉！」

此託名「光曜」與「有無」之對話，闡述光曜不若「有無」可以
達到「無」的境界。

---

[138] 此原文作「到」，筆者以為應作「道」才是。
[139] 明．陸西星：《南華真經副墨》卷五，頁766。

陸氏註云：

> 能有無矣，而未能無無，以道經參之，是所空既無，而未
> 到無無亦無也，所以尚落無之一邊。……大抵性體真空，
> 加一無字不得，加一無無不得。佛語所謂如剝蕉然，直至
> 層層俱盡而後始為空道，妙哉！妙哉！[140]

以「性體真空」為體道之究竟境界。

其七，〈知北遊〉：

> 仲尼曰：「已矣，未應矣！不以生生死，不以死死生。死
> 生有待邪？皆有所一體。有先天地生者物邪？物物者非
> 物。物出不得先物也，猶其有物也。猶其有物也，无已。
> 聖人之愛人也終无巳者，亦乃取於是者也。」

言生死一體，道生萬物，生生不息，聖人愛人永不休止，乃取法
於天地之生生不息。

陸氏註云：「觀聖人之愛人無已者，亦其性空之中，添了愛
緣，故今輾轉相續不絕，此箇聖人還有意必固我，亦大道之所不
取。」[141]以聖人在「性空之中」，又「添了愛緣」，故輾轉相續
不絕。此乃歧出、誤解。聖人既體「性空」，則不再添愛緣。

---

[140] 明‧陸西星：《南華真經副墨》卷五，頁786-787。
[141] 明‧陸西星：《南華真經副墨》卷五，頁793。

其八，〈則陽〉：「冉相氏得其環中以隨成，與物无終无始，无幾无時。日與物化者，一不化者也，闔嘗舍之！」關於這段文字，郭象注云：「居空以隨物，物自成。」[142]成玄英註云：「環，中之空也。」[143]指聖人冉相氏內心虛空而靜，隨物自成、與物俱化。

陸氏註云：

> 環中，虛淨無物之處，真空之本體也。得此以隨萬物之成，則無始無終、無幾無時，日與物化，而彼一不化者，以為之樞紐，盍亦嘗舍是乎？[144]

陸氏以「真空之本體」釋「環中」之境界，然佛教持無實體之論說，其乃受到天台以「真空」為「實體」的影響。

由上可知，陸西星《南華真經副墨》援諸佛教「空」義以註解《莊子》境界論。他運用佛教「性體真空」、「空道」、「空諸無所有」、「真空本體」等概念，說明《莊子》「無生無死」、「自然無為」、「道非我有」、「隨物自成」等「真人」人格範式。

---

142 引自清・郭慶藩輯：《莊子集釋》卷八下，頁885。
143 引自清・郭慶藩輯：《莊子集釋》卷八下，頁885。
144 明・陸西星：《南華真經副墨》卷六，頁926。

第五節 「以空解莊」的檢討

綜上可見，「以空解莊」有其形成的時空背景與歷史事實。不管是「重玄派」的成玄英與「丹法派」的陸西星，在道教思想有何差異，或儒者身分的王雱，他們在註《莊子》的著作中都有「以空解莊」的成分，雖然無法分辨出他們「空」之思想完全出於中觀之「空」或天台之「真空」（真空不空）。

《莊子》一書沒有「空」的思想，而以「空」解《莊子》思想，在「道體論」部分，以「空」形容「道體」之「無體、無形」，頗為恰當。然「空」若從「自性空」之「無實體性」而言，則不等同於「道體」之「無」。故若以「真空」（不空）為實體，則是以實體之「空」，解實體的「道」。如此，這種「以空解莊」，對《莊子》思想而言，實有添加的意義。

在「修養論」部分，「自然」、「無為」、「謙下」與「空」、「空中妙有」、「真空不空」，在意義上當然不能等同。在「境界論」部分，「遊六合，御雲氣」與「萬境皆空」、「空有並照」也各有意義。不過，這些作法都是用一種新的語言來詮釋，因而豐富了、延伸了《莊子》意義。

論者或以為：「老莊所謂『自然』、『無』、『無為』、『道』等義理與佛教思想原即不同，說『莊子之道以真空為體，以妙有為用』實在是不相應的。……是一種牽強附會。」[145]然從

---

[145] 簡光明：〈王雱「南華真經新傳」析論〉，頁38。

「會通」角度而言，各為系統，自是不免如此。

　　總括而言，「以空解莊」自唐・成玄英《南華真經注疏》起，經宋・王雱《南華真經新傳》，至明・陸西星《南華真經副墨》，源遠流長。「空」是佛教思想的特質，與《莊子》思想自有出入。「以空解莊」實是以「比附」方式在會通莊佛中添加或豐富了《莊子》。

第五章
「以禪解莊」的背景與思想

　　「以佛解莊」之模式，除了「以空解莊」外，隨著佛教思想的演進及莊禪匯合的趨勢，「以禪解莊」也為其顯著現象之一。如前所述，「禪道合流」或「莊禪接榫」，為唐以後的「以佛解莊」另闢蹊徑；換言之，當中國禪宗由形成而壯大，「以禪解莊」之作，也相應由起而盛。

　　由宋至明末清初，禪宗之盛況一如唐朝，其風潮持久不衰，當時學者、僧家進行的「以禪解莊」，實為時代之產物。他們為何「以禪解莊」？又如何「以禪解莊」？其註解觀之特點何在？都值得認識、細究。

　　依筆者之考察，「以禪解莊」之代表作，有以下三本《莊子》註疏：其一，宋‧林希逸《莊子口義》；其二，明‧方以智《藥地炮莊》；其三，清‧釋淨挺《漆園指通》。本章先說明「以禪解莊」的時空背景，再依序討論這三本代表作。此處探討宋‧林希逸《莊子口義》，係以周啟成的校注本《莊子鬳齋口義校注》一書為主。周氏對於《莊子口義》校注精細，尤其是有關林氏「以禪解莊」部分，引注甚詳，唯仍不免有其缺

失[1]，故筆者仍隨時回歸原典對照而討論之。

第一節　「以禪解莊」的時空背景

　　「以禪解莊」之代表為宋·林希逸、明·方以智與清·釋淨挺，其「以禪解莊」之動力與表現，可以從他們與佛教之因緣切入。

一、宋·林希逸與佛教

　　北宋佛教復興，幾追中唐之盛，僧徒與士大夫的交遊密切[2]。雖然宋代理學家之於佛教，有多人傾向「闢佛」，反佛老的理學占據了哲學的制高點；然而，在儒、釋、道三顯學的相互激盪和牽引下，理學家「從佛」的現象也時有所聞，甚至逐漸蔚然成風，「以禪解莊」之林希逸可為其中之「引領者」。以下僅就「林希逸的佛教因緣」、「對儒與禪的態度」，以及「寓禪於詩」等三方面加以探討，以凸顯其「以禪解莊」之背景。

---

[1]　例如，對於〈人間世〉：「吾語若！若能入遊其樊而無感其名，入則鳴，不入則止。」林氏注云：「處世無心則無跡，無跡則心無所動，故曰遊其樊而無感其名。」（宋·林希逸著，周啓成校注：《莊子鬳齋口義校注》卷二，北京：中華書局，1997年3月初版，頁63）。關於「無心」，周啓成注云：「『無心』，佛家謂真心離妄念謂之無心。《宗鏡錄》卷四十五云：『《大寶積經》云：文殊師利言：如人學射，久習則巧，後雖無心，以久習故，箭發皆中。……故經云：有心皆苦，無心即（筆者考之原典，應作「乃」）樂。』」（同上，頁64）。然「無心」之說起於《莊子》，故林氏未必引自佛典。

[2]　參見余英時：《朱熹的歷史世界——宋代士大夫政治文化的研究》（北京：三聯書店，2004年8月重版），頁64-108。

（一）林希逸的佛教因緣

　　林希逸，字肅翁，一字淵翁，號鬳齋，別號竹溪，福建福清人。善畫，能書，工詩。宋端平二年（1235）進士，歷官考功員外郎，終中書舍人。他是宋代理學艾軒學派的正宗傳人，其師承關係如下：

　　　　程頤（伊川）（1033-1107）——尹焞（和靖）（1071-1142）
　　　　——陸景端（子正）——林光朝（艾軒）（1114-1178）
　　　　——林亦之（網山）（1136-1185）——陳藻（樂軒）
　　　　——林希逸（1193-？）[3]

其中，林光朝對於儒書的解釋，不太認同儒釋一體化，其「儒釋之分，若青天白晝」[4]的說法，與林希逸的思想有別。而林亦之則「平生不學佛」[5]。

---

[3]　清・黃宗羲撰，清・全祖望續修，清・王梓材校補：《宋元學案》卷二十七〈和靖學案〉云：「先生（和靖）既家世舊宿，少聞長者之教，年二十，為舉子，因蘇季明以見伊川。」（臺北：河洛出版社，1975年3月初版，頁78）。又云：「（陸景端）以和靖之學傳林艾軒，見於《宋史》。」（同上，頁90）。該書卷四十七〈艾軒學案〉云：「林光朝（艾軒），……自少聞吳中陸子正學於尹和靖，因往從之。」（同上，頁112）。又云：「林亦之，……艾軒嘗講學於莆之紅泉，及卒，學者請先生繼其席。」（同上，頁114）。又云：「陳藻（樂軒），……初，網山師艾軒，網山之徒，又推樂軒為高弟。……既卒，門人林希逸請於朝，贈迪功郎，諡文遠。」（同上，頁120）。

[4]　宋・林光朝：《艾軒集》卷六〈與泉州李倅〉（《四庫全書》第1142冊，臺北：商務印書館，1983年初版），頁618。

[5]　宋・林亦之：《網山集》卷八〈游羅漢院記〉（四庫全書珍本，臺北：商務印書館，1970年出版），頁8。

林希逸之師陳藻與佛教之關係為何？今所見之資料不多，然尤其《樂軒集》可知，造訪佛寺、與方外友人談佛，應是他生活的一部分。如其〈楞伽經〉云：「若向他經義已詳，此難成句也何妨。昔人誤點經文會，更不回頭狗故常。」[6]〈九峰僧房看山〉：「寺前寺後木彎環，殿裡莊嚴佛一般。衲子開窗還禮拜，生株何用巧彫殘。」[7]〈歲除僧寺看寫疏作〉：「元正祈禱萬千般，縱道聰明聽也難。料得鬼神應喜我，不曾投疏一相干。」[8]這些都是陳藻讀《楞伽經》，並與佛教界有良好互動關係的佐證。

　　陳藻既與佛教界良性交往，這種心性傾向與對佛教的態度，或多或少會正面影響到他的門下。而林希逸與佛教之因緣，實際從何而來？如荒木見悟所言，林氏《莊子口義》「並採取禪，尤其是看話禪的立場。……其佛教教養不知從何而來？」[9]據《莊子口義‧發題》所云：「希逸少嘗有聞於樂軒，因樂軒而聞艾軒之說，文字血脉稍知梗概，又頗嘗涉獵佛書，而後悟其縱橫變化之機，自謂於此書稍有所得，實前人所未盡究者。」[10]林氏「頗嘗涉獵佛書」，而究竟影響林氏深入佛教思想較多的人，又是誰呢？

---

[6]　宋‧陳藻：《樂軒集》卷三（《四庫全書》第1152冊，臺北：商務印書館，1983年初版），頁65。
[7]　宋‧陳藻：《樂軒集》卷三，頁66。
[8]　宋‧陳藻：《樂軒集》卷三，頁67。
[9]　荒木見悟：《中國思想史的諸相》（福岡：中國書店，1989年5月出版），頁65。
[10]　宋‧林希逸著，周啓成校注：《莊子鬳齋口義校注》〈發題〉，頁2。

南宋之初，大慧宗杲[11]（1089-1163）和他的「看話禪」[12]，給當地社會（閩）帶來不少質變，並產生推波助瀾的效應。朱熹曾歎宗杲對福建一帶禪風之薰化作用，《朱子語類》記載：

　　　昔日病翁[13]見妙喜[14]，於其面前要逞自家話。渠於開升座，

---

[11] 大慧宗杲，宋代臨濟宗楊岐派名僧，字曇晦，號妙喜，又號雲門，俗姓奚，宣州（安徽）寧國人，謚普覺，塔名寶光。十七歲，出家於東山慧雲寺之慧齊門下，翌年受具足戒。先後參訪湛堂文準（1061-1115）、圜悟克勤（1063-1135）等師。宣和年間，與圜悟克勤住東京（開封），大悟後，乃嗣圜悟之法，圜悟並以所著《臨濟正宗記》付囑之。未幾，令師分座說法，由是叢林歸重，以雄辯名振京師。靖康元年（1126），丞相呂舜徒奏賜紫衣，並得「佛日大師」之賜號。紹興七年（1137），應丞相張浚之請，住持徑山能仁寺，諸方緇素雲集，宗風大振。紹興十一年（1141），侍郎張九成（1092-1159）至能仁寺從師習禪，偶論議朝政；其時秦檜（？-1155）當道，力謀與金人議和，張九成則為朝中之主戰派。秦檜大權在握，竭力斬除異己，師亦不得倖免，於該年五月褫奪衣牒，流放衡州（今湖南衡陽），其間集錄古尊宿之機語及與門徒間商究討論之語錄公案，輯成《正法眼藏》六卷。紹興二十年（1150），更貶遷至梅州（今廣東梅州），其地瘴癘物瘠，師徒百餘人斃命者過半，然師猶以常道自處，怡然化度當地居民。紹興二十五年（1155）遇赦，翌年復僧服。二十八年（1158），奉敕駐錫徑山，道俗慕歸如舊，時有「徑山宗杲」之稱。師辯才縱橫，平日致力鼓吹公案禪法，其禪法被稱為「看話禪」（即以考察公案、話頭而求開悟之禪法），與宏智正覺（1091-1157）之「默照禪」相輝映。晚年，長住徑山，四方道俗聞風群集，座下恆數千人。孝宗召對稱旨，皈依之，並賜號「大慧禪師」，御書「妙喜庵」三字贈之。著有《大慧語錄》、《正法眼藏》、《大慧武庫》等書。其生平可概分為下列四個時期：第一，「游方參學」時期，從徽宗崇寧四年（1105）至欽宗靖康元年（1126），前後二十一年，對他禪學思想的形成有很大影響。第二，「弘教創說」時期，從高宗建炎元年（1127）至紹興十年（1140），前後十三年，是宗杲思想最活躍的時期。第三，「顛沛流放」時期，從紹興十一年（1141）至二十六年（1156），約十五年。第四，「墾荒傳禪」時期，從紹興二十七年（1157）至隆興元年（1163），凡六年，此其晚年生涯。

[12] 「看話禪」為臨濟宗大慧宗杲之宗風，「看」，見之意；「話」，公案之意。即專就一則古人之話頭，歷久真實參究終於獲得開悟之禪修法。宗杲之「看話禪」主「先慧後定」，此禪法與宏智正覺的「默照禪」之「先定後慧」大異其趣。看話禪之起源可追溯到唐代趙州從諗之「狗子無佛性」為肇始，而於唐末五代，拈提古則公案以摧破知覺情識之風極為興盛。至宋代，大慧宗杲竭力強調專看一則話頭，其後之臨濟宗諸流裔皆奉為圭臬。

[13] 病翁，即劉子翬（1101-1147），字彥沖，號屏山，崇安人。以蔭判興化軍，年三十以父死難，哀毀致疾，不堪吏事，辭歸武夷山，講學不倦。朱松（1097-1143）死，以子朱熹為託。著有《屏山集》二十卷。

[14] 「妙喜」原是大慧宗杲所住的庵名，今用指其名，此乃以庵名人，而此庵名乃張

卻云：「彥沖修行卻不會禪，實學會禪卻不修行；所謂張
二有錢不會使，李四會使又無錢。」皆是亂說。大抵此風
亦有盛衰，紹興間最盛，閩中自有數人，可歎！可歎！先
生之道不明，卻令異端橫出豎立。[15]

「紹興年間」，即自紹興元年（1131）至紹興三十二年
（1162），宗杲禪風在閩地超過三十年的盛行[16]。南宋末葉，吳
自牧《夢粱錄·歷代方外僧》亦云：「宗杲，……主徑山，學徒
一千七百眾，來者猶未已，敞千僧閣居之，……與公卿大夫及學
士，氣味相投，皆樂與之交。」[17]這也印證宗杲禪風在當時的影
響力，確實不容小覷。

　　在這種時空交會下，林希逸受到大慧宗杲的影響。他推崇大
慧宗杲，嚮往其禪風，曾經夢見宗杲，所謂「日有所思，夜有所
夢」，他在〈得大慧頂相有親筆贊〉云：「見師畫像如師活，聚
散如何呼又喝。似與不似吾不知，卻是夢中青直裰。」[18]「見師

無盡所名。張浚〈大慧普覺禪師塔銘〉云：「湛堂死，師（大慧）謁丞相張公無
盡，求準塔銘。無盡門庭高於天下，士亦小許可見，師一言而契，即下榻，朝夕
與語，名其菴曰妙喜。」（宋·宗杲撰，蘊聞編：《大慧普覺禪師語錄》卷六，
《大正藏》第47冊，頁836下）。
[15] 宋·黎靖德編：《朱子語類》卷一百二十六（北京：中華書局，1986年3月初
版），頁3030。
[16] 如朱熹早年曾讀宗杲《語錄》，明·朱時恩輯《居士分燈錄》卷下〈朱熹傳〉
云：「朱熹……因聽一尊宿談禪直指本心，遂悟照照靈靈一著。年十八，從劉屏
山游；山意其留心舉業，搜之篋中，惟《大慧語錄》一帙而已。」（明·朱時
恩輯《居士分燈錄》卷下，《卍續藏經》第147冊，頁926）。朱子對禪學有一定的
造詣，他甚至說過：「今之不為禪者，只是未曾到那深處，才到那深處，定走入
禪去也。」（宋·黎靖德編：《朱子語類》卷十八，頁415）。
[17] 宋·吳自牧：《夢粱錄》卷十七（北京：中華書局，1985年新一版），頁156-157。
[18] 宋·林希逸著，周啓成校注：《竹溪鬳齋十一稿續集》卷一（《四庫全書》第

194　以佛解莊——以《莊子》註為線索之考察

畫像如師活」勾勒出一位晚出的後學對前賢大師的崇敬心理。

另外，林氏在《莊子口義》卷三、六、十都提及大慧宗杲，而他在《竹溪鬳齋十一稿續集》卷二十八〈學記〉亦曾言：「徑山無準[19]云：圓悟大慧普說示眾甚好。」[20]《莊子口義》中，有關「莊子妻死」一段，林氏註云：「李漢老因哭子而問大慧，以為不能忘情，恐不近道。大慧答云：『子死不哭，是豺狼也。』此老此語極有見識，其他學佛者，若答此問，必是胡說亂道。」[21]對大慧宗杲極表贊同。且林氏在〈和柯山玉上人〉一詩之末，題云：「知某曾夢大慧，似慧自贊頂相見寄。」[22]這些事證，足見林氏「私淑」宗杲之深篤。

林希逸自陳「好佛書」[23]，他在〈題僧雪岑詩〉云：「本自無鬚學撚鬚，此於止觀事何如，詩家格怕無僧字，聖處吟須讀佛書。」[24]另在〈和後村記顏一首〉云：「但擁維摩几，時時閱貝多。」[25]一再自詡「好佛」不諱。

再者，林希逸與當時禪師多所交往。宋‧圓悟編《枯崖和尚漫錄》一書中，有林希逸於景定四年所撰的〈跋〉，其文云：

1185冊，臺北，商務印書館，1983年初版），頁560上。

[19] 徑山無準（1178-1249），即無準師範。九歲依陰平山道欽出家，受具戒後遍參宿德。曾奉旨移主育王，久之，補徑山。宋理宗（1225-1264在位）頻召入大內修政殿說法，賜金襴衣，號佛鑒禪師。有《無準師範禪師語錄》六卷。

[20] 宋‧林希逸：《竹溪鬳齋十一稿續集》卷二十八，頁845下。

[21] 宋‧林希逸著，周啟成校注：《莊子鬳齋口義校注》卷六，頁278-279。

[22] 宋‧林希逸：《竹溪鬳齋十一稿續集》卷一，頁560下。

[23] 林希逸〈見陳郎中〉云：「自解芄蘭之配，即貪貝葉之書，然得禪關而不談禪，好佛書而不事佛。」（氏著：《竹溪鬳齋十一稿續集》卷七，頁622上）。

[24] 宋‧林希逸：《竹溪鬳齋十一稿續集》卷一，頁563上。

[25] 宋‧林希逸：《竹溪鬳齋十一稿續集》卷一，頁556下。

「此集所記，皆近世善知識也。中間，（致）柔萬庵、（中）元雙杉，皆余舊方外友。」[26]關於致柔萬庵，依《續燈存稿》卷二〈致柔萬庵傳〉所載，他是一個強調從有歸無，同時從無歸有，關心現實社會的僧侶[27]。至於中元雙杉，依《枯崖和尚漫錄》所載，他住山能極枯淡，專一行道，曾於嘉熙年間「上丞相書」，嚴厲批判用金錢得買度牒之制，使得宗門墮落。他於所上書中，引用太宗、孝宗之言，以佛教與儒教為一體，有利人心之善導[28]。林希逸與致柔萬庵、中元雙杉為方外交，自然受其影響，誠如荒木見悟所說：「林希逸交遊的禪僧都有這樣的見識，因此，後來向看話禪接近。」[29]

此外，林氏與介石智朋禪師[30]亦有結交，曾作〈介石語錄序〉一文。他又與「永清古源」有過交往，《續佛祖統紀》卷上〈桐洲坦法師法嗣〉云：

> 嘗與林公論一心三觀。林曰：欲知智者空、中、假即是《南華》之周遍咸。師以為《南華》虛無之說，豈同三觀真實名義者哉？要不可以文字語默會。林以偈謝曰：「誰能會得渠三昧，便是宗家大老虫。」[31]

---

[26] 宋·圓悟編：《枯崖和尚漫錄》卷下（藍吉富主編：《禪宗全書》第32冊，臺北：文殊出版社，1988年7月初版），頁616。

[27] 明·通問編定，施沛彙集：《續燈存稿》卷二〈致柔萬庵傳〉（藍吉富主編：《禪宗全書》第19冊，臺北：文殊出版社，1988年6月初版），頁48-49。

[28] 宋·圓悟編：《枯崖和尚漫錄》卷下，頁611-613。

[29] 荒木見悟：《中國思想史的諸相》，頁64。

[30] 介石智朋禪師，依徑山浙翁如琰受法，住婺州雙林，有《介石智朋禪師語錄》傳世。

[31] 宋·佚名：《續佛祖統紀》卷上（《卍續藏經》第131冊），頁716。

足見他們有著深入的互動。

（二）林希逸對儒與禪的態度

　　林希逸對儒與禪的態度，不同於「闢禪」的理學家，這可從他無法苟同當時居優勢的朱子學得知。例如，對於《莊子‧駢拇》的「自得其得」，「自適其適」，林氏以為是「自得自悟」，與《論語》「默而識之」、《易傳》「默而成之，不言而信」、《孟子》「不言而喻」相通。這是援引禪宗的悟得之意而解之。相對的，朱熹以為，《論語》的「識」是記的意思，而《孟子》「不言而喻」是「不待人言而自喻」。朱子去掉禪宗的頓悟之解。對於此，林希逸認為，朱子批判象山學派的禪弊，以致對頓悟形成禁忌，故意如此解釋，導致與《論語》、《孟子》二書的本意脫節[32]。

　　依林希逸的觀點，朱熹批評《圓覺經》之肉體分散說乃盜自列子之論說是錯誤的。他說：「佛出於西方，豈應於此剽竊？詆之太過，則不公矣。」[33]就朱子而言，太極是天理的根源，格物致知確認體得其天理的普遍實在。相對於最重要的工夫要點，林希逸以為上一段應歸空，而一念發起是斷絕一切的相對立場的秘鍵[34]。荒

---

[32] 宋‧林希逸著，周啓成校注：《莊子鬳齋口義校注》卷三，頁144。

[33] 宋‧林希逸：《列子鬳齋口義》卷上（臺北：中國子學名著集成編印基金會，1980年5月出版），頁280-281。

[34] 林氏之工夫目標是：「心不起」（《莊子鬳齋口義校注》卷一，頁13）；「無心」（同上，卷三，頁98、頁102、頁115、頁130，《列子鬳齋口義》卷上，臺北：中國子學名著集成編印基金會，1980年5月，頁309）；「無我」（《莊子鬳齋口義校注》卷一，頁13）。

木見悟認為，「此已呈露其儒佛合體論的限界。」[35]可知林希逸思想與朱子學原理不同。

　　林希逸對儒與禪關係的看法，從他引用陳藻的話可以得知。對於陳藻所說「儒者悟道，則其心愈細；禪家悟道，則其心愈粗」，林希逸註云：「此看得儒釋骨髓出，前此所未有也。」[36]他對於先師陳藻多所讚揚。而對於林希逸的解讀，荒木見悟認為：「所謂細是涉世事的微細之意，粗是超脫世事的粗豪之意。林氏以為，認識『悟』的一個共通的基盤、各別的特性。因此，兩者是一體，不具個別相。」[37]言下之意，林氏有「儒禪一體」的傾向。

　　至於宋儒的「闢禪」，林希逸說：「他人闢佛，只說得皮毛，他既名作出世法，又以絕人類，去倫紀之說闢之，何由得他服！」[38]表現他對「闢禪」不以為然的想法。可以說，林氏「站在理學之立場，同時容納了禪宗」[39]。

（三）林希逸寓禪於詩

　　俯仰於禪宗「語錄」大量行世的社會沃土之上，自幼喜讀佛書，長期溺意宗杲禪風的林希逸，其〈和柯山玉上人〉云：「身如孤鶴萬緣空，吟得交情底許濃。我老學禪無長進，相逢卻講少陵

---

[35]　荒木見悟：《中國思想史的諸相》，頁66。
[36]　宋・林希逸著，周啟成校注：《莊子鬳齋口義校注》卷四，頁182。
[37]　荒木見悟：《中國思想史的諸相》，頁66。
[38]　宋・林希逸著，周啟成校注：《莊子鬳齋口義校注》卷四，頁182。
[39]　宋・林希逸著，周啟成校注：《莊子鬳齋口義校注》〈前言〉，頁4-5。

宗。」[40]可見他謙虛而認真「學禪」的態度。另〈再和前韻謝後村惠生日詞〉云:「錦卷新詞歌永日,茅簷小酌勝常年。癡因好佛蒙嗤誚,更敢誇張靈運前。」[41]自比「好佛」之程度不下於謝靈運(385-433)。其《竹溪鬳齋十一稿續集》之詩作,泰半「以禪入詩」,而《莊子口義》也充滿禪意。茲先列舉「寓禪於詩」部分:

首先,〈題國清林氏海山精舍〉云:

> 白醉吟翁頗似癡,當仁一見卻無疑。但尋來處知歸處,莫把迷時待悟時。風過更看雲不盡,潮生長與月相隨。海山此趣誰能會,也是禪關也是詩。[42]

此「海山精舍」取白居易(772-846)「海山不是吾歸處」[43]。其心嚮往白居易「迷路心回因向佛」的生命典範,並效法其參禪悟道之精神,過那「也是禪關也是詩」的瀟灑人生。

此外,〈和後村問訊水南失約二首〉云:「覿面難逢善知識,鈍根空比老禪和。當時言語何曾會,路滑山高敢再過。」[44]陳述因尚未領悟「禪機」,故只能空過無所得。再者,〈夜坐偶成〉云:

---

[40] 宋・林希逸:《竹溪鬳齋十一稿續集》卷一,頁560下。
[41] 宋・林希逸:《竹溪鬳齋十一稿續集》卷一,頁562上。
[42] 宋・林希逸:《竹溪鬳齋十一稿續集》卷一,頁565上-下。
[43] 宋・林希逸:《竹溪鬳齋十一稿續集》卷一,頁565上。
[44] 宋・林希逸:《竹溪鬳齋十一稿續集》卷一,頁565下。

涉世纔深誤轉深，鬢毛贏得雪霜侵。人多癡到未來劫，禪
要空無見在心。晝暖枕書高鼾睡，夜長樽酒縱狂吟。花開
花落春何意，潮去潮來古即今。[45]

所謂「禪要空無見在心」，禪機在於當下體現，言語道斷，心行
處滅。又者，〈和元思朋微韻〉云：「宮衣我已換禪衣，讀得狐
書頗造微。」[46]表明「禪修」勝於功名利祿。

　　另者，〈贈僧宗仁回江西〉云：「少別溪干去，于今識者
稀。腰包留一缽，頂相稱三衣。未得逢漁住，還如化鶴歸。馬
駒江上有，著意訪禪機。」[47]「著意訪禪機」，同樣以「禪修」
為要。而〈別莆陽郡齋張文學歸建安用後村韻〉云：「君住壺
山參請徧，樗翁卻似嶺松孤。學如禪派求溈仰，師比醫宗要扁
俞。」[48]此「學如禪派求溈仰」之「溈仰」，即以溈山靈祐[49]
（771-853）與仰山慧寂（814-890）二師為宗祖，取溈、仰二字
而為宗名之「溈仰宗」。

45　宋·林希逸：《竹溪鬳齋十一稿續集》卷一，頁566上。
46　宋·林希逸：《竹溪鬳齋十一稿續集》卷二，頁572上。
47　宋·林希逸：《竹溪鬳齋十一稿續集》卷二，頁574下。
48　宋·林希逸：《竹溪鬳齋十一稿續集》卷二，頁576上。
49　溈山靈祐，唐代僧，溈仰宗初祖，福州長溪（福建霞浦縣南）人，俗姓趙，法名
　　靈祐。十五歲隨建善寺法常（又稱法恆）律師出家，於杭州龍興寺受具足戒。曾
　　先後遇寒山、拾得。二十三歲至江西參謁百丈懷海，為上首弟子，於此頓悟諸佛
　　本懷，遂承百丈之法。唐憲宗元和末年（820），棲止潭州大溈山，山民感德，
　　群集共營梵宇，由李景讓之奏請，敕號「同慶寺」。其後相國裴休（797-870）
　　亦來諮問玄旨，聲譽更隆，禪侶輻輳，海眾雲集。「會昌法難」之際，師隱於市
　　井之間，至大中元年（847）復教之命下，眾迎返故寺，巾服說法，不復剃染。
　　裴休聞之，親臨勸請，始歸緇流。師住山凡四十年，大揚宗風，世稱溈山靈祐。
　　其後，仰山慧寂承其衣缽而集大成，世稱溈仰宗。

又次，〈老來猶喜看書清晨有警書以自砭〉云：

> 禪學元非妄詆訶，聲前句後總成魔。本來性即虛空是，自
> 障塵因聞見多。過眼皆如雲不住，舉頭但看月如何。傳燈
> 諸老還癡絕，只覷心珠底用歌。[50]

既說「禪學元非妄詆訶」，又說「本來性即虛空是，自障塵因聞
見多」，以為性本「虛空」，只為「聞見」所障。

還有，〈再和鏡中我〉云：

> 把照相看意自親，是身非幻亦非真。徘徊似月歌中我，上
> 下如水夢裡人。喻以不言只見色，愁於何有亦同顰。本來
> 面目伊誰識，卻詫僧繇解寫神。[51]

人生「非幻亦非真」，禪宗所言「本來面目」，又為誰識？最後
如〈東澗以且靜坐三字贈甫陽郭堂長陽嚴謂莫作禪會名言也用韻
一首〉云：「作鏡如何塼可磨，箇中方法似無多。定而能靜吾師
也，不比伽趺佞佛何。」[52]其中「作鏡如何塼可磨」係引用南嶽
懷讓與馬祖道一「磨磚作鏡」[53]的公案。

---

[50] 宋·林希逸：《竹溪鬳齋十一稿續集》卷三，頁581下。
[51] 宋·林希逸：《竹溪鬳齋十一稿續集》卷三，頁583下-584上。
[52] 宋·林希逸：《竹溪鬳齋十一稿續集》卷五，頁606上。
[53] 宋·普濟《五燈會元》卷三〈南嶽懷讓禪師〉云：「開元中有沙門道一，在衡嶽
山常習坐禪。師知是法器，往問：『大德坐禪圖甚麼？』一曰：『圖作佛。』師
乃取一磚，於彼庵前石上磨。一曰：『磨作甚麼？』師曰：『磨作鏡。』一曰：

上述詩作字裡行間，非「佛」即「禪」，洋溢著「參話頭」、「悟萬緣空」、「訪禪機」、「求溈仰」等修禪訪道趣味，透露出「也是禪關也是詩」、「官服不及禪衣」、「但尋來處知歸處」的生命情趣。由此，可見林希逸對佛學的偏愛與體悟之深，無怪乎其摯友劉克莊[54]（1187-1269）說他與佛有「宿緣」，學問與性格皆「近禪」[55]。

此外，林希逸之「好佛」、「喜禪」，亦表現在《莊子口義》一書，將於下節論述之。

二、明·方以智與佛教

「以禪解莊」的代表作，除上面所述宋·林希逸的《莊子口義》外，明·方以智的《藥地炮莊》[56]與清初釋淨挺的《漆園指通》兩本也是顯例。《藥地炮莊》、《漆園指通》之「以禪解莊」，也是當時社會文化風潮之產物，如論者所謂「明季遺民逃

『磨磚豈得成鏡邪？』師曰：『磨磚既不成鏡，坐禪豈得成佛？』」（藍吉富主編：《禪宗全書》第7冊，頁127）。

[54] 劉克莊，初名灼，字潛夫，號後村。福建莆田縣人。嘉定二年（1209）以郊恩官建陽令，言官擿其詠落梅詩以為訕謗，鄭清之力辨得釋。淳祐初特賜同進士出身，除秘書少監，兼中書舍人。揭史嵩之罪狀，有直聲。累官龍圖閣學士，致仕。著有《後村大全集》傳世。

[55] 宋·林希逸〈後村劉尚書〉云：「僕從公久，近四十年，書藏幾篋，詩和幾編，平生相與，似有宿緣。論文縷入，析理機玄。公才之大，我時攻堅；我學之癖，公譏近禪。有瑕必摘，靡精不研。」（氏著：《竹溪鬳齋十一稿續集》卷二十，頁752下）。

[56] 現行《藥地炮莊》之版本有：臺北藝文印書館出版的《無求備齋莊子集成初編》第17冊《藥地炮莊》；臺北廣文書局出版的《藥地炮莊》；臺南莊嚴文化事業出版的《四庫全書存目叢書》「子部」第257冊《藥地炮莊》。其中，廣文本多收錄序文、發凡及總論部分，較為完備，而藝文印書館的本子印刷最為清晰。

禪」[57]，除「示不仕決心」[58]，以表明自己的政治立場外，又輒以禪佛義理詮解老莊與《周易》，作為修行與思想的寄託[59]。

方以智，字密之，安徽桐城縣人。萬曆三十九年（1611）出生，值其曾祖父方學漸[60]（1540-1615）自無錫東林書院講學歸來，遂以「東林」稱其乳名，並且為他看相，冀望「將來磨鐵硯」，成為憂國憂民的經世棟梁。崇禎十三年（1640），方以智年三十，中進士，開始參與政治，曾任翰林院編修；永曆初，充經筵講官。明亡（1644）後隱居嶺南。其著作等身，遍及文字、音韻、天文、地理、博物、醫藥、經學、哲學，「約達四百萬字以上」[61]。

方以智於清順治八年（1651）二月，被清將馬蛟麟執往廣西梧州雲蓋寺[62]，在別無選擇的情況下，遂「捐妻子，披緇衣出

---

[57] 明末清初有所謂「逃禪」之遺風，詳見廖肇亨：〈明末清初遺民逃禪之風研究〉（臺灣大學中文研究所碩士論文，1994年5月）。

[58] 陳援庵：《明季滇黔佛教考》（臺北：彙文堂出版社，1987年6月初版），頁238。

[59] 陳援庵說：「（明末）其始由一二儒生參究教乘，以禪學講心學，其繼禪門宗匠，亦間以釋典附會書傳，冀衍宗風，於是《中庸直解》、《老子解》、《周易禪解》、《漆園指通》等書，紛然雜出。國變既亟，遺臣又多遁空寂，老莊儒釋，遂並為一談。」（氏著：《明季滇黔佛教考》，頁108）。其中，《中庸直解》、《老子解》係憨山所撰，而《周易禪解》則為蕅益智旭之作。

[60] 方學漸，字達卿，號本庵。萬曆間鄉貢士，不仕，講學自勵，屬泰州王門人物。兼工詩，重盛唐詩風。以孝友治家，為四方所崇。

[61] 明・方以智著，侯外廬編：《方以智全書》〈前言〉（上海：上海古籍出版社，1988年初版），頁27。

[62] 順治八年閏月，方以智被清兵所捉。他在〈辛卯梧州自祭文〉云：「庚寅之間，樓一瓢於仙迴山，不幸同隱有相識者，係累胥力，被墊而膠致之平樂將軍。將軍奉默得那教，尤惡頭陀，露刃環之。視此衲之不畏死而異之，逼而訊之，終以死自守。」（明・方以智：《浮山文集後編》卷一，續修四庫全書編委會編：《續修四庫全書》第1398冊，頁359）。方以智「看死是歸」、「刀鋸忘機」的堅貞態度，使馬蛟麟深受感動，陡生敬意，得以免死。馬蛟麟隨即將他送到梧州城東雲蓋寺供養，為方以智安排了唯一的生路。

家」，「名行遠，號無可」[63]。至康熙十年（1671）秋，因粵事獄，卒於押解途中，前後棲身禪門凡二十餘年。由於方以智早年得到外祖父吳應賓之學的陶鑄，又受曹洞宗僧覺浪道盛[64]禪學的熏習[65]，對於佛旨禪趣有一定的造詣。

至於方以智為何選擇入覺浪之門？荒木見悟認為方以智逃禪的原因，與黃宗羲所謂：「不欲為異姓（清朝）之臣，甘為異姓（佛教）之子，忘其逃禪之始原也。……亡國之大夫，更欲求名於出世，則只是盜賊之歸。」有所不同，乃因方氏「與道盛的思想感應道交」[66]，尤其在《易》學上，「方氏家學本於《易》學」，其所著《東西均》企圖結合禪學與自然科學，並以《華嚴經》為最高乘，而「將《易》深化到『心易』者第一人是道盛」[67]；這是兩人能結緣的原因。

---

[63] 清·瞿昌文：《粵行紀事》卷三（《筆記小說大觀》第29編第9冊，臺北：新興書局，1990年出版），頁5711。

[64] 覺浪道盛，明末曹洞宗僧，別號杖人，俗姓張，福建浦城人。為浮山第十二代禪師，出自南禪曹洞宗青原一脈；依瑞巖薙落，隨師往夢筆，閉關苦究。清順治初，主持徑山寺，後遷金陵天界寺，道聲遠播，著有《語錄》（即《天界覺浪盛禪師全錄》）、《學庸宗旨》、《莊子提正》等書傳世。明清禪宗之主流，不外是明中後期復興於江南的臨濟、曹洞兩宗，曹洞宗的覺浪活動力旺、影響力大，時人譚貞默曾評述道：「天下之大善知識，莫若江南；江南之大善知識，莫若覺浪。和尚年末古稀，而閩、楚、吳、越、江淮以底舊尉建業，展坐具者，閱歷五十會大道場，聲名洋溢，無間華夷，到處雲行雨施，影從響附，欽為神明，戀如慈父，實目前所罕覯遑，昔所希有也。」（氏著：〈覺浪和尚語錄序〉，明·覺浪道盛撰，大樞等編：《天界覺浪盛禪師嘉禾語錄》，藍吉富主編：《禪宗全書》第59冊，臺北：文殊出版社，1989年12月初版，頁813上）。

[65] 張永堂說：「方以智的佛學主要淵源於外祖吳應賓與覺浪道盛禪師。吳應賓以儒者而精佛典，覺浪則以禪師而精儒典，兩人都主會通三教，對方以智三教合一的主張有直接的影響。」（氏著：〈方以智的生平與思想〉，臺灣大學歷史研究所博士論文，1977年，頁4）。

[66] 荒木見悟：《憂國烈火禪——禪僧覺浪道盛のたたかい》，頁192。

[67] 荒木見悟：《憂國烈火禪——禪僧覺浪道盛のたたかい》，頁195。

方以智長期駐錫江西青原山[68]，以及不定期的外地宣講，都吸引了不少從學者，成為明末清初振興曹洞宗風之勁雄、中和儒道釋三教的佼佼者[69]。據載，當時「士大夫之行過吉州者，鮮不問道青原。至則聞其（方以智）言，未嘗不樂而忘返！」[70]這些話勾勒出方以智在青原講學、弘法所引起的廣大社會效應。

　　順治十年（1653），方以智至竹關[71]禮拜覺浪，受大法戒[72]，

---

[68] 依黃文樹之研究發現，「青原山在明中晚期，向為陽明後學進行社會講學的熱點。那兒在明末方以智駐錫之際，建有『五賢祠』，奉祀王陽明與鄒守益、聶豹、歐陽德、羅洪先等陽明後學主要人物。……更具體的說，青原山中的『淨居寺』，即萬曆年間陽明後學春秋講學之所，數年之後，此寺的住持正是後來由廬山轉來青原的常住方以智。」（氏著：《陽明後學與明中晚期教育》，臺北：師大書苑出版社，2003年1月修訂版，頁495-496）。

[69] 對於方以智皈依佛門後，又能不忘「舊學」之因由，余英時說：「或疑之曰：密之披緇之前，以儒者講實學，固其宜也。何以既遁禪寂，猶能守舊不稍變耶？余初亦有是疑。及讀陳援庵《明季滇黔佛教考》，此疑遂渙然冰釋。陳援庵曰：『明季心學盛而考證興，宗門昌而義學起，人皆知空言面壁，不立語文，不足以相懾也，故儒釋之學，同時丕變，問學與德性並重，相反而實相成焉。』此論不徒可以解釋密之晚年思想中儒與釋之一貫，且於理學轉入考證之故，亦探驪而得珠。其識斷之精如此。」（余英時：《方以智晚節考》，頁81）。在晚明特殊的學術氛圍中，方氏之守舊學，是時代思潮所致。惟侯外廬則直言方以智不是有心為僧，故仍不忘舊學。他說：「我們看他為僧後的著作以及《語錄》，除在例行儀式上虛應故事外，毫無坐禪佞佛的跡象。……方以智在改造社會的實踐方面雖然無力，裝作和尚來『忘機現前』，但他仍志在以『鐘聲敲出鐸聲』，沒有喪失雄大的學術抱負。」（侯外廬主編：《中國思想通史》第四卷下，頁1133-1134）。

[70] 清·施閏章：《學餘堂文集》卷九（《四庫全書》第1313冊，臺北：商務印書館，1983年出版），頁101上-下。

[71] 南京高座寺看竹軒之別稱，即今之雨花台。

[72] 錢澄之〈住壽昌觀濤禪師塔銘〉云：「初吾鄉方密之自嶺外薙染還里，皖開府李中丞召問：『信已出家耶？』方曰：『信矣！』曰：『若信，吾指汝一師。』問為誰？曰：『覺浪和尚也。』吾嘗到太平寨獄，親至獄中，和尚跌坐佛前不起，獄囚皆合掌誦佛號，聲徹圜扉，滿獄栴檀香，即地獄天堂矣！既減死，予復入獄驗之，問曰：『和尚旨下矣！請出獄。』皆疑出即正法也，和尚顏色不動曰：『好。』曳杖便走，隨予至獄門。予笑曰：『和尚大喜，旨下放免汝矣！』和尚曰：『放也好。』顏色如故。其初無懼容，其後無喜色，是真和尚矣，固當師。密之聞言，即至天界禮杖人為師，今所稱青原智禪師是也。」（清·錢澄之：《田間文集》卷二十三，頁259下-260上）。

纘承覺浪之後曹洞宗之薪傳[73]。據興斧〈愚者禪師語錄〉云：

> 吾師藥地老人，臨難捨身，踏完天地而歸不二，窮盡一切
> 而乘中和，以大才而成大孝，移大孝而持大節，全大節而
> 秉大願。總持三教，烹炮古今，歸于鼎薪，非現五地身而
> 說三聖之法者歟？非處困而亨者歟？末後受囑于杖人翁，
> 荷曹洞大法。[74]

另依方中通《青原愚者智禪師語錄‧跋》云：

> 杖人翁（道盛）於刀兵水火，求天下大傷心人，為之托孤
> 老人（以智）。南北兩遍熅火，捨身不二，破籃荳草，遇
> 緣即宗，是天地因時而生老人，復因老人之時而生杖人，
> 可思議哉？[75]

又釋淨挺〈與青原和尚書〉亦云：「讀《炮莊》一書，自與天界
老人（道盛）的《提正》宗風，相為表裡。」[76]凡此說法，足見
覺浪與方以智師徒二人的密切情誼。

---

[73] 依釋聖嚴的研究，覺浪為曹洞宗自青原下第三十六世，其嗣法之師是晦臺元鏡
（第三十五世）（氏著：《明末佛教研究》，臺北：東初出版社，1987年9月初
版，頁16）。據此可推，方以智乃曹洞宗自青原下第三十七世。

[74] 明‧方以智撰，興斧等編：《青原愚者智禪師語錄》（藍吉富主編：《禪宗全
書》第65冊，臺北：文殊出版社，1990年1月初版），頁664。

[75] 明‧方以智撰，興斧等編：《青原愚者智禪師語錄》，頁663下。

[76] 清‧釋淨挺撰，智淙等編：《雲溪俍亭挺禪師語錄》卷十三（藍吉富主編：《禪
宗全書》第74冊，臺北：文殊出版社，1990年3月初版），頁235上。

追溯方氏學術淵源，其《藥地炮莊》之研撰，一方面受到覺浪《莊子提正》、《破籃莖草頌》等之影響[77]，一方面又以外祖父吳應賓《三一齋稿》會通舊作〈易餘〉而成[78]。

在覺浪思想[79]的牖發之下，方以智《藥地炮莊》以「禪」解莊，更為透徹、可觀。可以說，方以智因有機緣禮拜、問學於覺浪，故於禪學漸有所成，奠定了撰寫《藥地炮莊》「以禪解莊」風格與內涵之厚基。

錢澄之評論指出，《藥地炮莊》一書，「學者驟讀之，多不可解」，但確是方以智的「導世之本」[80]。而施閏章（1618-1683）也說：「（方以智）既負殊穎，喜深思。……善《易》者不言《易》；善禪者不執禪。其汲汲與人開說，囊括百家，掀揭三

---

[77] 明·覺浪道盛撰，大成等編《天界覺浪盛禪師全錄》卷三十陳大中〈莊子提正跋語〉云：「杖人癸巳，又全標《莊子》以付竹關，奄忍十年，無可大師乃成《藥地炮莊》，解拘救溺。」（藍吉富主編：《禪宗全書》第59冊，頁744下）。案羅熾《方以智評傳》作條十三（頁72），誤也。

[78] 《藥地炮莊》之〈炮莊小引〉云：「子蒿開卷，一尺便放，何乃暗醞三十年而復沾沾此耶？忽遇《破欄莖草》托孤竹關，杞包檪菌，一枝橫出，曝然放杖，燒其鼎而炮之。重翻《三一齋稿》，會通〈易餘〉，其為藥疢也，犁然也。」（明·方以智：《藥地炮莊》，臺北：廣文書局，1975年4月初版，頁17）。

[79] 在《莊子提正》中，覺浪基本上視《莊子》為「儒宗別傳」（明·覺浪道盛撰，大樞等編：《天　界覺浪盛禪師嘉禾語錄》卷三十，藍吉富主編：《禪宗全書》第59冊，臺北：文殊出版社，2009年12月初版，頁744上-下），但該文「以佛解莊」之成分已若隱若現。例如：（一）對於〈齊物論〉所云：「非比无我，非我无所取。」覺浪註云：「此正明我見本空，已對物有我，物不自物，由我而物，如我不取，物亦不有。」（同上，頁733上）。以為「彼我」相對待而有，沒有所謂真正的「我」，「我見」本是「空」。（二）對於〈養生主〉之「薪盡火傳」一語，覺浪云：「獨是薪盡火傳一語可通若禪。然彼但曰火傳，曾未深言薪既盡而火何以得傳，且不致於昧滅　也。即生時死順，只能不違此色身業力，以還其自然之天而已。又何知吾有父母為生前此常住真心之主，能了業識而出死入生，與超越凡聖於名相之外哉？」（同上，頁735上）。覺浪以為，獨是「薪盡火傳」一語通「禪」，以為生死中有一常住不變的「真心」作主。

[80] 清·錢澄之：《田間文集》卷十二〈通雅序〉，頁143上。

乘，若風發泉湧，午夜不輟。」[81]施氏描繪出方氏喜與人論禪、弘講佛法禪趣之生活實況。

　　無可否認的，方以智甚至以「禪」安己安人。他曾力邀好友王夫之「入釋」，可為佐證。王氏說：「方密之闇學，逃禪潔己，……主青原，屢招余，將有所授，……余終不能從，而不忍忘其繾綣，因錄於此。」[82]「繾綣」一詞，對方以智溺意禪學，並以之授人的傳道熱情之描寫，逼真而生動，真可謂「入木三分」。紀昀《四庫全書總目》評定：「（《藥地炮莊》）大旨詮以佛理，借洸洋恣肆之談，以自抒其意，蓋有托而言，非莊子當如是解，亦非以智所見真《莊子》當如是解也。」[83]同樣的，棲霞竺庵道人〈讀炮莊題辭〉指出：「或云莊子之言，多出杜撰，杖人、藥地大驚小怪，引許多宗門中語法發明他。」[84]馮冶堂在《國朝畫識》〈無可傳〉簡論方以智曰：「甲乙[85]後薙髮受具，耽嗜枯寂，粗衣糲食，有貧士所不能堪者。……然多作禪語自喻而已，不期人解也。」[86]他們約略看出方氏《藥地炮莊》「詮以

81　清・施閏章：《學餘堂文集》卷九，頁101下。
82　明・王夫之：《南窗漫記》（氏著：《船山全集》第15冊，臺北：力行書局，1965年出版），頁5。
83　清・紀昀主編：《四庫全書總目》卷一百四十七（臺北：藝文印書館，1979年12月五版），頁2901。
84　明・方以智：《藥地炮莊》，頁13-14。
85　清・文秉《甲乙事案》卷上：「（丙申）逮原任簡討方以智，以智繇庚辰進士加簡討，銜充二王講官者，御史王孫蕃論其既虧臣節，復撰偽書以亂是非，故逮。」（續修四庫全書編委會編：《續修四庫全書》第443冊），頁537。
86　清・馮冶堂纂輯、吳晉參訂：《國朝畫識》卷十四（臺北：廣文書局，1978年7月初版，頁3-4）。與方以智之子——方中德極為深交的梁佩蘭（1632-1711），在其〈題藥地愚者畫石序〉云：「前相國方密之先生出世號無可，自稱藥地愚者。開法青原時，以焦筆寫畫，奇峭生動。如公峻節，非人所能及。」又〈題軸額詩〉曰：「一柱東南扶地軸，偶圖巖壑亦千秋。分明鳥道青原上，那許閒人問

佛理」、「引宗門語法」、「多作禪語」之現象。其實更具體地說，應該是「以禪解莊」。

不過，從儒者角度認定方以智的似乎也不少。施閏章一面說方以智「喜禪」，一面在〈吳舫翁集序〉卻說：「夫藥公非僧也，卒以僧老，其於儒言儒行，無須臾忘也。」[87]認為方以智始終走儒家道路。同樣的，錢澄之一面說方以智「所著書多禪語」，一面在〈寄藥地無可師五十〉云：「知翁無所嗜，亦不用學禪。惟有一卷書，可以終天年。」[88]意味方以智不是學禪之人。此外，王夫之稱譽方以智之學「誠學思兼致之實功」[89]，顯然是認為方以智實踐了孔子「學思並重」的路線。還有，李素娟盱衡方以智後，認為他是個「純粹的儒者」[90]，而其《藥地炮莊》則充滿「儒道思想」[91]。

另由於方氏對於科學和哲學都有廣泛的涉究，被史家稱為「中國的百科全書派大哲學家」[92]。余英時則推許他是「近世

石頭。」(清・梁佩蘭：《六瑩堂二集》卷八，新文豐編輯部編 ：《叢書集成續編》第174冊，臺北：新文豐出版公司，1989年初版，頁246)，亦極推方以智晚節(參見余英時：《方以智晚節考》，臺北：允晨文化公司，1986年11月初版，頁47)。

87 清・施閏章：《學餘堂文集》卷五，頁58下。
88 清・錢澄之：《田間詩集》卷七(續修四庫全書編委會編：《續修四庫全書》第1401冊)，頁384下。
89 明・王夫之：《搔首問》(氏著：《船山全集》第13冊)，頁9。
90 李素娟：〈方以智《藥地炮莊》中的儒道思想研究〉(臺灣大學中文研究所碩士論文，1976年)，頁5。
91 參見李素娟《方以智《藥地炮莊》中的儒道思想研究》第三章、第四章。
92 侯外廬：〈方以智——中國的百科全書派大哲學家〉(《歷史研究》第6、7期，1957年)。他以為，「《四庫全書總目提要》僅以方著『開國朝(清)顧、閻、朱考據之風』稱許，卻不合史實。」(氏主編：《中國思想通史》第四卷下，北京：人民出版社，1960年4月初版，頁1123)。

科學與音韻學之先驅」[93]。余氏同時以為，方以智之出家於青原山，「出家而實在家」，「殊未可以普通意義之世外高僧視之」[94]。他認為方以智的思想特色有二：其一是，方氏於思想不喜立門戶，不徒禪宗之內不應有門戶，即所謂儒、釋、道之界限亦當「泯」而「統」之；其二是，方氏論學尚實而不廢虛，博雅而歸之於約[95]。其《東西均·神跡》云：「今而後儒之、釋之、老之，皆不任受也，皆不閡（礙）受也。」[96]

謝仁真則以方氏「生命型態上的由儒入佛，絕非簡單的逃禪，而有其哲學的反省與意義」[97]；余英時認為，其晚年思想之特色在於「會通三教及虛實合一兩義」[98]。凡此見解，看到了方以智思想的複雜性與多元取向。

仔細審閱方以智《藥地炮莊》，可知方氏好以佛教語彙與禪理會通《莊子》義。他在〈齊物論總炮〉云：

> 聖人作而萬物睹，……謂以無我齊物乎？無物齊我乎？格物轉物乎？皆物論也。因物知則，論倫歷然，兩行[99]一

---

[93] 余英時：《方以智晚節考》〈自序〉，頁1。

[94] 余英時：〈方以智晚節考新證〉（氏著：《方以智晚節考》），頁177。

[95] 余英時：《方以智晚節考》，頁63。

[96] 明·方以智著，龐樸注譯：《東西均》（北京：中華書局，2001年3月初版），頁160。

[97] 謝仁真：〈方以智由儒入佛之檢視〉（華梵大學第二次儒佛會通學術研討會，1997年10月5日），頁5。

[98] 余英時：〈方以智晚節考新證〉，頁180。

[99] 《莊子·齊物論》云：「名實未虧而喜怒為用，亦因是也。是以聖人和之以是非而休乎天鈞，是之謂兩行。」

參，無所逃於代明錯行[100]，謂以不齊齊之可乎？[101]

此處「謂以無我齊物」，實有採取佛教「無我」詮解「物齊」之意。又言「內篇」云：「齊主世如內三爻，符宗應如外三爻，各具三諦，逍遙如見群無首之用，六龍首尾，蟠於潛亢，而見飛於法界。」[102]這裡，「齊主世」，即《莊子》〈齊物論〉、〈養生主〉、〈人間世〉三篇；而「符宗應」，即〈德充符〉、〈大宗師〉、〈應帝王〉。方氏引用了佛教「法界」與天台宗「三諦」等概念比對解釋。

基本上，明、清繼宋以降，「以禪解莊」之風尚不但並未式微，而且有漸盛之趨勢[103]。方以智身為曹洞宗門之中堅人物，既好莊又嗜禪，纘承、發揚其師覺浪之學，體現著更多的「以禪解莊」，而此遂為其註莊之特質。至於晚明社會文化劇烈變動的這

---

[100] 「代明錯行」，意謂日月交替而明，四時輪替而行。此語出《中庸》第三十章，該文云：「仲尼祖述堯舜，憲章文武；上律天時，下襲水土。辟如天地之無不持載，無不覆幬，辟如四時之錯行，如日月之代明。萬物並育而不相害，道並行而不相悖。」（引自宋，朱熹，《四書章句集注》，北京：中華書局，1983年10月初版，頁37）。

[101] 明·方以智：《藥地炮莊》〈總論〉，頁134。

[102] 明·方以智：《藥地炮莊》卷一，頁153。

[103] 萬曆之後，雲棲袾宏、紫柏真可（1543-1603）、憨山，及蕅益智旭等高僧在社會廣泛弘法，吸引大量讀書人向心於佛禪，出現了士人「所在皈依」（明·沈德符：《萬曆野獲編》卷二十七〈禪林諸名宿〉，北京：中華書局，1959年出版，頁693）的盛況。晚明禪風流行，士群與方外交遊甚密，誠如陳援庵所說：「士大夫無不談禪，僧亦無不與士大夫結納。」（陳援庵：《明季滇黔佛教考》，頁129）。論者將明末視為「中國佛教復興的時代」（釋聖嚴：《明末佛教研究》，臺北：東初出版社，1987年9月初版，頁1），不無道理。釋聖嚴《明末佛教研究》依禪宗史之演進發現：凡是一流禪士輩出的時代，幾乎也是禪宗典籍豐收的時代，明末禪僧及禪宗的居士，不僅重視禪宗的語錄及史書的創作和編撰，而且從事禪宗以外的經律論的註釋疏解（同上，頁1）。這些質量兼備的禪學著述，發行於當時社會，並流傳於後世，對時代文化的影響不言可喻。

一時代因素之力量，亦可注意。在思想界，依顧炎武的觀察，蓋
自明「弘治、正德之際，天下之士厭常喜新，風氣之變，已有所
自來，而文成以絕世之資，倡其新說，鼓動海內。」[104]陽明心學
掀起了明末學術風雲之變。

　　晚明社會思潮的變化，固然由陽明學所引發，但與當時佛教
復興，乃至禪悅旋風狂飆也有極大的關聯[105]。而明清改朝換代之
際，又加入政治因素，使士大夫競相「逃禪」。黃宗羲《南雷文
案》卷十：

> 近年以來，士之志節者，多逃之釋氏。……不欲為異姓
> 之臣者，且甘心為異姓（釋氏）之子矣。忘其逃禪之始。
> ……亡國之大夫，更欲求名於出世，則盜賊之歸而已矣。[106]

這也就是說，俯仰於這一時代文化、社會風氣及政治形勢的方以
智，加上親炙於覺浪的厚緣，感應道交，接受禪宗思想的洗禮，
並據以詮解《莊子》，也就自然形成了。可以說，方以智之「以
禪解莊」即是此時代思潮下之作品。

　　此外，《藥地炮莊》更多「以禪解莊」處，將於下節論述之。

---

104 清・顧炎武著，周蘇平點注：《日知錄》卷十八（蘭州：甘肅民族出版社，1997
　　年11月初版），頁824-825。
105 參見黃文樹：《陽明後學與明中晚期教育》，頁131。
106 清・黃宗羲：《南雷文案》卷十（收於王雲五主編：《四部叢刊初編集部》，臺
　　北：商務印書館，1967年出版），頁114。

三、清‧釋淨挺與佛教

前述方以智皈依覺浪而深受影響，成為曹洞宗繼起的重要人物。而清‧釋淨挺亦曾拜見覺浪，且與之機語答問，與方以智同為曹洞宗後進[107]。

釋淨挺，生於萬曆四十二年（1615），卒於清康熙二十三年（1684），字俍亭，俗名徐繼恩，又字世臣，號逸亭，浙江省杭州府仁和人。晚明弘光時，舉明經，棄遊叢席，以居士身參三宜明盂[108]（1598-1665）徹悟，詣雲門求證，因承記別。

釋淨挺《漆園指通》未被收入嚴靈峰主編的《無求備齋莊子集成》，而見於《中華大藏經》第二輯，故為現代學者所忽略。截至目前，僅謝明陽《明遺民的莊子定位論題》[109]有所述論，點出該書「以禪解莊」的性質。釋淨挺〈漆園指通自序〉明言：「吾取其說之近禪而為之解也」，「百家皆禪也，豈獨猶龍？豈獨漆吏？」[110]他以為《莊子》「近禪」，甚至「即禪」，視《莊子》是「釋家教外別傳」[111]。

---

[107] 參見清‧毛奇齡：《西河文集》（九）卷一〈洞宗二十九世傳法五雲俍亭挺禪師塔誌銘〉（臺北：商務印書館，1968年初版），頁1257-1260。

[108] 三宜明盂，武林（浙江杭州）人，年二十三歲出家，後參紹興顯聖圓澄而悟。崇禎十六年（1643）繼席顯聖，歷主梵受、未明諸寺。

[109] 謝明陽：〈明遺民的莊子定位論題〉（臺灣大學中文研究所博士論文，2000年6月）。

[110] 清‧釋淨挺撰，智涼等編：《雲溪俍亭挺禪師語錄》卷十四（藍吉富主編：《禪宗全書》第74冊，臺北：文殊出版社，1990年3月初版），頁252上。

[111] 此「釋家教外別傳」見於錢澄之〈與俍亭禪師論莊子書〉，其文云：「弟（錢澄之）以釋自釋，儒自儒，莊子指無不通，而師以為獨通宗門，謂之為釋家教外別

據毛奇齡[112]（1622-1713）〈俍亭挺禪師塔誌銘〉所載，釋淨挺年輕出眾，就讀縣儒學期間，參加浙江省提學官主持的考試，表現卓越，「無出一右者」；當時有一名士叫許平遠的，甚至將他的文章刻鏤起來掛在省城作為「榜樣」[113]。該〈塔誌銘〉又說，明崇禎十五年（1642），釋淨挺應浙江「鄉試」，原先「推官唐階泰薦公卷第一」，可是「主者抑之」，只得「中副科」。毛氏回憶同年應考時對他的印象是「志意種遠」，氣宇非凡；及至兩人討論到「時事」，毛氏「大感激」，遂從此「定交」[114]。

　　毛文又載，中副榜後，釋淨挺逐漸入主「東南壇坫」，「四方士過杭者，爭造公，巷為之滿」。清順治四年（1647），「南浙舉大社，合二十餘郡名士，會于會城之東園，伐鼓摐金，極宴饗之盛。」當時，「同方社」公推釋淨挺主持，派人四處尋找釋淨挺到會場，結果「尋公于市門，見公與僧牛伍，遮豨衣，俯首數算格子，較計錙銖，相見不交一言。」「俟其數算畢，然後揖道故舊，顧竟不與社。」顯然，釋淨挺已決意出家。不久，他果真為一僧人了[115]。其後，釋淨挺除了住持雲溪精舍教務外，並先

傳，固不如杈人謂之為儒家教外別傳為較近耳！」（清‧錢澄之：《田間文集》卷四，頁63上）。

[112] 毛奇齡，字大可，浙江省紹興府蕭山人，康熙十八年（1679）以廩監生薦舉博學鴻儒科，試列二等，授翰林院檢討，充明史館纂修。奇齡少穎悟，明季避兵縣之南山，築土室讀書其中，著《詩詩續傳》三十八卷。後避讎流寓江淮間，失其稿，乃就所記憶《國風省篇》一卷，《詩箚》一卷，《毛詩寫官記》四卷；另有著作甚多。卒後，門人蔣樞編輯其遺集，凡二百三十四卷，著述之富，甲於近代。

[113] 清‧毛奇齡：〈洞宗二十九世傳法五雲俍亭挺禪師塔誌銘〉（收於氏著：《西河文集》（九）），頁1257。

[114] 清‧毛奇齡：〈洞宗二十九世傳法五雲俍亭挺禪師塔誌銘〉，頁1257。

[115] 清‧毛奇齡：〈洞宗二十九世傳法五雲俍亭挺禪師塔誌銘〉，頁1257-1258。

後修復武塘慈雲寺、創建鶴勒庵，講授《楞嚴經》於寺庵中[116]。

由此〈塔誌銘〉可知，釋淨挺出家前是杭州一帶的文壇領袖，而就在名盛聲聞之際，他開始與方外交遊，奠定日後皈依佛門之基礎。再者，釋淨挺亦曾拜見覺浪，且與之機語答問，承傳曹洞宗風。還有，他在順治十八年（1661）四十七歲時，受具足戒於三宜明盂禪師，為曹洞宗第三十七世。著有《學佛考訓》[117]、《閱經十二種》[118]、《漆園指通》等，後者完成於康熙辛亥年（1671）。

依文獻顯示，在清初佛教界中，釋淨挺具有一定的社會聲望。當時任官於錢塘的慕天顏[119]（1623-1696），因崇仰釋淨挺之道風，乃建「雲溪精舍」延聘他主持教事，以期「振揚曹洞宗旨」。慕氏說了原委：「俍和尚（釋淨挺）本起名儒，住華塢，匿而不出，強之然後可。」[120]這簡要說明了釋淨挺隱居、不好名的本色，以及身繫宗風使命而出的過程。此外，時僧大成敬佩釋淨挺的語錄著作，「如倚天長劍，鋒鍔騰光，直斬從上葛藤，不落時人窠臼。」並說他的書一出，「當令倚牆靠壁吡咤之流，藏流無地；彼塗粉抹脂，嫋嫋無鹽一類又安敢效嚬西子

---

[116] 清‧毛奇齡：〈洞宗二十九世傳法五雲俍亭挺禪師塔誌銘〉，頁1258。

[117] 清‧釋淨挺：《學佛考訓》（中華大藏經會編：《中華大藏經》第二輯第67冊，1968年），頁56241-56297。

[118] 清‧釋淨挺：《閱經十二種》（中華大藏經會編：《中華大藏經》第二輯第67冊，1968年），頁56354-56441。

[119] 慕天顏，甘肅靜寧人，順治十二年（1655）進士，授浙江錢塘縣知縣，累遷廣西南寧府同知、福建興化府知府，再擢湖廣上荊南道、江蘇布政使、江寧巡撫、兵部侍郎、兵部尚書。

[120] 慕天顏：〈雲溪語錄序〉（清‧釋淨挺撰，智澄等編：《雲溪俍亭挺禪師語錄》卷首），頁97下。

耶？」[121]數句話勾勒出同道對釋淨挺其人其書之觀感。

《漆園指通》除引用佛經外，主要還在取資「禪宗公案」解莊，如釋淨挺所自陳：「《南華》者，奧矣！博矣！是道家之言也。三墨八儒，概乎其未有取也，無已而一用之於禪。」[122]論者對此有正向的評價，錢澄之稱其「莊作禪解」、「解作禪語」，富有「妙解」：

> 今人於莊，道者見之謂之道，禪者見之謂之禪，精於儒者見之謂之通乎三教，此指通之所由者也。俍亭大師儒而禪者也，於莊作禪解，於解作禪語，解之妙固非吾可思議語之妙，直可自作一書。[123]

與錢氏類似，許承家〈漆園指通後序〉也譽道：

> 今俍和尚復為通之以進於禪解，則《南華》一編且開白馬傳經之始。嗚呼！莊子守道德五千言之教，而不棄於儒，且入於佛，莊其古之通人哉？然非俍和尚，則烏能解之哉？[124]

---

[121] 大成：〈俍亭大師語錄序〉（清·釋淨挺撰，智涼等編：《雲溪俍亭挺禪師語錄》卷首），頁97上。

[122] 引自嚴沆：〈漆園指通序〉（清·釋淨挺：《漆園指通》，中華大藏經會編：《中華大藏經》第二輯第67冊，1968年），頁56299下。

[123] 引自錢澄之：〈漆園指通序〉（清·釋淨挺：《漆園指通》），頁56298下。

[124] 引自許承家：〈漆園指通後序〉（清·釋淨挺：《漆園指通》），頁56300上-下。

甚至有人直指該書是「以禪解莊」之首作[125]。此乃言過其實。誠如本書前面所述，在釋淨挺之前已有「以禪解莊」的作品。

上述可知，宋・林希逸、明・方以智、清・釋淨挺三人與佛教的因緣，都相當深篤。林氏的師友中有多人嚮往佛教，而他景仰大慧宗杲，以至追隨、私淑其行誼風範，畢生「好佛」不諱。從林希逸對儒與禪的態度，以及寓禪於詩的寫作活動，足證他「佛緣」之深與「近禪」之實。而晚明方以智和清初釋淨挺同樣與佛有著「宿緣」，他們兩人不但親炙曹洞宗大師覺浪，受其啟迪，尚且承傳先師「會通莊佛」的思想，為「以禪解莊」奠定厚基。

第二節　以「禪」解《莊子》修養論

宋・林希逸《莊子口義》、明・方以智《藥地炮莊》、清・釋淨挺《漆園指通》三作均「以禪解莊」，以下先就以「禪」解《莊子》修養論部分述論之。

一、宋・林希逸《莊子口義》

林希逸的嗜佛、好禪十足體現在其《莊子口義》一書中。

荒木見悟在〈林希逸の立場〉一文，指林希逸「於《莊子口

---

[125] 謝明陽：《明遺民的莊子定位論題》，頁224。

義》中，引用的佛典，以《金剛經》、《圓覺經》、《楞嚴經》較為顯著。而這些經典均與禪思想有密切的關係。」[126]又說：「此注釋書，可以看到其獨特性，以儒為本，使老莊列接近儒學，而其批判朱子學，並採取禪，尤其是看話禪的立場。」[127]與此觀點類似，王迪通過書誌考察日本的老莊研究概況後指出：

> 嚴格地說，室町中期以後日本禪僧們專講述《莊子口義》，也就是當時日本禪林對老莊的研究有專以《口義》為主的趨勢。而《口義》本引用大量的禪語，並多以一目瞭然之「禪家」、「禪家所謂」等語示之，這才是《口義》本之所以為日本禪僧喜好之最主要原因。[128]

荒木見悟與王迪兩人的意見，均肯定了林希逸《莊子口義》與禪的密切關連性，後者尚且明確提及東瀛禪學界側重該書之現象與緣由。

《莊子口義》流行於日本「室町時代」（1338-1573），按上面王氏的分析，係作者林希逸能以大量「一目瞭然」的「禪語」進行註解，吸引了禪僧的喜好。對此，池田知久有另類的說法：

> 林希逸《三子口義》中，《莊子口義》是最早流行的。其

---

[126] 荒木見悟：《中國思想史的諸相》，頁67。
[127] 荒木見悟：《中國思想史的諸相》，頁63。
[128] 王迪：〈從書誌考察日本的老莊研究狀況——以鎌倉、室町時代為主〉（《漢學研究》第18卷第1期，2000年6月），頁53。

理由是《老子口義》中佛教氣味不太濃，道、儒二教一致

　　　為主，而《莊子口義》則是道、儒、佛三教一致，可能這

　　　一點打動了室町時代禪僧之心。[129]

《莊子口義》成書於十三世紀，並於下一世紀傳入日本。由於
《莊子口義》是以融合佛、儒、道為主旨，比《老子口義》更
富有禪佛氣息[130]，較投合佛學的口味，所以《莊子口義》順勢
在日本莊學方面成為最權威的註本，許多人讀莊只讀《莊子口

---

[129] 池田知久著，周一良譯：〈林希逸《莊子鬳齋口義》在日本〉（收於宋・林希逸
　　著，周啓成校注：《莊子鬳齋口義校注》），頁522。

[130] 林希逸《老子鬳齋口義》雖不再如《莊子鬳齋口義》「以禪宗語錄解莊」，然仍有
　　「以佛解老」之處。例如，對於《老子》第一章「道可道」，林氏云：「其意蓋
　　以為道本不容言，才涉有言，皆是第二義。」（宋・林希逸：《老子鬳齋口義》
　　卷上，嚴靈峰主編：《無求備齋老子集成初編》第6冊，臺北：藝文印書館，1965
　　年初版，頁5）。此「第二義」乃佛教觀點。對於第二章「天下皆知」，林氏云：
　　「相生相成以下六句皆喻上面美惡善不善之意，故聖人以無為而為，以不言而言，
　　何嘗以空寂為事，何嘗以多事為畏，但成功而不居耳！」（同上）。對於第四章
　　「道沖而用之」，林氏云：「光而不露，故曰和其光；無塵而不自潔，故曰同其
　　塵。此佛經所謂不垢不淨也。」（同上，頁7）。另對於《老子》第十章「載營魄
　　抱一」，其註云：「無疵者，無分別也，雖蕩滌瑕垢，而有不垢不淨之心，則抱一
　　矣！」（同上，頁12）。上面二註文，林氏皆直用佛經「不垢不淨」語。對於《老
　　子》第二十章「絕學無憂」，其註云：「禪家曰：豁達空，撥因果，便是人之所畏
　　而不畏也。」（同上，頁20）。直言禪家「豁達空，撥因果」。對於《老子》第七
　　章「天長地久，天地所以能長且久者，……以其無私邪，故能成其私」，林氏云：
　　「此語又是老子誘人為善之意，及釋氏翻出來則無此等語矣！故謂之真空實有，真
　　空便是無私之意，實有便是能成其私之意，但說得來又高似一層。」（同上，頁
　　10）。又對於《老子》第二十一章「孔德之容」，其註云：「故曰其中有象，其中
　　有物，其中有精，此即真空而後實有也。」（同上，頁21）。另對於《老子》第二
　　十二章「曲則全，枉則直」，其註云：「此皆能不足而後能有餘，能真空而後實有
　　之意。」（同上，頁22）。上面三註文之「真空實有」為佛教語。對於《老子》第
　　四十八章「為學日益，為道日損」，其文云：「為學則日月求自益，為道則日月求
　　自損，故前言絕學無憂，蓋言道不在於見聞也。大慧云：『讀書多者無明愈多，亦
　　此意也。』」（同上，卷下，頁10）。此「無明」亦為佛教語。可以說，有「以空
　　解老」之特色（參見邱敏捷〈以「空」解老析論〉，《南大學報》第39卷第1期，
　　2005年10月，頁1-28）。

義》[131]。

　　由上看來，荒木見悟、王迪及池田知久三人都看出林希逸《莊子口義》之渲染禪佛色彩。這應是信而有徵的。據周啟成的概略統計，林希逸《莊子口義》中蘊涵佛教義理者，約有八十餘處之多[132]。該書〈發題〉云：「若《莊子》者，……亦最難讀。……況語脈機鋒，多如禪家頓宗所謂劍刃上事，吾儒書中未嘗有此，五難也。」[133]在林氏看來，莊學機鋒處，恰似禪家頓宗的「關節」，是儒書所不逮的。當然，「以禪解莊」僅是其中之一部分，林氏《莊子口義》還有「以儒解莊」[134]、「以道教解莊」、「以文評莊」等內涵[135]。

　　「以禪解莊」是林希逸《莊子口義》的特色之一。林希逸為何以禪解莊？他說：「人知佛出於秦漢之下，而愚謂佛始於羲黃以前。」[136]針對《莊子‧天下》之「生與死與」，林希逸說：「據此一句，即知釋氏之學，其來久矣！」[137]林氏所謂佛教的真

---

[131] 宋‧林希逸著，周啓成校注：《莊子鬳齋口義校注》〈前言〉，頁17。
[132] 宋‧林希逸著，周啓成校注：《莊子鬳齋口義校注》〈前言〉，頁16。
[133] 宋‧林希逸著，周啓成校注：《莊子鬳齋口義校注》〈發題〉，頁1。
[134] 關於林希逸「以儒解莊」部分，孫紅〈林希逸以儒解莊及其原因〉歸納有三：其一，在宇宙生成論方面，運用周敦頤的《太極圖易說》解釋《莊子》，使兩方思想相互契合。其二，用理學中的核心概念「天理」置換《莊子》中的「天」、「命」、「理」、「心」等概念。其三，林希逸與成玄英一樣，也用「理」解釋莊子的「道」，但他們所用的「理」在實質上是完全不同的，成玄英的「理」是虛通妙理之理，具有佛教的空的色彩；林希逸的「理」則是宋明理學的最高範疇，它不僅是世界的本原，也是人類社會最高的道德倫理原則，具有儒家的人倫內涵（孫紅：〈林希逸以儒解莊及其原因〉，《北方論叢》2003年第5期，頁11）。
[135] 詳見簡光明：〈林希逸莊子口義研究〉（逢甲大學中文研究所碩士論文，1991年1月）。
[136] 宋‧林希逸：《竹溪鬳齋十一稿續集》卷七，頁622。
[137] 宋‧林希逸著，周啓成校注：《莊子鬳齋口義校注》卷十，頁505。

空實有論比老子高[138]，也是啟發他採取公案禪本意之所在。

林希逸《莊子口義》饒富禪趣，除徵引佛學術語[139]、禪宗經典[140]外，尤其廣泛應用「禪」理。下面舉述十八則例子，說明該書以「禪」解《莊子》修養論之實質。

其一，〈齊物論〉：「不知周之夢為胡蝶與，胡蝶之夢為周與？周與胡蝶，則必有分矣。此之謂物化。」此「物化」意謂，

---

[138] 宋・林希逸《老子鬳齋口義》第七章說：「此語又是老子誘人為善之意，及釋氏翻來則無此等語矣！故謂之真空實有。真空便是無私之意，實有便是能成其私之意。但說得來又高似一層。」（嚴靈峰主編：《無求備齋老子集成初編》第6冊，頁10）。

[139] 例如，對於〈齊物論〉：「百骸，九竅，六藏，賅而存焉，吾誰與為親？汝皆說之乎？」林氏註云：「且如人身，或有病在手，為其所苦，則方病之時，手乃為身之讎也，六根皆然。汝皆悅之乎者，言六根之中，皆喜之乎？亦有所私喜乎？且其在身之用，何者為貴？何者為賤？」（宋・林希逸著，周啟成校注：《莊子鬳齋口義校注》卷一，頁19）。

[140] 例一，對於〈德充符〉：「命物之化而守其宗也。」林氏註云：「言萬物之變化皆受命於我，此猶禪家所謂『心迷《法華》轉，心悟轉《法華》』也。」（宋・林希逸著，周啟成校注：《莊子鬳齋口義校注》卷二，頁83）。此「心迷《法華》轉，心悟轉《法華》」二句出自《六祖壇經・機緣品第七》，為慧能為法達說偈。該文云：「心迷《法華》轉，心悟轉《法華》；誦經久不明，與義作讎家；無念念即正，有念念成邪；有無俱不計，長御白牛車。」（唐・慧能說，法海錄：《六祖壇經敦煌本流行本合刊》，臺北：慧炬出版社，1985年7月五版，頁39）。例二，對於〈天地〉：「（苑風）曰：『願聞德人。』（諄芒）曰：『德人者，居无思，行无慮，不藏是非美惡。四海之內共利之之謂悅。』」林氏註云：「居無思，行無慮也，不藏是非美惡。佛家所謂『不思善，不思惡』也。」（宋・林希逸著，周啟成校注：《莊子鬳齋口義校注》卷四，頁202）。此「不思善，不思惡」出於《六祖壇經・行由品第一》，該文載：「惠能曰：『汝既為法來，可屏息諸緣，勿生一念，吾為汝說。』明良久。惠能曰：『不思善，不思惡，正與麼時，那箇是明上座本來面目。』惠明言下大悟。」（唐・慧能說，法海錄：《六祖壇經敦煌本流行本合刊》，頁13-14）。例三，對於〈天道〉：「夫虛靜恬淡寂漠無為者，天地之平而道德之至，故帝王聖人休焉。休則虛，虛則實，實者倫矣。」中「虛則實」一句，林氏註云：「虛則實，即禪家所謂真空而後實有也。」（宋・林希逸著，周啟成校注：《莊子鬳齋口義校注》卷五，頁210）。此「真空而後實有」，語出唐・神會《頓悟無生般若頌》，該文云：「真空為體，妙有為用。……湛然常寂，應用無方。用而常空，空而常用。用而不有，即是真空；空而不無，玄知妙有。」（藍吉富主編：《禪宗全書》第36冊，頁495-496）。

物我界限消解，萬物融化為一。

　　林氏註云：「這箇夢覺須有箇分別處，故曰周與蝴蝶則必有分矣。此一句似結不結，卻不說破，正要人就此參究，便是禪家做話頭相似。」[141]「禪家做話頭」，即指宋代大禪師宗杲之「看話禪」，乃專就一則古人的話頭，歷久真實參究以臻於開悟的禪修法。林氏視「莊周夢蝶」如禪宗之「看話禪」。

　　其二，〈養生主〉之「主」一字。林氏註云：「主猶禪家所謂主人公也。」[142]基本上，《莊子・養生主》之「主」，指示一種「精神」，彰顯養生、養神的方法或秘訣莫過於「順任自然」。〈養生主〉篇中，有「庖丁解牛」寓言，「牛」是客觀形勢（社會人事之複雜），「刀」是無厚（虛）；「解牛」是指超越此種種複雜性，人就獲得自由。

　　「主人公」[143]乃禪林用語，指人人本具之佛性。林氏以為《莊子》「養生」之「主」，猶如禪家所稱的「主人公」。

　　其三，〈人間世〉：「顏回曰：『吾无以進矣。敢問其方。』」謂沒有更好的辦法了。

　　林氏註云：「無以進者，言更無向上著也。」[144]「向上著」為禪家語。《景德傳燈錄》云：「向上一路，千聖不傳。學者勞形，如猿捉影。」[145]以「無向上著」註解「無以進」，其義不相類。

---

[141] 宋・林希逸著，周啓成校注：《莊子鬳齋口義校注》卷一，頁44-45。
[142] 宋・林希逸著，周啓成校注：《莊子鬳齋口義校注》卷二，頁47。
[143] 宋・宗紹編：《無門關》第十二則云：「瑞巖彥和尚，每日自喚主人公，復自應諾。」（《大正藏》第48冊，頁294中）。
[144] 宋・林希逸著，周啓成校注：《莊子鬳齋口義校注》卷二，頁62。
[145] 宋・道原纂：《景德傳燈錄》卷七，頁253中。

其四，〈德充符〉：「夫若然者，且不知耳目之所宜，而遊心乎德之和。」不在意耳目適宜於何種聲音，只求心靈遊放於德的和諧之境。

林氏註云：「耳於聽，宜也；目於視，宜也。彼能如此，則不獨以耳聽，不獨以目視，此禪家所謂六用一原也。」[146]其「六用一原」出於馬祖道一。宋・賾藏主編《古尊宿語錄》卷一記載馬祖道一說：

> 一切眾生從無量劫來，不出法性三昧，長在法性三昧中著衣喫飯，言談祇對，六根運用，一切施為，盡是法性，不解返源，隨名逐相，迷情妄起，造種種業。[147]

我們知道，〈德充符〉：「夫若然者，且不知耳目之所宜，而遊心乎德之和。」是指不耽於耳目之所聽所視，去除感官之好惡美醜，混同萬物而遊於心。而禪宗所謂「六用一原」，是指「六根」之用原於「法性」。前者申明去「感官」而從「心」，後者述說「六根」原於「法性」，兩者皆有回歸「心性本源」之義，只是兩者所倡「心性本源」的意義不同。

其五，〈德充符〉：「仲尼曰：『人莫鑑於流水而鑑於止水，唯止能止眾止。』」人可鑑於止水，唯有靜止之物，才能止

---

[146] 宋・林希逸著，周啟成校注：《莊子鬳齋口義校注》卷二，頁84。
[147] 宋・賾藏主編：《古尊宿語錄》卷一（藍吉富主編：《禪宗全書》第43冊），頁4下-5上。

住一切求靜止者。

　　林氏註云：「禪家所謂「將心來，與汝安」。學者曰：「求心了不可得。」其師曰：「與汝安心竟。」便是此一段話。」[148]此禪家三句，出於《景德傳燈錄》，該文云：「光（慧可）曰：『我心未寧，乞師與安。』師（達摩）曰：『將心來，與汝安。』曰：『覓心了不可得。』師曰：『我與汝安心竟。』」[149]此「唯止能止眾止」，依成玄英之疏云：「唯止是水本凝湛，能止是留停鑑人，眾止是物來臨照。亦猶王鮐（獨）懷虛寂，故能容止群生。由是功能，所以為眾歸聚也。」[150]這是說有德者，寧靜虛寂，眾人所歸。

　　禪宗之「將心來，與汝安」，反問為答，為大乘顯示勝義的方式之一。言理，則於無自性處顯空性；言行，則於絕情見處體實性[151]。旨在說明「過去心不可得，現在心不可得，未來心不可得」，體現「無心可覓」則「心安」處處安的境界。

　　其六，〈德充符〉：「夫保始之徵，不懼之實。勇士一人，雄入於九軍。」指勇者無所畏懼。

　　林氏以佛書中亦有「坐蟒岩、守虎穴者」[152]印證之。關於禪僧「坐蟒岩、守虎穴者」，宋・普濟《五燈會元》有多則記載。其中，「坐蟒岩」者，如該書卷一〈十三祖迦毗摩羅尊者〉云：

---

[148] 宋・林希逸著，周啓成校注：《莊子盧齋口義校注》卷二，頁85。

[149] 宋・道原纂：《景德傳燈錄》卷三（《大正藏》第51冊），頁219中。

[150] 唐・成玄英：《南華真經注疏》卷二（北京：中華書局，1998年7月出版），頁114。

[151] 印順：《華雨香雲》（臺北：正聞出版社，1992年4月修訂一版），頁200。

[152] 宋・林希逸著，周啓成校注：《莊子盧齋口義校注》卷二，頁86。

「（十三祖迦毗摩羅尊者）行數里，逢一大蟒，祖直前不顧，盤繞祖身，祖因與授三皈依，蟒聽訖而去。」[153]再如該書卷三〈西園曇藏禪師〉「蟒按首徐行」的故事，其文云：

> 師（西園曇藏禪師）養一犬，……又常於門側伏守，忽一夜頻吠，奮身作猛噬之勢。詰旦，東廚有一大蟒，長數丈，張口呀氣，毒燄熾然。侍者請避之。師曰：「死可逃乎？彼以毒來，我以慈受。……」言訖，其蟒按首徐行，倏然不見。[154]

至於「守虎穴」者，如該書卷二〈牛頭山法融禪師〉云：「（法融）遂引祖（道信）至庵所。遶庵，唯見虎狼之類。祖乃舉兩手作怖勢。」[155]又如同書同卷〈牛頭山慧忠國師〉云：

> 師（慧忠國師）平生一衲不易，器用唯一鐺。嘗有供僧穀兩廩，盜者窺伺，虎為守之。縣令張遜者，至山頂謁問：「師有何徒弟？」師曰：「有三五人。」遜曰：「如何得見？」師敲禪床，有三虎哮吼而出。[156]

---

153 宋・普濟：《五燈會元》卷一（藍吉富主編：《禪宗全書》第7冊），頁21。
154 宋・普濟：《五燈會元》卷三，頁172。
155 宋・普濟：《五燈會元》卷二，頁59。
156 宋・普濟：《五燈會元》卷二，頁65。

最後如同書同卷〈扣冰澡先古佛[157]〉云：「繼居將軍巖，二虎侍側。」[158]

不管是〈德充符〉所謂有德者「保守善始之心，可以雄入九軍而忘生忘死」，或是禪師以「慈」馴「虎」、降「蟒」，都在表現「大無畏」之雄力與精神。

其七，〈駢拇〉：「且夫屬其性乎仁義者，雖通如曾史，非吾所謂臧也；……吾所謂臧者，非所謂仁義之謂也，任其性命之情而已矣。」表彰所謂的善，不是仁義，而在率性任情。

林氏註云：

乃曰：「一日克己復禮，天下歸仁焉。」又曰：「為仁由己，由人乎哉？」語勢起伏便與禪家答話一同。……顏子既於言下領略，乃曰：「請問其目。」此即禪家所謂如何保任之時，四非四勿，……其曰：「為仁由己。」即禪家所謂此事別人著力不得也。[159]

孔子所說「為仁由己」，強調個人皆可行仁的積極面以及「自作主宰」之意涵，而禪宗所謂「別人著力不得」，主要從消極面而言以及「無法取代」的意涵。「保任」與「別人著力不得」，皆

---

[157] 「扣冰澡先古佛」之稱，依宋・普濟《五燈會元》卷二載：「嘗謂眾曰：『古聖修行，須憑苦節。吾今夏則衣楮，冬則扣冰而浴，故世人號為扣冰古佛。』」（藍吉富主編：《禪宗全書》第7冊），頁124。
[158] 宋・普濟：《五燈會元》卷二，頁124。
[159] 宋・林希逸著，周啟成校注：《莊子鬳齋口義校注》卷三，頁144。

出《五燈會元》。該書卷四云：

> 師（長慶大安禪師）即造百丈，禮而問曰：「學人欲求識
> 佛，何者即是？」丈曰：「大似騎牛覓牛。」師曰：「識
> 得後如何？」丈曰：「如人騎牛至家。」師曰：「未審始
> 終如何保任？」丈曰：「如牧牛人執杖視之，不令犯人苗
> 稼。」[160]

用「牛」來比喻眾生的佛性，有其經典上的淵源。《法華經》裡
有「羊車、鹿車、牛車」[161]之喻；《佛遺教經》有「牧牛不令犯
人苗稼」[162]之說。表現禪宗修行階次的十幅圖畫，各圖都以牛為
喻，因此稱為〈十牛圖〉或〈牧牛圖〉。第三章所述宋・廓庵的
「十牛圖」的名稱依次為：「尋牛」、「見跡」、「見牛」、
「得牛」、「牧牛」、「騎牛歸家」、「忘牛存人」、「人牛俱
忘」、「返本還源」、「入廛垂手」。

　　依照禪修思想，運用圖畫將尋覓本性的過程循序漸進地排列
的便是「十牛圖」。「騎牛覓牛」為「起步摸索」階段，「人牛
俱忘」為「證悟、見性」階段，此後令「功夫逐漸純熟」為「保

---

[160] 宋・普濟：《五燈會元》卷四，頁191。

[161] 後秦・羅什譯《法華經》卷二：「汝等所可玩好希有難得，汝若不取，後必憂
悔。如此種種羊車、鹿車、牛車今在門外，可以遊戲。」（《大正藏》第9冊，
頁12下）

[162] 後秦・羅什譯《佛遺教經》：「汝等比丘，已能住戒當制五根，勿令放逸入於五
欲，譬如牧牛之人執杖視之，不令縱逸，犯人苗稼。」（《大正藏》第12冊，頁
1111上）。北涼・曇無讖譯《大般涅槃經》卷二十二：「凡夫之人不攝五根馳騁
五塵，譬如牧牛不善守護，犯人苗稼。」（《大正藏》第12冊，頁496上）。

任」階段。

　　禪師在悟得後還有「保任」工夫。《五燈會元》卷十五補充云：「（雲門文偃）曰：『此事無汝替代處，莫非各在當人分上。』」[163]謂保任由己，別人無從代勞。

　　〈駢拇〉文字著重「任其性命之情」，回歸自然而非人為之仁義，而林氏之註文闡揚「修行由己」，悟後猶有「保任」工夫。

　　其八，〈在宥〉：「故君子苟能无解其五藏，无擢其聰明；尸居而龍見，淵默而雷聲，神動而天隨，從容无為而萬物炊累焉。」指君子之修養，不縱情，不顯耀，安居不動而神采奕奕，沉靜緘默而感人深切，精神活動合於自然，從容無為而萬物生機勃勃。

　　林氏註云：「尸居無為而威儀可則，自然有文，故曰尸居而龍見。……雖不言而德動人也，禪家所謂是雖不言，其聲如雷也。」[164]「禪家所謂是雖不言，其聲如雷也」，出自《景德傳燈錄》卷八，其文云：「（五臺隱峰禪師訪溈山去後）溈山問侍者：『去時有什麼言語？』對云：『無言語。』溈山云：『莫道無言語，其聲如雷。』」[165]又《大慧普覺禪師語錄》卷十七亦云：「這箇是理與神忽然相撞著，不覺到說不得處，雖然不語，其聲如雷。」[166]

---

[163] 宋・普濟：《五燈會元》卷十五，頁926。
[164] 宋・林希逸著，周啓成校注：《莊子鬳齋口義校注》卷四，頁165。
[165] 宋・道原纂：《景德傳燈錄》卷八，頁259中。
[166] 宋・宗杲：《大慧普覺禪師語錄》卷十七（藍吉富主編：《禪宗全書》第42冊），頁362下。

〈在宥〉之「無解其五藏，無擢其聰明；淵默而雷聲」，鄭重宣揚「無為」而「無不為」，「寂而後動」；而禪家之「雖然不語，其聲如雷」，亦有此意味。

其九，〈秋水〉：「計人之所知，不若其所不知；其生之時，不若未生之時；以其至小求窮其至大之域，是故迷亂而不能自得也。」意指以有限智慧、生命，尋求無限時空，了不可得。

林氏註云：「人之所知者，人也；其所不知者，天也。且如既生之後，我則知之，未生前，我何由知之！即禪家所謂「父母未生以前道一句子。」[167]以禪宗「父母未生以前道一句子」釋之。

「父母未生以前道一句子」，宋·道原纂《景德傳燈錄》卷十一云：「吾（潙山靈祐）不問汝（香嚴智閑[168]）平生學解及經卷冊子上記得者，汝未出胞胎、未辨東西時本分事，試道一句來。」[169]又宋·普濟《五燈會元》卷十一也載寶壽沼禪師問寶壽二世所云：「父母未生前，還我本來面目來。」[170]此「本來面目」乃指身心自然脫落而現前之人人本具之心性，又作「本地風光」、「本分田地」、「自己本分」、「本分事」。

---

[167] 宋·林希逸著，周啓成校注：《莊子鬳齋口義校注》卷六，頁262。

[168] 香嚴（？-898），唐代僧，法號智閑，青州（山東益都）人。初從百丈懷海出家，後謁潙山靈祐禪師，不契，泣涕辭去。偶於山中芟草，瓦礫擊竹作聲，廓然有省，乃悟潙山祕旨，因嗣其法。住於鄧州香嚴山，化法大行，淨侶千餘人，世稱香嚴禪師。其〈悟道偈〉云：「一擊忘所知，更不假修持；動容揚古路，不墮悄然機；處處無蹤跡，聲色外威儀；諸方達道者，咸言上上機。」（明·語風圓信、郭凝之編：《潭州潙山靈祐禪師語錄》，《大正藏》第47冊，頁580中）。

[169] 宋·道原纂：《景德傳燈錄》卷十一，頁283下-284上。

[170] 宋·普濟：《五燈會元》卷十一，頁667。

〈秋水〉彰顯「以小求大」之不可能，而禪宗「本來面目」旨在開豁人人本具之心性。

其十，〈知北遊〉：「夫知者不言，言者不知，故聖人行不言之教。」有智慧的人往往不多說，因為道不在言語，故聖人常行不言之教。

林氏註云：「知者不言，此是達摩西來，不立文字，直指人心，見性成佛。不言之教，即維摩不二法門也。」[171]此在於會通莊子「知者不言」與禪家「不言之教」之風格。然「不言之教」說的是實踐，「維摩不二法門」講的是超越相對之「一與多」、「有與無」、「美與醜」、「善與惡」而採取一種「無分別心」的修行門徑。

其十一，〈庚桑楚〉載，畏壘之民對於庚桑楚欲相與尸而祝、社而稷。庚桑楚曰：「吾聞至人，尸居環堵之室，而百姓猖狂不知所如往。今以畏壘之細民而竊竊焉欲俎豆予于賢人之間，我其杓之人邪！吾是以不釋於老聃之言。」庚桑楚以為，至人無為化成，百姓與之同居而不知。今百姓欲俎豆之，則其德修淺顯，非至人也歟！

林氏註云：「如釋氏言：『我修行無力，為鬼神覷破』是也。」[172]「我修行無力，為鬼神覷破」見《景德傳燈錄》卷八，其文云：

---

[171] 宋・林希逸著，周啟成校注：《莊子鬳齋口義校注》卷七，頁329。

[172] 宋・林希逸著，周啟成校注：《莊子鬳齋口義校注》卷七，頁350-351。

師（南泉普願）擬取明日遊莊舍，其夜土地神先報莊主，莊主乃預為備。師到，問莊主：「爭知老僧來？排辦如此！」莊主云：「昨夜土地報道和尚今日來。」師云：「王老師修行無力，被鬼神覷見。」[173]

南泉普願禪師以為自己修行工夫不深，為鬼神所覷見。此與庚桑楚以為自己修德不深，有異曲同工之妙。

其十二，〈庚桑楚〉載，「南榮趎贏糧，七日七夜至老子之所」見老子，老子曰：「子何與人偕來之眾也。」意在探問為何心中有各種意念。

林氏註云：「正釋氏所謂『汝胸中正鬧』也。」[174]此「汝胸中正鬧」出於宋・普濟《五燈會元》卷三，其文云：「師（無業國師）問：『如何是祖師西來密傳心印？』祖（馬祖道一）曰：『大德正鬧在，且去，明時來。』」[175]兩者皆言心中有各種聲音，故不平靜。

其十三，〈庚桑楚〉載，南榮趎曰：「不知乎？人謂我朱愚。知乎？反愁我軀。不仁則害人，仁則反愁我身；不義則傷彼，義則反愁我己。我安逃此而可？」此說明南榮趎面對「知」與「不知」、「仁」與「不仁」、「義」與「不義」陷入「兩難困境」。

---

[173] 宋・道原纂：《景德傳燈錄》卷八，頁257下。
[174] 宋・林希逸著，周啓成校注：《莊子鬳齋口義校注》卷七，頁354。
[175] 宋・普濟：《五燈會元》卷三，頁163。

林氏註云：「若有心乎用知，則反為我身之累，此意蓋謂無心既不可，有心又不可，即釋氏所謂『恁麼也不得，不恁麼也不得』。」[176]林氏以為禪宗之修行也在「有心」與「無心」、「恁麼」與「不恁麼」之間。

這裡，「恁麼也不得，不恁麼也不得」出於宋・普濟《五燈會元》卷五，其文云：

> （藥山惟儼）首造石頭（希遷）之室，便問：「三乘十二分教某甲粗知，嘗問南方直指人心，見性成佛，實未明了，伏望和尚慈悲指示。」頭曰：「恁麼也不得，不恁麼也不得，恁麼不恁麼總不得。子作麼生？」[177]

對於南榮趎兩難於「知與不知」、「仁與不仁」，老子告以「至人者，相與交食乎地而交樂乎天，不以人物利害相攖，不相與為怪，不相與為謀，不相與為事，翛然而往，侗然而來」的「衛生」之道。期以「無為」之法破「兩難」之困。而禪宗「恁麼也不得，不恁麼也不得」，在於迫人棄思慮，入「言語道斷」之境界。

其十四，〈徐無鬼〉云：

> 凡成美，惡器也；君雖為仁義，幾且偽哉！形固造形，成固有伐，變固外戰。君亦必无盛鶴列於麗譙之間，无徒驥

---

[176] 宋・林希逸著，周啓成校注：《莊子鬳齋口義校注》卷七，頁354。
[177] 宋・普濟：《五燈會元》卷五，頁257。

於錙壇之宮，无藏逆於得，无以巧勝人，无以謀勝人，无
以戰勝人。

有「美」必有「惡」，「美惡相生」，凸顯「仁義」必有「造
偽」之事生，故一切回歸「無為」──「無盛鶴列於麗譙之間，
無徒驥於錙壇之宮，無藏逆於得，無以巧勝人，無以謀勝人，無
以戰勝人。」

林氏註云：「其意蓋曰君之用心，若與物鬥，則一室之內，
皆若步兵騎卒列陣於前，無非爭奪之境界也，釋氏所謂一切由心
造是也。」[178]莊文旨在發揚「無為」之道，林氏轉歸於「一切由
心造」。

「一切由心造」出於宋・賾藏主編《古尊宿語錄》卷一，其
文云：「（南嶽懷讓）示徒云：『一切萬法，皆從心生，心無所
生，法無能住。』」[179]這是佛教「心」能生萬法的思想。

其十五，〈徐無鬼〉：「遭時有所用，不能无為也。此皆
順比於歲，不物於易者也，馳其形性，潛之萬物，終身不反，悲
夫！」此言「身心外馳」，不知返歸。

林氏註云：「馳其形性，言役其身心也。潛之萬物，潛，沒
也，汩沒於萬物之中。終其身而不知反，反者，猶釋氏言回光自
照也。」[180]此「回光自照」，指驀然自反，直下照見自心。「釋

---

[178] 宋・林希逸著，周啓成校注：《莊子鬳齋口義校注》卷八，頁376。
[179] 宋・賾藏主編：《古尊宿語錄》卷一，頁3下。
[180] 宋・林希逸著，周啓成校注：《莊子鬳齋口義校注》卷八，頁381。

氏言回光自照」，出於宋・賾藏主編《古尊宿語錄》卷四〈鎮州臨濟慧照禪師語錄〉，其文云：「你言下便自迴光返照，更不別求，知身心與祖佛不別，當下無事，方名得法。」[181]兩者皆言不馳騖於外，而返歸自心。

其十六，〈徐無鬼〉云：

> 其問之也，不可以有崖，而不可以无崖。頡滑有實，古今不代，而不可以虧，則可不謂有大揚推乎！闔不亦問是已，奚惑然為！以不惑解惑，復於不惑，是尚大不惑。

萬物紛紜中各有實理，古今不相代換，各盡其分而不可虧損，這可不是一項偉大的妙理嗎？以不疑惑來解釋疑惑，返回到不疑惑的境界。

林氏註云：

> 何不問此造物之理，又奚疑乎！故曰奚惑然為！以此不疑之理而解天下之疑，而又復歸於不疑之地，則庶幾乎至於大不疑矣。趙州問南泉不疑之道，便是此數語之意。[182]

「趙州問南泉」出自《景德傳燈錄》卷十，其文云：

---

[181] 宋・賾藏主編：《古尊宿語錄》卷四，頁53上。
[182] 宋・林希逸著，周啟成校注：《莊子鬳齋口義校注》卷八，頁396。

異日（趙州從諗）問南泉：「如何是道。」南泉曰：「平
常心是道。」師曰：「還可趣向否？」南泉曰：「擬向即
乖。」師曰：「不擬時如何知是道？」南泉曰：「道不屬
知、不知，知是妄覺，不知是無記。若是真達不疑之道。
猶如太虛，廓然虛豁，豈可強是非邪！」師言下悟理。[183]

這裡，林氏用其事而不用其義。

其十七，〈則陽〉載王果說公閱休之為人：「其於物也，
與之為娛矣；其於人也，樂物之通而保己焉；故或不言而飲人以
和，與人並立而使人化。」公閱休與人、與物皆能和諧共處，飲
人以心靈之和諧，並使人感化。

林氏註云：

> 其於人世，循乎萬物之理，而略無窒礙，以自保其真為
> 樂，故曰樂物之通而保己。有不言之教，可以悟人，如以
> 至和飲之也，佛書所謂如飲醍醐是也。[184]

「如飲醍醐」語出《景德傳燈錄》卷五，其文載南嶽懷讓對馬祖
道一說法：「一聞示誨，如飲醍醐。」[185]以「如飲醍醐」表示對
人教化影響之深。

---

[183] 宋・道原纂：《景德傳燈錄》卷十，頁276下。
[184] 宋・林希逸著，周啟成校注：《莊子鬳齋口義校注》卷八，頁398。
[185] 宋・道原纂：《景德傳燈錄》卷五，頁240下。

其十八，〈列禦寇〉：「賊莫大乎德有心而心有睫，及其有睫也而內視，內視而敗矣。」以為有心為德非真德也，而心開如眼目，思前算後，則偽更甚，而危敗甚矣！

林氏註云：「此數語於學道人分上最為親切，禪家所謂滲漏心，又曰第二念，便是此意。」[186]文中「禪家所謂滲漏心，又曰第二念」，出於宋・普濟《五燈會元》卷十三所載洞山良价之「三滲漏」，其文云：

> 末法時代，人多乾慧。若要辨驗真偽，有三種滲漏。一曰見滲漏，機不離位，墮在毒海。二曰情滲漏，滯在向背，見處偏枯。三曰語滲漏，究妙失宗，機昧始終，濁智流轉。於此三種，子宜知之。[187]

「見滲漏」，是指猶有我見之意，執著於知之對象，而不見真實；「情滲漏」，是指猶存情識之意，取此捨彼，乃含有彼此對立的思維方法；「語滲漏」，是指滯迷於文字言句，不知文字僅是悟理之工具。禪家以為「第二念」常是經過思維、算計，故不真。

可以說，莊文強調「無心」，認為「有心」則不真，而思前計後，則其偽更甚。此在修行上，莊文強調「無心」，禪家傾重「直心」，不受第二念。

---

[186] 宋・林希逸著，周啓成校注：《莊子鬳齋口義校注》卷十，頁485。
[187] 宋・普濟：《五燈會元》卷十三，頁785。

上面這些例證顯示，林希逸大量選取禪師語錄、禪宗公案和故事註解、詮釋《莊子》之修養論。在《莊子口義》中，《古尊宿語錄》、《景德傳燈錄》、《五燈會元》、《大慧普覺禪師語錄》等所載禪師之特殊言教、身教，皆成為林氏闡述、解說《莊子》文義的材料。諸如林希逸應用馬祖道一「六用一原」，解說〈德充符〉「去耳目感官而從心」；次如他援引禪僧「坐蟒岩、守虎穴」，解說〈德充符〉「勇者大雄力」；另如他取資禪家「不語如雷」譬喻〈在宥〉之「淵默雷聲」；再如他以南泉普願「自謙疏修」比擬「庚桑楚」之「吾非至人」而「辭謝俎豆」；又如他藉由禪宗「是否恁麼總不得」故「棄思慮」，說明〈庚桑楚〉中南榮趎面對「兩難困境」的可行活路；最後如他採摘禪宗「回光自照」註解〈徐無鬼〉「外馳之悲」等等。這些「會通」，都相當活潑而發人深省。

　　林希逸《莊子口義》「以禪解莊」的註文，也不免出現牽強附會之處。如前舉第二例他以禪宗「主人公」指謂〈養生主〉之「主」；再如第九例，他用禪宗「父母未生前」之「本來面目」註解〈秋水〉「至小求窮其至大」；又如第十四例，他用禪家「一切由心造」註解〈徐無鬼〉「成美，惡器」、「仁義，造偽」等，這些註解確有唐突之嫌。

二、明・方以智《藥地炮莊》

　　《藥地炮莊》是方以智後期思想之代表作[188]。與方以智同年生、對方氏其人其書有所認識的錢澄之[189]（1611-1693）說：「今道人（方以智）既出世矣！然猶不肯廢書。獨其所著書多禪語，而會通以《莊》、《易》之旨。」[190]此處「所著書多禪語，而會通以《莊》之旨」，指的就是《藥地炮莊》。侯外廬認為，《藥地炮莊》之「炮莊」的取義，即「且劈古今薪，冷灶自燒煮」，乃用《莊子》作典型的「薪」材，燒煮一番，以得正確之義[191]。

　　《藥地炮莊》薈集了古人的注解，而後用愚、愚者、藥、藥地、藥炮者、炮藥者、極丸老人等為名進一步作註。檢視該書內容，可發現方以智主要「以禪解莊」，其次以「打禪語」[192]，即

---

[188] 方以智前期之學術作品以《通雅》為代表。此外，尚有《東西均》，方以智在〈東西均開章〉曰：「均者，造瓦之具，旋轉者也。」（氏著，龐樸注譯：《東西均》，北京：中華書局，2001年3月初版，頁1）。此書完成於清順治九年（1652）前後，為方氏最早完整地論述其哲學思想的主要著作。至於方氏《浮山文集》、《象環寤記》等書，其中多雜揉了佛教思想。

[189] 錢澄之，初名秉鐙，字飲光，安徽桐城人。明諸生。弱冠時，有閹黨為御史巡按至皖，盛威儀謁孔子廟，觀者如堵，澄之徐正衣冠，直立昌言以詆之，由是名聞四方。崇禎朝以明經貢京師，屢上書言時政得失，不報，遊吳越間，文社相引為重。著有《田間文集》三十卷、《田間詩集》二十八卷等。

[190] 清・錢澄之：《田間文集》卷十二〈通雅序〉（續修四庫全書編委會編：《續修四庫全書》第1401冊，上海：上海古籍出版社，2002年初版），頁143上。

[191] 侯外廬主編：《中國思想通史》（第四卷下）（北京：人民出版社，1960年4月初版），頁1152。

[192] 關於「禪語」之形成，印順說：「似箇物，就是『說似一物即不中』。這有什麼可說可立呢？然在接引學人，假名是不無作用的，所以還是『立知見』，『立言說』，名為『無念』，喚作『佛性』。洪州、石頭門下，傾向於『不立言說』（不立文字）。不是說不可以立，只怕你不能言下悟入；而所說所立，引起副作用，反增執見。百丈就對靈祐說：『不辭與汝道，久後喪吾兒孫。』（《大正

「下轉語」[193]，令聽者或受教者之迷團為之釋然，如楛得脫。

方以智在《藥地炮莊》，除了徵引「禪宗語言」解莊之外[194]，

藏》第51冊，頁249下）。這樣的發展起來，就超佛，進一步越祖，從教意（佛法大意）到祖意（祖師西來意），進而連祖意也不立。專在日常生活，當前事物，一般語言，用反詰，暗示，警覺……去誘發學人的自悟，終於形成別有一格的禪語禪偈。」（氏著：《中國禪宗史》，臺北：正聞出版社，1987年4月四版，頁338）。

[193] 方以智「以禪解莊」中也使用「下轉語」的方式，以推拓思路，帶來「點化」之效。這種例子不少，舉下面數則為證：其一，針對〈逍遙遊〉「逍遙義」。方氏註云：「潛草曰：『無以易之，固是逍遙，洒然自笑，亦逍遙也。』憨山曰：『菩薩住在極樂，做甚事，我要扯他出來。』聞子將曰：『自大乘聖人視之，通體是苦，即使漆園現身住世，安得逍遙？』愚曰：『說痛亦是搔癢。』」（明・方以智：《藥地炮莊》卷一，頁187-188）方氏以為「說痛亦是搔癢」是一邊，說「逍遙」亦是一邊，離此兩邊才屬中道。其二，〈逍遙遊〉：「何不樹之於无何有之鄉，廣莫之野，彷徨乎无為其側，逍遙乎寢臥其下。」此謂「逍遙之境」。方氏註云：「逍遙乎寢臥其下，搏扶搖而上，是二時耶？始終耶？上覷低頭見不能及矣！既曰逍遙遊，如何添一句云：『傍徨其側，無中無邊耶？樂得傍觀耶？』愚曰：『天眼下視，還是鑿開？還是打瞎？』」（同上，頁188）「二時耶？始終耶？」顯示出智者之思辯；至於「天眼下視」，竟是「鑿開」抑或「打瞎」？同樣富於辯證。其三，對於〈齊物論〉所申萬物平等之篇旨。方氏註云：「鯤鵬蜩鳩，權教蝴蝶暫吞；養虎解牛，祇為狙公作怪。須知病症藥性，莫賣招牌；聊且環中寓庸，夢醒自遭。卻問，以了生死作門戶者，殺人多少。若許殺活爭雄，更是訂盟搆鬨，但今窮盡自休耶？難道聽風飄墮耶？沒奈何兩行一參，春秋度歲耶？究竟真宰是誰？物論如何齊得？藥地拾一古方，舉起看曰：『字經三寫，烏焉成馬。』」（同上，頁193-194）他以為〈齊物論〉探討「物如何齊」，如果停留在語言、感官層次，則如「字經三寫，烏焉成馬」，愈描愈亂。又云：「道家曰：『形神離則死。』又曰：『大患惟吾有身。』《易》言：『不獲其身。』而孟子曰：『萬物皆備於我。』聖人亦作巧語耶？此篇首言喪偶，中間乃言兩行，毋乃主伴不孤起，火候當三番乎？那吒析骨還父，析肉還母，始現全身，自是平日用功，經悟如斯，非故洸洋，不可致詰。愚者曰：『撩起便行，能有幾關。』」（同上，頁194-195）方氏相信修行來自平日，故非不可理解。

[194] 對於〈齊物論〉篇旨，方以智註云：「因是已，此是非無是非之主中主也，此之謂以明。誰明此因而得樞寓之應乎？中庸二字，神明二字，理事二字，折攝離微，即是交蘆，相奪相融，皆十玄門，誰物物乎？誰齊齊乎？誰論論乎？莫若以明，乃能不惑。」（氏著：《藥地炮莊》卷一，頁195）「主中主」有二說：其一，臨濟義玄所創四賓主之一。賓，指學人、徒弟；主，指師家。「主中主」，謂師家接引學人時，立於其本分之立場，展開獨立、活潑、不拘常格之教法，故禪林有「師家有鼻孔」之稱。反之，若師家一心欲接得學人，然不善於破除學人之執著，以令其返回本分立場，則稱「主中賓」，對此類情形，則有「師家無鼻孔」之稱。其二，曹洞宗所立四賓主之一。主，指正、體、理等；賓，指偏、用、事等。「主中主」，謂理之本體並非直接顯現於日常之事相上。〈洞

往往引用禪理詮解《莊子》[195]的修養論。茲列舉五則縷析於後：

其一，〈德充符〉之篇旨——藉許多殘畸者之德行，以破除外形殘全的觀念，而重視人的內在性。

方氏註云：

上古轍〉卷上云：「理之本體不涉於用者，名主中主，喻如帝王深居九重之內也。」（清・道霈重編：《永覺元賢禪師廣錄》卷二十七，《卍續藏經》第125冊，頁718下）。反之，從理體之中，自然能引發出「用」與「事」，稱為「主中賓」。〈洞上古轍〉卷上云：「親從體發出用者，名主中賓，喻如臣相奉命而出者也。」（同上）。「十玄門」又稱「十玄緣起」，全稱「十玄緣起無礙法門」，或作「華嚴一乘十玄門」、「一乘十玄門」，單稱「十玄」，表示法界中事事無礙法界之相，通達此義，則可入華嚴大經之玄海，故稱「玄門」；又此十門相互為緣而起，故稱緣起。十門相即相入，互為作用，互不相礙。此乃運用曹洞宗所立「四賓主」之「主中主」，即「理之本體並非直接顯現於日常之事相上」之理，說明「因是」，亦即「莫若以明」之道。對於〈齊物論〉「即使我與若辯矣，若勝我，我不若勝。」方氏註云：「設為三個人，擺出四料揀，樂府收中吾，愈解愈不著。」（明・方以智：《藥地炮莊》卷一，頁238）。「四料揀」，即四種簡別法，為臨濟義玄所施設，乃是應機應時，與奪隨宜，殺活自在地教導學人之四種規則：（一）奪人不奪境，即奪主觀而存客觀，於萬法之外不承認自己，以破除對人、我見之執著。（二）奪境不奪人，即奪客觀而存主觀，以世界映現在一己心中，破除以法為實之觀點。（三）人境俱奪，即否定主、客觀之見，兼破我執與法執。（四）人境俱不奪，即肯定主、客觀各各之存在。此乃義玄禪師於小參之際，應普化、克符之問法，對機而設施之軌範。（參見宋・普濟：《五燈會元》卷十一，頁645-646）。「樂府收中吾，越解越不著」，表示「既不契理也不契機，越解越迷糊」。對於〈齊物論〉「莊生夢蝶」。方氏註云：「喪家之狗吠哉！人牛俱失矣！鵬賦曰：天不可與慮，道不可與謀。徒笑鳶魚之腐，欲逐蟪蛉之魂，且以蝴蝶之影，捄活麒麟之阿何如？」（明・方以智：《藥地炮莊》卷一，頁242）。此「人牛俱失」，即人與覺牛的自我意識都不存之境界。

[195] 方以智亦有引用佛理直接說明，但不多，例如：針對〈齊物論〉「南郭子綦隱机而坐，仰天而噓，荅焉似喪其耦」，方氏引圓覺曰：「若知我空，無毀我者，物論何足累耶？」亦即知「我」、「法」兩空，則物不足累。方氏又云：「震來虩虩，笑言啞啞，喪貝勿逐，而無喪有事矣！怒邪喑咙，原非兩際。」（明・方以智：《藥地炮莊》卷一，頁197）。意謂能「定」則無「喪有」之事，「動」之與「靜」原非兩邊。對於〈齊物論〉之「天地一指也，萬物一馬也」，方氏註云：「愚曰：肇抄莊乎？莊抄肇乎？天地一指，其空拳乎？萬物一馬，其猜枚乎？急急袖手，停囚長智。」（同上，頁215）「停囚長智」，暗喻智慧被關在裏面而出不來。

是甚貓頭造符出售，提燈傀影，恐認不真，不免裝面舞儺，自供玩弄。白雲與五祖曰：「不及一籌，汝怕人笑。」柴桑貧士出門句曰：「萬一不合意，永為世笑之。」達人亦怕人笑耶？符在那裡？低頭歸菴。水中泥塊，既洗不清，覷破英雄欺人，又為拂袖所誤，還須自己一充，畢竟如何是真面目？[196]

「不及一籌，汝怕人笑」，《續傳燈錄》卷十三云：

> 舒州白雲守端禪師，……往參楊岐。岐一日忽問：「受業師為誰？」師曰：「茶陵郁和尚。」岐曰：「吾聞伊過橋遭有省，作偈甚奇能記否？」師誦曰：「我有明珠一顆，久被塵勞關鎖。今朝塵盡光生，照破山河萬朵。」岐笑而趨起，師愕然通夕不寐，黎明咨詢之。適歲暮，岐曰：「汝見作日打毆儺者麼？」曰：「見。」岐曰：「汝一籌不及渠。」師復駭曰：「意旨如何？」岐曰：「渠愛人笑，汝怕人笑。」師大悟。[197]

「渠愛人笑，汝怕人笑」，表示兩者皆有「我」在。「愛人笑者」為「自尊」，「怕人笑者」為「自卑」。不管「自尊」或「自卑」，其背後皆「我執」未破，有一個「我」在。可見，

---

[196] 明・方以智：《藥地炮莊》卷二，頁305。
[197] 明・圓極居頂編：《續傳燈錄》卷十三（《大正藏》第51冊），頁547中。

〈德充符〉之篇旨與方氏之註文，兩者各有所指。

其二，〈德充符〉之「申徒嘉，兀者也」。申徒嘉雖兀，然德行修養皆值得讚歎。

方氏註云：「愚曰：王生目張廷尉結襪，正要踢出朝廷公卿腳跟。黃石脫下一隻履，正欲煉定古今豪傑腳跟。有開此眼者乎？兀者曰：伸腳即在縮腳裡。」[198]此「伸腳即在縮腳裡」，《大明高僧傳》卷六云：

> 釋守珣號佛燈，……圓悟聞，竊疑其未然，乃曰：「我須勘過始得。」令人召至，因與遊山，偶到一水潭。圓悟推珣入水，遽問曰：「牛頭未見四祖時如何？」珣曰：「潭深魚聚。」曰：「見後如何？」珣曰：「樹高招風。」曰：「見與未見時如何？」珣曰：「伸腳在縮腳裡。」圓悟大稱之。[199]

「伸腳即在縮腳裡」，此敘述有其矛盾，而道理在於「伸腳」是對「縮腳」而言，「伸腳」與「縮腳」皆「緣起無自性」，皆是「假名」。禪宗以矛盾語言的教導方式，在於教人回歸自心。

其三，〈大宗師〉：「知天之所為，知人之所為者，至矣。」知道哪些是屬於自然，哪些是屬於人為，則是洞察事理的極境。

---

[198] 明・方以智：《藥地炮莊》卷二，頁314。
[199] 明・釋如星：《大明高僧傳》卷六〈釋守珣傳〉（《大正藏》第50冊），頁921上。

方氏註云：

> 劍去久矣！乃采畫其舟痕；鷂過新羅[200]，更自夸其好手。
> 不立鵠的，而曰射無不中，是誰不被惑亂？非真知者，豈
> 知此心之有大宗師乎？果然真知，大宗師猶是糠秕。[201]

「鷂過新羅」[202]，《續傳燈錄》卷二十八云：「不識煩惱是菩
提，若隨煩惱是愚癡。起滅之時需要會，鷂過新羅人不知。」[203]

這首詩的意涵是，覺悟「煩惱」是「空性」，即是「菩
提」；若隨「煩惱」起舞，便是「愚癡」。「生生滅滅」的道理
值得深參，而「生生滅滅」之中有「不生不滅」。這個道理，來
中國取經的「新羅僧」應已體會。此兩者之修養論各有所指。

---

[200] 大乘佛教在中國，不但深入了中國社會，而且還向周邊鄰近諸國傳布。唐、宋以
來，佛教從中國傳到了日本、朝鮮（當時名為高麗、百濟、新羅）、安南。那時
中國佛教極盛，國家也非常強大。日本、朝鮮的僧人，不斷的到中國來留學，中
國政府也特別給他們便利。他們學成以後，就把佛法帶回去。歷代佛教史料對此
多有所載記，例如，元‧念常集：《佛祖歷代通載》卷十三即記載了有關「新羅
僧」的一段史實，該文云：「秋七月，皇太子即位于靈武，是為肅宗。旬日諸鎮
節度兵至者數十萬，乃以房琯為相，兼元帥討賊。未幾，為祿山所敗。于時寇難
方劇，或言宜憑福祐，帝納之，引沙門百餘人，行宮結道場，朝夕諷唄，帝一夕
夢沙門身金色誦寶勝如來名，以問左右，或對曰：『賀蘭白草谷有新羅僧名無漏
者，常誦此佛頗有神異。』帝益訝之，有旨追覓無漏，固辭不赴。尋敕節度郭子
儀諭旨，無漏乃來見于行在，帝悅曰：『真夢中所見僧也。』既而三藏不空亦見
于行宮，帝併留之，託以祈禳。」（《大正藏》第49冊，頁598中）。

[201] 明‧方以智：《藥地炮莊》卷三，頁337。

[202] 方以智《東西均》之〈道藝〉亦提及「鷂過新羅」，其文云：「頓悟門自高於學
問門，說出學字，則似個未悟道底。嗟乎！道是什麼？悟個什麼？囫地一橛，鷂
過新羅，尚守定得意，掛在面上以教人乎？真大悟人本無一事，而仍以學問為
事，謂以學問為保任也可，謂以學問為茶飯也可。」（明‧方以智著，龐樸注
譯：《東西均》，頁187）。「囫地一橛」，為佛教參禪頓悟之狀。

[203] 明‧圓極居頂編：《續傳燈錄》卷二十八，頁660上。

其四，〈大宗師〉「安時而處順」之道。

方氏註云：

> 物即是天，吾又何惡焉？然則叱避者何？曰：鼓奏齒夫
> 馳，明月本不食。鼠肝虫臂，亦具獅子嚬呻，只是不能返
> 擲。譚曰：又將奚以汝為？來生事，真是茫然，則今生之
> 虛生浪死，果如何免耶？薛曰：靠倒造化，自有樂意，生
> 身之妙，且道與須臾所云，未生前皆在裡許，合此三句，
> 哪一句是獅子返擲？愚曰：叱。[204]

此「獅子返擲」，《佛果圜悟禪師碧巖錄》卷二云：

> 古人曾答此話云：問取天邊月，雪竇頌了，末後須有活
> 路，有獅子返擲之句。更提起與爾道。提婆宗，提婆宗，
> 赤旛之下起清風。巴陵道，銀碗裡盛雪。為什麼雪竇卻道
> 赤旛之下起清風，還知雪竇殺人不用刀麼？[205]

「獅子返擲」是開一個活路、留一個活口的意思。而「提婆宗」
即禪宗宗風之一[206]，其宗風乃「空卻」一切法，「空卻」則不用

---

[204] 明・方以智：《藥地炮莊》卷三，頁376-377。
[205] 宋・重顯頌古，克勤評唱：《佛果圜悟禪師碧巖錄》卷二（《大正藏》第48冊），頁154中-下。
[206] 印順說：「或稱南禪為『提婆宗』也。凡此，悉見南禪與般若、三論師之相關。」（氏著：《佛教史地考論》，臺北：正聞出版社，1992年4月修訂一版，頁54）。

力，尤其順道法愛更需要「空卻」。「不念不取」，不取，是不執取當前的虛妄境界；不念，是對不覺心起的妄念，澈底的破除；通達念無自相可得，但是妄境的影象，而保持其本來清淨妙用。此兩者之修養論各有所示。

其五，〈大宗師〉：

> 意而子見許由。許由曰：「堯何以資汝？」意而子曰：「堯謂我：『汝必躬服仁義而明言是非』」。許由曰：「而奚來為軹？夫堯既已黥汝以仁義，而劓汝以是非矣，汝將何以遊夫遙蕩恣睢轉徙之塗乎？」

意指既為仁義所束縛，自不復遊於逍遙、放任之境，無所繫縛之途。

方氏註云：「既不受方內之黥劓，又豈受方外之黥劓乎？法眼喜淵明，攢眉便歸去。何如范武子，不赴遠公招。」[207]此「攢眉便歸去」，《萬松老人評唱天童覺和尚頌古從容庵錄》云：

> 萬松道：「半遮半掩，謾渠一點不得。」翠巖芝云：「何勞如此？」萬松道：「已是起模畫樣了也。」又云：「若有僧來見簡什麼？」萬松道：「猶嫌少在。」復云：「知時好。」萬松道：「若是陶淵明，攢眉便歸去。」[208]

---

[207] 明·方以智：《藥地炮莊》卷三，頁387。
[208] 宋·正覺頌古，元·行秀評唱：《萬松老人評唱天童覺和尚頌古從容庵錄》卷二

「攢眉便歸去」，表示用眼「示意」即通，猶如「世尊拈花，迦葉微笑」[209]，以心印心。兩者其實是各有所指。

從上面五例可見，方以智《藥地炮莊》多處引用了《續傳燈錄》、《大明高僧傳》、《佛果圜悟禪師碧嚴錄》、《萬松老人評唱天童覺和尚頌古從容庵錄》等禪宗語錄及禪師傳記資料，作為註解《莊子》修養論之基礎，其結果是「借莊談禪」。此外，方氏註文用語詼諧，間出問句，自成一格。不過，他的「反問」，往往有其奧義，如前舉註〈德充符〉一段，用「畢竟如何是真面目？」作尾，這純然是「禪式」提問，一方面警示自己此一課題之難度，一方面也鼓勵讀者加以深層考察；換言之，他似乎有意針對終極性、根本性問題進行哲學式探究。

三、清・釋淨挺《漆園指通》

《漆園通指》解莊之形式，係將《莊子》三十三篇分篇、逐段註解，再以「通云」發揮其禪理或禪趣。「通云」之結構，概以「禪機」呈顯，而「通云」之內容，除引用佛教經典[210]外，尤

（《大正藏》第48冊），頁242中。

[209] 花開空無自性，因緣具足自然花開。

[210] 《漆園指通》引用之「佛教經典」，有《攝大乘論釋》、《維摩詰經》、《六祖壇經》、《十住毗婆沙論》、《金剛經》、《大方廣佛華嚴經》、《註華嚴經題法界觀門頌》、《觀音玄義記》等。其中舉舉大者如下：其一，釋〈逍遙遊〉「野馬也，……其視下也，亦若是則已矣。」其文曰：「譬之於水，蛟龍視為窟宅，餓鬼視為火輪，諸天視為七寶，有定形耶？有定名耶？」（清・釋淨挺：《漆園指通》卷一，頁56301上）。此乃出自唐・玄奘譯《攝大乘論釋》卷四（《大正藏》第31冊，頁402下）。其二，釋〈齊物論〉「日夜相代乎前」一段，其文曰：「識情不斷，華著身耳；識情斷者，華不著也。」（清・釋淨挺：

側重於祖師語錄之徵引，主要表現在《莊子》「修養論」與「境界論」（詳後）的詮釋[211]。關於這部分，謝明陽《明遺民的莊子

《漆園指通》卷一，頁56304上-下），此乃引自《維摩詰經‧觀眾生品第七》（《大正藏》第14冊，頁547下）。其三，釋〈養生主〉「為善无近名，為惡无近刑」，其文曰：「不思善，不思惡，正恁麼時，如何是明上座本來面目？」（清‧釋淨挺：《漆園指通》卷一，頁56309上）。此乃引自《六祖壇經‧行由第一》（唐‧慧能說，法海錄：《六祖壇經敦煌本流行本合刊》，頁13-14）。其四，釋〈人間世〉「顏回曰：『回之家貧，……』仲尼曰：『……虛者，心齋也。』」其文曰：「聲不住耳。」（清‧釋淨挺：《漆園指通》卷一，頁56310下）。此「聲不住耳」引自《十住毗婆沙論》卷七（《大正藏》第26冊，頁55中-下）。其五，釋〈德充符〉云：「大德不德，其充然者，符契而已。通云：色見聲求，是行邪道。」（清‧釋淨挺：《漆園指通》卷一，頁56313上）。此乃出於《金剛經》（《大正藏》第8冊，頁752上）。其六，釋〈大宗師〉「古之真人，不知說生，……是之謂真人」，其文曰：「無去無來亦無住。」（清‧釋淨挺：《漆園指通》卷一，頁56315下）。此乃出自《大方廣佛華嚴經》卷十三（《大正藏》第10冊，頁66上）。其七，釋〈應帝王〉「蒲衣子曰：『而乃今知之乎？有虞氏不及泰氏。』」其文曰：「披毛戴角是類墮。」（清‧釋淨挺：《漆園指通》卷一，頁56318下）。此引自宋‧本嵩述，琮湛註：《註華嚴經題法界觀門頌》卷下（《大正藏》第45冊，頁702上）。其八，釋〈馬蹄〉之「馬，蹄可以踐霜雪」，其文曰：「清淨行者，不入涅槃；破戒比丘，不入地獄。」（清‧釋淨挺：《漆園指通》卷二，頁56320下-56321上）。此語出宋‧知禮述：《觀音玄義記》卷一（《大正藏》第34冊，頁899中）。

[211] 《漆園指通》其他「以佛解莊」部分，如：（一）〈駢拇〉：「且夫屬其性乎仁義者，……不敢為淫僻之事也。」釋淨挺「通云：除斷妄想，趨向真如，正好門前之遶。」（清‧釋淨挺：《漆園指通》卷二，頁56320下）（二）〈胠篋〉：「子獨不知至德之世乎？……當時之時則至治已。」釋淨挺「通云：毘婆尸佛、毘舍浮佛、拘留孫佛、拘那含牟尼佛、迦葉佛、釋迦牟尼佛。」（同上，頁56322上）（三）〈至樂〉：「支離叔與滑介叔，……我又何惡焉。」釋淨挺「通云：拄杖子踔跳。」（同上，頁56332下-56333）（四）〈田子方〉「莊子見魯哀公」，釋淨挺「通云：不道無禪，卻是無師。」（同上，卷三，頁56337下）（五）〈知北遊〉：「知北遊於玄水之上，……以黃帝為知言。」釋淨挺「通云：晏坐巖中，善說般若。」（同上，頁56338上）（六）〈徐無鬼〉：「有暖姝者，……解之也悲。」釋淨挺「通云：此藥亦能殺人亦能活人。」又云：有時不恁麼。」（同上，頁56344上）（七）〈則陽〉：「蘧伯玉行年六十，……所謂然歟？然乎？」釋淨挺「通云：逢人切莫錯舉。」（同上，頁56345下）（八）〈則陽〉：「少知曰：然則謂之道，足乎？……其不及遠矣！釋淨挺「通云：說似一物即不中。」（同上，頁56345下）（九）〈則陽〉：「少知曰：四方之內，……此議之所止。」釋淨挺「通云：直下無開口處。」（同上，頁56345下）（十）對於〈外物〉篇，釋淨挺「通云：四十九年不說一字。」（同上，頁56346上）（十一）〈外物〉：「目徹為明，……人則顧塞其竇。」釋淨挺「通云：痴人作數息觀。」（同上，頁56347上）（十二）〈寓言〉：「眾罔兩問于景，……何以有間乎？」釋淨挺「通云：焦磚打著連底

定位論題》一書，針對釋淨挺《漆園指通》之「以禪解莊」，就內七篇說明，而歸言：「淨挺認為莊子所稱的『逍遙』之遊近於佛家『無諍三昧』、『大圓覺』境界，因此可以用『踏毘盧頂上行』、『駕鐵船入滄海』兩句禪語解之。」謝氏又以為，「淨挺認為莊子的齊物思想與禪宗的『實相無相』之說可以相通。」[212]其會通所在與相應理路，實尚有挖掘、條析、檢討的空間。

下面舉述十八條，分析釋淨挺《漆園指通》以「禪」解《莊子》之修養論。

其一，〈養生主〉：「澤雉十步一啄，百步一飲，不蘄畜乎樊中。神雖王，不善也。」水澤裡的野雞，逍遙自在，若畜在籠中，神雖旺，卻不自在。

釋淨挺註云：「是以天下為桎梏也。通云：披枷帶鎖。」[213]關於「披枷帶鎖」，《鎮州臨濟慧照禪師語錄》云：

> 或有學人，應一箇清淨境出善知識前。善知識辨得是境，把得拋向坑裡。學人言：「大好善知識。」即云：「咄哉不識好惡。」學人便禮拜，此喚作主看主。或有學人，披

凍。」（同上，頁56348下）（十三）〈盜跖〉：「無足問於知和，……不亦惑乎？」釋淨挺「通云：扯閑葛藤。」（同上，頁56350上）（十四）對〈漁父〉篇，釋淨挺「通云：何不一篙打落。」（同上，頁56350上）（十五）釋〈列禦寇〉之「正考父一命而傴，……達小命者遭。」釋淨挺「通云：不是心不是佛不是物。」（同上，頁56351下）（十六）〈列禦寇〉：「人有見宋王者，……不亦悲乎？」釋淨挺「通云：空手把鋤頭。」（同上，頁56351下）（十七）〈天下〉：「芴漠無形，……未之盡者。」釋淨挺「通云：分半座與他。」（同上，頁56352下）

[212] 謝明陽：《明遺民的莊子定位論題》，頁199-200。
[213] 清・釋淨挺：《漆園指通》卷一，頁56309下。

枷帶鎖,出善知識前。善知識更與安一重枷鎖。學人歡喜,彼此不辨,呼為客看客。大德,山僧如是所舉,皆是辨魔揀異,知其邪正。[214]

釋淨挺以為,「澤雉畜乎樊中」,猶禪家所謂「披枷帶鎖」之不得自在,且以禪語「披枷帶鎖」,點化「澤雉」「不蘄畜乎樊中」之因。

其二,〈人間世〉:「『然則我內直而外曲,成而上比。……若是則可乎?』,仲尼曰:『惡!惡可!……猶師心者也。』」顏回認為,可以「內直外曲」、「成而上比」感化衛君。孔子則認為,此猶「師心自用」,固執己見。

釋淨挺註云:「回之言曰:吾內泯其狂聖之情,外形其拳曲之節,則古稱先可以告無罪乎?雖然未可也。通云:入泥入水。」[215]此「入泥入水」,《雲門匡真禪師廣錄》云:

舉僧問夾山,如何是道?山云:「太陽溢目,萬里不掛片雲。」師云:「不喚作一句,不喚作法身,是什麼?」僧問:「如何是學人自己。」師云:「老僧入泥入水。」僧

---

[214] 唐・慧然集:《鎮州臨濟慧照禪師語錄》(《大正藏》第47冊),頁501上。對於〈天地〉之「百年之木,……亦可以為得矣。」其文云:「斲木為樽,斷者棄之。美惡不同,失性一也。跖與魯史猶是也,困懍者逆也,厲爽謂失味也。鳩鴞在籠,虎豹在囊,檻困之至也。內支離於柴柵,外重纏繳離跂於楊墨者,困之至也,乃自以為得乎?通云:披枷帶鎖。」(清・釋淨挺:《漆園指通》卷一,頁56326下)。亦以「披枷帶鎖」解之。
[215] 清・釋淨挺:《漆園指通》卷一,頁56310下。

云：「某甲粉骨碎身去也。」師喝云：「大海水在爾頭上，速道速道。」僧無語。[216]

真如法性（法身），遍滿一切，何處不是。「入泥入水」即「徹悟法性」。僧云「某甲粉骨碎身」，自以為「疑團已破」。「大海水在爾頭上」，是指法身遍一切，大海水亦然。此以禪語「入泥入水」說明顏回雖「內曲外直」，猶是「師己心」而已，離「大道」尚有距離，猶隔一層，未盡澈底。

其三，〈德充符〉：「申徒嘉，兀者也，……子產謂申徒嘉曰：『我先出則子止，……且子見執政而不違，子齊執政乎？』」這是描述申徒嘉是外形雖殘而心智完善者，反倒是子產身居高位而傲視殘疾之人。

釋淨挺註云：「王曰：蜀前。蜀亦曰：王前。執政大，兀大？通云：探竿影草。」[217]此「探竿影草」出自《鎮州臨濟慧照禪師語錄》，該語錄云：「師問僧：『有時一喝如金剛王寶劍，有時一喝如踞地金毛師子，有時一喝如探竿影草，有時一喝不作一喝用，汝作麼生會？』僧擬議，師便喝。」[218]「探竿」、「影草」，皆漁者為聚魚之方便。

子產所謂「子齊執政乎」，乃子產「質問」申徒嘉「不能遜讓」。釋淨挺則藉「探竿影草」說明禪師之探測學人，以試其器

---

[216] 宋・守堅集：《雲門匡真禪師廣錄》（《大正藏》第47冊），頁557上。
[217] 清・釋淨挺：《漆園指通》卷一，頁56313下。
[218] 唐・慧然集：《鎮州臨濟慧照禪師語錄》（《大正藏》第47冊），頁504上。

量。故〈德充符〉此段兀者申徒嘉與子產間對話的原義，與釋淨挺註文所援引的臨濟義玄禪師「探竿影草」偈句，兩者有所出入。

其四，〈德充符〉：「『何謂德不形？』曰：『平者，水停之盛也。其可以為法也，內保之而外不蕩也。德者，成和之脩也。德不形者，物不能離也。』」有德者不形於外，其德之「性」，如水之湛淵澄靜、寂然不動、虛明朗鑑。

釋淨挺註云：「停者，止也，畜也，物取平焉，故可以為法也。成和不滑和也。通云：急水上打毬子。」[219]關於「急水上打毬子」，《佛果圜悟禪師碧巖錄》云：

> 僧問趙州：「初生孩子，還具六識也無？」趙州云：「急水上打毬子。」僧復問投子：「急水上打毬子，意旨如何？」子云：「念念不停，流此六識，教家立為正本，山河大地，日月星辰，因其所以生，來為先鋒，去為殿後。」[220]

釋淨挺認為，這猶如「成和不滑和」，即保全天然稟賦的和氣，而不因窮達、壽夭等一切變化擾亂胸中的純和之氣。「急水上打毬子」，指在生滅流轉中，還有我在，不能當下體悟寂滅。「急水上打毬子」，就像「六識」（即所說第八識）因生死未斷而輪

---

[219] 清・釋淨挺：《漆園指通》卷一，頁56314下。
[220] 宋・重顯頌古，克勤評唱：《佛果圜悟禪師碧巖錄》卷八（《大正藏》第48冊），頁206中。

迴。此兩者，一言德性，一言六識（指第八識）輪迴。

其五，〈大宗師〉：

> 南伯子葵問乎女偊曰：「子之年長矣，而色若孺子，何
> 也？」曰：「吾聞道矣。」南伯子葵曰：「道可得學
> 邪？」曰：「惡！惡可！子非其人也。……參日而後能外
> 天下；已外天下矣，吾又守之，七日而後能外物；已外物
> 矣，吾又守之，九日而後能外生；……無古今，而後能入
> 於不死不生。……參寥聞之疑始。」

外天下、外物、外生、朝徹、見獨，入於不死不生、無生無不生
之境界，這是〈大宗師〉所展現的修道歷程。

釋淨挺註云：

> 外天下而後外物，外物而後外生，外生而後朝徹，由外而
> 內，由遠而近也。不見天下不見物，不見己故無今無古，
> 無生無不生也。……通云：不是心，不是佛，不是物。[221]

這裡，「不是心，不是佛，不是物」，《圓悟佛果禪師語錄》云：

> 師（佛果）云：「一棒打破虛空。」進云：「過在什麼

---

[221] 清・釋淨挺：《漆園指通》卷一，頁56317上。

處?」師云：「不識痛癢漢。」進云：「此猶是德山底。」
師云：「山僧從來借路經過。」乃云：「眨上眉毛蹉過，
大似開眼尿床，見成公案放行，正是點兒落節，恁麼不恁
麼，總得曳尾靈龜，不是心，不是佛，不是物，虛空釘橛
進得許多閂門破戶，獨是死水藏龍，傾湫倒嶽一句，作麼
生道，巨靈抬手無多子，分破華山千萬重。」[222]

釋淨挺以為，修證所展現的最後境界，「說似一物即不中」，故
不是心、不是佛、不是物。

其六，〈應帝王〉：

> 无為名尸，无為謀府；无為事任，无為知主。體盡无窮，
> 而遊无朕；盡其所受乎天，而无見得，亦虛而已。至人之
> 用心若鏡，不將不迎，應而不藏，故能勝物而不傷。

秉「無為」之態度，不自專，不獨斷，虛心應物，若鏡之照物，
不迎亦不藏。

釋淨挺註云：「不以名也，不以謀也，不以事也，不以知
也，如鏡照物，虛之至也，夫鏡何有哉？通云：打破鏡來與汝
相見。」[223]此「打破鏡來與汝相見」，《圓悟佛果禪師語錄》卷

---

[222] 宋・紹隆等編：《圓悟佛果禪師語錄》〈序〉（《大正藏》第47冊），頁716
上-中。
[223] 清・釋淨挺：《漆園指通》卷一，頁56319下。

七云：

> 師云：莫妄想。進云：渾無用去時如何？師云：卻較些
> 子。進云：向上更有事也無。云：打破鏡來與汝相見，未
> 審意在什麼處？師云：分付拄杖子。進云：陋巷不騎金色
> 馬，回來卻著破襴衫。師云：他家得自由。[224]

釋淨挺以為，《莊子》之「至人之用心若鏡」，只是「如鏡照
物，虛之至」而已，「鏡」何嘗有？

「打破鏡來」回到「本來面目」的「汝」（「知汝自己」，
知道你的自我），「回來卻著破襴衫」，為自己帶來前所未有的
自由。〈應帝王〉「至人用心若鏡」，以「鏡」代「心」；而此
「打破鏡來」強調的是禪宗所謂的「回到本來面目」。

其七，〈駢拇〉：

> 駢拇枝指，出乎性哉！而侈於德。附贅縣疣，出乎形哉！
> 而侈於性。……駢於辯者，累瓦結繩竄句，遊心於堅白同
> 異之間，而敝跬譽無用之言非乎？而楊墨是已。故此皆多
> 駢旁枝之道，非天下之至正也。

此言，人身上多出的足指、手指與贅疣，非本然之性，而楊墨之

言亦非本然之理。此段表明稟持「自然本性」、「不多不少」
之道。

　　釋淨挺註云：

> 侈於德則害德，侈於性則毀性，侈者非其分也，少者不欲
> 其不足，多者不欲其有餘也。……楊墨者，駢於辯也，駢
> 枝非正也。通云：佛之一字，吾不喜聞。[225]

「佛之一字，吾不喜聞」，《大慧普覺禪師語錄》云：

> 僧云：某甲問大道。州云：「大道通長安，爾不得作無事
> 會，不得作玄妙會，不得作奇特會，不得作平常會，趙州
> 不在無事上，不在玄妙上，不在奇特上，不在平常上，畢
> 竟在甚麼處，具眼者辦取。」這老漢有時云：「未出家被
> 菩提使，出家後使得菩提。汝諸人被十二時使，老僧使得
> 十二時。」又云：「佛之一字，吾不喜聞。」佛之一字，
> 尚不喜聞。達磨，灼然是甚老臊胡；十地菩薩，是擔糞
> 漢；等妙二覺，是破凡夫。[226]

禪宗之修行，不在外表之聽聞而已，故「佛」之一字也不喜聞。
此言修行不在語言文字上，不在外界事相上。語言文字到底都是

---

[225] 清‧釋淨挺：《漆園指通》卷二，頁56320上。
[226] 宋‧蘊聞編：《大慧普覺禪師語錄》卷十六（《大正藏》第47冊），頁879中-下。

「駢拇枝指」,重點還在自家「心地工夫」。前者強調回到「自
然本性」;後者重在「心地工夫」。

其八,〈馬蹄〉:「夫至德之世,同與禽獸居,……性情不
離,安用禮樂!五色不亂,孰為文采!五聲不亂,孰應六律!」
此彰顯仁義、禮樂皆是「虛設」,亂人耳目罷了,回歸「自然本
性」才是要道。

釋淨挺註云:

> 馬有性,埴木有性,人亦有性,無知是也,無欲是也,是
> 以貴乎同也,仁義禮樂何紛紛也,仁義設而道德始廢矣!
> 禮樂設而性情始離矣!聖人者何苦作為文采以亂人目,作
> 為聲音以亂人耳哉?通云:取禪板來,取火來。[227]

「取禪板來」,宋・惟蓋竺編《明覺禪師語錄》卷一云:「龍牙
和尚問翠微:『如何是祖師西來意?』翠微云:『與我過禪板
來。』牙取禪板與翠微,接得便打。」[228]其意以為,「祖師西來
意」,不在語言文字之對答,故取禪板來,鞭之使醒悟。

「取火來」,是從禪宗公案「丹霞燒佛」引申而來。《五燈
會元》卷五云:

> (丹霞天然)後於慧林寺,遇天大寒,取木佛燒火向。院

---

[227] 清・釋淨挺:《漆園指通》卷二,頁56321上。
[228] 宋・惟蓋竺編:《明覺禪師語錄》卷一(《大正藏》第47冊),頁672中。

主訶曰：「何得燒我木佛？」師以杖子撥灰曰：「吾燒取
舍利。」主曰：「木佛何有舍利？」師曰：「既無舍利，
更取兩尊燒。」主自後眉鬚墮落。[229]

丹霞天然燒木佛之公案，旨在闡明真正續佛慧命者不執著於外
相，而在體悟自家本來面目。

其九，〈在宥〉：「崔瞿問於老聃曰：『不治天下，安藏人
心？』老聃曰：『汝慎無攖人心，人心排下而進上，上下囚殺，
淖約柔乎剛彊，……天下脊脊大亂，罪在攖人心。』」《莊子》
側重「德化」，其內聖之道主要從「心」下工夫。眾所周知，
《莊子》對於人心有著深刻的觀察與透視，〈在宥〉這段文字
意在闡述人心之「能動性」與「可塑性」，然以為有心而治則
擾亂之。

釋淨挺註云：

人心者，憤驕而不可係者也。臧人心，攖人心。攖人心乃
亂，排下進上，上下囚殺，亂之始也，……其居微芒，其
動飄忽，如是其不可係也，攖之不可也，黃帝堯舜且失
之，況三代以下耶？脊脊大亂，宜其駭也。通云：我自覓
心，了不可得。[230]

---

[229] 宋・普濟：《五燈會元》卷五，頁262。
[230] 清・釋淨挺：《漆園指通》卷二，頁56322下-56323上。

釋淨挺以「我自覓心，了不可得」釋之，此語《佛祖統紀》云：

> 二祖慧可（舊名神光）武牢姬氏，事達磨六年。一日問
> 曰：諸佛法印可得聞否？磨曰：諸佛法印匪從人得。師
> 曰：我心未安，乞師安心。磨曰：將心來，與汝安。師
> 曰：覓心了不可得。磨曰：與汝安心竟。[231]

《莊子》強調「心」的衍生力量，禪宗也強調「心地工夫」，兩
者皆就「心」而論。然前者重視「抹去『有心』治跡」的「心
養」之道，後者主張「無心可覓」（就佛教而言，一有執著就什
麼都不是）。這其間是不同的。

其十，〈在宥〉：「故賢者伏處大山嵁巖之下，……故曰
『絕聖棄知而天下大治。』」這段話楬櫫《莊子》「回歸自然」
的核心思想，而批判「仁義聖智」之攖人心，故不可執。

釋淨挺註云：「仁義聖智，攖人心者也，猶桎梏也。通云：
念佛一聲，漱口三日。」[232]此「念佛一聲，漱口三日」，《圓悟
佛果禪師語錄》云：

> 若有箇無事懷在胸中亦未得自在。……尋常間說箇禪字，

---

[231] 宋·志磐撰：《佛祖統紀》卷二十九（《大正藏》第49冊），頁291中。此外，
釋淨挺釋〈達生〉之「仲尼適楚，……孔子顧謂弟子曰：『用志不分，乃凝於
神，其痀僂丈人之謂乎！』其文云：「揭竿而承蜩，膠其翼而取之，術也，然有
道也。橛株，斷本也，其拘如斷木，其執臂若楮枝，故累丸而不墜也，神也。通
云：立雪斷臂。」（清·釋淨挺：《漆園指通》卷二，頁56334上）。
[232] 清·釋淨挺：《漆園指通》卷二，頁56323上。

以佛解莊──以《莊子》註為線索之考察

便去河邊洗耳。等閒地不著，便偶然道著箇佛字也，須漱口三日。寧可生身入地獄，永劫受沈淪，向鑊湯鑪炭裡煮煠，終不肯將佛法作解會，亦終不起佛見法見。佛見法見尚自不起。何況更起世間情想分別妄緣諸業。[233]

修行不在語言文字之「解會」，不在起「佛見法見」，亦不在誦念佛號，重在一切回歸心地工夫，故「念佛一聲」（意味心中還有個「佛」字，仍不自在），也要「漱口三日」方可。

其十一，〈天道〉：

> 上无為也，下亦无為也，是下與上同德，下與上同德則不臣；下有為也，上亦有為也，是上與下同道，上與下同道則不主。上必无為而用天下，下必有為為天下用，此不易之道也。

關於這段話，郭象注云：「夫用天下者，亦有用之為耳。然自得此為，率性而動，故謂之無為也。今之為天下用者，亦自得耳。但居下者親事，故雖舜禹臣，猶稱有為。」[234]君臣對言，一在無為，一在有為，以「上無為」、「下有為」為「不易之道」。

釋淨挺註云：「主，職要也；臣，職詳也。無為者，上也；

---

[233] 宋・紹隆等編：《圓悟佛果禪師語錄》卷七，頁750中-下。
[234] 引自清・郭慶藩輯：《莊子集釋》卷五中（臺北：華正書局，1985年8月初版），頁466。

有為者，下也。通云：與和尚提鞋攜杖，不為分外。」[235]關於
「與和尚提鞋攜杖，不為分外」，《續傳燈錄》中投子青禪師與
芙蓉道楷禪師的對話云：

> （投子青禪師曰：）「汝發意來早有二十棒也。」於是楷
> 悟旨於言下，再拜即去。青呼曰：「且來！」楷亦不顧。
> 青曰：「汝到不疑之地耶？」楷以手掩耳。後掌眾食。青
> 問：「廚務勾當良苦？」對曰：「不敢。」……又嘗從青
> 遊園。青以拄杖付楷曰：「理合與麼？」對曰：「與和尚
> 提鞋挈杖，不為分外。」曰：「有同行在。」對曰：「那
> 一人不受教。」青遂休去。[236]

在釋淨挺看來，應「無內外」之分才是，所謂「與和尚提鞋攜
杖，不為分外」。此言芙蓉道楷禪師已體悟平常真切之理，狂心
已歇，腳跟不隨人家轉。

〈天道〉以「無為」與「有為」為「君臣」之道，而釋淨挺
的註文指出修行已達「無內外之分」的境界。

其十二，〈刻意〉「寫養神」之篇旨。

釋淨挺註云：「無不忘也，無不有也，恬淡虛無，乃合天
德。純之至也，素之至也。通云：月在青天水在瓶。」[237]關於
「月在青天水在瓶」，《汾陽無德禪師語錄》云：

---

[235] 清·釋淨挺：《漆園指通》卷二，頁56327上。
[236] 明·圓極居頂編：《續傳燈錄》卷十（《大正藏》第51冊），頁523中。
[237] 清·釋淨挺：《漆園指通》卷二，頁56329下。

李翱尚書問藥山，如何是道？山以手指天云：「會麼？」
李云：「不會。」師云：「雲在青天水在瓶。」翱乃述一
偈上師：「練得身形似鶴形，千株松下兩函經。我來問道
無餘說，雲在青天水在瓶。」[238]

一切「不有不無」，達至純之境，如月在青天而水在瓶中，極其
自然。藥山禪師體道自然，一切就如「雲在青天水在瓶」，自自
然然。兩者頗為相合。

其十三，〈刻意〉：「夫恬惔寂漠虛无无為，此天地之平而
道德之質也。……虛无恬惔，乃合天德。」寫聖人體天地之道而
澹然無極。

釋淨挺註云：「死生，夢覺也。若浮若休，則死生一；不夢
不憂，則夢覺一。通云：隻履空歸，宋雲遇之蔥嶺。」[239]此「隻
履空歸，宋雲遇之蔥嶺」[240]，《佛果圜悟禪師碧巖錄》云：

---

[238] 宋・楚圓集：《汾陽無德禪師語錄》卷中（《大正藏》第47冊），頁613中。

[239] 清・釋淨挺：《漆園指通》卷二，頁56329下。

[240] 菩提達摩的傳說，因達摩禪的發達而增多起來。有的是傳說，有的是附會，也有
的是任意編造。唐・杜朏之《傳法寶紀》云：「其日東魏使宋雲，自西來於蔥嶺，
逢大師西還，……門人聞之發視，迺見空棺焉。」（引自柳田聖山：《初期禪宗
史書の研究》附錄「資料の校注」，京都：禪文化研究所，昭和41年出版，頁
564）。關於此事，印順辨明道：「宋雲去西域，是神龜元年（518），正光元
年（520）回來。那時達摩正在北魏傳禪，所以宋雲在蔥嶺見到達摩，是不符事
實的。這只是《續僧傳》『遊化為務，莫測所終』的新構想。達摩死了（其實是
回去了），又在別處見到，這是中國道教化了的神話。」（氏著：《中國禪宗
史》，臺北：正聞出版社，1987年4月四版，頁5-6）。

菩提流支三藏與師（達摩）論議。師斥相指心，而褊局之量，自不堪任，競起害心。數加毒藥，至第六度。化緣已畢，傳法得人，遂不復救，端居而逝。葬於熊耳山定林寺。後魏宋雲奉使於蔥嶺，遇師手攜隻履而往。[241]

以此虛構之故事，彰顯生死如幻如化般的虛無。兩者不太相關。

其十四，〈秋水〉：「莊子釣於濮水，楚王使大夫二人往先焉，曰：『願以境內累矣！』莊子持竿不顧，曰：『吾聞楚有神龜，死已三千歲矣，……寧其生而曳尾於塗中乎？』」寫莊子不慕榮利，嚮往逍遙自在的生活。

釋淨挺註云：「與為朽甲也，不如為龜息也。通云：參活句不參死句。」[242]此「參活句不參死句」，《圓悟佛果禪師語錄》卷十一云：

> 若向衲僧門下，直饒一棒打破虛空，一喝喝散白雲。釋迦彌勒猶為走使，德山臨濟目瞪口呿也，未當本分氣字在。所以道，坐卻舌頭別生見解，他參活句不參死句，活句下薦得，永劫不忘。死句下薦得，自救不了。[243]

莊子所言，「自由自在」之謂。釋淨挺以「參活句不參死句」釋

---

[241] 宋・重顯頌古，克勤評唱：《佛果圜悟禪師碧巖錄》〈序〉，頁140下。
[242] 清・釋淨挺：《漆園指通》卷二，頁56332上。
[243] 宋・紹隆等編：《圓悟佛果禪師語錄》卷十一，頁675中。

之，似不相干。不死句下就是「參活句」，死於句下就是「參死句」。

其十五，〈至樂〉：「天下有至樂无有哉？有可以活身者无有哉？……夫天下之所尊者，富貴壽善也；……人也孰能得无為哉！」旨在說明「無為」為天下之「至樂」，強調返回自然。

釋淨挺註云：「富貴壽，勞其形以為樂也，非至樂也，至樂無為也。……通云：寒山逢拾得。」[244]此「寒山逢拾得」，《圓悟佛果禪師語錄》卷二云：

> 僧云：「欲行千里，一步為初。」師云：「信受奉行。」
> 乃云：「國無定亂之劍，四海宴清；門無白澤之圖，全家吉慶。若道有承恩力處，正是土上加泥，更或削跡吞聲，亦乃將南作北。到這裡縱橫十字，未免警訛。據位投機，猶較些子。且作麼生是據位底句。寒山逢拾得，撫掌笑呵呵。」[245]

「寒山逢拾得」，見到本來面目，不增不減。

其十六，〈庚桑楚〉：

> 南榮趎曰：「然則是至人之德已乎？」曰：「非也。是乃所謂冰解凍釋者，能乎？……」宇泰定者，發乎天光。

---

[244] 清・釋淨挺：《漆園指通》卷二，頁56332下。
[245] 宋・紹隆等編：《圓悟佛果禪師語錄》卷二，頁719下。

發乎天光者，人見其人，[物見其物。]人有脩者，乃今有
恆；……天之所助，謂之天子。

執滯之心雖消釋，猶未達至人之境。心境安泰者，發出自然光
輝，人來依歸，為天所佑。

釋淨挺註云：

冰解凍釋化矣，而未底於化也，未可謂至也，宇泰定而發
光，虛室生白也。人見其人，曉然與天下見也。修心有常
也，人舍之謂人歸之也。助，祐也。通云：冰消瓦解。又
云：修證則不無，污染則不得。[246]

基本上，「冰解凍釋」乃逐步漸進而成，非自然天成，譬猶冬冰
逢春而化，執滯之心於是而散。「冰消瓦解」，《景德傳燈錄》
卷二十二云：「杭州雲龍院歸禪師，僧問：『久戰沙場為什麼功
名不就。』師曰：『過在遮邊。』僧曰：『還有進處也無？』師
曰：『冰消瓦解。』」[247]另外，「修證則不無，污染則不得」，
《六祖壇經》云：

懷讓禪師，金州杜氏子也，初謁嵩山安國師，安發之曹溪
參扣。讓至禮拜。師曰：「甚處來？」曰：「嵩山。」師

---

246 清‧釋淨挺：《漆園指通》卷三，頁56340下-56341上。
247 宋‧道原纂：《景德傳燈錄》卷二十二，頁380上。

曰：「什麼物？恁麼來？」曰：「說似一物即不中。」
師曰：「還可修證否？」曰：「修證即不無，污染即不
得。」師曰：「只此不污染。諸佛之所護念。」[248]

德化之修，如「冰解凍釋」、「冰消瓦解」，以至「不污染」之
境。兩者頗為一致。

其十七，〈徐無鬼〉：

南伯子綦隱几而坐，仰天而噓。顏成子入見曰：「夫子，
物之尤也。形固可使若槁骸，……」曰：「吾嘗居山穴之
中矣。當是時也，田禾一睹我，而齊國之眾三賀之。……
其後而日遠矣。」

這段文字，說明南伯子綦如何使自己逐漸「不居美」，一層層的
反省，使心回歸如「死灰」之「定」。

釋淨挺註云：「美不可居也，是以悲也，三累而愈進焉，遠
也。通云：莫把是非來辯我。」[249]此「莫把是非來辯我」，《佛
果圜悟禪師碧巖錄》卷九云：

法眼圓成實性頌云：「理極忘情謂，如何得諭齊。到頭霜
夜月，任運落前溪。……又道：三間茅屋從來住，一道神

---

248 唐·慧能說，法海錄：《六祖壇經敦煌本流行本合刊》，頁45。
249 清·釋淨挺：《漆園指通》卷三，頁56343下。

光萬境閒。莫把是非來辯（原作「辨」）我，浮生穿鑿不相關。只此頌亦見一片虛凝絕謂情也。」[250]

「莫把是非來辯我」，意謂已超越「是非」。因此，這兩段文字有「異曲同工」之妙。

其十八，〈徐無鬼〉：「仲尼之楚，楚王觴之，孫叔敖執爵而立，市南宜僚受酒而祭，曰：『古之人乎！於此言已。』曰：『丘也聞不言之言矣，未之嘗言，於此乎言之。』」謂「聖人妙體不言之教」。

釋淨挺註云：

夫子曰：丘也不言之言也。楚與宋戰，宜僚披胸受亦弄丸於前，兩軍遂解。叔敖為令尹，酣寢廟堂，執翟秉羽，而楚人忘戰。是二子皆然也。喙三尺，喙長無用也，不言言也。彼謂二子，此謂仲尼也。相觀而善之謂摩，不摩不相觀也。通云：口掛壁上。[251]

「口掛壁上」，《宏智禪師廣錄》卷一〈真州長蘆崇福禪院語錄〉云：「師上堂云：『一言道斷，不鼓唇皮；一擔擔起，不費氣力，直得口掛壁上也。』」[252]此「口掛壁上」，意指「言語道

---

250 宋・重顯頌古，克勤評唱：《佛果圜悟禪師碧巖錄》卷九，頁215中。
251 清・釋淨挺：《漆園指通》卷三，頁56343下。
252 宋・侍者等編：《宏智禪師廣錄》卷一（《大正藏》第48冊），頁12下。

斷」，一切盡在不言中。兩者前後同揆。

上面共有十八條之多，充分印證了釋淨挺《漆園指通》以「禪」解《莊子》修養論之實質。他徵引了《鎮州臨濟慧照禪師語錄》、《雲門匡真禪師廣錄》、《佛果圜悟禪師碧巖錄》、《圓悟佛果禪師語錄》、《大慧普覺禪師語錄》、《明覺禪師語錄》、《五燈會元》、《佛祖統紀》、《續傳燈錄》、《汾陽無德禪師語錄》、《景德傳燈錄》、《六祖壇經》、《宏智禪師廣錄》等數量極多的禪宗相關語錄、文獻，從中選用一些故事、對話、教法，作為註解、詮釋《莊子》修養論之依據，這無疑是《漆園指通》一大特色。

這些例證同時顯示，釋淨挺會通莊禪的註文，有很多是契文契理的。如他以禪家視「澤雉畜乎樊中」猶「披枷帶鎖」，點化〈養生主〉「澤雉」「不蘄畜乎樊中」之因；再如他以禪師「入泥入水」的對話，點化〈人間世〉顏回「內曲外直」尚是「師己心」；另如他以禪家「雲在青天水在瓶」「體道自然」之教法，說明〈刻意〉「寫養神」之篇旨；又如他以禪家「冰消瓦解」喻〈庚桑楚〉「冰解凍釋」；最後如他以禪家「口掛壁上」喻〈徐無鬼〉「不言之教」等等，都頗能映現、發揚《莊子》本義。

當然，釋淨挺的註解，同樣出現了一些關連曖昧，甚至不相干的地方。例如他以禪家「急水上打毬子」解〈德充符〉「何謂德不形」一段；又如他以禪家「打破鏡來」解〈應帝王〉「至人之用心若鏡」；再如他以禪家「覓心了不可得」（因「無心可覓」）解〈在宥〉「慎無攖人心」；另如他以禪家「隻履空歸」

解〈刻意〉「虛無無為」；最後如他以禪家「參活句不參死句」解〈秋水〉「神龜之喻」──嚮往逍遙自在的生活等。這些應是釋淨挺《漆園指通》的缺憾也。

第三節　以「禪」解《莊子》境界論

除了以「禪」解《莊子》修養論外，上述三作亦輒取「禪」詮釋《莊子》的境界論，分述於後。

一、宋・林希逸《莊子口義》

林希逸《莊子口義》共有十一則註文以「禪」解《莊子》境界論。

其一，〈齊物論〉：「今者吾喪我。」謂去除偏執之我而達到忘我、臻於萬物一體的境界。

林氏註云：「吾喪我三字下得極好！洞山曰：『渠今不是我，我今正是渠。』便是此等關竅。」[253]註文中的洞山曰：「渠今不是我，我今正是渠。」《景德傳燈錄》卷十五云：

（師洞山）問雲巖：「和尚百年後，忽有人問還貌得師真不？如何祇對。」雲巖曰：「但向伊道即遮箇是。」師良

---

[253] 宋・林希逸著，周啓成校注：《莊子鬳齋口義校注》卷一，頁13。

久。雲巖曰：「承當遮箇事大，須審細。」師猶涉疑。後因過水睹影，大悟前旨。因有一偈曰：「切忌從他覓，迢迢與我疏。我今獨自往，處處得逢渠。渠今正是我，我今不是渠[254]。應須恁麼會，方得契如如。」[255]

〈齊物論〉之「吾喪我」，「吾」指的是「精神之我」，「我」指的是「形軀之我」，此言精神之心靈活動不為形軀所牽制，亦即精神活動超越形體而達到自由的境界。而洞山對於師父答「即這個就是」，不知所云，及至涉水睹影，方逢無上道（渠），即如來藏心。「我」包含於「渠」之中，但「我」畢竟不等於「渠」；亦即人就是道，並不等於道（全體）。〈齊物論〉「吾」、「我」，與洞山「我」、「渠」之關係，有所不同。

其二，〈大宗師〉：「古之真人，其寢不夢，其覺无憂，其食不甘，……屈服者，其嗌言若哇。其耆欲深者，其天機淺。」此指真人之修養境界，若凡俗之人，則屈折起伏，氣不調和。而情深欲重者，則機神淺鈍。

林氏註云：

其食不甘，即無求飽之意，禪家所謂「塞飢瘡」是也。

---

[254] 印順說：「然而，人就是道，並不等於道（全體），……這正是悟道偈所說的：『渠今正是我，我今不是渠』。這是對牛頭道遍（有情）無情，無情本來合道說（有語病）的進一步發展。」（氏著：《中國禪宗史》，頁408）。又說：「『渠今正是我，我今不是渠』的。嚴格說來，這是玄學化，（儒）道化的佛法。」（同上，頁409）。

[255] 宋·道原纂：《景德傳燈錄》卷十五，頁321下。

……此一句看參禪問話者，方見得莊子之言有味，如所謂
　　「蝦蟆禪只跳得一跳」，便是若哇之易屈服也。[256]

禪家稱喫飯為「療飢瘡」（或「塞飢瘡」、「補飢瘡」）。唐・
杜朏《傳法寶紀》云：「（道信曰）能作三五年，得一口食塞飢
瘡，即閉門坐，莫讀經，莫共人語。」[257]「真人」同塵而食，不
求人間美味；禪師以生死事大，一切飲食只是「藥石」。

　　對於一知半解、滯礙未通的不活脫之「死禪」，一般稱為
「蝦蟆禪」。此「蝦蟆禪」，《大慧普覺禪師宗門武庫》云：

> 劉宜翁嘗參佛印，頗自負，甚輕薄真淨，一日從雲居來遊歸
> 宗，至法堂見真淨，便問長老寫戲來得幾年？淨曰：「專候
> 樂官來。」翁曰：「我不入這保社。」淨曰：「爭奈即今在
> 這場子裡。」翁擬議，淨拍手曰：「蝦蟆禪祇跳得一跳。」
> 又坐，次指其衲衣曰：「喚作什麼？」淨曰：「禪衣。」翁
> 曰：「如何是禪？」淨乃抖擻曰：「抖擻不下。」翁無語，
> 淨打一下云：「你伎倆如此，要勘老僧耶？」[258]

說明馳心競靈者，氣促情躁，不能端居深觀，故所識有限，如禪
家之「蝦蟆禪」。

---

[256] 宋・林希逸著，周啓成校注：《莊子鬳齋口義校注》卷三，頁99。
[257] 引自柳田聖山：《初期禪宗史書的研究》，頁566。
[258] 宋・道謙編：《大慧普覺禪師宗門武庫》（《大正藏》第47冊），頁946中下。

　以佛解莊──以《莊子》註為線索之考察

其三，〈大宗師〉：「古之真人，不知說生，不知惡死；……不忘其所始，不求其所終；受而喜之，忘而復之，是之謂不以心捐道[259]，不以人助天。是之謂真人。」此指真人不悅生惡死等境界。

林氏註云：「或問趙州曰：『和尚百歲後向那裡去？』州云：『火燒過後，成一株茅葦。』是不求其所終也。……不以心捐道，即心是道，心外無道也。」[260]

據《五燈會元》載：「僧問：『亡僧遷化向什麼處去？』師（洞山良价）曰：『火後一莖茆。』」[261]不知趙州有無此「火燒過後，成一株茅葦」之說。然不管是「火後一莖茆」或「火後一株茅葦」，皆有看淡生死、回歸自然之意。

「即心是道」語出《景德傳燈錄》卷七，該書云：「明州大梅山法常禪師者，襄陽人也，姓鄭氏，幼歲從師於荊州玉泉寺。初參大寂（馬祖道一），問：『如何是佛？』大寂云：『即心是佛。』師即大悟。」[262]

〈大宗師〉說明「真人」忘死生，「不以心捐道」，不以營求之心，不以人為之力，推波助瀾。禪宗直面生死益加洞徹，認為火化後「成一株茅葦」；「即心是道」，在於直指當前心本自

---

[259] 俞樾曰：「捐字誤。《釋文》云，郭作揖，崔云或作楫，所以行舟也，其義彌不可通。疑皆偝字之誤。偝即背字，故郭注曰，真人知用心則背道，助天則傷生。是郭所據本正作偝也。」（引自清・郭慶藩輯：《莊子集釋》卷三上，臺北：華正書局，1985年8月初版，頁230）。

[260] 宋・林希逸著，周啟成校注：《莊子鬳齋口義校注》卷三，頁101。

[261] 宋・普濟：《五燈會元》卷十三，頁782。

[262] 宋・道原纂：《景德傳燈錄》卷七，頁254下。

如如的境界。

　　其四，〈大宗師〉：「泉涸，魚相與處於陸，相呴以濕，相濡以沫，不如相忘於江湖。與其譽堯而非桀也，不如兩忘而化其道。」指謂，與其彼此互施恩德，不如以道相許。

　　林氏註云：

> 毀譽、廢興、善惡，皆相待而生，與其分別於此，不若兩忘而付之自然，付之自然，是化之以道也。……（佛家）又曰：「大道無難，惟嫌揀擇。」皆此意也。「兩箇泥牛鬪入海，直到如今無消息」一語最佳。[263]

　　「大道無難，惟嫌揀擇」，語出《信心銘》[264]，至於作者為僧璨或法融頗有爭議[265]。這段話強調：遠離一切對立、善惡差別、是非得失之妄念，而住於平等自在之境地；又謂吾人之情識世界並非真實之世界，非思量之世界才是絕對之真如法界，若心住於此，即於極大、極小、有、無等觀念皆平等一如。

---

[263] 宋‧林希逸著，周啓成校注：《莊子鬳齋口義校注》卷三，頁107。

[264] 《信心銘》全書僅一卷（收於《大正藏》第48冊），為四言詩體，凡一百四十六句，共五百八十四字，從「至道無難，唯嫌揀擇」至「言語道斷，非去來今」而止。內容係歌頌信心不二、不二信心之境界，於禪門中，常被諷誦。

[265] 印順對於向來以《信心銘》為僧璨所撰的說法有所質疑，他說：「《傳燈錄》卷三〇，有《三祖僧璨大師信心銘》、《牛頭山初祖法融禪師心銘》二篇，……《信心銘》，傳說三祖僧璨所作，《百丈廣錄》已明白說到。僧璨的事跡不明，直到《歷代法寶記》與《寶林傳》，都還沒有說僧璨造《信心銘》。後代依百丈傳說，都以為是僧璨所作的。《宗鏡錄》──延壽依當時當地的傳說，《心銘》也是稱為《信心銘》，而是看作法融所造的，如說：『融大師《信心銘》云：欲得心淨，無心用功。』」（氏著：《中國禪宗史》，頁114）。

「兩箇泥牛鬥入海，直到如今無消息」，語出《景德傳燈錄》卷八，該書云：

> 洞山又問：「和尚見箇什麼道理？便住此山。」師（龍山和尚）云：「我見兩箇泥牛鬥入海，直至如今無消息。」
> 師因有頌云：「三間茅屋從來住，一道神光萬境閒。莫作是非來辨我，浮生穿鑿不相關。」[266]

　　「兩箇泥牛鬥入海，直至如今無消息」，乃「心境並冥」、「一心不生」、「境空心寂」，超越能所對待之自證境界。〈大宗師〉則強調人之相親恩愛、譽堯非桀，不如相忘而化於道，而物各逍遙。

　　其五，〈在宥〉：「雲將東遊，過扶搖之枝而適遭鴻蒙。鴻蒙方將拊脾雀躍而遊。雲將見之，倘然止，贄然立，……鴻蒙拊脾雀躍不輟，對雲將曰：『遊！』」此鴻蒙對雲將言「遊」！指遊於天地之間、遊於德心之和，

　　林氏註云：「趙州見投子買油而歸，州云：『久聞投子，今見買油翁。』投子曰：『油！油！』看禪宗此事，便見雲將曰遊，乃是莊子形容鼓舞處。」[267]這「趙州見投子」語出《景德傳燈錄》卷十五，該書云：

---

[266] 宋・道原纂：《景德傳燈錄》卷八，頁263上-中。
[267] 宋・林希逸著，周啟成校注：《莊子鬳齋口義校注》卷四，頁173。

一日趙州諗和尚至桐城縣，師（投子大同）亦出山，途中相遇未相識。趙州潛問俗士知是投子，乃逆而問曰：「莫是投子山主麼？」師曰：「茶鹽錢乞一箇。」趙州即先到庵中坐。師後攜一缾油歸庵，趙州曰：「久嚮投子，到來只見箇賣油翁。」師曰：「汝只見賣油翁，且不識投子。」曰：「如何是投子？」師曰：「油！油！」[268]

「投子」即「油」，「油」即「投子」，譬喻法身遍在。而〈在宥〉之「鴻蒙」對「雲將」曰「遊」，乃乘自然變化而遊，遊於至道之境界。

其六，〈在宥〉：「大人之教，若形之於影，聲之於響。……挈汝適復之撓撓，以遊无端；出入无旁，與日无始。頌論形軀，合乎大同，大同而无己。」「無端」、「無旁」、「無始」、「大同」等皆說明自然無為之「道」，而合道則超越偏執之我，是謂「無己」。此即〈逍遙遊〉所謂「乘天地之正」、「御六氣之辯」、「以遊無窮」之「至人無己」的境界。

林氏註云：

挈舉世之人而往歸之於撓撓之中，言雖出世而不外於世間者，是出世、世間非二法也。……既已無己，則何者為有，即龐居士所謂「空諸所有，勿實諸所無」也。[269]

---

[268] 宋・道原纂：《景德傳燈錄》卷十五，頁319上。
[269] 宋・林希逸著，周啟成校注：《莊子鬳齋口義校注》卷四，頁177-178。

「出世、世間非二法」出於《景德傳燈錄》卷七，該書云：「師（大梅山法常禪師）上堂示眾曰：『汝等諸人，各自迴心達本，莫逐其末，但得其本，其末自至。若欲識本，唯了自心。此心元是一切世間、出世間法根本故。』」[270]而宋・宗杲《大慧普覺禪師語錄》卷二十〈示真如道人〉亦云：「雖示隨順一切世間，而常行一切出世間法。」[271]

佛教對於有為有漏諸法的一切現象稱為「世間」[272]，而超越這一切的稱為「出世間」（出世），然這兩者並非截然二分，誠如《六祖壇經》所云：「佛法在世間，不離世間覺；離世覓菩提，恰如尋兔角。」[273]因此，佛教強調的是不取著一切而了達一切的真俗無礙、世出世間無礙的大乘菩薩精神。

至於「空諸所有，勿實諸所無也」，則語出《景德傳燈錄》卷八，其文云：「州牧于公問疾次，居士（龐蘊）謂曰：『但願空諸所有，慎勿實諸所無。好住世間，皆如影響。』」[274]「空諸

---

[270] 宋・道原纂：《景德傳燈錄》卷七，頁254下。
[271] 宋・宗杲：《大慧普覺禪師語錄》卷二十，頁378上。
[272] 世間，梵語loka，即毀壞之義；又作 laukika，即世俗、凡俗之義。簡稱「世」，指被煩惱纏縛之三界及有為有漏諸法之一切現象。又因「世」有遷流之義，「間」為間隔之義，故與「世界」一語同義，包含有情與國土（器世間）二者。此外，《佛性論》卷二亦列舉「世」之三義，即：（一）對治，以可滅盡故；（二）不靜住，以念念生滅不住故；（三）有倒見，以虛妄故。至於世間之分類，有二種、三種之別。據《俱舍論》卷八等分兩種，即：（一）有情世間，又作眾生世間、有情界，指一切有情眾生；（二）器世間，又作物器世間、器世界、器界、器，指有情居住之山河大地、國土等。另據《大智度論》卷七十等則分為三種，即：（一）眾生世間，又作假名世間，假名者，乃於十界、五陰等諸法上假立名字，各各不同；（二）五陰世間，又作五眾世間、五蘊世間，指由色、受、想、行、識等五陰所形成之世間；（三）國土世間，指器世間，即眾生所依之境界。
[273] 唐・慧能說，法海錄：《六祖壇經敦煌本流行本合刊》，頁23。
[274] 宋・道原纂：《景德傳燈錄》卷八，頁263下。

所有」，即知「一切法空」，依「緣」而「起」，然不可以為一
切皆「空無所有」，如此則墮入「斷滅空」。

〈在宥〉所表達的「無己」是一種自我生命精神悠遊自在的
態度與境界，而林氏所引用的佛教「世出世間」與「空諸所有，
慎勿實諸所無」的觀念，則是一種普渡一切而不執著一切的大乘
精神。

其七，〈天運〉：「然而不可者，无他也，中无主而不止，
外无正而不行。由中出者，不受於外，聖人不出；由外入者，
無主於中，聖人不隱。」言道不得領受於心中，則雖聞而不得
知；聞而不知，故亦不能行於外，而聖人垂跡顯教，其「出」或
「隱」，端看外在之反應。

林氏註云：

> 中無主而不止，非自見自悟也，言學道者雖有所聞於外，
> 而其中自無主，非所自得，雖欲留之不住也。外無正者，
> 無所質正也，今禪家所謂印證[275]也。……我言雖自外而入
> 汝之聽，汝未有見，而中無所主，……即禪家所謂「從門
> 而入者，不是家珍」。[276]

禪家所謂「從門而入者，不是家珍」，出於《景德傳燈錄》卷十

---

[275] 「印證」即「認可」。宋‧善悟編《舒州龍門佛眼和尚語錄》云：「昔向居士木
食澗飲，以所悟布之文字，求二祖大師印證。」（引自宋‧賾藏主編：《古尊宿
語錄》卷二十九，頁349上-下）。
[276] 宋‧林希逸著，周啟成校注：《莊子鬳齋口義校注》卷五，頁237。

六，該書云：

> 師（黃山月輪禪師）上堂謂眾曰：「祖師西來，特唱此
> 事。自是諸人不薦，向外馳求。投赤水以尋珠，就荊山而
> 覓玉。所以道：從門入者，不是家珍。認影為頭，豈非大
> 錯！」[277]

「從門入者」是說有「悟入的門戶」，例如，荷澤宗立「無住之
知」（依知解為方便）為悟入的門戶。而「不從門入者」，是說
「不立宗主」、「不開戶牖」，並沒有明指一個門路，讓學者從
這個門路去悟入，這就是「不將一法與人」。依南方禪師們的經
驗，以為「從門入者非寶」，「從緣悟入」才能「永無退失」。

〈天運〉所注重的是「不從心外求」的道理，而禪家則強調
「從緣悟入」才是「家珍」。

其八，〈庚桑楚〉載，南榮趎問「衛生之經」，老子曰：
「衛生之經，能抱一乎[278]？能勿失乎？能无卜筮而知吉凶乎？能
止乎？能已乎？能舍諸人而求諸己乎？」這段文字說明養生之道
在能「守道」，「守道」則能定、能止，能定、能止則知吉凶，
且返歸於己。

林氏註云：

---

[277] 宋・道原纂：《景德傳燈錄》卷十六，頁332下。
[278] 此即《老子》第十章：「載營魄抱一，能無離乎？」

抱一者，全其純一也。勿失者，得於天者，無所喪失也。
無卜筮而知吉凶者，至誠之道可以前知也。能止，能定
也；能已，即釋氏所謂大休歇也。[279]

「大休歇」即指大休大歇之境地，謂心意識之作用，拂除一切思
慮分別，脫卻迷妄，住於大安樂之境界。此語出自《景德傳燈
錄》卷二，該書云：「（大達無業國師）曰：『大丈夫兒，如今
直下，便休歇去，頓息萬緣，越生死流，迥出常格，靈光獨照，
物累不拘。』」[280]宋・賾藏主編《古尊宿語錄》卷三十七〈鼓山
先興聖國師和尚法堂玄要廣集〉亦云：

大事未辦，宗脈不通，切忌記持言句，意識裡作活計。不
見道，意為賊，識為浪，盡被漂淪沒溺去，無自由分。諸
和尚必若大事未通，不如休去，大歇去，良心純靜去，好
時中莫駐著事，卻易得露這箇。[281]

不管是《莊子》或是禪宗，都強調「能定」、「能止」，尤其是
禪宗以為「狂心若歇，歇即菩提」。
　　其九，〈庚桑楚〉：「故出而不反，見其鬼；出而得，是謂

---

[279] 宋・林希逸著，周啓成校注：《莊子鬳齋口義校注》卷七，頁356。
[280] 宋・道原纂：《景德傳燈錄》卷二，頁445上。
[281] 宋・賾藏主編：《古尊宿語錄》卷三十七〈鼓山先興聖國師和尚法堂玄要廣集〉
（頁441）。宋・林希逸著，周啓成校注的《莊子鬳齋口義校注》作《古尊宿語
錄》卷三十七〈投子和尚語錄〉（頁356），乃誤也。

得死。」乃謂情識逐於外而不能反觀，動之死地，是謂見鬼，是謂得死。

林氏註云：「逐乎外而不知反，則淪於鬼趣矣！故曰出而不反，見其鬼，釋氏曰：『鬼窟裡活計。』即此是也。」[282]此「鬼窟裡活計」，又作「假解脫坑」。幽鬼所棲之處，即闇黑之處，比喻拘泥於情識，盲昧無所見之地步。或指習禪求悟之過程，陷入空之一端而執之為悟，滯礙不通，反成邪見。此語出自宋‧圜悟克勤《碧巖錄》第五則〈雪峰粟粒〉，該文云：「凡出一言半句，不是心機意識，鬼窟裡作活計，直是超群拔萃，坐斷古今，不容擬議。」[283]可見，莊、禪皆強調「返本還原」，不隨「情識流轉」。

其十，〈徐無鬼〉載，徐無鬼以相狗馬之術語武侯，武侯大悅。女商不知其理，問曰：「先生獨何以悅吾君乎？」徐無鬼對女商曰：

> 子不聞夫越之流人乎？去國數日，見其所知而喜；……夫逃虛空者，藜藋柱乎鼪鼬之逕，踉位其空，聞人足音跫然而喜矣，又況乎昆弟親戚之謦欬其側者乎！久矣夫莫以真人之言謦欬吾君之側乎！

---

[282] 宋‧林希逸著，周啓成校注：《莊子鬳齋口義校注》卷七，頁362。
[283] 宋‧圜悟克勤：《碧巖錄》第五則〈雪峰粟粒〉（藍吉富主編：《禪宗全書》第89冊），頁34-35。

徐無鬼以武侯性好犬馬而久未聞，故說以相犬馬之理，先博其歡笑。

林氏註云：

> 言其困倦欲行而又止伏於谷中也。空，谷也。聞足音而喜，但是人，則喜之矣，不必其知識鄉人也。此意蓋言武侯本然之真，離失已久，略聞此語，如逃空谷而聞足音，所以喜也，禪家所謂久客還家是也。[284]

「久客還家」意指回歸至「本性」，此語出宋·普濟《五燈會元》卷四，該書云：

> （長沙景岑禪師久依南泉）有〈投機偈[285]〉曰：「今日還鄉入大門，南泉親道遍乾坤。法法分明皆祖父，回頭慚愧好兒孫。」（南）泉答曰：「今日投機事莫論，南泉不道遍乾坤。還鄉盡是兒孫事，祖父從來不出門。」[286]

景岑禪師「久客還鄉」，體驗南泉所道之理遍在，慚愧自己以前未曾領會。而師父南泉卻答道，法本遍在，我從無一法予人

（祖父從來不出門）。林氏援引禪宗語錄「久客還家」，即以長年客寓外地之人歸返桑梓的心情，註解武侯再度接觸許久未聞見之嗜好的情緒。其實「久客還家」意在「回歸本性」。

其十一，〈寓言〉中顏成子游謂東郭子綦曰：「自吾聞子之言，一年而野，二年而從，三年而通，四年而物，五年而來，六年而鬼入，七年而天成，八年而不知死，不知生，九年而大妙。」此乃顏成子游梳理修道之過程。

林氏註云：「四年而物，猶槁木死灰也。五年而來，寂滅之中又有不寂滅者也，禪家所謂大死人卻活是也。」[287]此「禪家所謂大死人卻活」一語，出自宋・圜悟克勤《碧巖錄》第四十一則〈趙州問死〉，該文云：「趙州問投子：『大死底人卻活時，如何？』」[288]這裡，林氏以禪家之「槁木死灰」與「大死人卻活」，對比〈寓言〉之「四年而物，五年而來」。

由上可知，林希逸《莊子口義》大量運用《景德傳燈錄》、《古尊宿語錄》、《大慧普覺禪師宗門武庫》、《信心銘》、《碧巖錄》、《大慧普覺禪師語錄》與《五燈會元》中禪師與其弟子，或禪師之間相互激盪的「機鋒」或「機境」，作為註解《莊子》境界論之依據，不僅為莊禪之匯流作一充分的注腳，並由此建立該書的特殊地位，即擅長援引「禪宗公案」之精粹，發明莊子超越生死的智慧，以及走出塵網的精神自由。

當然，前面十一則例子也顯示：林希逸《莊子口義》以

---

[287] 宋・林希逸著，周啓成校注：《莊子鬳齋口義校注》卷九，頁435。
[288] 宋・圜悟克勤：《碧巖錄》第四十一則〈趙州問死〉，頁210。

「禪」解《莊子》境界論，出現了不搭調的詮釋註文。包括：第一例以洞山禪師的「我」與「渠」解〈齊物論〉的「吾」與「我」；第四例以禪宗「兩箇泥牛鬥入海」公案解〈大宗師〉的「相濡以沫」、「毀譽兩忘」；第五例以譬喻「法身遍在」禪理的「趙州見投子」公案解〈在宥〉的「游於天地」、「游於至道」；第六例以佛家「出世、世間非二法」、「空諸所有」的大乘精神解〈在宥〉的「大同無己」而「悠遊自在」之境；第七例以禪家「從緣悟入」解〈天運〉的「不從心外在」等，這些註解若即若離。

二、明・方以智《藥地炮莊》

　　《藥地炮莊》以「禪」解《莊子》境界論，至少有下面五則。

　　其一，〈逍遙遊〉藉鯤化為大鵬鳥闡述生命精神之自在、無待境界。

　　方氏註曰：

> 蒼蒼滿地，嘗毒者希，咀片破塵，水火自熟。只如息陰大樹，是葛藤椿[289]。……望而止渴，笑後還悲。且道藐姑射山，在甚麼處？乾峰畫一畫曰：「在這裡。」雲門曰：

---

[289] 宋・道謙編：《大慧普覺禪師宗門武庫》：「雲居舜老夫常譏天衣懷禪師說葛藤禪，一日聞懷遷化，於法堂上合掌云：『且喜葛藤椿子倒了也。』」（《大正藏》第47冊，頁943下）

「扇子踍跳三十三天，觸著帝釋鼻孔。東海鯉魚，打一棒，雨似盆傾。」怪猶未了，放在一邊。今日三腳鐺中，如何下個註腳，免得訛傳耶？莊不可莊，旦暮遇者勿怪。……向在浮山，有客語「狗子佛性有無」話。一日喜莊子藐姑射，謂是不落有無[290]。時正犬吠。愚曰：「狗子吞卻藐姑射久矣！」[291]

這裡，方氏對於《莊子》「藐姑射山，在甚麼處？」引禪宗公案乾峰雲門匡真禪師的對話詮釋之。這則公案，《雲門匡真禪師廣錄》卷中云：

> 舉僧問乾峰：「十方薄伽梵，一路涅槃門，未審路頭在甚麼處？」峰以拄杖劃云：「在者裡。」師（雲門匡真）拈起扇子云：「扇子勃跳上三十三天，築著帝釋鼻孔。東海鯉魚打一棒，雨似盆傾相似，會麼？」[292]

其意以為，十方佛、涅槃門，都在當下，都是緣起無自性。

---

[290] 對於佛教之「有無」概念，方以智《藥地炮莊》卷一云：「或問藥地曰：『大有人怕無字，何以炮之？』曰：『塞乎天地，謂之無天無地也，可乎？惟天下至誠為能化，謂惟天下至誠為能空也，可乎？以無而空其有，以有而空其無，以不落而雙空，以法位而空其不落。有知一用二二即一之妙叶本冥者乎？』」（頁157-158）。方氏以為，說「無」是為了「空其有」，說「有」是為了「空其無」，「不落有無」，即有無「雙空」。由此可見，方氏非從「緣起有」與「自性空」論衡佛教的「有無」，而是從《六祖壇經》對治法立論。

[291] 明·方以智：《藥地炮莊》卷一，頁153-157。

[292] 宋·守堅集：《雲門匡真禪師廣錄》卷中（《大正藏》第47冊），頁555上。

值得注意的是，方氏以類似不可從言語理會禪宗公案的方式解「藐姑射」。他說：「狗子吞卻藐姑射久矣！」意謂「藐姑射」神人——「肌膚若冰雪，綽約若處子，不食五穀，吸風飲露」之境界，不可思議，非言語可傳。

　　其二，〈逍遙遊〉：「肩吾問於連叔曰：『吾聞言於接輿，大而无當，往而不返。』」表示肩吾不能體會接輿近似不著邊際的語言境界。

　　方氏註云：

> 僧問沙門眼，長沙岑曰：「長長出不得。」僧曰：「未審
> 出個什麼不得？」岑曰：「晝見日，夜見星。」曰：「學
> 人不會。」岑曰：「妙高山色青又青。」愚曰：「土曠人
> 稀，相逢者少。」[293]

此「土曠人稀，相逢者少」，乃方以智所下之註語，表示「會道」者少。

　　方氏所用的這一公案，《景德傳燈錄》卷十有云：

> 時有僧問：「如何是沙門眼？」師（長沙岑）云：「長長出
> 不得。」又云：「成佛成祖出不得，六道輪迴出不得。」僧
> 云：「未審出箇什麼不得？」師云：「晝見日，夜見星。」

---

[293] 明・方以智：《藥地炮莊》卷一，頁180-181。

僧云：「學人不會。」師云：「妙高山色青又青。」[294]

問「沙門眼」，意謂「獨具隻眼」、「第三眼」、「頂門眼」
（慧眼、貫注之眼）；而「長長出不得」之「出」為「生」也，
「不出」即「不生不滅」的「空寂性」，即「如所有性」（不二
的平等空性），此為萬物之「共相」。另外，「畫見日，夜見
星」，即就「實然」而言，一如佛教所言「盡所有性」（無限的
緣起事相），此為萬物「殊相」。即所謂道有其「平等空性」之
「共相」，以及顯現在萬物之「無盡緣起」的「殊相」，而會道
者少見。

其三，〈逍遙遊〉：「惠子謂莊子曰：『魏王貽我大瓠之
種，……何不樹之於无何有之鄉，廣莫之野，彷徨乎无為其側，
逍遙乎寢臥其下。』」此「無何有之鄉，廣莫之野」，指謂「空
曠、逍遙的境地」。

方氏註云：

> 柏樹現在庭前，猶道西來無語，一枝與夢相似，誰用著天
> 地同根。此與漆園瓠櫟相去多少？莊子怒笑曰：總沒交
> 涉，聊且彷徨，何為大家團圖吞棗？搏風而鷃方耶？果然
> 于九六遊息得個入處，則桃竹正好燒香。若翛然於萬世，
> 旦暮得個出處，則瓠櫟亦可供爨。如何是無何有之鄉？曰

父母未生前，試道一句看。如何是父母未生前句。曰：寢
臥其下自知。[295]

《莊子》之「惠子謂莊子曰：魏王貽我大瓠之種」，旨在闡明
「棄人為之自我而回歸自然之立場」，並述說「無用之用是謂大
用」之原理。

方氏於此引用「庭前柏樹子」與「父母未生前本來面目」的
禪宗公案，結合〈逍遙遊〉之「何不樹之於無何有之鄉，……逍
遙乎寢臥其下」，而另起一則「公案」曰：「寢臥其下自知。」
有提起疑情、教人參悟的作用。

關於「庭前柏樹子」與「父母未生前本來面目」之公案，
《金陵清涼院文益禪師語錄》云：「僧問如何是祖師西來意？趙
州云：『庭前柏樹子。』」[296]《六祖壇經》云：「不思善，不思
惡，正與麼時，那箇是明上座本來面目？」[297]此兩則公案都在直
指禪宗明心見性之義。

其四，〈齊物論〉之「罔兩問景」，言說「無待」境界。

方氏註云：

---

[295] 明·方以智：《藥地炮莊》卷一，頁184-185。

[296] 明·語風圓信、郭凝之編：《金陵清涼院文益禪師語錄》（《大正藏》第47
冊），頁591上。

[297] 唐·慧能說，法海錄：《六祖壇經敦煌本流行本合刊》，頁3-4。宋·侍者等編
《宏智禪師廣錄》卷五云：「六祖和尚道：不思善，不思惡，正當恁麼時，還我
明上座父母未生時本來面目。諸兄弟，未休休去，未歇歇去。若歇得盡、休得
穩，千聖不可攜。不可攜處，是自己。」（《大正藏》第48冊，頁60中）。

不落不昧，早火葬此野狐，出入不知。空下敢與土地，惡
識所以然？惡識所以不然？睽之歸妹曰：載鬼一車，見豕
負塗，先張之弧，後脫之弧。匪寇婚媾，往遇雨則吉。[298]

「不落不昧，早火葬此野狐」，宋・紹隆等編《圓悟佛果禪師語
錄》卷十九載：

> 百丈每至陞座，常有一老人聽法。一日眾去，老人獨留。
> 丈云：「汝是何人？」老人云：「某非人，然某緣五百生
> 前迦葉佛時曾住此山，錯答學人一轉語，所以五百世墮
> 野狐身。今欲舉此話，請和尚為答。」丈云：「汝試舉
> 看。」老人云：「大修行底人還落因果也無？」某對云：
> 「不落因果。」丈云：「汝問我，與汝道。」老人遂問：
> 「大修行底人還落因果也無？」丈云：「不昧因果。」老
> 人遂悟，得脫野狐身化去。[299]

佛教以為，有因即有果，故是「不昧因果」，非「不落因果」。

其五，〈刻意〉：「故曰：形勞而不休則弊，……故素也
者，謂其無所與雜也；純也者，謂其不虧其神也。能體純素，謂
之真人。」謂「純」與「素」乃真人之境界。

方氏註云：

---

[298] 明・方以智：《藥地炮莊》卷一，頁241-242。
[299] 宋・紹隆等編：《圓悟佛果禪師語錄》卷十九，頁804上。

或問鼓山大開爐鞲，鍛鍊凡聖，忽有個非凡非聖者如何？
曰：三十棒。曰：過在何處？曰：過在非凡非聖。曰：能
凡能聖者來，又如何？曰：三十棒。曰：過在何處？曰：
能凡能聖。舉及此，一客曰：為其刻意耳！愚曰：造此爐
鞲，早是刻意。[300]

「三十棒」，語出《鎮州臨濟慧照禪師語錄》，其文云：

師（慧照）聞第二代德山垂示云：「道得也三十棒，道不
得也三十棒。」師令樂普去問：「道得為什麼也三十棒？
待伊打汝接住棒送一送，看他作麼生？」普到彼如教而
問，德山便打，普接住送一送，德山便歸方丈。[301]

體道之境界，說了就不是，故答對了也三十棒，答錯了也三十棒。

由上可見，方以智在《藥地炮莊》多以「禪宗公案」註解
《莊子》的境界論，甚至另起一公案延展其詮釋。雖然會出現
突兀、不搭調的情形，但從優點看來，可以說方以智「以禪解
莊」，重在提起疑情、自由發揮，不死在《莊子》或禪宗公案
句下。

---

[300] 明・方以智：《藥地炮莊》卷五，頁555-556。
[301] 唐・慧然集：《鎮州臨濟慧照禪師語錄》（《大正藏》第47冊），頁503下。

三、清・釋淨挺《漆園指通》

《漆園指通》以「禪」解《莊子》境界論，則有下面四例。

其一，〈逍遙遊〉：「堯讓天下於許由，……許由曰：『子治天下，天下既已治也。而我猶代子，吾將為名乎？……不越樽俎而代之矣。』」此說明許由不代堯治天下，以為天下無為則治，不治而治是最高理想政治的境界。

釋淨挺註云：

> 兩相賢則兩相讓也，堯非以天下為桎梏也，由非以天下為次且也。魚相忘於江湖，人相忘於道術。通云：鸞奴白牯，雲在嶺頭；三世諸佛，水流澗底。[302]

「鸞奴白牯，雲在嶺頭；三世諸佛，水流澗底」，《瑞州洞山良价禪師語錄》載云：

> 白雲端云：「若見得菴主，便見得洞山。若見得洞山，便見得菴主。見洞山即易，見菴主即難，為他不為住持之絆。不見道，雲在嶺頭閒不徹，水流澗底太忙生。」[303]

---

[302] 清・釋淨挺：《漆園指通》卷一，頁56302上。
[303] 明・語風圓信、郭凝之編：《瑞州洞山良价禪師語錄》（《大正藏》第47冊），頁523中-下。

「菴」是洞山住的地方，「主」有作得了主、自由自在的意思；
「菴主」是指自性的本來面目。見到洞山容易，要見自性較難。
未見道者，見著嶺頭雲的閒適、悠哉，亦不能徹悟；見到澗底流
水不滯，亦未證入無礙法性。依釋淨挺的詮釋，堯與許由皆賢
人，故兩相讓，其修養境界如「雲在嶺頭」、「水流澗底」之自
在逍遙。

　　莊子藉許由闡述「無為而治」，而此禪宗說的是見道者閒適
如嶺頭雲，自在猶澗底水的境界。

　　其二，〈人間世〉全篇有關「境界」方面。

　　釋淨挺註云：

> 寓跡宇宙之間，盪精塵埃之表，豈必矯世離俗卻形全身
> 哉？任運不失其和，在群彌見其獨，翕而逾張，隱而逾
> 耀也。通云：隨順世緣無罣礙，涅槃生死等空花是張拙
> 語。[304]

引唐末張拙「隨順世緣無罣礙，涅槃生死等空花」詮釋「人間
世」的最高境界。隨順世緣無掛礙，涅槃如幻如化，於涅槃法無
知無得，生死涅槃寂然都無自性，生死涅槃不二，如「空花」一
樣，不再執著。

　　其三，〈在宥〉：「雲將東遊，過扶搖之枝而適遭鴻蒙。

---

[304] 清・釋淨挺：《漆園指通》卷一，頁56309下。

……鴻蒙拊脾雀躍不輟，對雲將曰：『遊！』……鴻蒙拊脾雀躍掉頭曰：『吾弗知！吾弗知！』雲將不得問。」「鴻蒙」代表「渾沌一片」、「無為自化」之境。

釋淨挺註云：「遊耶！吁耶！吾弗知耶！吾弗知耶！是有謂耶！是無謂耶！何不得而問耶！通云：雲門胡餅。」[305]關於「雲門胡餅」，《萬松老人評唱天童覺和尚頌古從容庵錄》卷五云：

> （雲門）示眾云：「繞天索價，搏地相酬，百計經求，一場麼羅，還有知進退、識休咎底麼舉？」僧問雲門：「如何是超佛越祖之談？」門云：「餬餅。」[306]

說明法身遍在，當下即是，故餬餅亦是法身。

其四，〈讓王〉：「曾子居衛，緼袍無表，顏色腫噲，手足胼胝。……故養志者忘形，養形者忘利，致道者忘心矣！」「忘」是《莊子》的工夫論，〈齊物論〉、〈人間世〉、〈德充符〉、〈大宗師〉、〈在宥〉、〈天地〉、〈天運〉、〈刻意〉、〈達生〉、〈知北游〉、〈徐無鬼〉、〈則陽〉、〈外物〉、〈讓王〉等篇都出現，其中以〈大宗師〉為最多，所謂「相忘於江湖」、「坐忘」等，而以「忘心」為最高境界。

---

[305] 清・釋淨挺：《漆園指通》卷二，頁56323下。

[306] 宋・正覺頌古，元・行稱評倡：《萬松老人評唱天童覺和尚頌古從容庵錄》（《大正藏》第48冊），頁277中。明・圓極居頂編《續傳燈錄》卷十九亦云：「一切法無差，雲門胡餅趙州茶。黃鶴樓中吹玉笛，江城五月落梅花。」（《大正藏》第51冊，頁592中）。

釋淨挺註云：「道豈與貧適耶？通云：無心猶隔一重山。」[307]此「無心猶隔一重山」語出《圓悟佛果禪師語錄》卷八，其文云：「勿謂無心便是道，無心猶隔一重關。」[308]以為《莊子》「忘心」不是最高境界。

第四節　「以禪解莊」的檢討

　　綜上可見，林希逸《莊子口義》、方以智《藥地炮莊》、釋淨挺《漆園指通》三作，往往引用「禪」來詮解《莊子》的修養論與境界論；至於道體論則非三作之重點。歸結林氏《莊子口義》等「以禪解莊」之內涵，主要在於將莊、禪之「修養論」與「境界論」進行「類比」。其「類比」，除不相干者外，莊禪有其相似處，如修養之精神相似，兩者皆強調勇而不懼、不言而動人、不為鬼神覷破與不馳騖於外而返歸自心等修養與境界。

　　衡諸史實，自唐牛頭法融以降，「莊禪合流」已是中國禪宗史上不爭的事實，「以禪解莊」實為這種思想文化演進的一種展現。明・陸西星《南華真經副墨》卷六云：「《南華經》中國之佛經也。林鬳齋似識此意。」[309]從本章所舉證的資料，足徵林希逸《莊子口義》確實大量援引、摘取「禪宗公案」及「禪語」作為註疏《莊子》義的根據，該書校注者周啟成說：「（林希逸）

---

[307] 清・釋淨挺：《漆園指通》卷三，頁56349上。
[308] 宋・紹隆等編：《圓悟佛果禪師語錄》卷八（《大正藏》第47冊），頁749中。
[309] 明・陸西星：《南華真經副墨》卷六（嚴靈峰主編：《無求備齋莊子集成續編》第7冊，臺北：藝文印書館，1974年12月初版），頁965。

運用佛學非常恰當地詮釋了《莊子》理論，可以說是中國比較哲學的一條好材料。」[310]池田知久認為，「林希逸的《莊子口義》即在這種氣氛中被接受，而且在促進『三教一致論』的方向之下，影響了日本思想界。」[311]這些話說明了林希逸《莊子口義》「以禪解莊」的特殊意義與歷史作用。

當然，林希逸的作法不可能沒有缺失，本章前面兩節已具體列舉數條林氏《莊子口義》「以禪解莊」「不相干」或「若即若離」的註文，包括第二節中第二、九、十四等三個「唐突」的註解以及第三節中第一、四、五、六、七等五個「不搭」的詮釋。宋末，翁湯漢〈南華真經義海纂微序〉云：「近時釋莊者益眾，其說亦有超於昔人，然未免翼以吾聖人言，挾以禪門關鍵，似則似矣，是則未是。」[312]此雖非針對林希逸而發，然林氏「以禪解莊」則亦不免有「似則似矣，是則未是」之弊。

錢謙益以林希逸「莊禪混合」乃一知半解，他說：「孔自孔，老莊自老莊，禪自禪，乘流示現，面目迥別。宋儒林鬳齋，影掠禪宗注《莊子》，……三家門庭，從此無風起浪，葛藤不斷。」[313]荒木見悟也說：「希逸的立場，無論從儒禪哪面看，都不免帶有態度不明的色彩。」[314]貝原益軒同樣批道：「林希逸取

---

[310] 宋‧林希逸著，周啓成校注：《莊子鬳齋口義校注》〈前言〉，頁8。

[311] 池田知久著，周一良譯：〈林希逸《莊子鬳齋口義》在日本〉（收於宋‧林希逸著，周啓成校注：《莊子鬳齋口義校注》），頁521。

[312] 引自宋‧褚伯秀：《南華真經義海纂微》（《四庫全書》第1057冊，臺北：商務印書館，1983年出版），頁3。

[313] 清‧錢謙益：《牧齋有學集》卷五十〈題沈石天頌莊〉（上海：上海古籍出版社，1996年9月出版），頁1630。

[314] 荒木見悟：《中國思想史的諸相》，頁70。

宋儒之意註老莊，然而與老莊之本意多不相合。」[315]禪僧無隱道費亦不表同意，他評說：「希逸雖讀佛書，不達佛理。其言，無所依據。」[316]另者，周啟成雖前有讚揚，但後面亦不忘指責林氏「莊禪類比」之非，他說：「用佛學改造《莊子》的理論，把佛莊作不恰當的類比，是《口義》的另一個缺陷。」[317]這些說法都是從「莊」與「禪」根源處不同而論。

不過，林希逸《莊子口義》之「以禪解莊」在莊禪交涉上自然也有其作用。莊子追求精神自由的核心思想，這與重於妙悟，意在引導人認識世界、超脫塵網束縛的禪宗，確有其相資相映的共通性。誠如明末憨山〈學要〉所言：「不精《老》《莊》，不能忘世；不參禪，不能出世。」[318]莊、禪兩家在理論、思想、修行實踐上實可融攝、調和。林希逸《莊子口義》以禪解莊，即是這種表現。

另者，整體來說，方以智《藥地炮莊》雖非純粹「利用了禪學形式加以自由解釋」[319]而已，而其「以禪解莊」亦不免落入竺庵道人所評驚「隔靴搔癢」[320]之病。然平心而論，方以智融會三教思想[321]之《藥地炮莊》「以禪解莊」有其特色。

---

[315] 貝原益軒：《慎思錄》卷五（引自荒木見悟：《中國思想史的諸相》，頁70）。

[316] 無隱道費：《心學典論》卷一（引自荒木見悟：《中國思想史的諸相》，頁70）。

[317] 宋‧林希逸著，周啟成校注：《莊子鬳齋口義校注》〈前言〉，頁14。

[318] 明‧憨山著，福善目錄，通炯編輯：《憨山老人夢遊集》（三）卷三十九（臺北：新文豐出版公司，1995年10月初版），頁2082。

[319] 侯外廬主編：《中國思想通史》（第四卷下），頁1151。

[320] 明‧方以智：《藥地炮莊》〈讀炮莊題辭〉，頁14。

[321] 方以智留心「儒釋會通」（參見楊儒賓：〈儒門別傳——明末清初《莊》《易》同流的思想史意義〉，收於鍾彩鈞、楊晉龍主編：《明清文學與思想中之主體意

從上面的舉述可見，方以智《藥地炮莊》之「以禪解莊」，在於善用「禪宗公案」以會通《莊子》。筆者認為，方以智頗有超越的觀念，歸結本章所舉述之例證內容要點，不難看出：他採用禪師反詰、暗喻、警覺等教法，徵引禪宗公案等教材，以誘發個體自悟《莊子》所倡人生自由、無待之境界。其「解莊」文字又多留有不說破、不可說，一種直觀的，超越分析推理之限域的，或「遮遣」，或「否定」，或寄寓「禪思」，充分顯現「以禪解莊」之點撥與妙用。

　　三者，釋淨挺的《漆園指通》，並非單純地從道家立場或本義「直解」《莊子》，而是多方藉資禪宗語錄及禪宗文獻，「別解」或「引申」莊子道。誠如他所自云：「郭象註《莊》，不免莊生註郭，此書亦云。」[322]足徵釋淨挺撰寫該書的緣起就已把它當作「禪機」發揮，再引入、運用禪家「語錄」曲譬廣證而加以點化。文阡字陌中，表現出不拘格套，灑然達變的思維邏輯，這

<hr>

識與社會──學術思想篇》，臺北：中國文哲研究所，2004年12月）。余颺〈寄藥地尊者〉以為，万氏「寓戰國漆園之身而為宣尼、聃、曇說法，此等深心大力，何可思議乎！」（清·釋笑峰等撰，施閏章補輯：《青原志略》卷八，四庫全書存目叢書編委會編：《四庫全書存目叢書》第245冊，臺南：莊嚴文化事業公司，1997年初版，頁630上-下）。與此類似，陳鳴皋〈青原峰別道同說〉曰：「三教名異實同，宗別道合，互古及今，照耀天壤。吾儒學孔孟、行仁義、敦孝弟，上紹危微精一之旨，乃為登峰詣極。釋氏禮三寶、明心性、闡宗風，道家祖猶龍，著為《道德（經）》，福善禍淫，欲人登峰詣極。此『峰別道同』，張贊山太史品題於前，而『三教一家』，藥地老人書額於後，此心同也。」（清·釋笑峰等撰，施閏章補輯：《青原志略》卷一，頁552上）。根據上面這段記載，方以智曾親題「三教一家」之書額於青原駐錫地。在高度評價《易經》的基礎上，方以智〈與藏一〉以為：「萬法惟《易》足以統之徵之。」（清·釋笑峰等撰，施閏章補輯：《青原志略》卷八，頁631下）。表明《易經》之義理可以統攝、徵驗三教諸法。
[322] 清·釋淨挺撰，智淰等編：《雲溪俍亭挺禪師語錄》卷十四，頁252上。

與一般的《莊子》註解本大異其趣。

明末清初，「以禪解莊」之潮流相應而起。釋淨挺身為曹洞宗門健將，既好莊學又懂禪學，續承、發揚曹洞學風，故其「解莊」文字也就有不說破、不可說、直觀的，超越分析推理的限域的特質，體現出豐碩的「禪莊相濡以沫」之境。

「以禪解莊」如何可行，這可從禪宗公案與《莊子》寓言性質說明之：其一，在「方法」上，《莊子》「文學故事性」的「寓言」，純是敘述，不是直接說理；而禪宗「點撥性」的「公案」是「作用見性」，也是直接當下表達，不作理論說明，兩者有此可類比之處。其二，在「文字之態度」上，《莊子》的「不信任文字」，與禪宗的「超越文字」，在理論意義都有強調「言外之意」、「弦外之音」，以及「打破文字」而從「心」上體證的用意。其三，在「思想」上，《莊子》的「道」與禪的「道」的異同，如前第二章所述，「莊禪合流」，「清淨」不再是士人心靈的終極境界，而是延續老莊的「自然」作為人生的最高理想，於是莊禪兩者之「道」已由「異」向「同」邁進。

故可以說，「以禪解莊」在作用意義上是豐富了《莊子》，然在理論本質上，並沒有改變什麼。當然，嚴謹而論，林希逸、方以智、釋淨挺三人的「類比」註文中，確實不免有牽強附會之處，但他們一定程度的掌握、運用「禪理」與「禪語」註解《莊子》義，也是有目共睹的，足可看出他們對於禪宗公案與禪林用語之熟稔，以及禪學造詣之深。

第六章
「以唯識解莊」的背景與思想

　　晚清至民初，時局變遷急遽，中國處境困窘，社會動盪不安，各種救國口號、救族呼聲，此起彼落，改革、立新之風潮尤熾，「佛教救國」即其中一個環節。因緣際會，「唯識學」以其理論精密，受到有學之士的重視。楊文會《南華經發隱》開「以唯識解莊」的先河，接踵的章太炎之《齊物論釋》後勁十足，有別於「以空解莊」、「以禪解莊」，而形成了另一「以佛解莊」的新典範。此所謂「以唯識解莊」之「唯識」，乃指主張「虛妄熏習是客，真常的如來藏藏識是主體」的「真心派」[1]，不是主張「正聞熏習是客，虛妄的異熟藏識是主體」的「妄心派」「護法──玄奘」系的唯識主流。

第一節　「以唯識解莊」的時空背景

　　「以唯識解莊」之背景，除第二章所述之大環境外，要從楊文會、章太炎與佛教之因緣談起。

---

[1]　真心派主要以真諦為代表。

一、楊文會與佛教

「近代佛教先覺者」[2]楊文會，安徽池州府石埭人。其父楊樸庵曾舉進士，故楊文會出身於書香門第，幼學詩書，性格任俠。曾隨曾紀澤（1839-1890）等出使英、法，考察西歐社會、政治、人文等文化。楊氏以字仁山行，人稱仁山居士或深柳大師，號拙道人。

楊文會先後創辦金陵刻經處、祇洹精舍及佛學研究會，在佛典研究、佛教教育、佛教出版事業，以及中日佛教交流等方面，成績斐然。他在近現代中國佛教史上舉足輕重，誠如論者所言：「促使現代中國佛教復興運動的人當然很多，但其中最具關鍵性的人物，則是石埭楊文會仁山先生。」[3]

楊氏皈依佛教的因緣，依據楊步偉所述，楊文會曾因欲娶鄰女為「並妻」未成，百無聊賴中接觸佛書。他說：

> 經此一次打擊，祖父（楊文會）更覺世事無聊，就終日在西湖邊散步。一日，在湖邊書店裡發現一本《大乘起信論》，……忽悟當中要旨，頓覺愛情家事國事都不願過問了。[4]

---

[2]　吳麗玉：〈近代佛教先覺者楊文會〉（高雄師範大學國文研究所碩士論文，1990年6月）。

[3]　藍吉富：〈楊仁山與現代中國佛教〉（收於清・楊文會著，洪啓嵩、黃啓霖主編：《楊仁山文集》，臺北：文殊出版社，1987年8月出版），頁11。

[4]　楊步偉：〈我的祖父〉（《傳記文學》第3卷第3期，1963年9月），頁19。

雖然他接觸佛書是「出於偶然」，但卻從此「悉廢棄其向所為學」，「一心學佛」[5]。

上段楊步偉的「口述歷史」提到，楊文會看了《大乘起信論》「忽悟當中要旨」，而毅然抉擇「向佛」。顯然，《大乘起信論》在他的人生十字路上是一盞明燈。該書又稱《起信論》，相傳為印度馬鳴菩薩所造，南朝梁·真諦譯。據梁啟超、歐陽竟無等人考證，認為是中國人所造[6]。本書闡明「如來藏」之旨，及菩薩、凡夫等發心修行之相，係從理論與實踐兩方面歸結大乘佛法之中心思想，為中國佛教重要論典。

楊文會是近現代中國佛教改革的先驅，是促使近百年來佛教起死回生的樞紐人物，被哈佛大學東亞研究中心的Holmes Welch譽為近現代「中國佛教復興之父」[7]。對於當時佛教僧眾素質低落的問題，他著力於佛教教育的改革工作，創立之「祇洹精舍」，雖因經費不足，歷時一年餘即停辦，但是在中國近現代佛教史上稱名的人物幾乎都出其門下。太虛曾回憶道：「參與祇洹精舍諸緇素，若歐陽漸（即歐陽竟無）、梅光羲、釋仁山、智光等，多為現今佛教中重要份子，而筆者（指太虛）亦其中之

---

5 歐陽竟無：〈楊仁山居士事略〉（收於清·楊文會著，洪啓嵩、黃啓霖主編：《楊仁山文集》），頁36。
6 關於民國以來「《大乘起信論》真偽問題」之論辯，參見周志煌：〈民初佛學「唯識」與「如來藏」之交涉——以支那內學院與武昌佛學院之法義論諍為核心的開展〉第二章〈「唯識」與「如來藏」交涉之一——《大乘起信論》真偽問題之論辯〉（輔仁大學中文研究所碩士論文，1995年6月），頁33-52。
7 藍吉富：〈楊仁山與現代中國佛教〉（收於清·楊文會著，洪啓嵩、黃啓霖主編：《楊仁山文集》），頁32。

一人。」[8]纘承楊文會衣缽的歐陽竟無也說道：「唯居士之規模弘廣，故門下多材，譚嗣同善《華嚴》，……唯識法相之學有章太炎、孫少侯、梅擷芸、李證剛、蒯若木、歐陽漸等，亦云夥矣！」[9]這些話，應足以佐證楊氏影響之大。

梁啟超縱觀近現代中國佛教發展概況，也肯定楊文會的領導作用。他說：

> 楊文會少曾佐曾國藩幕府，復隨曾紀澤使英，夙栖心內典，……譚嗣同從之遊一年，……梁啟超不能深造，顧亦好焉，其所著論，往往推挹佛教，康有為本好言宗教，往往以己意進退佛說，章炳麟亦好法相宗，有著述，故晚清所謂新學家者，殆無一不與佛學有關係，而凡有真信仰者率皈依文會。[10]

楊文會創辦「祇洹精舍」，矻矻於僧眾的佛法教育，直接或間接地鑄就了許多近現代中國佛教學者，其優秀者有康有為、譚嗣同、梁啟超、章太炎等人。要言之，楊文會是個熱心佛教事業的傳統知識分子，如前面第二章第三節提到，楊文會託請南條文雄代為搜購、寄回的古代中國散逸佛書近三百種，其中就包括了唯

8　釋太虛：〈三十年來之中國佛教〉（收於氏著，太虛大師全書編委會編：《太虛大師全書》第29冊），頁9-10。
9　歐陽竟無：〈楊仁山居士傳〉（收於氏著：《歐陽竟無居士內外學》乙本，《內學雜著》下冊，南京：金陵刻經處，出版年不詳），頁2。
10　梁啓超：《清代學術概論》（臺北：華正書局，1984年2月初版），頁73。

識宗最重要的唐‧窺基《成唯識論述記》、彌勒菩薩造《瑜伽師地論記》等典籍，引發楊氏「唯識」研究的興趣。

此外，對於禪宗的不滿，也促使楊文會提倡唯識。他在〈與夏穗卿書〉云：

> 此道（佛法）之衰，則實由禪宗而起，明末唯識宗稍有述者，未及百年，尋復廢絕。然衰於支那，而盛於日本，近年來書冊之東返者不少，若能集眾力刻之，移士夫治經學小學之心以治此事，則於世道人心當有大益。[11]

楊氏認為提倡唯識是對參禪者「補偏救弊」的辦法。他在〈答釋德高質疑十八問〉又說：「欲除前（禪宗）之二弊，須將《大乘起信論》讀誦通利，深究《賢首義記》。……再者《楞嚴正脈》、《唯識述記》，《楞嚴》、《唯識》既通，則他經可讀矣。」[12]對《唯識述記》等唯識論典極為肯定。

歐陽竟無在楊文會的傳記中，提到楊氏〈與桂伯華（1861-1915）〉書曰：

> 研究因明、唯識，期必澈底，為學者楷模。……明末諸老，仗《宗鏡錄》研唯識，以故《相宗八要》諸多錯謬。居士得《唯識述記》而刊之，然後圭臬不遺，奘、基之研

---

[11] 清‧楊文會著，洪啟嵩、黃啟霖主編：《楊仁山文集》，頁219。
[12] 清‧楊文會著，洪啟嵩、黃啟霖主編：《楊仁山文集》，頁170。

討有路。[13]

期許後進專研唯識，以作為學佛者之楷模，「俾不顢頇儱侗，走入外道而不自覺。」[14]接著，歐陽氏在該傳記同時引述下面一段話：「（楊文會）臨寂遺囑一切法事，乃付託於唯識學之歐陽漸，是亦可以見居士心歟。」[15]這些史實，說明了唯識學在楊文會思想裡的中心位置。

楊文會在〈十宗略說〉賦予法相唯識一宗極高地位。他指出：

> 天竺有性相二宗。……相宗則從《楞伽》、《深密》、《密嚴》等經流出。有《瑜伽》、《顯揚》諸論，而其文約義豐，莫妙於《成唯識論》也。以彌勒為初祖，無著、天親、護法等菩薩相繼弘揚。唐之玄奘，至中印度就學於戒賢論師，精通其法，歸國譯傳，是為慈恩宗。……此宗以五位百法，攝一切教門。立三支比量，摧邪顯正，遠離依他及遍計執，證入圓成實性，誠末法救弊之良藥也！參禪習教之士，茍研究此道而有得焉，自不至顢頇佛性，儱侗真如，為法門之大幸矣！[16]

在楊文會看來，唯識學是補救禪教末法流弊的一帖良藥。

---

[13] 歐陽竟無：〈楊仁山居士傳〉，頁2。
[14] 歐陽竟無：〈楊仁山居士傳〉，頁2。
[15] 歐陽竟無：〈楊仁山居士傳〉，頁2。
[16] 清‧楊文會著，洪啓嵩、黃啓霖主編：《楊仁山文集》，頁5-6。

基於上面的學術觀點，楊文會規劃祇洹精舍的課程設計中，即將有關唯識學的科目列為必修，包括《唯識三十論》、《因明論》、《八識規矩》等[17]，都是重點的「普通學」教材；至於「專門學」——針對慈恩宗（法相宗）的課程，則明訂《成唯識論》、《樞要》、《相宗八要》、《瑜伽師地論》、《因明論疏》、《法苑義林章》、《解深密經》、《密嚴經》、《唯識開蒙》等為必修[18]。他要求學習者研習這些「專門學」，務須「文義精通」，做到「觀行相應，斷惑證真」[19]。

近代中國唯識研究之風，實因楊文會而起而盛。繼續楊文會之學的歐陽竟無，在支那內學院主講《成唯識論》，門下高材畢集，如呂澂（1896-1989）、熊十力（1885-1968）等皆名列其中。後來，歐陽氏甚至在該院設置「法相大學特科」，闡揚法相唯識之學。這是楊文會在唯識方面具體的歷史影響之一。

二、章太炎與佛教

生長於浙江餘杭書香世家的章太炎，童年就傳識字，並從外祖父朱有虔那裡接受了嚴謹的漢學基礎教育；青少年時期又在父親章濬督課下，鑽研文字音韻諸學；青年時期進入了由俞樾[20]

17　清‧楊文會著，洪啓嵩、黃啓霖主編：《楊仁山文集》，頁43。
18　清‧楊文會著，洪啓嵩、黃啓霖主編：《楊仁山文集》，頁45。
19　清‧楊文會著，洪啓嵩、黃啓霖主編：《楊仁山文集》，頁46。
20　俞樾，浙江德清人，字蔭甫，號曲園。道光三十年（1850）進士，授編修。後任河南學政，未幾歸。勤治經學，著有《群經平議》、《諸子平議》等。

（1821-1907）主持的「詁經精舍」深造，扎下傳統史學與子學的厚基。

　　章太炎早期不苟同佛教，並曾對康有為、譚嗣同的佛教思想作過批評[21]。雖然他既非一佛徒，又非一居士，但佛教思想卻是他的學術大纛。錢穆歸納、論衡章氏之學凡四支柱：一為，西湖詁經精舍俞樾所授小學；二為，上海獄中所誦佛經；三為，革命排滿從事政治活動，而連帶牽及之歷代治亂人物賢奸等史學理論；四為，反對康有為之保皇變法，而同時主張古文經學以與康氏之今文經學相對抗。四者之中，「崇信印度佛學，則尤為其四支柱中擎天一大柱。」[22]這是錢氏閱讀章氏各書所得之梗概。

　　淨土信仰在普羅社會中，有一定的影響力，但章太炎對淨土宗的評價卻是負面的，他認為「淨土一宗，最是愚夫愚婦所尊信的。他所求的，只是現在的康樂，子孫的福澤。」[23]以家庭福樂

---

[21] 章太炎於1899年木刻本《訄書》中的〈通讖〉、〈公言〉等篇，採取批判的態度玷衡佛教。其中，〈公言〉云：「余嘗西登黃鶴山，瞻星漢陽，閃屍乍見，屑屑如有聲，以是知河漢以外，有華藏焉、有鈞天廣樂之九奏萬舞焉，體巨而吾耳目勿能以聞見也。以不聞見，毅言其滅沒，其厭人乎？」（氏著：《訄書》，臺北：世界書局，1963年1月初版，頁105），乃在駁斥譚嗣同《仁學》所說：「苟不以眼見，不以耳聞，不以鼻嗅，……轉業識而成智慧，然後『一多相容、三世一時』之真理，乃曰見乎前。」（氏著，蔡尚思、方行編：《譚嗣同全集》，頁318）。而〈通讖〉云：「積愛為仁，積仁為靈，……金木毒藥械用接構，皆生於惡，惡生於愛，眴慄愀悲，亦生於愛，愛而幾通於芴漠矣！……世之實驗論者，謂此欲求世界觀與設定世界觀，夢魘妄想比於空華。然不悟理想雖空，其實力所掀動者，終至實見其事狀而獲逐其欲求，如猷太之彌賽亞，畢竟出世，由此而動人，信仰者固不少矣！」（氏著：《訄書》，頁31-32）。文中「世之實驗論者」，即指康有為而言，此乃批判康氏《大同書》甲部〈入世界觀眾苦〉所論「人情之苦」的「愛戀之苦」（氏著：《大同書》，上海：中華書局，1935年4月出版，頁54-69）。

[22] 錢穆：《中國學術思想史論叢》（八）（臺北：東大圖書公司，1990年4月再版），頁348。

[23] 章太炎：〈東京留學生歡迎會演說辭〉（收於氏著，湯志鈞編：《章太炎政論選

為目標的淨土信仰，流於狹化、俗化，這是章氏所不願見到的。此外，他對於明末以來知識分子「虛談禪空」也頗有微辭，慨嘆：「悲夫！昔明之季，學以談禪為榮矣。志節雖盛，而其氣皆窊，無能濟變。」[24]又說：「今志節遠不逮明人，而循其談禪之執，則士氣愈委靡，民志愈渙散，求再亡三亡而不可得，而暇變法乎哉？」[25]對每下愈況之士氣、民志，深感憂慮。

重大的磨難、挫折，往往會對一個人的思想或性格產生改造或重組。章太炎對佛教態度的轉變因緣，主要是在1903年到1906年因「蘇報案」坐了三年的牢獄，使他沉靜於當時寖盛的唯識論典，包括彌勒菩薩造《瑜伽師地論》、護法菩薩造《成唯識論》[26]以及陳那造《因明論》等。匒繫囹圄的他，「身心具困」，轉俗向真，尋求內在的安頓，索解心靈的深趣。他自述學術思想變遷云：

> 余自志學迄今，更事既多，……歷覽前史，獨於荀卿、
> 韓非所說，謂不可易。自餘閎眇之旨，未暇深察。繼閱
> 佛藏，涉獵《華嚴》、《法華》、《涅槃》諸經，義解漸

集》上冊，北京：中華書局，1977年11月初版），頁273-274。

[24] 章太炎：〈變法箴言〉（收於氏著，湯志鈞編：《章太炎政論選集》上冊），頁18。

[25] 章太炎：〈變法箴言〉（收於氏著，湯志鈞編：《章太炎政論選集》上冊），頁18。

[26] 印順說：「護法的思想，不能說是無著唯識的繼承者。……在於融合《瑜伽》、《攝論》兩大思想，而把唯識學建立在《瑜伽論·本地分》的思想上。故護法《成唯識論》說諸識差別、王所差別、心色各別自體、種子本有（本地分）新熏（攝論及抉擇分）合說。」（氏著：《攝大乘論講記》，臺北：正聞出版社，1992年2月修訂一版，頁12）。

深，卒未窺其究竟。及囚繫上海，三歲不覿，專修慈氏、
世親之書。此一術也，以分析名相始，以排遣名相終，從
入之塗，與平生樸學相似，易於契機，解此以還，乃達大
乘深趣。[27]

　　章氏表明先有《華嚴經》、《法華經》、《涅槃經》之涉獵，後
有慈氏、世親書之浸淫，足見他在佛學確曾下過工夫，而這些正
是他思想轉折的支點。

　　瑜伽系的法相唯識，以慈氏彌勒為師，以無著與世親為理論
建構者。無著思想是法相唯識中最根本的，章太炎稱「無著」為
「先師」[28]，自詡是無著的再傳弟子，學術歸趣，表露無遺。章
氏於繫囚期間，專修「分析名相，排遣名相」之唯識學，後乃通
達佛教大乘旨趣。

　　出獄後的章太炎，做的第一件大事就是倡言佛教，期以振發
國人革命信心，並增進國民道德[29]。1906年7月15日，章太炎在
東京留學生歡迎會上發表演說，公開宣揚他的主張，認為參與革
命先要投入感情，而成就感情之要有二：「第一，是用宗教發起

---

[27] 章太炎：〈菿漢微言〉（收於氏著，湯志鈞編：《章太炎政論選集》下冊），頁734。

[28] 章太炎在〈人無我論〉中說：「先師無著大師士，善破我執，最為深通。」（收於氏著：《章氏叢書》下冊，頁879下）。又說：「先師嘗著此說於《顯揚論・成空品》。」（同上，頁884下）。

[29] 章太炎認為「孔教」不足以荷擔此大任，他說：「孔教最大的污點，是使人不脫富貴利祿的思想。自漢武帝專尊孔教以後，這熱中於富貴利祿的人，總是日多一日。我們今日想要實行革命，提倡民權，若夾染一點富貴利祿的心，就像微蟲黴菌，可以殘害全身，所以孔教是斷不可用的。」（氏著：〈東京留學生歡迎會演說辭〉，收於氏著，湯志鈞編：《章太炎政論選集》上冊，頁272-273）。

信心，增進國民的道德；第二，是用國粹激動種性，增進愛國的熱腸。」[30]此處所說的「宗教」，即他於獄中三年沉思、鑽研的佛教。他總結道：「佛教的理論，使上智人不能不信；佛教的戒律，使下愚人不能不信。通徹上下，這是最可用的。」[31]此語誠屬中肯之論。

思想成熟後的章太炎，對佛教極為推崇，視之為治世良藥。在〈答夢庵〉一文中，他說：「使震旦齊民之道德不亡，人格尚在，不在老、莊則在釋氏，其為益至閎遠矣。」[32]再說：「如彼西方景教，亦幾可斲雕為樸矣。然義趣單純，好思想者多不樂此，又與老、莊舊說，過相違戾，欲興民德，舍佛法其誰歸？」[33]又說：

> 此數者，其他宗教倫理之言，亦能得其一二，而與震旦習俗相宜者，厥惟佛教。是固非言語文字所能成就，然方便接引，非文辭不為功。以是相導，令學者趣入法門以自磨厲，庶幾民德可興。[34]

且說：「人果學佛，蹈湯赴火，必有王學之長，而放誕譸張之病，庶其獲免。作民德者，舍此無他術也。」[35]再三強調佛教對

---

30 章太炎：〈東京留學生歡迎會演說辭〉（收於氏著，湯志鈞編：《章太炎政論選集》上冊），頁272。
31 章太炎：〈東京留學生歡迎會演說辭〉，頁273。
32 章太炎：〈答夢庵〉（收於氏著，湯志鈞編：《章太炎政論選集》上冊），頁394。
33 章太炎：〈答夢庵〉，頁394。
34 章太炎：〈答夢庵〉，頁395-396。
35 章太炎：〈答夢庵〉，頁397。

於救治時代問題的積極意義。

當「廟產興學」[36]將中傷佛教之際，章氏即刻撰作〈告佛子書〉，「一方面叫僧眾認清時代，快些起來自己辦學；一方面勸告士大夫們，不應該有這種不當的妄舉，應該對佛教加以發揚。」[37]表現了他對佛教的期許，以及捍衛佛教的心志。要改良舊法或要達成「廟產興學」口號所主張的「設學」、「興學」方案，方法不在改「寺」為「學」，而在人的道德義務感的建立與觀念的改變。章太炎認為，要發揮「大布施」精神，匯集社會群力，佛教華嚴、法相二宗法益尤佳，章氏道：

> 我們今日要用華嚴、法相二宗改良舊法。這華嚴宗所說，
> 要在普度眾生，頭目腦髓，都可施捨與人，在道德上最為
> 有益。這法相宗所說，就是萬法惟心。一切有形的色相，
> 無形的法塵，總是幻見幻想，並非實在真有。[38]

---

[36] 清末民初在一片如何「救國」的聲浪中，張之洞（1837-1909）於《勸學篇》提出「廟產興學」，其〈設學第三〉說：「今天下寺觀，何止數萬，……皆有田產，其物業皆由布施而來，若改作學堂，則屋宇田產悉具，此亦權宜而簡易之策也。……大率每一縣之寺觀，取什之七以改學堂，留什之三以處僧道。其改為學堂之田產，學堂用其七，僧道仍食其三。」（氏著：《勸學篇》，收於沈雲龍主編：《近代中國史料叢刊》第9輯，臺北：文海出版社，1967年出版，頁95）。這一觀點對近現代中國佛教帶來不少困擾。關於「廟產興學」的議題，已有多位學者研究，可參見牧田諦亮：〈清末以來的廟產興學與佛教教團〉（收於氏著：《中國近世佛教史研究》，臺北：華宇出版社，1985年）；黃運喜：〈清末民初廟產興學運動對近代佛教的影響〉（《國際佛學研究》創刊號，1991年12月）等。

[37] 引自釋太虛：〈我的佛教改進運動略史〉（收於氏著，太虛大師全書編委會編：《太虛大師全書》第29冊），頁69-70。

[38] 章太炎：〈東京留學生歡迎會演說辭〉（收於氏著，湯志鈞編：《章太炎政論選集》上冊），頁274。

這段話與上段章氏所謂「人果學佛，蹈湯赴火」；「趣入（佛）法門以自磨厲，民德可興」等說法，前後輝映。

章太炎訴求透過佛教來增進革命信仰與強化革命心向，有其理論基礎。他說：「佛教最重平等，所以妨礙平等的東西，必要除去。滿州（洲）政府待我漢人種種不平，豈不應該攘逐？……照佛教說，逐滿復漢，正是分內的事。」[39]這是以佛教平等思想來喚起漢人對滿清種族歧視的不滿，明顯地是運用佛教思想作為革命的思想武器，雖然當時有人持懷疑態度[40]。

顯而易見，佛教思想是章氏對治時代道德頹廢的一劑良藥，他所以提倡佛教，是為了重整社會道德，更具體的說，為樹立革命軍的道德情操。可以說，章太炎是在佛教中找到道德的依歸，也是為道德而皈依佛教。但他冀望憑藉佛教以增強革命信心，尤其是國民道德，只要還是來自上述康氏、譚氏、梁氏等人的觀念。這之中，他們的著重點互有分歧，但大體的方向是彼此延續與繼承的。不過，較為完整的應用佛教來建構其哲學體系的，以章太炎為要。

佛教宗派林立，章太炎孜孜鼓倡的是「法相宗」（「唯識宗」）。他界定了該宗的精神：「法相宗所說，就是萬法惟心。一切有形的色相，無形的法塵，總是幻見幻想，并非實在真

---

[39] 章太炎：〈東京留學生歡迎會演說辭〉，頁275。
[40] 如鐵錚（袁金鎧）便著文反對，認為「佛家之學，非中國所常習。雖上智之士，猶窮年累月而不得，況於一般國民處水深火熱之中，乃望此迂緩之學以收成效，何異待西江之水以救枯魚？」（引自章太炎：〈答鐵錚〉，收於氏著：《章氏叢書》下冊，頁879下）。

有。」[41]萬法是唯心所造、唯識所現,是如幻如化的,只有「一心」才是真實的。他又說:「心佛眾生,三無差別。我所靠的佛祖仍是靠的自心。」[42]由此可見,章氏推動的是以「法相宗」為主的佛教思想,並歸結其個人道德於佛教之「一心」[43]。

如上所述,楊文會與章太炎皆與唯識有了深切的關連,於是「以唯識解莊」變成他們註解《莊子》的主軸與特色。

第二節　以「唯識」解《莊子》境界論

楊文會《南華經發隱》以「唯識」解《莊子》境界論[44]。他以為《莊子》一書,出世之言,或深或淺,淺者不出「天乘」,深者直達「佛界」[45]。楊氏在《南華經發隱・敘》說明撰作之原由,他說:

---

[41] 章太炎:〈東京留學生歡迎會演說辭〉(收於氏著,湯志鈞編:《章太炎政論選集》上冊),頁274。

[42] 章太炎:〈東京留學生歡迎會演說辭〉,頁274。

[43] 這可見出梁啓超與章太炎之不同,梁啓超強調「佛教與群治的關係」,就佛教之可導進社會立論,章太炎則主張發自於個人道德心。可說前者是宏觀,後者是微觀。

[44] 此外,楊文會《道德經發隱》一書,亦「以佛解老」。其中,對於《老子》第六章「谷神不死,是謂玄牝」,其註云:「谷者真空也,神者妙有也。佛家謂之如來藏,不變隨緣,無生而生;隨緣不變,生即無生。生相尚不可得,何有於死耶?玄者,隱微義;牝者,出生義,佛家名為阿賴耶。此二句與釋典佛說如來藏以謂阿賴耶同意。從阿賴耶變現根身器界,或謂之門,或謂之根,奚不可者?綿綿若存者,離斷、常二見也。用之不勤者,顯無作妙諦也。」(清・楊文會:《道德經發隱》,嚴靈峰主編:《無求備齋老子集成續編》第9冊,臺北:藝文印書館,1970年初版,頁3),以「阿賴耶」解老。

[45] 清・楊文會:《南華經發隱》(嚴靈峰主編:《無求備齋莊子集成續編》第23冊,臺北:藝文印書館,1974年12月初版),頁2。

（《莊子》）至唐初尊之為《南華經》，而作註解者漸
多。唯明・陸西星、憨山（德）清二家以佛理釋之。憨
山僅釋內篇，西星則解全部。今閱二書，猶有發揮未盡之
意，因以己意釋十二章。[46]

他以己意所釋的十二章分別為：〈逍遙遊〉、〈齊物論〉、〈人
間世〉、〈德充符〉、〈大宗師〉、〈應帝王〉、〈天地〉、
〈天道〉、〈庚桑楚〉、〈徐無鬼〉、〈則陽〉與〈外物〉等，
而其中鮮明地以「唯識」解《莊子》的境界論，集中於釋〈人間
世〉、〈德充符〉與〈應帝王〉三篇，其餘篇章則多徵引其他佛
教觀念[47]。

　　其一，〈人間世〉：「夫徇耳目內通而外於心知，鬼神將來
舍。」使耳目感官向內觀照而排除心機，鬼神也會來依附。對於
「外於心知」，楊氏註云：「離分別識。」[48]以唯識的「離分別

---

[46] 清・楊文會：《南華經發隱》，頁1。
[47] 楊著徵引其他佛教觀念者，例如：（一）釋〈逍遙遊〉全篇云：「鯤魚潛藏其內，喻根本無明也。此無明體，即是諸佛不動智。」（氏著：《南華經發隱》，頁7）以佛教「無明」釋「鯤魚」。（二）釋〈齊物論〉「至人」云：「夫至人者，宇宙在乎手，萬化生乎身者也。法身大我，豎窮三際，橫亙十方，而無我相可得，是之謂忘大我。」（同上，頁8）以佛教「無我相」闡明之。（三）釋〈齊物論〉「南郭子綦喪我」云：「耦者對待之法也。心不外緣，幾如槁木死灰矣！而豈知南郭子內證無心，我執已亡乎？倘我執未亡，定有對待法時時現前，不能深入寶明空海，平等普觀也。」（同上，頁10）運用佛教「我執」之說而論述之。（四）釋〈人間世〉「无聽之以耳而聽之以心，无聽之以心而聽之以氣！」云：「名之為氣，其實真空也。自性真空，物來即應，故為道之本體。」（同上，頁12）（五）釋〈人間世〉「瞻彼闋者，虛室生白」云：「分破無明，性空自顯。」（同上，頁14）（六）釋〈大宗師〉「無古今而後能入於不死不生」云：「迷者妄見生死，實無生死；悟者本無生死，示現生死。所謂生死涅槃，二俱平等，方是不生不死義也。」（同上，頁23）。
[48] 清・楊文會：《南華經發隱》，頁14。

識」解《莊子》「外於心知」的境界。然「離分別識」，是指進入「無分別」之境，與「外於心知」之「排除心機」與超越「感官之知」的「定」境，還是不相等同。

其二，〈德充符〉載，魯有兀者王駘，所與從遊者多，常季問於仲尼；仲尼以為王駘雖為兀者，然「遊心乎德之和」。常季曰：「彼為己，以其知得其心，以其心得其常心。」此指王駘修己，反躬自省，從有分別作用之心進入不起分別作用之心。對於「以其知得其心」，楊氏註云：「以六識觀照而得八識現量。」[49]以「八識現量」釋《莊子》之「心」。對於「以其心得其常心」，楊氏又註云：「超八識現量，而顯常住真心。」[50]以「常住真心」釋《莊子》「常心」之境界。然《莊子》之「常心」即「真心」，與唯識真心派所說「如來藏」「常住真心」即「佛性」，內容不同。

其三，對於〈應帝王〉中儵、忽兩帝謀報渾沌，而渾沌死的故事。楊氏註云：

儵、忽，六七識生滅心也；渾沌，八識含藏心也。渾沌無知，為儵、忽所鑿而死。……久之渾沌復甦，……於是儵、忽奉為宗主，聽其使令。……渾沌改名為大圓鏡，儵名妙觀察，忽名平等性，與儵、忽為侶者，皆名成所作。

---

[49] 清・楊文會：《南華經發隱》，頁18。
[50] 清・楊文會：《南華經發隱》，頁18。

四智菩提，圓彰法界，《南華》之能事畢矣！[51]

以儵、忽為「六七識」，以渾沌為「八識」。其中「成所作智」、「妙觀察智」、「平等性智」、「大圓鏡智」乃唯識學關於智慧的分類。「第八識」轉成「大圓鏡智」，「第七識」轉成「平等性智」，「第六識」轉成「妙觀察智」，轉「前五識」為「成所作智」。佛於一切境界，能於一念心中現前，念念知一切法，從來是不忘失的（無忘失法）。或稱「佛智」為「大圓鏡智」。然「渾沌」是道的境界，而「八識」是種子識、是經驗；一指「道」的境界、一指種子識；兩者自是不同。

由上可知，楊文會引用了「唯識」以詮釋《莊子》境界論，這種作法堪稱「獨步歷史」。不過，《莊子》自是《莊子》，「唯識」自是「唯識」，兩者自難貼近。

第三節　以「唯識」解《莊子》認識論

章太炎「以唯識解莊」不脫離他對政治、社會的改革目的，他在〈論佛法與宗教、哲學以及現實之關係〉中說：「若專用佛法去應世務，規劃總有不周。……唯有把佛法與老莊和合，這才是『善權大士』，救時應務的第一良法。」[52]而《齊物論釋》即

---

51 清·楊文會：《南華經發隱》，頁25-26。
52 章太炎著，姜玢編選：《章太炎文選》（上海：上海遠東出版社，1996年7月初版），頁409。

是他「佛莊和合」的代表作。此作並非僅單純解釋〈齊物論〉，而是解釋整個《莊子》哲學思想，如章氏自言：「莊生所著三十三篇，自昔未曾科判，輕材之士，見其一隅，黨伐之言，依以彈射。今者尋繹微旨，阡陌始通，寶藏無盡，以詒後生也。」[53]

崔大華認為，「莊子〈齊物論〉思想提供了近代思潮的容攝背景」。他說：

> （章太炎）認為「〈齊物〉一篇，內以疏觀萬物，持閱眾甫，破名相之封執，等酸鹹於一味；外以治國保民，不立中德，論有正負無異門之譽，人無愚智盡一曲之用，所謂衣養萬物而不為主宰也。」可見章太炎思想的廣博和創新，正是由於他從莊子思想中求索到了一種廣闊的、具有容攝力的觀念背景或理論立場——〈齊物論〉。[54]

這個觀察，有其見地。

過去針對〈齊物論〉的專題注疏與學術探討並不多見，章太炎《齊物論釋》與牟宗三《莊子齊物論義理演析》[55]，應是較為

53　章太炎：《齊物論釋》（收於氏著：《章氏叢書》上冊，臺北：世界書局，1982年4月再版），頁416上。

54　崔大華：《莊學研究》（北京：人民出版社，1992年11月初版），頁542。

55　牟宗三《莊子齊物論義理演析》依〈本書的背景〉所載：「是參照牟宗三先生的講課內容，經整理重構而成。……所謂義理演析，是就原文的哲學含義發揮開展，使其更具統一性與理論性。統一性與理論性顯示作者的思路規模，呈示系統性。為了展示莊子哲學的系統性，我們運用了相當多的現代西方哲學、佛家哲學及邏輯觀念，藉以整合全文，使全文得一層次感，理論逐步開展。」（牟宗三講述，陶國璋整構：《莊子齊物論義理演析》，臺北：書林出版公司，1999年4月初版，頁1-5）。其義理演析與傳統逐章逐句之註疏方式有別，而所運用之「佛家

重要的作品。章氏自評《齊物論釋》「一字千金」[56]，表達出十足的自信與對該書的珍重，同時也反映出其撰述過程之用心。烏目山僧宗仰為該書作〈序〉曰：「近人或言，自《世說》出，人心為一變。……今太炎之書現世，將為二千年儒墨九流破封執之局，引未來之的，新震旦眾生知見，必有一變以至道者。」[57]這段話，凸顯此書在中國學術思想史的「突破性」義涵。

學界對於章氏哲學與《齊物論釋》皆有肯定。梁啟超說：「（章太炎）用佛學解老莊，極有理致，所著《齊物論釋》，……確能為研究『莊子哲學』者開一新國土。」[58]蔡元培譽道：「這時代的國學大家裡面，認真研究哲學，得到一個標準，來批評各家哲學的，是餘杭章炳麟。」[59]胡適以為，章氏「別出一種有條理系統的諸子學」，其《齊物論釋》能為「空前之作」，在於他精通佛學，故能融會貫通，於墨翟、莊周、惠施、荀卿的學說裡面，尋出一個條理系統[60]。

近年，《《齊物論》及其影響》、《十家論莊》等書先後出版。其中，陳少明以為章太炎《齊物論釋》是一「辨名析理」之作[61]；朱義錄自問自答：「是何動機使章太炎在辛亥革命前夕，

哲學」，充分顯現牟先生的佛學素養與佛學思想特色，將另文處理。
[56] 章太炎：〈自述學術次第〉（收於氏著，劉夢溪主編：《章太炎卷》，石家莊：河北教育出版社，1996年8月初版），頁642。
[57] 章太炎：《齊物論釋》（收於氏著：《章氏叢書》上冊），頁416下。
[58] 梁啓超：《清代學術概論》（臺北：華正書局，1984年2月初版），頁70。
[59] 蔡元培：〈五十年來中國之哲學〉（收於氏著，中國蔡元培研究會編：《蔡元培全集》第五卷，杭州：浙江教育出版社，1997年10月初版），頁131。
[60] 胡適：《中國古代哲學史》（臺北：商務印書館，1982年8月五版），頁28。
[61] 陳少明：《《齊物論》及其影響》（北京：北京大學出版社，2004年2月初版），頁157。

對〈齊物論〉產生如此濃郁的興趣呢？為資產階級的自由與平等的主張尋找充足的理論根據，是章太炎的旨趣所在。」[62]朱氏又指出，章太炎《齊物論釋》分別使用了「唯識」、「華嚴」、「自然科學」及「原型觀念」等思想媒介詮解《莊子》[63]。

《齊物論釋》在《章氏叢書》中有「初定本」與「重定本」。「初定本」在1910年寫成，而「重定本」大體改寫於1911年之後[64]。依論者的看法，兩本思想沒有牴觸，「重定本」更加強其莊佛符應之程度，使其「以佛解莊」之詮釋更趨精細、全面、深入[65]。《齊物論釋》雖釋〈齊物論〉一篇，實雜引《莊子》各篇而註解之[66]。

章太炎對於自己早期以郭象《莊子注》解莊，頗覺不合，後乃以《瑜伽師地論》、《華嚴經》釋〈齊物論〉[67]。他說：

---

[62] 朱義錄：〈章太炎和他的《齊物論釋》〉（收於胡道靜主編：《十家論莊》，上海：人民出版社，2004年4月），頁485。

[63] 朱義錄：〈章太炎和他的《齊物論釋》〉，頁487-494。

[64] 筆名陸沉居士，光緒三十一年（1905）章氏在獄中，潛心佛教書籍。宣統二年（1910）撰《齊物論釋》。民國三年（1914），他「追述前事」，「感事既多」，以為「懷抱學述，教思無窮」，手定《章氏叢書》，先前見於期刊的批判性文章，竟多被刊落。《訄書》定名為《檢論》，從分卷到內容，都有很大更動，服膺清儒的跡象已經顯露。

[65] 蘇美文：〈章太炎《齊物論釋》之研究〉（淡江大學中文研究所碩士論文，1993年6月），頁256。

[66] 如內篇有：〈逍遙遊〉、〈養生主〉、〈人間世〉、〈德充符〉、〈大宗師〉；外篇有：〈馬蹄〉、〈胠篋〉、〈在宥〉、〈天地〉、〈秋水〉、〈達生〉、〈田子方〉、〈知北遊〉、〈庚桑楚〉；雜篇有：〈徐無鬼〉、〈則陽〉、〈外物〉、〈寓言〉、〈盜跖〉、〈天下〉等篇。

[67] 章太炎《齊物論釋》云：「萬物與我為一。詳《華嚴經》云：『一切即一，一即一切。』法藏說為諸緣互應。〈寓言〉篇云：『萬物皆種也，以不同形相禪。』義謂萬物無不相互為種。《大乘入楞伽經》云：『應觀一種子，與非種同印。一種一切種，是名心種種。』法藏立無盡緣起之義，與〈寓言〉篇意趣正同。」（收於氏著：《章氏叢書》上冊，頁363上）。

卻後為諸生說《莊子》，間以郭義敷釋，多不愜心，旦夕
比度，遂有所得，端居深觀，而釋〈齊物〉，乃與《瑜
伽》、《華嚴》相會，所謂摩尼見光，隨見異色，因陀帝
網，攝入無礙，獨有莊生明之，而今始探其妙。[68]

歷經「端居深觀」，將〈齊物論〉與佛經一番「比較研判」，
終看出其間堂奧。對於此舉，他甚為得意，以為「千載之秘，
睹于一曙」[69]。《華嚴經》與《瑜伽師地論》是唯識學重要的經
論。在唯識學中，特別重視《華嚴經》「十地品」中「三界唯
心」[70]的觀念，因此，《華嚴經》也成為唯識學重要的「六經十
一論」[71]之一。章氏在〈自述學術次第〉亦云：「少雖好周秦諸

---

[68] 章太炎：〈菿漢微言〉（收於氏著，湯志鈞編：《章太炎政論選集》下冊），頁
961上。

[69] 章太炎：〈菿漢微言〉，頁961上。。

[70] 諸如（一）東晉‧佛陀跋陀羅譯《華嚴經》卷二十五云：「三界虛妄，但是一心
作。」（《大正藏》第9冊，頁558下）；（二）唐，實叉難陀譯《華嚴經》卷三
十七云：「三界所有，唯是一心。」（《大正藏》第10冊，頁194上）；（三）
北魏‧菩提流支譯《十地經論》卷八云：「經曰：『是菩薩作是念：三界虛妄，
但是一心作。』論曰：『但是一心作者，一切三界唯心轉故。』」（《大正藏》
第26冊，頁169上）。

[71] 依唐‧窺基《成唯識論述記》所說，唯識學派之建立主要依於「六經」和「十一
論」。窺基《成唯識論述記》卷一云：「今此論爰引六經：所謂《華嚴》、《深
密》、《如來出現功德莊嚴》、《阿毘達磨》、《楞伽》、《厚嚴》。十一部
論：《瑜伽》、《顯揚》、《莊嚴》、《集量》、《攝論》、《十地》、《分
別瑜伽》、《觀所緣緣》、《二十唯識》、《辨中邊》、《集論》等為證。」
（《大正藏》第43冊，頁229下-230上）。關於其中之《厚嚴經》，釋昭慧說：
「玄奘本身其實也沒翻譯《厚嚴經》，然而從論中對《厚嚴經》的部份引文對照
起來，《厚嚴經》其實就是《大乘密嚴經》。」（收於氏著：《初期唯識思想
──瑜伽行派形成之脈絡》，頁87）。故「六經」即：《華嚴經》、《解深密
經》、《如來出現功德莊嚴經》、《大乘阿毘達磨經》、《楞伽經》、《大乘密
嚴經》。「十一部論」即：《瑜伽師地論》、《顯揚聖教論》、《大乘莊嚴經

子，於老莊未得統要，最後終日讀〈齊物論〉，知多與法相相涉，而郭象、成玄英諸家悉含糊虛冗之言也。」[72]

章太炎另有《莊子解故》一書，該書〈引言〉說：「命世哲人莫若莊氏消遙任萬物之各適、齊物得彼是之環樞，以視孔墨，猶塵垢也。」[73]其〈齊物論釋序〉云：「維綱所寄，其唯〈逍遙〉、〈齊物〉二篇，則非世俗所云自在平等也。……〈齊物〉文旨，華妙難知，魏晉以下，解者亦眾，既少綜覈之用，乃多似象之辭。」[74]字裡行間，已透露他對過去詮解者的異議與有了自己獨到的發現。章氏於〈釋篇題〉云：「夫能上悟唯識，廣利有情，域中故籍，莫善於〈齊物論〉。」[75]在他看來，〈齊物論〉是中國典籍中最能體會「唯識」義理的作品。

章太炎《齊物論釋》認為「齊物」論的是「平等」之義。他說：「一往平等之談，詳其實義，非獨等視有情，無所優劣。蓋『離言說相，離名字相，離心緣相』，畢竟平等，乃合『齊物』之義。」[76]又說：「人心所起，無過相名分別三事，名映一切，執取轉深。是故以名遣名，斯為至妙。」[77]而臻達此境的竅門在於「滌除名相」。文中亦處處以《大般若經》、《大乘入楞

論》、《集量論》、《攝大乘論》、《十地經論》、《分別瑜伽論》、《觀所緣緣論》、《二十唯識論》、《辨中邊論》、《大乘阿毗達磨集論》等。

[72] 章太炎：〈自述學術次第〉（氏著，劉夢溪主編：《章太炎卷》，石家莊：河北教育，1996年8月初版），頁643。

[73] 章太炎：《莊子解故》（收於氏著：《章氏叢書》上冊），頁307上。

[74] 章太炎：〈菿漢微言〉（收於氏著，湯志鈞編：《章太炎政論選集》下冊），頁961上。（收於氏著：《章氏叢書》上冊），頁381上。

[75] 章太炎：〈菿漢微言〉，頁382下。

[76] 章太炎：〈菿漢微言〉，頁381下。

[77] 章太炎：〈菿漢微言〉，頁381下。

伽經》與〈寓言〉篇相印證。章氏以為：《大般若經》「若於是處，都無有性，亦無無性，亦不可說為平等性，如是乃名法平等性。當知法性平等既不可說，亦不可知。除平等性，無法可得。離一切法，無平等性。」又云：「非一切法平等性中有戲論，若離戲論，乃可名為法平等性。」說明其思想與〈寓言〉篇所云「不言則齊，齊與言不齊，言與齊不齊也」之旨同。另引《大乘入楞伽經》：「我經中說，我與諸佛菩薩不說一字，不答一字。所以者何？一切諸法離文字故，非不隨義而分別說。」是與〈寓言〉所說，亦如符契[78]。

《齊物論釋》除章氏自己的〈齊物論釋序〉、〈釋篇題〉，以及宗仰的〈齊物論釋後序〉外[79]，章太炎為方便解說，把〈齊物論〉分為七章[80]疏論，引用之經典頗多[81]，或援引佛學名相呼

---

[78] 章太炎：〈菿漢微言〉，頁382下。

[79] 章太炎：〈菿漢微言〉，頁416下。

[80] 章太炎《齊物論釋》分為七章乃依舊例。章氏在〈釋篇題〉云：「舊師章句分為七，首〈堯問〉一章，宜在最後，所以越在第三者，精入單微，還以致用，大人利見之致，其在於斯，宜依舊次，無取顛倒云爾。」（收於氏著：《章氏叢書》上冊，頁383上）。其七章之次序，第一章為：「南郭子綦隱几而坐，……無適焉，因是已。」第二章為：「夫道未始有封，……此之謂葆光。」第三章為：「故昔者堯問於舜曰：……而況德之進乎日者乎？」第四章為：「齧缺問乎王倪曰：……而況利害之端乎？」第五章為：「瞿鵲子問乎長梧子曰：……忘年忘義，振於無竟，故寓諸無竟。」第六章為：「罔兩問影曰：……惡識所以然！惡識所以不然！」第七章為：「昔者莊周夢為蝴蝶，……此之謂物化。」（同上，頁383上-416上）

[81] 章太炎《齊物論釋》引用之經典，包括：《大般若經》、《瑜伽師地論》、《攝大乘論》、《大毘婆沙論》、《解深密經》、《大乘入楞伽經》、《因明入正理論》、《華嚴經明法品內立三寶章‧法界緣起章》、《華嚴經指歸》、《起信論》、《勝鬘經》、《成唯識論》、《十二門論》等。其中《解深密經》是唯識學派的根本典籍，《攝大乘論》與《瑜伽師地論》也是唯識學的重要論書。此中，無著之《攝大乘論》在中國有下列三種譯本：（一）北魏‧佛陀扇多譯，（二）陳‧真諦譯，（三）唐‧玄奘譯（見於《大正藏》第31冊）。其釋論有世親的釋論，凡三種譯本，分別為：（一）陳‧真諦譯，（二）隋‧笈多共行矩

應，他把「近死之心，莫使復陽」，疏解為「生死位心」、「悶絕位心」[82]；把「喜怒哀樂，慮嘆變慹，姚佚啟態」，疏解為「輕安心」、「煩惱心」[83]，但主要是採取唯識學的重要概念，包括「藏識」、「四尋思」、「三性」等詮釋之[84]。

一、以「藏識」解《莊子》認識主體之「心」

佛教對於人的心識之說明，因宗派之不同而有「六識」、「八識」與「九識」之說[85]。此「識」為宇宙萬有之本，含藏萬有，使之存而不失，故稱「藏識」。又因其能含藏生長萬有之種子，故亦稱「種子識」。

章太炎在《齊物論釋》採取不少「藏識」觀念解《莊子》的認識主體——「心」之說，茲舉述數例如後：

其一，〈齊物論〉中，南郭子綦隱几而坐，仰天而噓，且云「吾喪我」。子綦說：「夫大塊噫氣，其名為風。是唯无作，作

等譯，（三）唐・玄奘譯（見於《大正藏》第31冊）。又有無性的釋論（玄奘譯本）（見於《大正藏》第31冊）。章氏《齊物論釋》或引無性釋，或引世親釋。

[82] 章太炎：《齊物論釋》（收於氏著：《章氏叢書》上冊），頁385下。

[83] 章太炎：《齊物論釋》，頁385下。

[84] 此外，以「相分」、「見分」解〈知北遊〉之「物物者，與物無際，而物有際者，所謂物際者也。不際之際，際之不際者也。謂盈虛衰殺，彼為盈虛非盈虛，彼為衰殺非衰殺，彼為本末非本末，彼為積散非積散也。」「物」即「相分」，「物物」者謂形成此相分者，即是「見分」。相、見二分，不即不離，是名「物物者與物無際」，而彼相分自現方圓邊角，是名「物有際」。見分上之相分，本無方隅，而現有是方隅，是名「不際之際」。即此相分方隅之界，如實是無，是名「際之不際」（章太炎：《齊物論釋》，頁384下）。

[85] 聲聞佛教立「六識」；大乘佛教地論宗、唯識宗立「八識」；真諦系之攝論宗復舉阿摩羅識為第「九識」。

320　以佛解莊——以《莊子》註為線索之考察

則萬竅怒呺。」「夫吹萬不同，而使其自己也，咸其自取，怒者其誰邪！」意謂自然界中各種聲音之形成乃自然所致。

章氏註云：

> 天籟中「吹萬」者，喻「藏識」，「萬」喻「藏識」中一切種子，晚世或名「原型觀念」[86]。非獨籠罩名言，亦是相之本質，故曰「吹萬不同」。使其「自己」者，謂「依止藏識」，乃有意根，自執藏識而我之也。詳佛典說第八識為心體，名「阿羅邪識」，譯義為「藏」，亦名「阿陀那識」譯義為「持」。《莊子》書〈德充符〉言「靈府」，即「阿羅邪」。……〈庚桑楚〉言「靈臺」，即「阿陀那」[87]。[88]

他認為〈齊物論〉中的「吹萬」之「萬」即「藏識」，而〈德充符〉之「靈府」（心）與〈庚桑楚〉言「靈臺」（心）亦為「藏識」。此乃以「藏識」釋《莊子》之「心」。其中，「萬」與

---

[86] 「原型觀念」（archetypes），主要是由瑞士心理學家榮格提出並賦予其意義和內涵。根據榮格的分析心理學，人們的潛意識（Unconscious，或無意識）具有兩種層面：其一是個體的潛意識（Personal Unconscious），其內容主要來自於個體的心理生活與體驗；其二是集體的無意識（Collective Unconscious），其中包含著全人類種系發展的心理內容。原型觀念，便是這種集體無意識的主要組成部分或構成要素。

[87] 章太炎說：「若究竟名中，語義多有不齊。如莊生言『靈臺』（〈庚桑楚〉），『臺』有『持』義，……相當於梵語之『阿陀那』；又言『靈府』（〈德充符〉），『府』有『藏』義，……相當於梵語之『阿羅邪』（亦作『阿賴邪』、『阿黎邪』）。」（氏著：《齊物論釋》，收於氏著：《章氏叢書》上冊，頁397上）。

[88] 章太炎：《齊物論釋》（收於氏著：《章氏叢書》上冊），頁384上。

「藏識」，實不相干。

初期唯識學，「賴耶」重在「攝藏」的種子識，後來才轉到「執藏」這一方面。以「阿陀那識」為「第八識」之別名，係依玄奘、窺基等「法相宗」新譯家的說法。此段釋文以為，〈德充符〉之「靈府」、〈庚桑楚〉之「靈臺」，與〈齊物論〉之「吹萬」皆如唯識學說之「第八識」「持一切種子」。

章氏認為，「〈齊物論〉中言使其自己，『乃有意根自執藏識而我』義與〈庚桑楚〉篇參伍相成矣。」[89]故他進一步引用〈庚桑楚〉與〈齊物論〉同樣有「阿陀耶識」思想者而深論之。〈庚桑楚〉：「靈臺者有持，而不知其所持，而不可持者也。不見其誠己而發，每發而不當，業入而不舍，每更為失。」這段話針對保養「靈臺」（心）而發。若未做誠己工夫即顯發，發則不當又不捨去，就喪失本真。章氏註云：「夫靈臺有持者，阿陀那識持一切種子也。」[90]亦即以「阿陀那識持一切種子」釋「靈臺」。

其二，〈齊物論〉：「非彼无我，非我无所取，是亦近矣！而不知其所為使。若有真宰，而特不得其朕。」「真宰」即「真心」，亦即「真我」。

章氏註云：

假令純空彼我，妄覺復依何處何者而生，故曰不知其所為使。由是推尋必有心體為眾生所依止，故曰：「若有

---

[89] 章太炎：《齊物論釋》，頁384上。
[90] 章太炎：《齊物論釋》，頁384上。

真宰。」心體既為眾生依止，何緣形相朕兆不可窺尋，如梵上諸師，或執我如稗子，或如米粒，或如拇指，皆由妄情計度，實無見此形坏者，故曰：「不得其朕。」詳此所說，「真宰」即佛法中「阿羅邪識」，惟有意根恆審思量執阿羅邪識以為自我，而意識分別所不能見也。[91]

章氏以為「真宰」即「阿羅耶識」，即指第八識，而意根所對之境則為心法。

章氏又註云：

若云腦髓神經與百體遞為君臣者，……以是五義，展轉推度，則謂有真我在。蓋「靈臺」者，任持根覺，梵名「阿陀那」，亦以含藏種子，名曰「靈府」，梵名「阿羅邪」。其體不生滅而隨緣生滅者，佛典稱「如來藏」，正言「不生滅體」，亦云「庵摩羅識」。〈德充符〉說：「以其知得其心，以其心得其常心。」「心」即「阿陀那識」，「常心」即「庵摩羅識」。彼言常心，此乃謂之真君。心與常心，業相有別，自體無異，此中「真宰」、「真君」亦依別說，冢宰更代無常，喻阿陀那恆轉者。[92]

「阿陀那識」、「阿羅邪識」等都是指第八識，而「庵摩羅識」

91 章太炎：《齊物論釋》，頁386下-387上。
92 章太炎：《齊物論釋》，頁387上-下。

乃「真諦系」之「攝論宗」所立的「第九識」[93]。玄奘系統則認為第八識即已包括清淨面，故不另立第九識。章氏以「阿陀那識」、「阿羅邪識」或「庵摩羅識」，釋《莊子》之「真心」。

其三，〈齊物論〉：「其有真君存焉？如求得其情與不得，無益損乎其真。」言求得真心、真我與否，對它是無所增減。

章氏註云：

> 大君不可廢置，喻庵摩羅不變者。知非意識者，以熟眠位意識已斷而異於死，故以比量，知非意識。意根恆緣阿陀那以為自我，雖難分別，但以行住坐臥，作止語默，雖不念我，而一向未曾疑為非我，故據現量，知非意識。由是寂靜觀察，靈臺即現，執此恆轉如暴流者，以為自我，猶是幻妄。唯證得庵摩羅識，斯為真君，斯無我而顯我耳。是故幻我本無而可喪，真我常徧而自存，而此庵摩羅識本來自爾，非可修相，非可作相，畢竟無得，故曰：「求得其情與不得，無益損乎其真。」[94]

人在沉睡狀態下，意識停歇而並非死亡，故知生命深層另有依處，執持根身，令結生相續，此即「庵摩羅識」。章氏以不變常

---

[93] 真諦於八識外，立庵摩羅識──無垢識，也許是《楞伽經》「八九種種識」（北魏・菩提流支：《入楞伽經》卷九，《大正藏》第16冊，頁565中）的第九識。「庵摩羅識」的內容，是八地菩薩（及阿羅漢）捨阿梨耶所得的「轉依」；又通於初地之所證得，即眾生的本淨心。人心之本來面目乃遠離迷惑而本自清淨，故「攝論宗」認為轉阿賴耶識之迷而回歸覺悟之清淨階位，即「庵摩羅識」。

[94] 章太炎：《齊物論釋》（收於氏著：《章氏叢書》上冊），頁387下。

存之「庵摩羅識」，釋《莊子》無益無損之「真心」。

　　章太炎進而認為〈齊物論〉之「喪我」（無己）與「真君」（真心），猶佛法之「無我」與「有我」。其文云：「言『無我』者，斥意根妄執阿陀那為我；言『有我』者，見於《涅槃經》，即指佛性，則清淨如來藏也。」[95]又以為〈齊物論〉「隨其成心而師之」，乃「論藏識中種子，即『原型觀念』[96]也」[97]。以「成心」即「藏識中種子」，他並進一步道：

> 成心即是種子。種子者，心之礙相，一切障礙即究竟覺[98]，故轉此成心則成智，順此成心則解紛。成心之為物也，「眼、耳、鼻、舌、身、意」六識未動，潛處藏識意根之中，六識既動，應時顯現，不待告教，所謂「隨其成心而師之」也。[99]

唯識所稱之「種子」[100]，也就是指過去生命中身、語、意業所留

---

[95] 章太炎：《齊物論釋》，頁388上。
[96] 其文云：「今始證明，詳彼意根，有『人我』、『法我』二執，是即『原型觀念』。以要言之，即執一切皆有自性。」（章太炎：《齊物論釋》，頁391下-392上）。又云：「若就相名分別習氣計之，此即成心，此即原型觀念，一切情想思慧，騰掉無方，而繩纆所限，不可竄軼，平議百家，莫不持此。」（同上，頁408下）。
[97] 章太炎：《齊物論釋》（收於氏著：《章氏叢書》上冊），頁388上。
[98] 唐·佛陀多羅譯《圓覺經》：「善男子，一切障礙即究竟覺，得念失念無非解脫，成法破法皆名涅槃，智慧愚癡通為般若。」（《大正藏》第17冊，頁917中）。
[99] 章太炎：《齊物論釋》（收於氏著：《章氏叢書》上冊），頁388下。
[100] 這是由「經部」開始出現的譬喻，來自於植物的聯想。唐·玄奘譯《阿毘達磨順正理論》卷三十四云：「如外種果，感赴理成，如是應知業果感赴。謂如外種，由遇別緣，為親傳因，感果已滅。由此後位，遂起根、芽、莖、枝、葉等諸異相法，體雖不住而相續轉。於最後位，復遇別緣，方能為因，生於自果。如是諸業，於相續

下的潛在記錄之痕跡。此潛存痕跡之「種子」，到生命產生相等之異熟果報後，方才消失。此類雜染之種子，在修行後「轉識成智」，而未經「轉依」之種子則依緣而現，這就是所謂「隨其成心而師之」。

對於「藏識」，章太炎主要以「如來藏」釋之。他說：

> 凡此萬物與我為一之說，萬物皆種以不同形相禪之說，無盡緣起之說，三者無分。雖爾，此無盡緣起說，惟依如來藏緣起說作第二位，若執是實，展轉分析，勢無儘量，有無窮過，是故要依藏識，說此微分，惟是幻有。[101]

以「如來藏」為勝。他並云：

> 沙門愚者謂，無盡緣起說視如來藏緣起說為勝，此既顛倒心色，又不悟有無窮過也。又謂如來藏緣起說視藏識緣起說為勝，不悟藏識即如來藏。《楞伽》、《密嚴》皆言之。[102]

以「如來藏緣起」較「藏識緣起」為勝，故說「如來藏此謂真

中，為親傳因，感果已滅。……如是諸業，亦非親為因，令自果生，然由展轉力。內外因果相續理同，外謂種、根、芽等，不斷名為相續；內法相續，謂前後心，恒無間斷。故無外道所難過失。」（《大正藏》第29冊，頁535上）。
[101] 章太炎：《齊物論釋》（收於氏著：《章氏叢書》上冊），頁401下。
[102] 章太炎：《齊物論釋》，頁401下。

我」[103]、「我即如來藏不變隨緣者也」[104]。他又說：

> 〈德充符〉篇說王駘事云：「以其知得其心，以其心得其
> 常心，彼且擇日而登假。」謂依六識現量，證得八識自
> 體；次依八識現量，證得庵摩羅識自體，以一念相應慧，
> 無明頓盡，於色究竟處，示一切世間最高大身也。[105]

以「證得庵摩羅識」，詮解《莊子》之「得其常心」，亦即以
「庵摩羅識」釋「常心」。

　　如上所述，章太炎之唯識思想乃以「如來藏」為依歸，屬真
心派的唯識學說。章氏主要以唯識學之「藏識」解《莊子》〈德
充符〉「靈府」與〈庚桑楚〉「靈臺」；亦名此「靈臺」、「靈
府」為「阿羅耶識」、「阿陀那識」、「庵摩羅識」等。

二、以「四尋思」解《莊子》認識的主客關係

　　「四尋思」是唯識學派所言「悟入」的方法之一[106]。對此，
印順曾分析道：

---

[103] 章太炎：《齊物論釋》，頁405上。
[104] 章太炎：《齊物論釋》，頁407上。
[105] 章太炎：《齊物論釋》，頁414下。
[106] 依釋昭慧的觀點：「貫串在唯識學派的修持法門上——去除『名言與境相必然對
　　　應』的錯覺，這正是修習『四尋思、四如實智』起步就要努力的方向。」（氏
　　　著：《初期唯識思想——瑜伽行派形成之脈絡》，頁87）。

推求觀察叫尋思。名與義是指諸法的能詮名及所詮義。自性是諸法的自體，像色、聲等。差別是諸法上所具有的種種差別，像常無常、可見不可見等。在加行時，依尋思的觀察慧，推求這名、義，及名義的自性、差別，實無自體可得，而唯是假立的，這觀慧就叫做四尋思。[107]

推求觀察「名」是「能詮」，「義（事）」是「所詮」，「名、義」（能詮、所詮）之「自性」、「差別」，無實體可得，唯是假立，此種觀慧即為「四尋思」。

　　章太炎在〈釋篇題〉引用「四尋思」，並徵引《瑜伽師地論》卷三十六文[108]加以闡述。他說：

　　　云何名為四種尋思？一者「名尋思」，謂於名唯見名；二者「事尋思」，謂於事唯見事；三者「自性假立尋思」，謂於自性假立唯見自性假立；四者「差別假立尋思」，謂於差別假立唯見差別假立。此諸菩薩於彼名事，或離相觀，或合相觀，依止名事合相觀，故通達二種自性假立、

<hr>

107 印順：《攝大乘論講記》（臺北：正聞出版社，1992年2月修訂一版），頁324。
108 唐・玄奘譯《瑜伽師地論》卷三十六云：「云何名為四種尋思？一者名尋思、二者事尋思、三者自性假立尋思、四者差別假立尋思。名尋思者，謂諸菩薩於名唯見名，是名名尋思。事尋思者，謂諸菩薩於事唯見事，是名事尋思。自性假立尋思者，謂諸菩薩於自性假立唯見自性假立，是名自性假立尋思。差別假立尋思者，謂諸菩薩於差別假立唯見差別假立，是名差別假立尋思。此諸菩薩於彼名事，或離相觀，或合相觀，依止名事合相觀故，通達二種自性假立、差別假立。」（《大正藏》第30冊，頁490中）。

差別假立。[109]

舉出「名」、「事」、「自性假立」與「差別假立」等四種尋思。

章太炎運用「四尋思」闡明〈齊物論〉中認識的主客關係，其主要觀點可歸納為下面四項：

其一，〈齊物論〉：「言非吹也，言者有言。」此謂言論與風吹不同，言論出於成見，辯者各有所說，而非如風吹之出於自然。

章氏註云：此即「於名唯見名」也[110]。此「言」只是「能詮」，亦即概念只是概念而已。亦即先推求這「名」字，「唯是意言」為性，不是離識實在的東西，也沒有親得所詮的作用。語言概念都不過是識上現起的名言相而已，亦即「能詮」之主體不等於「所詮」之客體。然「於名唯見名」與「言非吹也」，了不相干。

其二，〈齊物論〉：「既已為一矣！且得有言乎？」此言當人真正處於與萬物合「一」之時，他已不用言說。當他言說時，他已離開與萬物合「一」之境界。

章氏註云：此即「於事唯見事」，亦即「性離言說」也[111]。所謂「性離言說」，推求依此「名」所詮之「事」，亦「唯是意言」為性，無有實義。亦即能詮不等於所詮。簡言之，空相的當體，是「離言說性」的，故「空則不可說」。然「於事唯見事」

---

[109] 章太炎：《齊物論釋》（收於氏著：《章氏叢書》上冊），頁381下。
[110] 章太炎：《齊物論釋》，頁382上。
[111] 章太炎：《齊物論釋》，頁382上-下。

與〈齊物論〉語言之於境界之關係，亦不完全等同。

其三，〈齊物論〉：「隨其成心而師之，誰獨且無師乎？」莊子反省到，每個人都有「成心」且自以為師，於是有主觀是非之爭執。

章氏註云：此即「於自性假立唯見自性假立」也[112]。這能詮自性的名句，都是在意中所起的名言相——這是自性假立尋思，空性亦不可得。亦即能詮亦是假名，不等於所詮。另外，對於「未成乎心而有是非，是以無有為有」的解釋，章氏說：「即彼事自性相似顯現，而非彼體也。」[113]此說明自性不可得，亦是假名安立而已。「於自性假立唯見自性假立」與莊子論人皆有「成心」，故有是非之爭，應是兩回事。

其四，〈齊物論〉：「有『有』也者，有『無』也者，有未始有無也者，有未始有夫未始有無也者。」說明宇宙有「有」，有「無」，有未曾有「無」的「無」，以及未曾有那「未曾有『無』的『無』」。

章氏註云：此即「於差別假立唯見差別假立」也[114]。能詮的名句，都是名言相——依名言相而假立，此為「差別假立尋思」。

簡言之，章氏以唯識認識論主客之能詮所詮，詮解上述〈齊物論〉中某些段落。

---

[112] 章太炎：《齊物論釋》，頁382下。
[113] 章太炎：《齊物論釋》，頁382下。
[114] 章太炎：《齊物論釋》，頁382下。

三、以「依他起性」與「遍計所執性」解《莊子》
認識的構成條件

唯識學派以「三性」思想詮釋一切諸法實相。因此，在唯識大乘中，即以知「三性」為主[115]。「三性」包括「遍計所執性」、「依他起性」與「圓成實性」，乃唯識學派之重要主張。章氏應用唯識「三性」觀念中的「依他起性」與「遍計所執性」詮解〈齊物論〉裡認識的構成條件。

其一，對於「莊周夢蝶」所說「物化」之理。章氏釋文中引用到「依他起性」與「遍計所執性」而註云：

> 〈達生〉但說人之所取畏者，衽席之上，飲食之間，而不知為之戒者，過也。智者推例足以明之，輪迴生死，亦是俗諦，然是依他起性，而非遍計所執性。[116]

以物化生死輪迴之理，是俗諦，從認識論而言，生死是依「他」而起。

「依他起性」[117]，又作「因緣相」、「依他性」[118]。「他」，

---

[115] 在聲聞藏中，以知「四諦」為主。

[116] 章太炎：《齊物論釋》（收於氏著：《章氏叢書》上冊），頁414下。

[117] 釋昭慧說：「在唯識學者看來，依他起就是緣起，緣起就是依他起；在凡夫位上，依他起就是無明緣行，行緣識，……在無明相應的狀態下，觸對境界，所以凡夫位上的依他起，一定恆是遍計執性。」（氏著：《初期唯識思想──瑜伽行派形成之脈絡》，頁130）。

[118] 《解深密經》云：「云何諸法依他起相？謂一切法緣生自性，則此有故彼有，此生故彼生，謂無明緣行，乃至招集純大苦蘊。」（唐・玄奘譯：《解深密經》卷

即指由各種緣所生起之法。因是「緣合則生，緣盡則滅」之法，故如虛如幻，而非固定永遠不變之實在，故說「如幻假有」、「假有實無」。依章太炎的觀點，「莊周夢蝶」的「物化」現象，從認識論而言是「依他起性」，故是「幻化假有」。

其二，〈齊物論〉云：

> 古之人，其知有所至矣！惡乎至？有以為未始有物者，至矣！盡矣！不可以加矣！其次以為有物矣！而未始有封也。其次以為有封焉，而未始有是非也。是非之彰也，道之所以虧也。道之所以虧，愛之所以成。果且有成與虧乎哉？

此言淳古至人體「道」之境界，和光同塵，與萬物合一；其次，雖有彼此，然沒有距離；再者，彼此雖有距離，但無是非；因為有了是非，道就隱諱不彰；道所以不彰，是因有了私愛。然「道」本質上無「成」與「虧」之分。

章氏註云：

> 無物之見，即無我執、法執也。有物有封，有是非見，我、法二執轉益堅定，見定故愛自成，此皆遍計所執，自

二，《大正藏》第16冊，頁693上）。《解深密經》扣住「緣起」義來發展「依他起」，其後才進一步發展出與阿賴耶識相結合的觀念：「從自熏習熏子所生，依他緣起故名依他起。」（唐・玄奘譯：《攝大乘論》卷中，《大正藏》第31冊，頁139上）。

性迷，依他起自性，生此種種愚妄，雖爾，圓成實性實無增減，故曰果且有成與虧乎哉？果且無成與虧乎哉？[119]

「我」、「法」（如是非）皆是有情的虛妄執著，此認識之構成乃眾生對於境相無實計實的顛倒執著，此謂「遍計執」。「遍計所執性」，又作「虛妄分別相」、「分別性」。對於無實體之存在，計執為「實我」、「實法」而起妄執之心，此為「能遍計」。故「遍計執」，是有情的虛妄執著──此是空的；換言之，由此識與境，而誤認心外有實體存在，稱為「遍計所執性」。而此「遍計執」皆是「依他起」，為各種緣所生起之法，是自種子依他眾緣成就而起的客觀境相。惟就此圓滿成就之真實體性──「圓成實性」，即空去了遍計執所呈顯之真實性，本不增不減，故無成與虧之現象。此乃以「圓成實性」解「道」之真實體性。

其三，在「罔兩問影」一段，章氏先引〈達生〉「凡有貌象聲色者，皆物也，物與物何以相遠？夫奚足以至乎先？是形[120]色而已。……以通乎物之所造。……物奚自入焉！」再註曰：

此明本無造色種子，造色者，心也，證見心造，其物自空。如是依他、遍計等義，本是莊生所有，但無其名，故

---

[119] 章太炎：《齊物論釋》（收於氏著：《章氏叢書》上冊），頁394下。
[120] 陳鼓應說：「『形色而已』句，『色』上原缺『形』字，當依陳碧虛闕誤引江南古藏本補上。依郭注亦有『形』字。」（氏著：《老子今註今譯及評介》，臺北：商務印書館，2002年10月第三次修訂版），頁515。

知言無有者，亦指斥遍計所執自性也。[121]

〈達生〉此段之原義是指，「通乎物之所造」，即自然，則外物不能侵。而章氏以知一切但是「心」之所造，在認識上不妄加分別，即不起「遍計執性」，則自達道。以「心」之所造釋「通乎物之所造」，一指「心」、一指「自然」，故有距離。

依章太炎的觀點，「莊周夢蝶」的「物化」現象，從認識論而言是「依他起性」──依相應的「識」為條件而派生現象界；而是非之起皆是有情的虛妄執著，即「遍計執性」──對現象界進行分別，以為是客體實有而生妄見；以知一切但是「心」之所造，在認識上不妄加分別，即不起「遍計執性」，則自體道。在詮釋上與《莊子》原義還是有別。

四、以「圓成實性」解《莊子》認識的主客相泯

「圓成實性」，又作「第一義相」、「真實相」。「圓成實」，是捨離「遍計執」後，顯出的諸法實相。如對治雜染的種習，熏成清淨種子，即能轉起「依他」淨分而成為「圓成實性」的涅槃。依他起性的真實之體（真如）乃遍滿一切法（圓滿）、不生不滅（成就）、體性真實（真實）者，故稱「圓成實」。真如離一切相（無相），一切法之本體悉皆真實，故為「真空妙

---

[121] 章太炎：《齊物論釋》（收於氏著：《章氏叢書》上冊），頁413上。

有」。依「圓成實性」，萬物皆一「如來藏」所現，即為一性，亦即無性。既為「一」矣！故無能詮、所詮之異，泊爾皆寂，自然平等。

章太炎在《齊物論釋》中，運用了「圓成實性」解《莊子》認識的主客相泯，其例有二。

其一，〈齊物論〉：

> 天地與我並生，而萬物與我為一，既已為一矣！且得有言乎？既已謂之一矣！且得無言乎？一與言為二，二與一為三。自此以往，巧歷不能得，而況其凡乎？故自無適有以至于三，而況自有適有乎？無適焉，因是已。

萬物與我為一體，既為一體，則無需再用語言推論，因任自然即是。

章氏註云：

> 且依幻有說萬物與我為一，若依圓成實性，唯是一如來藏，一向無有，人與萬物何形隔器殊之有乎？所謂「一」者何邪？《般若經》說諸法一性，即是無性，諸法無性，即是一性。是故「一」即「無見無相」，何得有言，以藏識中有數識，既見為一，不得無一之名，呼此一聲為能詮之名，對此一者為所詮之事。是一與言為二識中一種，更與能詮所詮異分，是二與一為三，本自無性而起三數，故

曰自無適有，以至於三。無適者，不動之謂，一種一事一
聲，泊爾皆寂，然後為至。所因者何？因其本是一也。此
說齊物之至，本自無齊，即前引《大般若經》所謂不可說
為平等性，乃名平等性也。[122]

依章氏的觀點，依「圓成實性」概念，人與萬物是沒有「形隔器
殊」，唯是「一如來藏」，無認識之主客與能詮所詮之分。章氏
持「唯識無境」和對立統一的認識方法，把一切差別泯絕在心識
之中。

其二，〈天地〉：「其與萬物接也，至無而供其求，時騁
而要其宿。」此言「道」生萬物、與物應接，供給萬物且為萬物
歸宿。

章氏註云：「至無者，即二無我所現、圓成實性也。供其
求者，即示現利生也；時騁者，即不住涅槃也；要其宿者，即不
墮生死也。」[123]把《莊子》所說之「道」與萬物之終極關係，以
「圓成實性」釋之。

在章氏看來，離名言所執，排除客觀實有的妄見，體認一
切唯有識性而得契合真如，才是對世界的正確認識。依「圓成實
性」概念，人與萬物是沒有「形隔器殊」，「道」與萬物之終極
關係，皆一「如來藏」及其「所現」，即為一性，即「圓成實
性」。

---

122 章太炎：《齊物論釋》（收於氏著：《章氏叢書》上冊），頁401下-402上。
123 章太炎：《齊物論釋》，頁415下。

第四節 「以唯識解莊」的檢討

中國近現代唯識學的復興，係在國家風雨飄搖、社稷陷入危機、人民飽經滄桑的非常時局裡應運而生的。

楊文會從日本帶回重要唯識經典，而他在浸淫唯識學「含其英，咀其華」之餘，成為運用唯識學語彙註解《莊子》的第一人，具有其歷史殊榮。對於《莊子》部分篇章，他以唯識「七識」、「八識」、「大圓鏡智」、「平等性智」、「妙觀察智」、「成所作智」等來註解《莊子》的境界論，不同於前人之「以空解莊」、「以禪解莊」。這種作法雖未必充分貼近《莊子》原意，但在「以佛解莊」之學術思想史上，實有其創新的意義。

章太炎發揚光大楊文會以唯識解莊之風格，並且青出於藍。他以體系化之「唯識理論」詮解〈齊物論〉，包括「四尋思」、「藏識」與「三性」觀念的充分運用。章氏以「唯識」解《莊子》認識主體之「心」；以「四尋思」解《莊子》認識的主客關係；以「依他起性」與「遍計所執性」解《莊子》認識的構成條件；以「圓成實性」解《莊子》認識的主客相泯。雖然這些會通莊佛的手法，有點怪異，屢見扞格，但無疑是新穎的。

不過，《齊物論釋》雖為人所稱頌，如宗仰所譽，使「震旦眾生知見必有一變」[124]，然也為人所質疑，如梁啟超所評：「章

---

[124] 宗仰：〈齊物論釋後序〉（收於章太炎：《章氏叢書》上冊），頁416下。

太炎的《齊物論釋》，……是否即《莊子》原意，只好憑各人領
會罷！」[125]關鋒也以為，「章氏務使《莊子》唯識化，……比附
唯識，有不少牽強之處。」[126]畢竟《莊子》著重「道」的體證，
而唯識著重於整個生命流的「轉識成智」，兩者各有其觀點。當
然，從「以佛解莊」的歷史發展而言，「以唯識解莊」借用「唯
識」比較知識化的方式來註解《莊子》，自有其思想史的意義。

---

[125] 梁啓超：《中國近三百年學術史》（臺北：華正書局，1974年10月初版），頁
257-258。
[126] 關鋒：《莊子內篇譯解和批判》（北京：中華書局，1961年6月初版），頁398。

第七章
結論

　　每個偉大的文化中，都有不同的哲學系統處理生命的多種面相，自然會有不同的對應與詮釋。針對某一生命面相，有的可能表現出強烈的興趣，並且肯定其重要性；有的則可能待之以平常心，而不認為有何特殊。故不同的哲學系統之間，出現「共識」是正常的，出現「歧見」也是正常的。

　　即使同一個哲學系統，對同一生命面相的詮釋，也不可能始終如一。哲理的思考經常會為了因應不同時空的變遷而衍生出新的「生命價值觀」。因此，各哲學系統之間的「相融」與「會通」，是變動的，也是多樣的，沒有固定的路徑，也沒有齊一的模式。

　　《莊子》與佛教的生命價值觀，有相應處，也有分歧處。佛教東傳在「中國化」後，佛莊兩者相融交會，出現「以佛解莊」的現象；此現象縱貫數代，其間並無明顯的「起承轉合」。大體而言，它們是各自獨立、互不隸屬的哲學思維，沒有很深刻的、嚴肅的邏輯性可言。

　　「以佛解莊」是歷史、思想發展的產物，在思想演變中有其持續性，顯示佛教與《莊子》之相似關係向來即受到重視。每個

階段使用不同的佛教「話語」以解莊。這些「話語」皆受制於該時代佛教發展之特定知解——此「話語」代表佛教為當時人所理解之「認知領域」。本書所述之「以『空』解莊」、「以『禪』解莊」與「以『唯識』解莊」，即顯示其中佛教思潮之衍變，以及士人接受、詮釋佛教的認知轉變。

「以佛解莊」描述的是思想在時間流程中從建構、定形到變異的「連續性歷史」發展。此「以佛解莊」思想的「連續性歷史」發展，在某種意義上可以理解為：固有的思想資源——「佛學」，不斷地為各代士人的歷史記憶所喚起，並試圖重新詮釋《莊子》。可以說，這種思想資源的發掘與詮釋不僅沒有消失，而且常常起著一種比附與理解的作用。「以佛解莊」中的「佛」是詮釋《莊子》的前提，即佛學是歷史與傳統中先在的思想資料，因而規範了理解的視野與方向。「以佛解莊」，彰顯了莊佛的相連關係，或添加，或延伸了莊佛的義理。

佛教與《莊子》都是中國思想史中的重要成分，莊佛之間也有融通之處而互為「發明」。「以佛解莊」，把「佛理」添入《莊子》思想之中，添來添去，乃至不可窮詰而變形多樣。可以說，多數註《莊子》者都意在從文本中探究生命的本質與人生的理想；他們從相同或不相同的方向，以同樣或不同樣的思想工具進行著，以致註疏迭出、觀點紛呈。

莊子是古代中國最接近「印度型心靈」的人物[1]。佛、莊對

---

[1]　鈴木大拙說：「莊子和列子是古代中國最接近印度型心靈的人物，但他們的神秘主義，在堂皇、細緻，以及想像的飛揚方面，都不類印度的大乘學者。莊子頂多

話，因其具有維根斯坦（Wittgenstein,L.,1889-1951）所稱的「族類相似概念」，兩者有同，亦有不同。因此，「比附莊佛」，「以佛解莊」在基本條件上因緣尚足。魏晉南北朝的「格義佛教」便是植基於此一客觀形勢，以後的「以空解莊」、「以禪解莊」及「以唯識解莊」等沿波而起，一波接著一波，可以說是「格義莊學」，是佛教式的莊學。

「莊」、「佛」互動的實質義涵，一直是中國思想史上，特別是「佛道交涉史」的重要課題。此「道」包括「道家」與「道教」。「佛道互動」，不外兩種態勢：「對立」與「融通」。「以佛解莊」，基本上是建立在「融通」的基礎上。在融通的原則下，不同時代有不同的「材料」，且與時代思潮相呼應；「以佛解莊」者各有背景，解莊之目的、立場，不一而足。每一個註解者都有各自的領會與詮釋，於是呈現「以空解莊」、「以禪解莊」與「以唯識解莊」之多元風貌，在思想史上也產生一定的意義。本書從註莊的線索中歸納為下列三類：

其一，「以空解莊」凸顯「莊佛對話」的境界思維。

佛教傳行中國，與中土文化結下深緣，其中，龍樹中觀思想在中國播種、延續，後起之三論宗、天台宗盛行，使得「空」宗思想在理論與實踐上受到重視，雖然，其間「空」的思想也產生了變化。追根究底而言，魏晉時代「佛道交流」，乃「以空解

也只是騎在『其翼若垂天之雲』的大鵬背上乘虛遨遊而已；而列子亦只是命令風雲作他的御者罷了。」（氏著，徐進夫譯：《鈴木大拙禪論集：歷史發展》，臺北：志文出版社，1998年4月再版，頁94）。

莊」之淵源。

　　佛與道歷經接觸與互動，在佛教「空義」為中國士人理解、吸收、還盛行的時代，「以空解莊」者運用並發揮「空」義而註解《莊子》文本。早期道家與佛教之會通，在魏晉南北朝，主要是雙方最重要的概念之融通，即道家之「無」與佛教之「空」的比擬或比附。無論是「空」或「無」，同樣具備道體、修養與境界等多重意涵，其相應之程度頗為密切。惟「無」的觀念屬老子學說的主軸思想，並非《莊子》之核心概念，因此，早期格義佛教，乃立基於「老學為主，莊學為副」的解說。

　　隨著《莊子》在道教地位的提升，「莊佛」有了更深入的對話。「以空解莊」的代表作，包括唐・成玄英《南華真經注疏》、宋・王雱《南華真經新傳》、明・陸西星《南華真經副墨》等，前後歷時約一千年。這些著作運用一定質量的佛教「空」思想，註解、詮釋《莊子》的道體論、修養論與境界論。

　　唐前期「重玄派」道士成玄英是實質「以佛解莊」的第一人，其《南華真經注疏》首開學界採取「空」思想註疏《莊子》之風氣，堪稱「獨步歷史」。從創作背景看，成氏該書在那個「融佛於道」的時代學風中，是根據佛教「空」的思想為依據的註疏《莊子》的代表作品。而在有著類似文化氛圍的宋代儒者王雱，其「註莊本」同樣出現這樣的軌跡。至於明中晚期的陸西星，出身道士，在「三教合一」思潮底下，其「註莊作」「以空解莊」也有濃厚的色彩，與前人相互輝映。

　　「以佛解莊」最先產生的途徑──「以空解莊」是「莊佛」

初步的「對話」。這個「初步對話」，並不落在「空」與「無」的詮釋上，也不在《莊子》「道體論」上，因為「道」雖是《莊子》的思想之一，但並非重點，反而是《莊子》的境界論才是莊佛會通——「以空解莊」的重點。

三本代表著作中，以「空」解《莊子》道體論之例證並不多：王雱《南華真經新傳》以「空」解〈大宗師〉「道體」無體、無形而遍在的狀態，以「真空」詮說〈知北遊〉「道體」之「無」，以「真空」為道之所存。明・陸西星《南華真經副墨》以「空相」解〈知北遊〉「未有天地之先」的「道體」，以佛教「滅而不滅，空而不空」釋〈庚桑楚〉之「道體」。至於以「空」解《莊子》修養論者，也只見陸西星《南華真經副墨》三條註文。

從第四章舉述的內容可知，成玄英、王雱、陸西星等人之「以空解莊」，乃聚焦於運用佛教「空」思想註解、詮釋《莊子》的境界論上。本書顯示，成氏《南華真經注疏》至少有十三例、王雱《南華真經新傳》至少有九例、陸西星《南華真經副墨》至少有八例，合計有三十例之多，均是採取「空」的概念註解《莊子》境界論。

成玄英引用佛教「空有雙照」、「內外咸空」、「物我俱空」、「妙體真空」、「萬境皆空」等概念，註解《莊子》「和光同塵」、「大仁大廉」、「無勞汝形」、「忘物忘己」、「同於大通」等「聖人」生命境界。王雱藉由佛教「了真空」、「真空」、「真空之奧」、「入真空自得之域」等，註解《莊子》

「外生死」、「夢覺一致」、「無何有之鄉」、「無得無喪」、「無我」、「外遺耳目而內忘心智」等「至人」理想情調。陸西星則援諸佛教「性體真空」、「空道」、「空諸無所有」、「真空本體」等，說明《莊子》「無生無死」、「自然無為」、「道非我有」、「隨物自成」等「真人」的人格範式。

平心而論，成玄英《南華真經注疏》、王雱《南華真經新傳》及陸西星《南華真經副墨》三部著作，在融通佛教「空」義與《莊子》境界論上，用力皆深，不同於早期佛老會通之以「空」解「無」（即「道」）；這三部著作對於佛教「空」的思想之應用及《莊子》的生命境界、理想人格之闡揚，都有推拓作用。

其二，「以禪解莊」彰明「莊禪匯合」的深度與廣度。

相似思想的背後往往有著相近的價值觀，其間也可相互發用、類推對照。莊、禪有共通的義理結構，「以禪解莊」便在這一現象和基礎上運作，自然成型，較「以空解莊」之「空與莊」、「以唯識解莊」之「唯識與莊」，更受到學界的認同。

佛教關於宇宙與人生的理解和領悟，確有引人入勝、發人深省、啟人智慧之妙法與奇采，尤其禪宗的「機鋒」與習禪而得之「禪悅」，富饒智慧與生趣，更能牖迪後知後覺者，而使他們「心嚮往之」。可以說，中國士人「以禪解莊」乃是他們貼近禪宗的途徑與方法。雖然這種宗教思想與宗教信仰之間的溝通，好像在「黑房中抓黑貓」那樣難於捉摸，但卻始終是懷有宗教傾向之士人所追尋不悔者。就在這種探求的過程中，中國士人逐漸接觸佛教，進而參求乘理，經耳濡目染，潛移默化，最終選擇了佛

教──特別是禪宗，作為他們安身立命、內聖成德的資糧；禪宗遂成為與他們心性最符應、相契的宗教思想模式。

從另一方面來說，禪宗的思想逐漸滲入世俗，成了人們尤其是文人、士大夫人生理想與生活情趣的支點，將本來只屬於宗教層面的出世情懷，擴展到了宗教世界之外的現實生活中，使過去連文人、士大夫都難以接受的宗教修煉形式，脫胎換骨地成了普羅大眾都容易把握的日常生活經驗[2]。

中國傳統士人中有許多好佛者，由於先前已有老莊玄學的知識與根性，因此特別習慣於從老莊玄學的角度來觀察禪宗思想；對於般若空宗尤其能夠從心靈中去感受、體會。老莊與佛禪在他們心中本不必分出兩端，「心靈的清淨」與「人生的自然、自由」往往被他們等同看待，也不去細分精辨其中深層哲理的差異。白居易〈拜表迴閒遊〉所說的「達摩傳心今息念，玄元留語遣同塵」[3]。正可說明這種士人好習禪的特質與現象。

要言之，中國士人向來是把人生的自然適意、心靈的清淨不染等看成「終極境界」，所以他們對老子的「無」、莊子的「忘」與「無心」、般若的「空」、南宗禪的「平常心」都有著「心有戚戚焉」的感受和興趣，並把它們當作值得追求的理想境界。當中國士人把禪宗修行逐漸轉化為生活體驗之際，禪宗思想也就逐漸蛻變為他們的生命意識、生命理想；在他們的概念裡，

---

[2]　參見葛兆光：《中國禪思想史──從6世紀到9世紀》（北京：北京大學出版社，1998年2月初版），頁333-334。

[3]　唐‧白居易：《白居易集》卷三十一（臺北：漢京文化公司，1984年3月初版），頁711。

終極境界既是宗教，亦是生活和藝術。他們追求無拘無束的自由心境，就某種意義來說，就是禪宗思想嬗變的背景與動力。「以禪解莊」就是在這些背景、動力及前述之社會禪風沃土與自學經驗等因緣上所「開出來的花朵」，且在後代形成共識，從「莊佛相通」到「莊禪相通」，進而「莊禪相融」，「合會莊禪」並論[4]。

有唐一代，「莊禪合流」；而當「莊禪匯合」一段時間之後，「以禪解莊」《莊子》註疏也漸由醞釀、創造而問世。由宋至明末清初，莊佛業經長期的交流，同時佛教已「中國化」[5]——

---

[4] 茲略舉如下：清・沈曾植（1851-1922）認為，「佛理與莊子相通」（氏著：《海日樓札叢》卷五，臺北：河洛出版社，1975年9月初版，頁191）；吳經熊（1899-1986）說：「禪師們最根本的悟力是和老莊的見地一致的。」（氏著，吳怡譯：《禪學的黃金時代》，臺北：商務印書館，1999年3月初版，頁3）；巴壺天（1905-1987）〈禪宗三關與莊子〉謂：「莊子雖屬道家，其所言壺子四示之事，確有足與禪宗三關互相印證之處。」（氏著：《藝海微瀾》，臺北：廣文書局，1980年7月再版，頁45）；吳怡道：「魏晉以後是佛學的天下。因此大家只知禪宗，而忽略了禪宗血脈裏的莊子思想。」（氏著：《逍遙的莊子》，臺北：新天地書局，1973年5月初版，頁23-24）言下之意，認為莊禪早已是一家，莊中有禪，禪中有莊。羅錦堂也指出，莊子所謂的「道」，是可以心傳，而不可以口授；是可以心會，而不可以目見。此與禪宗的「以心印心」，道理是相通的（氏著：〈莊子與禪〉，《中國文哲研究集刊》第3期，1993年3月，頁18）。而劉光義《莊學中的禪趣》（臺北：商務印書館，1989年2月初版）、徐小躍《禪與老莊》（杭州：浙江人民，1992年11月初版）、劉成紀《青山道場——莊禪與中國詩學精神》（北京：東方出版社，2005年3月初版）等，都將「莊禪」合而論之，可見莊禪關係密切為後來學者所認同。

[5] 「佛教中國化」的過程，大致可分為三個階段：（一）從佛教初傳到兩晉時期，這是佛教中國化的起始階段。在這個階段中，佛教主要是依附於傳統思想而在中土紮下根，在與傳統文化的交融而得到發展；（二）從南北朝到隋唐五代，這是中國佛教走向獨立發展與鼎盛的階段；（三）從北宋到近代，這是中國佛教的發展由盛而衰的階段，佛教的中國化表現出不同於以前的新的特點（洪修平：《禪宗思想的發展與形成》，高雄：佛光文化事業公司，1991年10月初版，頁16-18）。「佛教中國化」的主要變化因素與途徑，則為下列三方面：（一）是佛教的方術迷信化，（二）是佛教的儒學化，（三）是佛教的老莊玄學化。這三個方面相互聯繫且並存並進。

特別是禪宗中國化——「印度禪」蛻變為「中國禪」，「以禪解莊」於焉形成並取得成績。禪宗是佛學思想在中國發展的奇葩，也是一種文化創作。在禪宗「中國化」的過程中，一方面為適應中國社會的需要，改變其原生型態，進行變異；一方面與中國傳統文化相結合，體現「本土化」的形式與精神。

宋・林希逸《莊子口義》、明・方以智《藥地炮莊》，以及清・釋淨挺《漆園指通》等，均大量運用禪理註解《莊子》的修養論與境界論。他們會通莊禪之跡相當明顯；大部分的會通，尚稱符契，但也有若即若離之處，甚至殊少交集者。雖然如此，他們不僅徵引禪宗語錄與禪宗公案，而且採取了反詰、暗喻、警覺等禪式教法，以誘發個體自悟《莊子》所倡人生自由、無待之境界，表現了不同凡響的妙用與奇采。

從宋末林希逸的《莊子口義》，經晚明方以智的《藥地炮莊》，到清初釋淨挺的《漆園指通》，歷時凡四百五十年。可以說，林氏等三人「以禪解莊」，既是那一禪學盛行時期「歷史巧合」的產物，也是促進該時代學術文化思潮的推手。莊佛會通在此段時期，呈顯的是「以禪解莊」的現象，這種現象可說是「禪宗中國化」的澈底發揮。且莊禪性質相近，自為「佛道」間重要的會通之機。莊禪結合，使得禪學中國化，尤其兩者都提倡「瀟灑自然」的心境，以及「日用生活」的層面，因此雙方有了融合的契機。

此外，兩者另有一個會接的榫頭——「悟」。「悟」之最明顯的象徵莫過於「公案啟發法」，頗值得玩味。歷代禪師留下

一則則發人深省，也令人摸不著頭緒的公案，吸引修行者一參再參。禪宗「公案」與莊子「寓言」，彼此接榫、相互增益後，便形成此一教化型態。「以禪解莊」者輒取禪宗公案中之「禪理」以詮釋《莊子》，並借用禪式教法，以會通莊禪「自然」、「無心」、「灑脫」諸旨趣。

無可否認的，莊學除了成為禪學中國化的媒介，也成為佛學中國化的橋梁。「以禪解莊」彰明了「莊禪匯合」的廣度與深度，也充實了「莊學」的詮釋史。當然，這一時期的「以禪解莊」，用禪宗思想來註解、詮釋《莊子》義理——雖禪為主動，莊學為被動，而其實也是禪學透過莊學的自我蛻變——莊學是主軸，而禪學繞之而行。由於莊禪性質相近，於是莊禪合流，不僅促成禪宗中國化，也使得「以禪解莊」成為莊學詮釋史上極重要的一環，莊學為之豐富，且「以禪解莊」則已涉及佛學中國化，其意義不僅是莊佛的會通而已，而進入文化融會的領域。

其三，「以唯識解莊」呈現「莊佛會通」的時代意涵。

清末民初「唯識盛行」，由之開啟「以唯識解莊」之新局。「以唯識解莊」遲至清末民初才發生，那是「西潮東漸」時代一個特殊的機遇。

晚清由於西學之衝擊，中國文化與佛學都共同面臨西洋思想與科學的挑戰和和激盪，「唯識」成為部分人士完成中西文化會通的資糧。此時之「以佛解莊」，佛學的「唯識」成為莊學之現代化或科學化的重要觸媒。「以唯識解莊」者，楊文會與章太炎學術活動的年代，僅限於清末民初1860至1930年代之間，前後不

超過七十年。楊、章等人欲藉「唯識」接軌西方邏輯、學術與科學，作為中國文化較為邊陲的莊學，本不可能有何地位，但「以唯識解莊」的實踐，則湊巧、偶然地使莊學參與了現代化的時代課題。

「唯識學」的理論精密，被識者從歷史故墟中重新掘發出來。楊文會《南華經發隱》與章太炎《齊物論釋》相繼為「以唯識解莊」作出貢獻，形成了另一「以佛解莊」的新典範。由於近現代中西會通的主軸是「學術化」與「科學化」，故楊文會與章太炎選取理論嚴謹的「唯識學」以之對應。楊文會乃學界最先應用「唯識」註解《莊子》的人物，他援引「唯識」詞彙與概念詮解《莊子》的境界論，包括「離分別識」、「八識現量」、「常住真心」及「大圓境智」等都成為注腳，這是史無前例的嘗試。

章太炎熱烈參與清末民初的國家改造大業，他標舉、踐行以法相唯識為旗幟的佛教救國運動，實質地使唯識學成為二十世紀初期中西學術碰撞與交流的一個重要環節。他別出心裁，採取「四尋思」、「藏識」、「三性」等唯識學概念詮釋〈齊物論〉。

不過，唯識體系可以跟西方的邏輯、學術接軌，但唯識之建立嚴密的體系恰與《莊子》著重逍遙與自由境界的體證，義趣不同。當然，唯識作為佛教一宗派理論，其目的還在於生死解脫的實踐。

歸言之，由於近現代西學之衝擊，「唯識」成為對抗西洋哲學與科學的一把思想利器，它同時化身作莊學現代化或科學化的

主要觸媒，而「以唯識解莊」的筆法，則偶然地使莊學參與了現代化的時代課題，跨越中、西，在文化層面意義上更形廣闊。

吾人總是依照此時此地的見解，來認識和理解當下的外界事物及傳統的歷史文化。實際上，要進入過去就不可能脫離現在；吾人不可能單獨依照以往的作品本身去洞察它的「意義」。相反地，吾人得根據現在而向過去的作品提出問題，以便界定它的「意義」。「意義」是與「現在」息息相關的，發生於一個理解、詮釋甚至參引、發明及應用的境遇中。故歷代「以佛解莊」者在註疏、詮釋《莊子》歷程中，其實就是：帶著自己對佛教的視域與思維去理解《莊子》，並把《莊子》的「意義」掘發、詮釋出來，以致得出各種「註疏觀」。

一般情況下，「以佛解莊」者不會特別注意到佛、莊之間思想層面的差異，也沒有想要在其中作出揀擇。詮釋《莊子》者總是植基於某一立場，採取某個觀點，在視域的相互作用和相互融合中，從事對《莊子》思想的詮釋與超克。「以佛解莊」者也是如此，他們踐行一種具有思辨性的詮釋，從自己的佛學素養出發，將佛教的理論與觀點運用到《莊子》註疏中，並由之導出某些意義，以融合莊佛之視域。據此可說，「以佛解莊」是一種「創造」——「以佛解莊」者經一番理解、比較、盯衡之後，得出佛教與《莊子》兩者的「相應點」，並將其新的觀察與發現示之以註疏文字。整體而言，「以佛解莊」之詮釋功用在於會通莊佛，而非破壞莊佛；在於烘焙莊佛之同，冷卻莊佛之異。

在詮釋的意義上，「以佛解莊」本身即是一種「格義」。本

書所舉論之「以佛解莊」代表作，分別採取佛教「空」、「禪」及「唯識」三者來擬配「莊義」，大致可通，具有詮釋之效益，但不免有流於「過度解釋」或出現「牽強附會」，乃至「曲解誤釋」的狀況。惟作為一種解釋性學問的哲學研究，當它運用於傳統文本觀念的解釋時，本身就意味著某種冒險。它需要對話式的表現和不同場景之間的聯想、調解及轉化，因此，「比附」似乎必然成為某種擺脫不了的策略或機制。

佛教的發展，體系是多重、漸進的，在各個時代發皇開來，其教義和哲理自然日愈精深、廣博。等到它與思想體系略有異同的《莊子》「碰撞」後，既衝擊又融合，既吸納又創造，姿采自然更為豐富。其間的互疑、互襯、互惠，使得學術史和思想史的範疇、面貌為之擴大、多元。在這樣的理解基礎上，佛教不僅提供了對話的一個向度，甚至是展現了某些中國傳統思想之中缺乏的向度，而顯示了佛教思想內涵的獨特性。佛教與《莊子》肇造於不同語境之系統中，彼此對話、融合、會通時，當然也無法避免扞格不入的困窘和難題。

由此可見，通過不斷促進「理論對話」、「道理交手」、「教義互動」的會通，佛教與《莊子》會各自日益精深、博大，並且在「求同存異」中，拓充了彼此的包容性和吸納力，而使自身受益，進而充實了學術史和思想史的內容。

綜合上面各章節的討論可知，「以佛解莊」的發展與內涵，有「以空解莊」、「以禪解莊」及「以唯識解莊」之三大模式。各模式之代表作分別是：「以空解莊」有唐・成玄英《南華真經

注疏》、宋・王雱《南華真經新傳》及明・陸西星《南華真經副墨》；「以禪解莊」有宋・林希逸《莊子口義》、明・方以智《藥地炮莊》及清・釋淨挺《漆園指通》；「以唯識解莊」則有清末民初楊文會《南華經發隱》與章太炎《齊物論釋》。這八位「以佛解莊」者各有背景，他們與佛教的因緣互見深淺，註解《莊子》之意向、範圍與思想層面，不一而足。要言之，詮釋取向與重點，各家是有出入的。

　　總之，「以佛解莊」之取徑，有「以空解莊」、「以禪解莊」及「以唯識解莊」之階段意義。本書所述論成玄英《南華真經注疏》等八本代表作，皆足以自成一家之言，不必然完全符合《莊子》之本義。這些不僅開顯註疏者獨立之哲理思考，且代表其所屬年代的思潮風貌。在本書所提出三個開展途徑中，「以禪解莊」最能表現莊禪之互通關係，故後人多著墨於「莊禪合論」之研究。這三種「以佛解莊」各有註解觀點，別有成就，其思想所涉及的層面也各有發皇，此正凸顯「以佛解莊」的恢宏架構與思想史意涵。可以說，「以佛解莊」對佛教與莊學的後世發展均有促進作用與具體貢獻。

▌參考文獻

（說明：分「古籍部分」、「近人研究專書部分」及「近人研究
論文部分」。「古籍部分」依時代先後順序排列；「近人研究專
書部分」及「近人研究論文部分」則依作者姓名筆畫由少至多順
序排列；出版年依各書版權頁所註西元年或昭和為準。）

古籍部分

漢・司馬遷：《史記》，臺北；河洛出版社，1979年1月出版。

後漢・支婁迦讖譯：《道行般若經》，《大正藏》第8冊。

西晉・陳壽：《三國志》，北京：中華書局，1982年7月二版。

西晉・竺法護譯：《佛說申日經》，《大正藏》第14冊。

東晉・支道林：《支遁集》，收於臺北：商務印書館《宛委別藏》之宋・
　　錢果之編撰《離騷集傳》，1981年初版。

東晉・郭象：《莊子注》，臺北：金楓出版社，1986年出版。

東晉・瞿曇僧伽提婆譯：《中阿含經》，《大正藏》第1冊。

東晉・佛陀跋陀羅譯：《大方廣佛華嚴經》，《大正藏》第9冊。

後秦・羅什譯：《中論》，《大正藏》第30冊。

後秦・羅什譯：《金剛般若波羅蜜經》，《大正藏》第8冊。

後秦・羅什譯：《維摩詰所說經》，《大正藏》第14冊。

後秦・羅什譯：《佛遺教經》，《大正藏》第12冊。

後秦・羅什譯：《大智度論》，《大正藏》第25冊。

後秦・羅什譯：《十住毗婆沙論》，《大正藏》第26冊。

後秦・羅什譯：《法華經》，《大正藏》第9冊。

後秦・僧肇：《肇論》，《大正藏》第45冊。

後秦・僧肇：《注維摩詰經》，《大正藏》第38冊。

後秦・曇摩耶舍、曇摩崛多等譯：《舍利弗阿毗曇論》，《大正藏》第
　　28冊。

後魏・佛陀扇多譯：《攝大乘論》，《大正藏》第31冊。

劉宋・求那跋陀羅譯：《雜阿含經》，《大正藏》第2冊。

劉宋・求那跋陀羅譯：《楞伽經》，《大正藏》第16冊。

劉宋・劉義慶：《世說新語》，臺南：唯一書業中心，1975年9月出版。

劉宋・寶雲譯：《佛本行經》，《大正藏》第4冊。

劉宋・范曄：《後漢書》，北京：中華書局，2003年8月出版。

梁・寶唱：《名僧傳抄》，《卍續藏經》第134冊。

梁・慧皎：《高僧傳》，《大正藏》第50冊。

梁・慧皎撰，湯用彤校注：《高僧傳》，北京：中華書局，1992年10月
　　初版。

梁・僧祐：《弘明集》，《大正藏》第52冊。

梁・僧祐：《出三藏記集》，《大正藏》第55冊。

陳・慧達：《肇論疏》，《卍續藏經》第150冊。

陳・真諦：《婆藪槃豆法師傳》，《大正藏》第10冊。

陳・真諦譯：《攝大乘論》，《大正藏》第31冊。

北齊・魏收：《魏書》，北京：中華書局，1997年3月出版。

北魏・菩提流支譯：《入楞伽經》，《大正藏》第16冊。

北魏・菩提流支譯：《十地經論》，《大正藏》第26冊。

北涼・曇無讖譯：《大般涅槃經》，《大正藏》第12冊。

吳・維祇難等譯：《法句經》，《大正藏》第4冊。

隋・智顗說：《摩訶止觀》，《大正藏》第46冊。

隋・僧璨：《信心銘》，《大正藏》第48冊。

隋・吉藏：《中觀論疏》，《大正藏》第42冊。

隋・吉藏：《三論玄義》，《大正藏》第45冊。

唐・法融：《絕觀論》，藍吉富主編：《禪宗全書》第36冊，臺北：文殊出版社，1988年8月初版。

唐・法融：《無心論》，藍吉富主編：《禪宗全書》第36冊，臺北：文殊出版社，1988年8月初版。

唐・法融：《信心銘》，藍吉富主編：《禪宗全書》第94冊，臺北：文殊出版社，1990年5月初版。

唐・般剌密帝譯：《楞嚴經》，《大正藏》第19冊。

唐・慧能說，法海錄：《六祖壇經敦煌本流行本合刊》，臺北：慧炬出版社，1985年7月五版。

唐・慧能說，法海錄：《六祖壇經》，《大正藏》第48冊。

唐・神會：《頓悟無生般若頌》，藍吉富主編：《禪宗全書》第36冊，臺北：文殊出版社，1988年8月初版。

唐・道宣；《廣弘明集》，《大正藏》第52冊。

唐・道宣：《續高僧傳》，《大正藏》第50冊。

唐・道宣：《集古今佛道論衡》，《大正藏》第52冊。

唐・陸德明：《經典釋文》，臺北：漢京文化公司，1980年2月出版。

唐・成玄英：《南華真經注疏》，北京：中華書局，1998年7月出版。

唐・成玄英著，嚴靈峰輯校：《道德經開題序訣義疏》，嚴靈峰主編：《無求備齋老子集成初編》第3冊，臺北：藝文印書館，1965年初版。

唐・成玄英：《老子義疏》，臺北：廣文書局，1974年3月初版。

唐・文如海：《莊子邈》，陸國強等編：《道藏》第16冊，上海：文物出版社，1994年初版。

唐・智昇：《續集古今佛道論衡》，《大正藏》第52冊。

唐・玄奘譯：《解深密經》，《大正藏》第16冊。

唐·玄奘譯：《阿毘達磨發智論》，《大正藏》第26冊。

唐·玄奘譯：《阿毘達磨大毘婆沙論》，《大正藏》第27冊。

唐·玄奘譯：《俱舍論》，《大正藏》第29冊。

唐·玄奘譯：《瑜伽師地論》，《大正藏》第30冊。

唐·玄奘譯：《唯識二十論》，《大正藏》第31冊。

唐·玄奘譯：《攝大乘論本》，《大正藏》第31冊。

唐·玄奘譯：《攝大乘論釋》，《大正藏》第31冊。

唐·玄奘譯：《唯識三十論頌》，《大正藏》第31冊。

唐·玄奘譯：《阿毘達磨順正理論》，《大正藏》第29冊。

唐·玄奘譯，辯機撰：《大唐西域記》，《大正藏》第51冊。

唐·窺基：《成唯識論述記》，《大正藏》第43冊。

唐·慧然集：《鎮州臨濟慧照禪師語錄》，《大正藏》第47冊。

唐·王玄覽著，朱森溥校釋：《玄珠錄校釋》，成都：巴蜀書社，1989年
    3月初版。

唐·實叉難陀譯：《大方廣佛華嚴經》，《大正藏》第10冊。

唐·白居易：《白居易集》，臺北：漢京文化公司，1984年3月初版。

唐·佛陀多羅譯：《圓覺經》，《大正藏》第17冊。

唐·杜朏：《傳法寶紀》，藍吉富主編：《禪宗全書》第1冊，臺北：文
    殊出版社，1988年4月初版。

唐·淨覺：《楞伽師資記》，藍吉富主編：《禪宗全書》第1冊，臺北：
    文殊出版社，1988年4月初版。

唐·淨覺：《楞伽師資記》，《大正藏》第85冊。

唐·玄覺：《禪宗永嘉集》，《大正藏》第48冊。

唐·荊溪湛然：《法華玄義釋籤》，《大正藏》第33冊。

唐·宗密：《原人論》，《大正藏》第45冊。

唐·宗密：《禪源諸詮集都序》，《大正藏》第48冊。

唐·神清：《北山錄》，《大正藏》第52冊。

唐·元康：《肇論疏》，《大正藏》第45冊。

唐‧李延壽：《南史》，北京：中華書局，1975年初版。

五代‧劉昫：《舊唐書》，臺北：鼎文出版社，2000年12月九版。

宋‧惠泉集：《黃龍慧南禪師語錄》，《大正藏》第47冊。

宋‧仁勇等編：《楊岐方會和尚語錄》，《大正藏》第47冊。

宋‧贊寧：《大宋僧史略》，《大正藏》第54冊。

宋‧王安石：《王安石全集》，上海：上海古籍出版社，1999年6月初版。

宋‧侯程輝：《佛教西來玄化應運略錄》，《大正藏》第39冊。

宋‧子璿集：《首楞嚴義疏注經》，《大正藏》第39冊。

宋‧子璿錄：《金剛經纂要刊定記》，《大正藏》第33冊。

宋‧朱熹：《四書章句集注》，北京：中華書局，1983年10月初版。

宋‧朱熹著，陳俊民校編：《朱子文集》，臺北：德富文教基金會，2000
年2月出版。

宋‧道原纂：《景德傳燈錄》，《大正藏》第51冊。

宋‧惟蓋竺編：《明覺禪師語錄》，《大正藏》第47冊。

宋‧曉瑩：《感山雲臥紀談》，藍吉富主編：《禪宗全書》第32冊，臺
北：文殊出版社，1988年7月初版。

宋‧普濟：《五燈會元》，藍吉富主編：《禪宗全書》第7、8冊，臺北：
文殊出版社，1988年4月初版。

宋‧賾藏主編：《古尊宿語錄》，藍吉富主編：《禪宗全書》第43冊，臺
北：文殊出版社，1989年8月初版。

宋‧王雱：《南華真經新傳》，嚴靈峰主編：《無求備齋莊子集成初編》
第6冊，臺北：藝文印書館，1972年5月初版。

宋‧延壽集：《宗鏡錄》，《大正藏》第48冊。

宋‧林希逸著，周啟成校注：《莊子鬳齋口義校注》，北京：中華書局，
1997年3月初版。

宋‧林希逸：《竹溪鬳齋十一稿續集》，《四庫全書》第1185冊，臺北：
商務印書館，1983年初版。

宋‧林希逸：《列子鬳齋口義》，臺北：中國子學名著集成編印基金會，

1980年5月出版。

宋・林希逸：《老子鬳齋口義》，嚴靈峰主編：《無求備齋老子集成初編》第6冊，臺北：藝文印書館，1965年初版。

宋・褚伯秀：《南華真經義海纂微》，《四庫全書》第1057冊，臺北：商務印書館，1983年初版。

宋・圓悟編：《枯崖和尚漫錄》，藍吉富主編：《禪宗全書》第32冊，臺北：文殊出版社，1988年7月初版。

宋・宗紹編：《無門關》，《大正藏》第48冊。

宋・陳藻：《樂軒集》，《四庫全書》第1152冊，臺北：商務印書館，1983年初版。

宋・林光朝：《艾軒集》，《四庫全書》第1142冊，臺北：商務印書館，1983年初版。

宋・林亦之：《網山集》，《四庫全書》珍本，臺北：商務印書館，1970年出版。

宋・佚名：《續佛祖統紀》，《卍續藏經》第131冊。

宋・契嵩：《鐔津文集》，《大正藏》第52冊。

宋・志磐：《佛祖統紀》，《大正藏》第49冊。

宋・紹隆等編：《圓悟佛果禪師語錄》，《大正藏》第47冊。

宋・妙源編：《虛堂和尚語錄》，《大正藏》第47冊。

宋・蘊聞編：《大慧普覺禪師語錄》，《大正藏》第47冊。

宋・道謙編：《大慧普覺禪師宗門武庫》，《大正藏》第47冊。

宋・宗杲撰，蘊聞編：《大慧普覺禪師語錄》，藍吉富主編：《禪宗全書》第42冊，臺北：文殊出版社，1989年8月初版。

宋・侍者等編：《宏智禪師廣錄》，《大正藏》第48冊。

宋・守堅集：《雲門匡真禪師廣錄》，《大正藏》第47冊。

宋・正覺頌古，元・行秀評唱：《萬松老人評唱天童覺和尚頌古從容庵錄》，《大正藏》第48冊。

宋・楚圓集：《汾陽無德禪師語錄》，《大正藏》第47冊。

宋・劉辰翁：《莊子南華真經點校》，嚴靈峰主編：《無求備齋莊子集成續編》第1冊，臺北：成文出版社，1982年初版。

宋・本嵩述，琼湛註：《註華嚴經題法界觀門頌》，《大正藏》第45冊。

宋・黎靖德編：《朱子語類》，北京：中華書局，1986年3月初版。

宋・羅大經：《鶴林玉露》，《四庫全書》第865冊，臺北：商務印書館，1983年初版。

宋・羅大經：《鶴林玉露》，臺北：正中書局，1969年12月初版。

宋・圜悟克勤：《碧巖錄》，藍吉富主編：《禪宗全書》第89冊，臺北：文殊出版社，1990年4月初版。

宋・重顯頌古，克勤評唱：《佛果圜悟禪師碧巖錄》，《大正藏》第48冊。

宋・黃震：《黃氏日鈔》，臺北：大化書局，1984年12月初版。

宋・知禮述：《觀音玄義記》，《大正藏》第34冊。

宋・施肩吾：《修真十書鍾呂傳道集》，《道藏》第4冊，上海：文物出版社，1994年初版。

宋・翁葆光等：《紫陽真人悟真篇注疏》，《道藏》第2冊，上海：文物出版社，1994年初版。

宋・王喆：《重陽真人金關玉鎖訣》，《道藏》第25冊，上海：文物出版社物，1994年初版。

宋・王喆：《重陽真人授丹陽二十四訣》，《道藏》第25冊，上海：文物出版社，1994年初版。

宋・石泰編：《修真十書雜著指玄篇》，《道藏》第4冊，上海：文物出版社，1994年初版。

宋・葛長庚：《道德寶章》，嚴靈峰主編：《無求備齋老子集成初編》第5冊，臺北：藝文印書館，1965年初版。

宋・葛長庚：《海瓊問道集》，《道藏》第33冊，上海：文物出版社，1994年初版。

宋・廓庵等：《十牛圖頌》，藍吉富主編：《禪宗全書》第32冊，臺北：文殊出版社，1988年7月初版。

宋・吳自牧：《夢粱錄》，北京：中華書局，1985年新一版。

元・脫脫等撰：《宋史》，臺北：錦鏽出版社，1992年初版。

元・念常集：《佛祖歷代通載》，《大正藏》第49冊。

元・盛熙明述：《補陀洛迦山傳》，《大正藏》第51冊。

元・覺岸編：《釋氏稽古略》，《大正藏》第49冊。

明・張宇初編：《三十代天師虛靖真君語錄》，《道藏》第32冊，上海：文物出版社，1994年初版。

明・陸西星：《楞嚴經說約》，《卍續藏經》第89冊。

明・陸西星：《老子道德經玄覽》，嚴靈峰主編：《無求備齋老子集成初編》第10冊，臺北：藝文印書館，1965年初版。

明・陸西星：《南華真經副墨》，嚴靈峰主編：《無求備齋莊子集成續編》第7、8冊，臺北：藝文印書館，1974年12月初版。

明・程以寧：《南華真經注疏》，嚴靈峰主編：《無求備齋莊子集成續編》第28冊，臺北：藝文印書館，1974年12月初版。

明・程以寧：《太上道德寶章翼》，嚴靈峰主編：《無求備齋老子集成初編》第16冊，臺北：藝文印書館，1965年初版。

明・歸有光：《南華真經評注》，嚴靈峰主編：《無求備齋莊子集成續編》第19冊，臺北：藝文印書館，1974年12月初版。

明・憨山：《莊子內篇注》，嚴靈峰主編：《無求備齋莊子集成續編》第25冊，臺北：藝文印書館，1974年12月初版。

明・憨山：《莊子內篇注》，臺北：廣文書局，1991年4月再版。

明・憨山：《莊子內篇注》，臺北：新文豐出版公司，1996初版。

明・憨山：《觀老莊影響論》，臺北：新文豐出版公司，1996年4月初版。

明・憨山：《肇論略註》，《卍續藏經》第96冊。

明・憨山著，福善目錄，通炯編輯：《憨山老人夢遊集》，臺北：新文豐出版公司，1995年10月初版。

明・蓮池：《蓮池大師全集》，臺北：中華佛教文化館，1983年12月再版。

明・蕅益：《靈峰宗論》，臺北：臺灣印經處，1986年6月出版。

明・蕅益：《閱藏知津》，臺北：新文豐出版公司，1983年1月修訂版。

明・紫柏真可：《紫柏尊者別集》，《卍續藏經》第127冊。

明・圓極居頂編：《續傳燈錄》，《大正藏》第51冊。

明・朱得之：《莊子通義》，嚴靈峰主編：《無求備齋莊子集成續編》第
　　3、4冊，臺北：藝文印書館，1974年12月初版。

明・朱時恩輯：《居士分燈錄》，《卍續藏經》第147冊。

明・馮夢禎：《南華真經重校》，嚴靈峰主編：《無求備齋莊子集成續
　　編》第16冊，臺北：藝文印書館，1974年12月初版。

明・焦竑：《莊子翼》，嚴靈峰主編：《無求備齋莊子集成續編》第11、
　　12冊，臺北：藝文印書館，1974年12月初版。

明・袁宏道著，錢伯城箋校：《袁宏道集箋校》，上海：上海古籍出版社，
　　1981年7月初版。

明・袁中道：《珂雪齋前集》，臺北：偉文圖書出版社，1976年9月初版。

明・袁中道：《珂雪齋近集》，臺北：偉文圖書出版社，1976年9月初版。

明・陶望齡：《解莊》，嚴靈峰主編：《無求備齋莊子集成續編》第24冊，
　　臺北：藝文印書館，1974年12月初版。

明・譚元春：《莊子南華真經評》，嚴靈峰主編：《無求備齋莊子集成續
　　編》第27冊，臺北：藝文印書館，1974年12月初版。

明・李騰芳：《說莊》，嚴靈峰主編：《無求備齋老列莊三子集成補編》
　　第32冊，臺北：藝文印書館，1974年12月初版。

明・羅勉道：《南華真經循本》，嚴靈峰主編：《無求備齋莊子集成續編》
　　第2冊，臺北：成文出版社，1982年初版。

明・覺浪道盛撰，大成等編：《天界覺浪盛禪師全錄》，藍吉富主編：
　　《禪宗全書》第59冊，臺北：文殊出版社，1989年12月初版。

明・覺浪道盛撰，大樞等編：《天界覺浪盛禪師嘉禾語錄》，藍吉富主編：
　　《禪宗全書》第59冊，臺北：文殊出版社，1989年12月初版。

明・如巹續集：《緇門警訓》，《大正藏》第48冊。

明・宗泐、如玘註：《楞伽阿跋多羅寶經註解》，《大正藏》第39冊。

明・語風圓信、郭凝之編：《瑞州洞山良价禪師語錄》，《大正藏》第
　　47冊。

明・語風圓信、郭凝之編：《金陵清涼院文益禪師語錄》，《大正藏》第
　　47冊。

明・語風圓信、郭凝之編：《袁州仰山慧寂禪師語錄》，《大正藏》第
　　47冊。

明・語風圓信、郭凝之編：《潭州潙山靈祐禪師語錄》，《大正藏》第
　　47冊。

明・方以智：《藥地炮莊》，嚴靈峰主編：《無求備齋莊子集成初編》第
　　17冊，臺北：藝文印書館，1972年5月初版。

明・方以智：《藥地炮莊》，臺北：廣文書局，1975年4月初版。

明・方以智著，侯外廬編：《方以智全書》，上海：上海古籍出版社，
　　1988年初版。

明・方以智著，龐樸注譯：《東西均》，北京：中華書局，2001年3月初版。

明・方以智：《象環寤記》，上海：中華書局，1962年11月初版。

明・方以智：《浮山文集後編》，續修四庫全書編委會編：《續修四庫全
　　書》第1398冊，上海：上海古籍出版社，2002年初版。

明・方以智撰，興斧等編：《青原愚者智禪師語錄》，藍吉富主編：《禪
　　宗全書》第65冊，臺北：文殊出版社，1990年1月初版。

明・釋如星：《大明高僧傳》，《大正藏》第50冊。

明・沈德符：《萬曆野獲編》，北京：中華書局，1959年出版。

明・胡應麟：《四部正訛》，臺北：開明書局，1969年4月初版。

明・王夫之：《相宗絡索》，收於氏著，船山全書編輯委員會編校：《船
　　山全書》第13冊，長沙：嶽麓書社，1996年2月初版。

明・王夫之：《莊子解》，香港：中華書局，1987年3月三版。

明・王夫之：《搔首問》，《船山全集》第13冊，臺北：力行書局，1965
　　年出版。

明・王夫之：《南窗漫記》，《船山全集》第15冊，臺北：力行書局，

1965年出版。

明・通問編定，施沛彙集：《續燈存稿》，藍吉富主編：《禪宗全書》第19冊，臺北：文殊出版社，1988年6月初版。

明・瞿汝稷集：《指月錄》，藍吉富主編：《禪宗全書》第10冊，臺北：文殊出版社，1988年5月初版。

清・黃宗羲：《南雷文案》，收於王雲五主編：《四部叢刊初編集部》，臺北：商務印書館，1967年出版。

清・黃宗羲：《明儒學案》，臺北：河洛出版社，1974年12月初版。

清・黃宗羲撰，清・全祖望續修，清・王梓材校補：《宋元學案》，臺北：河洛出版社，1975年3月初版。

清・聶先編：《續指月錄》，藍吉富主編：《禪宗全書》第13冊，臺北：文殊出版社，1988年5月初版。

清・王士禎：《居易錄集》，唐・唐臨等撰：《筆記小說大觀》十五編，臺北：新興書局，1975年出版。

清・錢謙益：《牧齋有學集》，上海：上海古籍出版社，1996年9月出版。

清・錢澄之：《田間文集》，續修四庫全書編委會編：《續修四庫全書》第1401冊，上海：上海古籍出版社，2002年初版。

清・錢澄之：《田間詩集》，續修四庫全書編委會編：《續修四庫全書》第1401冊，上海：上海古籍出版社，2000年初版。

清・道霈重編：《永覺元賢禪師廣錄》，《卍續藏經》第125冊。

清・釋淨挺：《漆園指通》，中華大藏經會編：《中華大藏經》第二輯第67冊，1968年出版。

清・釋淨挺：《學佛考訓》，中華大藏經會編：《中華大藏經》第二輯第67冊，1968年出版。

清・釋淨挺：《閱經十二種》，中華大藏經會編：《中華大藏經》第二輯第67冊，1968年出版。

清・釋淨挺撰，智淙等編：《雲溪俍亭挺禪師語錄》，藍吉富主編：《禪宗全書》第74冊，臺北：文殊出版社，1990年3月初版。

清‧施閏章：《學餘堂文集》，《四庫全書》第1313冊，臺北：商務印書館，1983年出版。

清‧梁佩蘭：《六瑩堂二集》，新文豐編輯部編 ：《叢書集成續編》第174冊，臺北：新文豐出版公司，1989年初版。

清‧釋笑峰等撰，施閏章補輯：《青原志略》，四庫全書存目叢書編委會編：《四庫全書存目叢書》第245冊，臺南：莊嚴文化事業出版公司，1997年初版。

清‧紀昀主編：《四庫全書總目》，臺北：藝文印書館，1979年12月五版。

清‧徐廷槐：《南華簡鈔》，嚴靈峰主編：《無求備齋莊子集成初編》第20冊，臺北：藝文印書館，1972年5月初版。

清‧周拱辰：《南華真經影史》，嚴靈峰主編：《無求備齋莊子集成初編》第22冊，臺北：藝文印書館，1972年5月初版。

清‧沈曾植：《海日樓札叢》，臺北：河洛出版社，1975年9月初版。

清‧楊文會：《南華經發隱》，嚴靈峰主編：《無求備齋莊子集成續編》第23冊，臺北：藝文印書館，1974年12月初版。

清‧楊文會：《道德經發隱》，嚴靈峰主編：《無求備齋老子集成續編》第9冊，臺北：藝文印書館，1970年初版。

清‧楊文會：《楊仁山文集》，北京：中國社會科學出版社，1995年12月出版。

清‧楊文會：《楊仁山居士遺著》，臺北：河洛出版社，1973年12月影印一版。

清‧楊文會著，洪啟嵩、黃啟霖主編：《楊仁山文集》，臺北：文殊出版社，1987年8月出版。

清‧嚴復：《莊子評點》，嚴靈峰主編：《無求備齋老列莊三子集成補編》第35冊，臺北：成文出版社，1982年初版。

清‧瞿昌文：《粵行紀事》，《筆記小說大觀》第29編第9冊，臺北：新興書局，2000年出版。

清‧馮冶堂纂輯、吳晉參訂：《國朝畫識》，臺北：廣文書局，1978年7

月初版。

清・文秉：《甲乙事案》，續修四庫全書編委會編：《續修四庫全書》第
　　443冊，上海：上海古籍出版社，2002年出版。

清・郭慶藩輯：《莊子集釋》，臺北：華正書局，1985年8月初版。

清・毛奇齡：《西河文集》（九），臺北：商務印書館，1968年初版。

清・顧炎武著，周蘇平點注：《日知錄》，蘭州：甘肅民族出版社，1997
　　年11月初版。

清・張之洞：《勸學篇》，收於沈雲龍主編：《近代中國史料叢刊》第9
　　輯，臺北：文海出版社，1967年出版。

清・曾國藩：《曾文正公全集》，臺北：文海出版社，1974年2月出版。

清・康有為：《大同書》，上海：中華書局，1935年4月出版。

清・譚嗣同著，蔡尚思、方行編：《譚嗣同全集》，北京：中華書局，
　　1981年1月初版。

清・孫星衍：《孫氏祠堂書目內外編》，臺北：廣文書局，1969年出版。

清・孫詒讓：《籀稿述林》，臺北：廣文書局，1971年出版。

清・畢沅：《續資治通鑒》，臺北：文光出版社，1975年出版。

清・徐泌主修、謝允復纂修：《湘山志》，收於白化文等主編：《中國佛
　　寺誌叢刊》第114冊，揚州：江蘇廣陵古籍刻印社，1996年出版。

清・性音重編：《禪宗雜毒海》，藍吉富主編：《禪宗全書》第93冊，臺
　　北：文殊出版社，1990年5月初版。

近人研究專書部分

于凌波：《中國近現代佛教人物志》，北京：宗教文化出版社，1995年9
　　月初版。

久保田量遠：《支那儒道佛交涉史》，東京：大東出版社，昭和18年2月
　　初版。

久保田量遠：《中國儒道佛三教史論》，東京：圖書刊行會，昭和6年8月
　　初版。

方東美：《中國哲學精神及其發展》，臺北：黎明文化事業公司，2005年
　　11月初版。

方東美：《中國大乘佛學》，臺北：黎明文化事業公司，1984年7月初版。

王叔岷：《莊子校詮》，臺北：中央研究院歷史語言研究所，1999年6月
　　三版。

中國蔡元培研究會編：《蔡元培全集》，杭州：浙江教育出版社，1997年
　　10月初版。

巴壺天：《藝海微瀾》，臺北：廣文書局，1980年7月再版。

四庫全書存目叢書編委會：《四庫全書存目叢書》，臺南：莊嚴文化事業
　　出版公司，1997年出版。

印順：《空之探究》，臺北：正聞出版社，1987年3月三版。

印順：《中國禪宗史》，臺北：正聞出版社，1987年4月四版。

印順：《中國佛教史略》，臺北：正聞出版社，1992年4月修訂一版。

印順：《契理契機之人間佛教》，臺北：正聞出版社，1989年8月初版。

印順：《印度佛教思想史》，臺北：正聞出版社，1988年9月二版。

印順：《佛教史地考論》，臺北：正聞出版社，1992年4月修訂一版。

印順：《中觀論頌講記》，臺北：正聞出版社，1992年1月修訂一版。

印順：《攝大乘論講記》，臺北：正聞出版社，1992年2月修訂一版。

印順：《唯識學探源》，臺北：正聞出版社，1992年3月修訂二版。

印順：《無諍之辯》，臺北：正聞出版社，1992年3月修訂一版。

印順：《佛法是救世之光》，臺北：正聞出版社，1992年4月修訂一版。

印順：《華雨香雲》，臺北：正聞出版社，1992年4月修訂一版。

印順：《中觀今論》，臺北：正聞出版社，1992年4月修訂一版。

印順：《性空學探源》，臺北：正聞出版社，1992年4月修訂一版。

全唐詩索引編輯委員會編：《全唐詩》，北京：中華書局，1992年10月初版。

宇井伯壽：《禪宗史研究》，東京：岩波書店，昭和10年7月初版。

宇井伯壽：《第二禪宗史研究》，東京：岩波書店，昭和10年7月初版。

任道斌：《方以智年譜》，合肥：安徽教育出版社，1983年6月出版。

任繼愈：《中國佛教史》，北京：中國社會科學出版社，1985年11月出版。

江燦騰：《晚明佛教叢林改革與佛學諍辯之研究——以憨山德清的改革生涯為中心》，臺北：新文豐出版公司，1990年12月初版。

江燦騰：《當代臺灣人間佛教思想家——以印順導師為中心的薪火相傳研究論文集》，臺北：新文豐出版公司，2001年3月初版。

吉岡義豐：《道教と佛教》，東京：圖書刊行會，昭和51年5月出版。

牟宗三：《中國哲學十九講》，臺北：學生書局，1983年10月初版。

牟宗三：《佛性與般若》，臺北：學生書局，1984年9月修訂四版。

牟宗三：《才性與玄理》，臺北：學生書局，1985年4月七版。

牟宗三講述，陶國璋整構：《莊子齊物論義理演析》，臺北：書林出版公司，1999年4月初版。

余英時：《方以智晚節考》，臺北：允晨文化公司，1986年11月初版。

余英時：《朱熹的歷史世界——宋代士大夫政治文化的研究》，北京：三聯書店，2004年8月重版。

呂澂：《中國佛學源流略講》，臺北：里仁書局，1985年1月初版。

吳怡：《逍遙的莊子》，臺北：新天地書局，1973年5月初版。

吳怡：《禪與老莊》，臺北：三民書局，2003年4月二版。

吳經熊著，吳怡譯：《禪學的黃金時代》，臺北：商務印書館，1999年3月初版。

李向平：《救世與救心——中國近代佛教復興思潮研究》，上海：人民出版社，1993年12月初版。

李勉：《莊子總論及分篇評註》，臺北：商務印書館，1976年12月二版。

李道湘：《現代新儒學與宋明理學》，瀋陽：遼寧大學出版社，1998年5月初版。

杜繼文、魏道儒：《中國禪宗通史》，上海：江蘇古籍出版社，1995年2月初版。

周叔迦：《周叔迦佛學論著集》，北京：中華書局，1991年1月初版。

周雅清：《成玄英思想研究》，臺北：新文豐出版公司，2003年9月出版。

邱敏捷：《參禪與念佛──晚明袁宏道的佛教思想》，臺北：商鼎文化出版社，1993年3月初版。

邱敏捷：《印順導師的佛教思想》，臺北：法界出版社，2000年1月初版。

邱敏捷：《《肇論》研究的衍進與開展》，高雄：復文書局，2003年1月初版。

洪修平：《禪宗思想的發展與形成》，高雄：佛光文化事業公司，1991年10月初版。

柳田聖山：《初期禪宗史書的研究》，京都：禪文化研究所，昭和41年出版。

侯外廬主編：《中國思想通史》，北京：人民出版社，1960年4月初版。

郎擎霄：《莊子學案》，臺北：河洛出版社，1974年12月初版。

胡適著，柳田聖山編：《胡適禪學案》，臺北：正中書局，1990年1月一版。

胡適：《中國古代哲學史》，臺北：商務印書館，1982年8月五版。

胡適：《白話文學史》，臺北：遠流出版社，1986年10月二版。

胡道靜主編：《十家論莊》，上海：人民出版社，2004年4月初版。

馬一浮著，虞萬里校點：《馬一浮集》，杭州：浙江古籍出版社，1996年6月初版。

荒木見悟：《中國思想史的諸相》，福岡：中國書店，1989年5月出版。

荒木見悟：《憂國烈火禪──禪僧覺浪道盛のたたかい》，東京：研文，2000年7月初版。

涂艷秋：《僧肇思想探究》，臺北：東初出版社，1995年9月初版。

涂艷秋：《鳩摩羅什般若思想在中國》，臺北：里仁書局，2006年2月初版。

徐復觀：《中國藝術精神》，臺北：學生書局，1976年9月五版。

徐復觀：《中國人性論史》，臺北：商務印書館，1984年4月七版。

徐小躍：《禪與老莊》，杭州：浙江人民出版社，1992年11月初版。

唐大潮：《明清之際道教「三教合一」思想論》，北京：宗教文化出版

社，2000年6月初版。

章太炎：《訄書》，臺北：世界書局，1963年1月初版。

章太炎：《章氏叢書》，臺北：世界書局，1982年4月再版。

章太炎：《章太炎全集》，上海：上海人民出版社，1985年出版。

章太炎著，湯志鈞編：《章太炎政論選集》，北京：中華書局，1977年11月初版。

章太炎著，姜玢編選：《章太炎文選》，上海：上海遠東出版社，1996年7月初版。

章太炎著，劉夢溪主編：《章太炎卷》，石家莊：河北教育出版社，1996年8月初版。

卿希泰主編：《中國道教史》，成都：四川人民出版社，1996年12月第二版。

卿希泰：《道教與中國傳統文化》，福州：福建人民出版社，1990年9月初版。

常盤大定：《支那に於ける佛教と儒教道教》，東京：東洋文庫刊行，昭和41年8月再版。

郭朋等著：《中國近代佛學思想史稿》，成都：巴蜀書社，1989年10月初版。

麻天祥：《晚清佛學與近代社會思潮》，臺北：文津出版社，1992年11月初版。

梁啟超：《飲冰室合集》，北京：中華書局，1989年3月初版。

梁啟超：《清代學術概論》，臺北：華正書局，1984年2月初版。

梁啟超：《中國近三百年學術史》，臺北：華正書局，1974年10月初版。

梁啟超：《佛學研究十八篇》，臺北：中華書局，1985年5月五版。

梁漱溟：《梁漱溟全集》，濟南：山東人民出版社，1993年6月初版。

陸國強等編：《道藏》，上海：文物出版社，1994年初版。

崔大華：《莊學研究》，北京：人民出版社，1992年11月初版。

陳啟天：《莊子淺說》，臺北：中華書局，1986年8月三版。

陳少明：《《齊物論》及其影響》，北京：北京大學出版社，2004年2月
　　初版。

陳志良、黃明哲：《中國佛家》，北京：宗教文化出版社，1996年11月
　　初版。

陳援庵：《明季滇黔佛教考》，臺北：彙文堂出版社，1987年6月初版。

陳鼓應：《老莊新論》，上海：上海古籍出版社，1997年9月出版。

陳鼓應主編：《道教文化研究》（第15輯），北京：三聯書店，1999年3
　　月出版。

陳鼓應：《莊子今註今譯》，臺北：商務印書館，1994年10月初版。

陳鼓應：《老子今註今譯及評介》，臺北：商務印書館，2002年10月第三
　　次修訂版。

曹受坤：《莊子哲學》，臺北：文景書局，1973年10月再版。

曹礎基：《莊子淺論》，廣州：廣東人民出版社，1987年8月初版。

張曼濤主編：《唯識學概論》，臺北：大乘文化出版社，1978年1月初版。

張立文：《中國近代新學的開展》，臺北：東大圖書公司，1991年12月初版。

張純一：《老子通釋》，臺北：學生書局，1981年10月初版。

張岱年：《中國哲學大綱》，臺北：藍燈出版社，1992年4月出版。

馮友蘭：《中國哲學史新編》，臺北：藍燈出版社，1991年12月初版。

湯用彤：《魏晉玄學論稿》，收於賀昌群等著：《魏晉思想》甲編五種，
　　臺北：里仁書局，1984年1月出版。

湯用彤：《漢魏兩晉南北朝佛教史》，臺北：駱駝出版社，1987年8月出版。

湯志鈞：《章太炎傳》，臺北：商務印書館，1996年10月出版。

黃文樹：《陽明後學與明中晚期教育》，臺北：師大書苑出版社，2003年
　　1月修訂版。

黃文樹主編：《教育史哲的舊牖與新窗》，高雄：復文書局，2006年1月
　　初版。

黃啟江：《北宋佛教史論稿》，臺北：商務印書館，1997年4月初版。

黃釗主編：《道家思想史綱》，南昌：湖南師範大學出版社，1991年4月

初版。

程元敏：《三經新義輯考彙評（二）——詩經》，臺北：國立編譯館，
　　1986年9月初版。

愛蓮心著，周熾成譯：《嚮往心靈轉化的莊子——內篇分析》，南京：江
　　蘇人民出版社，2004年7月初版。

葉國慶：《莊子研究》，臺北：商務印書館，1978年3月四版。

雷竺（Raju, P. T.）著，李增譯：《比較哲學導論》，臺北：黎明文化事業
　　公司，1980年11月初版。

葛兆光：《中國禪思想史——從6世紀到9世紀》，北京：北京大學出版
　　社，1998年2月初版。

葛兆光：《中國思想史——七世紀前中國的知識、思想與信仰世界》，上
　　海：復旦大學出版社，1999年1月初版。

葛兆光：《中國思想史——七世紀至十九世紀中國的知識、思想與信仰》，
　　上海：復旦大學出版社，2000年12月初版。

塚本善隆編：《肇論研究》，京都：法藏館，昭和30年出版。

楊曾文：《唐五代禪宗史》，北京：中國社會科學出版社，1999年5月初版。

楊惠南：《禪史與禪思》，臺北：東大圖書公司，1995年4月初版。

楊惠南：《龍樹與中觀哲學》，臺北：東大圖書公司，1988年10月初版。

鈴木大拙：《禪思想史研究第二》，東京：岩波書店，昭和43年。

鈴木大拙、佛洛姆著，孟祥森譯：《禪與心理分析》，臺北：志文出版
　　社，1992年7月再版。

鈴木大拙著，孟祥森譯：《禪學隨筆》，臺北：志文出版社，1993年5月
　　再版。

鈴木大拙著，徐進夫譯：《鈴木大拙禪論集：歷史發展》，臺北：志文出
　　版社，1998年4月再版。

聞一多：《神話與詩》，臺中：藍燈文化事業公司，1975年9月出版。

蒙文通：《古學甄微》，成都：巴蜀書社，1987年初版。

熊鐵基等撰：《中國莊學史》，長沙：湖南人民出版社，2003年10月初版。

蔣維喬：《中國佛教史》，臺北：莊嚴印書館，1976年12月初版。

蔡元培：《蔡元培文集》，臺北：錦繡出版事業公司，1995年5月初版。

鄭振鐸編：《晚清文選》，北京：中國社會科學出版社，2002年9月初版。

潘桂明：《中國居士佛教史》，北京：中國社會科學出版社，2000年9月
　　出版。

滕復：《馬一浮思想研究》，北京：中華書局，2001年10月初版。

劉笑敢：《莊子哲學及其演變》，北京：中國社會科學出版社，1988年2
　　月初版。

劉光義：《莊學中的禪趣》，臺北：商務印書館，1989年2月初版。

劉成紀：《青山道場——莊禪與中國詩學精神》，北京：東方出版社，
　　2005年3月初版。

錢穆：《中國思想史》，臺北：學生書局，1983年9月四版。

錢穆：《中國學術思想史論叢》，臺北：東大圖書公司，1990年4月再版。

錢穆：《莊子纂箋》，臺北：三民書局，1993年1月四版。

歐陽竟無：《歐陽竟無居士內外學》，南京：金陵刻經處，出版年不詳。

謝祥皓：《莊子導讀》，成都：巴蜀書社，1988年3月初版。

關口真大：《禪宗思想史》，東京：山喜房佛書林，昭和39年7月初版。

關口真大：《達磨大師的研究》，東京：春秋社，昭和44年5月初版。

關鋒：《莊子內篇譯解和批判》，北京：中華書局，1961年6月初版。

鎌田茂雄編撰：《道藏選錄佛學思想研究資料》，臺北：新文豐出版公
　　司，1997年2月初版。

羅熾：《方以智評傳》，南京：南京大學出版社，1998年12月出版。

龐國龍：《道教哲學》，北京：華夏出版社，1997年10月出版。

蘇新鋆：《郭象莊學平議》，臺北：學生書局，1980年10月初版。

蘇州大學圖書館編：《中國歷代名人圖鑑》，上海：書畫出版社，1989年
　　9月初版。

嚴靈峰主編：《老列莊三子知見書目》，臺北：中華叢書編委會，1965年
　　10月初版。

嚴靈峰編著：《周秦漢魏諸子知見書目》，臺北：正中書局，1975年12月
　　初版。

嚴靈峰主編：《無求備齋老子集成初編》，臺北：藝文印書館，1965年
　　初版。

嚴靈峰主編：《無求備齋莊子集成初編》，臺北：藝文印書館，1972年5
　　月初版。

嚴靈峰主編：《無求備齋莊子集成續編》，臺北：藝文印書館，1974年12
　　月初版。

嚴靈峰主編：《無求備齋老列莊三子集成補編》，臺北：成文出版社，
　　1982年初版。

嚴靈峰輯校：《老子崇寧五注》，臺北：成文出版社，1979年10月初版。

釋太虛著，太虛大師全書編委會編：《太虛大師全書》，臺北：善導寺佛
　　經流通處，1980年11月三版。

釋昭慧：《初期唯識思想——瑜伽行派形成之脈絡》，臺北：法界出版
　　社，2001年3月初版。

釋聖嚴：《明末佛教研究》，臺北：東初出版社，1987年9月初版。

寶鋆等修：《籌辦夷務始末（同治朝）》，臺北：文海出版社，1974年2
　　月出版。

續修四庫全書編委會編：《續修四庫全書》，上海：上海古籍出版社，
　　2002年出版。

龔雋：《禪學發微——以問題為中心的禪思想史研究》，臺北：新文豐出
　　版公司，2002年5月初版。

近人研究論文部分

（一）期刊論文

王迪：〈從書誌考察日本的老莊研究狀況──以鎌倉、室町時代為主〉，
　　《漢學研究》第18卷第1期，2000年6月。

甘蟄仙：〈最近二十年來中國學術蠡測〉，《東方雜誌》第21卷紀念號，
　　1924年1月。

汪秀麗：〈莊子之「道」與康德「物自體」比較研究──兼論莊、康不可
　　知論異同〉，《安徽大學學報》（哲學社會科學版），1998年第6期。

那薇：〈莊子與海德格在不可知論方面的相互詮釋〉，《社會科學輯刊》
　　第153期，2004年。

邱敏捷：〈憨山《莊子內篇注》之特色〉，《中國文化月刊》第258期，
　　2001年9月。

邱敏捷：〈以「空」解莊之考察〉，《南師學報》第38卷第1期，2004年
　　4月。

邱敏捷：〈方以智《藥地炮莊》之「以禪解莊」〉，《南大學報》第39卷
　　第1期，2005年4月。

邱敏捷：〈釋淨挺《漆園指通》之「以禪解莊」述析〉，《南師語教學
　　報》第3期，2005年4月。

邱敏捷：〈以「禪」解老析論〉，《玄奘佛學研究》第3期，2005年7月。

邱敏捷：〈以「空」解老析論〉，《南大學報》第39卷第2期，2005年10月。

邱敏捷：〈楊仁山、章太炎以「唯識」解莊析論──以真心派的唯識之詮
　　釋〉，《佛學研究中心學報》第11期，2006年7月。

邱敏捷：〈林希逸《莊子口義》「以禪解莊」析論〉，《玄奘佛學研究》
　　第4期，2006年1月。

侯外廬：〈方以智──中國的百科全書派大哲學家〉，《歷史研究》第

6、7期，1957年。

胡化凱：〈《莊子》相對主義與相對論物理學思想之比較〉，《安徽大學學報》1997年第1期。

荒木見悟著、廖肇亨譯：〈覺浪道盛初探〉，《中國文哲研究通訊》第9卷第4期，1999年12月。

孫紅：〈林希逸以儒解莊及其原因〉，《北方論叢》2003年第5期。

黃運喜：〈清末民初廟產興學運動對近代佛教的影響〉，《國際佛學研究》創刊號，1991年12月。

黃錦鋐：〈章太炎先生的〈齊物論釋〉〉，《國文學報》第20期，1991年6月。

楊步偉：〈我的祖父〉，《傳記文學》第3卷第3期，1963年9月。

廖肇亨：〈從主體到客體——談荒木見悟的中國思想史研究〉，《當代》第226期，2006年6月。

蔡榮婷：〈唐湘山宗慧禪師〈牧牛歌〉析論〉，《中正中文學術年刊》創刊號，1997年。

蔣顯榮：〈從認識過程看莊子是怎樣陷入相對主義的〉，《船山學刊》1999年第2期。

霍韜晦：〈中國近代唯識宗再興的機運〉，《獅子吼》第14卷第1、2期，1973年2月。

霍韜晦：〈近代唯識宗流佈大略〉，《獅子吼》第14卷第10期，1975年10月。

霍韜晦：〈中國近代佛學的推動者「楊仁山」〉，《獅子吼》第14卷第12期，1975年12月。

霍韜晦：〈起千載沈璧的大師——歐陽竟無之生涯與學問〉，《獅子吼》第15卷第2期，1976年2月。

霍韜晦：〈支那內學院的理想〉，《獅子吼》第15卷第4、5期，1976年5月。

霍韜晦：〈武昌佛學院的唯識研究——並論太虛大師的法相唯識學〉，

《獅子吼》第15卷第6期，1976年6月。

霍韜晦：〈三時學會〉，《獅子吼》第15卷第9、10期，1976年10月。

霍韜晦：〈法義論辯〉上，《獅子吼》第15卷第11期，1976年11月。

霍韜晦：〈法義論辯〉下，《獅子吼》第15卷第12期，1976年12月。

韓習山：〈淺論莊子的相對主義〉，《昭通師範高等專科學校學報》第27卷第3期，2005年6月。

簡光明：〈宋人「佛學思想源於莊子說」析論〉，《中國學術年刊》第15期，1994年3月。

簡光明：〈羅勉道《南華真經循本》綜論〉，《中國學術年刊》第18期，1997年3月。

簡光明：〈王雱「南華真經新傳」析論〉，《中國文化月刊》第228期，1999年3月。

羅錦堂：〈莊子與禪〉，《中國文哲研究集刊》第3期，1993年3月。

蘇美文：〈從「以莊解佛」到「以佛解莊」〉，《中華技術學院學報》第30期，2004年6月。

龔鵬程：〈成玄英「莊子疏」探論〉，《鵝湖》第17卷第1期，1991年7月。

（二）學位論文

呂文英：〈成玄英莊學研究〉，中央大學中文研究所碩士論文，2000年。

吳麗玉：〈近代佛教先覺者楊文會〉，高雄師範大學國文研究所碩士論文，1990年6月。

李素娟：〈方以智《藥地炮莊》中的儒道思想研究〉，臺灣大學中文研究所碩士論文，1976年。

李懿純：〈憨山德清註莊之研究〉，淡江大學中文研究所碩士論文，2003年。

周志煌：〈民初佛學「唯識」與「如來藏」之交涉──以支那內學院與武昌佛學院之法義論諍為核心的開展〉，輔仁大學中文研究所碩士論文，1995年6月。

施錫美：〈焦竑莊子翼研究〉，逢甲大學中文研究所碩士論文，1995年6月。

姜佩君：〈《老子化胡經》研究〉，文化大學中文研究所碩士論文，1993年6月。

張永堂：〈方以智的生平與思想〉，臺灣大學歷史研究所博士論文，1977年。

黃建邦：〈章太炎《齊物論釋》莊佛會通思想之研究〉，中興大學中文研究所碩士論文，2003年1月。

廖肇亨：〈明末清初遺民逃禪之風研究〉，臺灣大學中文研究所碩士論文，1994年5月。

謝明陽：〈明遺民的莊子定位論題〉，臺灣大學中文研究所博士論文，2000年6月。

簡光明：〈林希逸莊子口義研究〉，逢甲大學中文研究所碩士論文，1991年1月。

蘇美文：〈章太炎《齊物論釋》之研究〉，淡江大學中文研究所碩士論文，1993年6月。

（三）專書論文

朱森溥：〈王玄覽《玄珠錄》評述〉，收於唐・王玄覽著，朱森溥校釋：《玄珠錄校釋》，成都：巴蜀書社，1989年3月初版。

邱敏捷：〈明代註莊之現象——融「佛教觀念」解莊〉，收於黃文樹主編：《教育史哲的舊牘與新窗》，高雄：復文書局，2006年1月初版。

李大華：〈略論隋唐老莊學〉，收於陳鼓應主編：《道家文化研究》第1輯，上海：上海古籍出版社，1992年6月初版。

池田知久著，周一良譯：〈林希逸《莊子鬳齋口義》在日本〉，收於宋・林希逸著，周啟成校注：《莊子鬳齋口義校注》，北京：中華書局，1997年3月初版。

朱義祿：〈章太炎和他的《齊物論釋》〉，收於胡道靜主編：《十家論莊》，上海：上海人民出版社，2004年4月初版。

牧田諦亮：〈清末以來的廟產興學與佛教教團〉，收於氏著：《中國近世佛教史研究》，臺北：華宇出版社，1985年出版。

陳鼓應：〈歷代《老子》註書評介〉，收於氏著：《老子今註今譯及評介》，臺北：商務印書館，2002年10月第三次修訂版。

陳鼓應：〈老子哲學系統的形成和開展〉，收於氏著：《老子今註今譯及評介》，臺北：商務印書館，2002年10月第三次修訂版。

楊儒賓：〈儒門別傳──明末清初《莊》《易》同流的思想史意義〉，收於鍾彩鈞、楊晉龍主編：《明清文學與思想中之主體意識與社會──學術思想篇》，臺北：中央研究院中國文哲研究所，2004年12月初版。

葛兆光：〈禪意的「雲」：唐詩中一個語詞的分析〉，收於氏著：《中國宗教與文學論集》，北京：清華大學出版社，1998年8月初版。

蔡元培：〈五十年來中國之哲學〉，收於中國蔡元培研究會編：《蔡元培全集》第五卷，杭州：浙江教育出版社，1997年10月初版。

歐陽竟無：〈楊仁山居士事略〉，收於清‧楊文會著，洪啟嵩、黃啟霖主編：《楊仁山文集》，臺北：文殊出版社，1987年8月出版。

歐陽竟無：〈楊仁山居士傳〉，收於氏著：《歐陽竟無居士內外學》乙本，《內學雜著》下冊，南京：金陵刻經處，出版年不詳。

藍吉富：〈楊仁山與現代中國佛教〉，收於清‧楊文會著，洪啟嵩、黃啟霖主編：《楊仁山文集》，臺北：文殊出版社，1987年8月出版。

釋太虛：〈我的佛教改進運動略史〉，收於氏著，太虛大師全書編委會編：《太虛大師全書》第29冊，臺北：善導寺佛經流通處，1980年11月三版。

（四）會議論文

廖肇亨：〈藥地生死觀論析──以《藥地炮莊》與《東西均》為討論中心〉，中央研究院中國文哲研究所主辦「明清文學與思想中之主體意識與社會」國際學術研討會，2002年10月。

謝仁真：〈方以智由儒入佛之檢視〉，華梵大學主辦「第二次儒佛會通」
學術研討會，1997年10月。

附錄一
歷代「以佛解莊」著作一覽表

編序	作者	生卒年	書名	卷數	見載	存佚	本書採用
1	唐・成玄英	約601-690	《南華真經注疏》	10	嚴靈峰主編：《無求備齋莊子集成初編》第3、4冊	存	v
2	宋・王雱	1044-1076	《南華真經新傳》	20	嚴靈峰主編：《無求備齋莊子集成初編》第6冊	存	v
3	宋・林自	生卒不詳	《莊子解》	?	見宋・褚伯秀：《南華真經義海纂微》	存	
4	宋・陳景元	1024-1094	《莊子註》	?	見宋・褚伯秀：《南華真經義海纂微》	存	
5	宋・褚伯秀	?-約1270	《南華真經義海纂微》	106	《四庫全書》第1057冊	存	（內含林自、陳景元）
6	宋・林希逸	1193-?	《莊子鬳齋口義》	32	嚴靈峰主編：《無求備齋莊子集成初編》第7、8冊	存	v
7	宋・劉辰翁	1232-1297	《莊子南華真經點校》	3	嚴靈峰主編：《無求備齋莊子集成續編》第1冊	存	

編序	作者	生卒年	書名	卷數	見載	存佚	本書採用
8	明・羅勉道	生卒不詳	《南華真經循本》	30	嚴靈峰主編：《無求備齋莊子集成續編》第2冊	存	
9	明・程以寧	生卒不詳	《南華真經注疏》	1	嚴靈峰主編：《無求備齋莊子集成續編》第28冊	存	
10	明・陸西星	1520-1606	《南華真經副墨》	33	嚴靈峰主編：《無求備齋莊子集成續編》第7、8冊	存	v
11	明・焦竑	1540-1620	《莊子翼》	8	嚴靈峰主編：《無求備齋莊子集成續編》第11、12冊	存	
12	明・憨山	1546-1623	《莊子內篇注》	4	嚴靈峰主編：《無求備齋莊子集成續編》第25冊	存	
13	明・陶望齡	1562-1609	《解莊》	12	嚴靈峰主編：《無求備齋莊子集成續編》第24冊	存	
14	明・袁宏道	1568-1610	《廣莊》	1	袁宏道著，錢伯城箋校：《袁宏道集箋校》卷二三	存	
15	明・袁中道	1570-1624	《導莊》	1	袁中道：《珂雪齋前集》卷二一	存	
16	明・李騰芳	?-1631	《説莊》	3	嚴靈峰主編：《無求備齋老列莊三子集成補編》第32冊	存	

編序	作者	生卒年	書名	卷數	見載	存佚	本書採用
17	明·三一齋老人（吳應賓）	1565-1634	《莊子正語》	？	嚴靈峰主編：《老列莊三子知見書目》	佚	
18	明·王宣	1565-1654	《莊子解》	？	嚴靈峰主編：《老列莊三子知見書目》	佚	
19	明·蕭士瑋	1585-1651	《莊子解》	？	嚴靈峰主編：《老列莊三子知見書目》	佚	
20	明·譚元春	1586-1637	《莊子南華真經評》	3	嚴靈峰主編：《無求備齋莊子集成續編》第27冊	存	
21	明·天界杖人（覺浪）	1592-1659	《莊子評》	？	嚴靈峰主編：《老列莊三子知見書目》	佚	
22	明·方以智	1611-1671	《藥地炮莊》	9	嚴靈峰主編：《無求備齋莊子集成初編》第17冊	存	∨
23	明·石韞	1612-1675	《莊子解》	？	嚴靈峰主編：《老列莊三子知見書目》	佚	
24	明·無名氏	生卒不詳	《古今南華內篇講錄》	？	嚴靈峰編著：《周秦漢魏諸子知見書目》（二）	佚	
25	清·釋淨挺	1615-1684	《漆園指通》	3	《中華大藏經》第二輯	存	∨
26	清·周拱辰	生卒不詳	《南華真經影史》	9	嚴靈峰主編：《無求備齋莊子集成初編》第22冊	存	
27	清·張世犖	生卒不詳	《南華摸象記》	？	嚴靈峰主編：《老列莊三子知見書目》	佚	

編序	作者	生卒年	書名	卷數	見載	存佚	本書採用
28	清末民初·楊文會	1837-1911	《南華經發隱》	1	嚴靈峰主編：《無求備齋莊子集成初編》第23冊	存	v
29	清末民初·嚴復	1853-1921	《莊子評點》	1	嚴靈峰主編：《無求備齋老列莊三子集成補編》第35冊	存	
30	清末民初·章太炎	1868-1936	《齊物論釋》	1	章太炎：《章氏叢書》	存	v
31	民國·馬一浮	1883-1967	《莊子箋》	1	馬一浮：《馬一浮全集》	存	

附錄二
「以佛解莊」代表作基本資料及其註文出處一覽表

類別	作者	著作	註文出處	備註
以空解莊	唐・成玄英	《南華真經注疏》	1.註〈逍遙遊〉（卷一，頁13-16）	境界論
			2.註〈齊物論〉（卷一，頁39；頁46）	
			3.註〈養生主〉（卷二，頁68-69）	
			4.註〈大宗師〉（卷三，頁142、148、163）	
			5.註〈在宥〉（卷四，頁220、226）	
			6.註〈天地〉（卷五，頁244-245）	
			7.註〈達生〉（卷七，頁369）	
			8.註〈庚桑楚〉（卷八，頁456）	
			9.註〈則陽〉（卷八，頁502-503）	
			10.註〈外物〉（卷九，頁530；頁533；頁540）	
	宋・王雱	《南華真經新傳》	1.註〈大宗師〉（卷六，頁188）	道體論
			2.註〈知北遊〉（卷十一，頁420）	
			3.註〈大宗師〉（卷六，頁194-204；頁210-211）	境界論
			4.註〈應帝王〉（卷六，頁226；頁234）	
			5.註〈田子方〉（卷十一，頁399）	
			6.註〈知北遊〉（卷十一，頁438-439）	
			7.註〈庚桑楚〉（卷十二，頁446-447；頁455）	
			8.註〈寓言〉（卷十六，頁572-573）	

類別	作者	著作	註文出處	備註
	明・陸西星	《南華真經副墨》	1.註〈知北遊〉（卷五，頁790）	道體論
			2.註〈庚桑楚〉（卷六，頁831）	
			3.註〈天道〉（卷四，頁481）	修養論
			4.註〈列禦寇〉（卷八，頁1117-1118）	
			5.註〈天下〉（卷八，頁1167）	
			6.註〈德充符〉（卷二，頁201-202）	境界論
			7.註〈大宗師〉（卷二，頁237）	
			8.註〈應帝王〉（卷二，頁300）	
			9.註〈至樂〉（卷四，頁629）	
			10.註〈知北遊〉（卷五，頁766；頁786-787；頁793）	
			11.註〈則陽〉（卷六，頁926）	
以禪解莊	宋・林希逸	《莊子口義》	1.註〈齊物論〉（卷一，頁44-45）	修養論
			2.註〈養生主〉（卷二，頁47）	
			3.註〈人間世〉（卷二，頁62）	
			4.註〈德充符〉（卷二，頁84；頁85；頁86）	
			5.註〈駢拇〉（卷三，頁144）	
			6.註〈在宥〉（卷四，頁165）	
			7.註〈秋水〉（卷六，頁262）	
			8.註〈知北遊〉（卷七，頁329）	
			9.註〈庚桑楚〉（卷七，頁350-351；頁354；頁354）	
			10.註〈徐無鬼〉（卷八，頁376；頁381；頁396）	
			11.註〈則陽〉（卷八，頁398）	
			12.註〈列禦寇〉（卷十，頁485）	
			13.註〈齊物論〉（卷一，頁13）	境界論
			14.註〈大宗師〉（卷三，頁99；頁101；頁107）	
			15.註〈在宥〉（卷四，頁173；頁177-178）	
			16.註〈天運〉（卷五，頁237）	
			17.註〈庚桑楚〉（卷七，頁356；頁362）	
			18.註〈徐無鬼〉（卷八，頁374-375）	
			19.註〈寓言〉（卷九，頁435）	

類別	作者	著作	註文出處	備註
	明・方以智	《藥地炮莊》	1.註〈德充符〉（卷二，頁305；頁314）	修養論
			2.註〈大宗師〉（卷三，頁337；頁376-377；頁387）	
			3.註〈逍遙遊〉（卷一，頁153-157；頁180-181；頁184-185）	境界論
			4.註〈齊物論〉（卷一，頁241-242）	
			5.註〈刻意〉（卷五，頁555-556）	
	清・釋淨挺	《漆園指通》	1.註〈養生主〉（卷一，頁56309下）	修養論
			2.註〈人間世〉（卷一，頁56310下）	
			3.註〈德充符〉（卷一，頁56313下；頁56314下）	
			4.註〈大宗師〉（卷一，頁56317上）	
			5.註〈應帝王〉（卷一，頁56319下）	
			6.註〈駢拇〉（卷二，頁56320上）	
			7.註〈馬蹄〉（卷二，頁56321上）	
			8.註〈在宥〉（卷二，頁56322下-56323上；頁56323上）	
			9.註〈天道〉（卷二，頁56327上）	
			10.註〈刻意〉（卷二，頁56329下；頁56329下）	
			11.註〈秋水〉（卷二，頁56332上）	
			12.註〈至樂〉（卷二，頁56332下）	
			13.註〈庚桑楚〉（卷三，頁56340下-56341上）	
			14.註〈徐無鬼〉（卷三，頁56343下；頁56343下）	
			15.註〈逍遙遊〉（卷一，頁56302上）	境界論
			16.註〈人間世〉（卷一，頁56309下）	
			17.註〈在宥〉（卷二，頁56323下）	
			18.註〈讓王〉（卷三，頁56349上）	

類別	作者	著作	註文出處	備註
以唯識解莊	清末民初・楊文會	《南華經發隱》	1.註〈人間世〉（頁14） 2.註〈德充符〉（頁18；頁18） 3.註〈應帝王〉（頁25-26）	境界論
	清末民初・章太炎	《齊物論釋》	1.註〈齊物論〉（頁384上；頁384上；頁384上；頁386下-387上；頁387上-下；頁387下；頁388上；頁388上；頁388下；頁401下；頁401下；頁405上；頁407上；頁414下）	認識論（認識主體之心）
			2.註〈齊物論〉（頁382上；頁382上-下；頁382下；頁382下；頁382下）	認識論（認識的主客關係）
			3.註〈齊物論〉（頁414下；頁394下；頁413上）	認識論（認識的構成條件）
			4.註〈齊物論〉（頁401下-402上） 5.註〈天地〉（頁415下）	認識論（認識的主客相泯）

附錄三
本書未討論之「以佛解莊」
著作的內容對照表

　　下列《莊子》註疏本，都有「以佛解莊」的成分，可惜均「量少質薄」，故本書未予列入「代表作」。包括宋代的褚伯秀《南華真經義海纂微》（內含林自《莊子解》與陳景元《莊子註》）、劉辰翁《莊子南華真經點校》，明代的程以寧《南華真經注疏》、羅勉道《南華真經循本》、焦竑《莊子翼》、憨山《莊子內篇注》、陶望齡《解莊》、袁宏道《廣莊》、袁中道《導莊》、李騰芳《說莊》、譚元春《莊子南華真經評》，清代的周拱辰《南華真經影史》、嚴復《莊子評點》，以及晚近的馬一浮《莊子箋》等十四本，以下分別以十四個表列示各書「以佛解莊」《莊子》原文與註文之內容對照。表中「卷次、頁碼」，指各註疏本之卷次、頁碼；「備註」一欄，凡「以空解莊」、「以禪解莊」者，特備註說明；其他「以佛教語言」或「以佛教相關概念」詮釋者，則不另加說明。

表一：宋 ・ 褚伯秀：《南華真經義海纂微》

（含林自《莊子解》、陳景元《莊子註》）

編序	《莊子》原文	褚書註文	卷次、頁碼	備註
1	〈齊物論〉：「夫天下莫大於秋豪之末，而大山為小；莫壽於殤子，而彭祖為夭。」	凡天地之論大莫過乎太山，壽莫過乎彭祖。此以形論不能無限，若以虛空性體觀之，太山直細物，彭祖直嬰孩耳。	卷3，頁49下	以空解莊
2	〈人間世〉：「且以巧鬥力者，始乎陽，常卒乎陰，大至則多奇巧；以禮飲酒者，始乎治，常卒乎亂，大至則多奇樂。」	出世間法即世間法，能處世間而無累，是為出世間矣！	卷9，頁104下	
3	〈天運〉：「帝張咸池之樂於洞庭之野，吾始聞之懼，復聞之怠，卒聞之而惑；蕩蕩默默，乃不自得。」	凡人聞道之初，胸中交戰，則始懼也，少焉戰勝，則似怠矣！及乎情識漸泯，懼怠俱釋，後造乎和樂，復乎無知，此入道之序也。	卷45，頁374上-下	
4	〈至樂〉：「莊子妻死，惠子弔之，莊子則方箕踞鼓盆而歌。」	莊子妻死章，以世情觀之，人所難忘者，而處之泰然，何也？……形生而情識愛樂無所不有，至若親姻情好，假合須臾耳。惑者認以為實，緣情生愛，因愛生貪，滋長業緣，生死纏縛，害形損性，一何愚哉？	卷56，頁447上	
5	〈知北遊〉：「黃帝曰：彼其真是也，以其不知也，此其似之也，以其忘之也。予與若終不近也，以其知之也，狂屈聞之，以黃帝為知言。」	故問而不知答，反乎白水之南，又向明以求之，狐闋則疑心已空，……黃帝居中之主，有扣不得不應，遂告以知道、安道、得道之要，在乎無思、無處、無從而已。	卷66，頁521上-下	以空解莊

編序	《莊子》原文	褚書註文	卷次、頁碼	備註
6	〈知北遊〉：「東郭子問於莊子曰：『所謂道，惡乎在？』莊子曰：『無所不在。』東郭子曰：『期而後可。』莊子曰：『在螻蟻。』曰：『何其下邪？』曰：『在稊稗。』曰：『何其愈下邪？』曰：『在瓦甓。』曰：『何其愈甚邪？』曰：『在屎溺。』東郭子不應。」	道之在天下，猶水之在地中，而其體性周徧法界，此道在瓦甓稊稗，指其至下者言之。觸類而通，則知徧一切處，何物不具此道？但人品不同，見有差別，聖人見道不見物，凡人見物不見道，蓋因物以障之，非道有存亡也。	卷68，頁535上-下	
7	〈知北遊〉：「光曜問乎無有曰：『夫子有乎？其無有乎？』光曜不得問，而孰視其狀貌，窅然空然。終日視之而不見，聽之而不聞，搏之而不得也。光曜曰：『至矣，其孰能至此乎！予能有無矣，而未能無無也。及為無有矣，何從至此哉！』」	光曜喻學道而有所見，……子能有無，謂知萬法皆空，故獨明此道，然猶坐於無，未造重玄之域。……真人多以此立論，破世人之執見，明萬物之始終，信能靜而求之，忘而契之，萬有俱空，一真不露，始知用假，不用而長得其用，非虛言也。	卷69，頁541上	以空解莊
8	〈庚桑楚〉：「南榮趎贏糧七日七夜至老子之所，老子曰：『子自楚之所來乎？』南榮趎曰：『唯。』老子曰：『子何與人偕來之眾也。』」	何與人偕來之眾，一語勘辨甚力，此楚老為人真切處，若內無真見，聞此鮮不懷疑，宗門諸老慣用此機，趎於言下忘答失問，遂以第二機接之，及其懼消慚釋，陳述三條，覬免世累。	卷71，頁557下	以禪解莊

編序	《莊子》原文	褚書註文	卷次、頁碼	備註
9	〈庚桑楚〉：「備物以將形，藏不虞以生心，敬中以達彼，若是而萬惡至者，皆天也，而非人也，不足以滑成，不可內於靈臺。……為不善乎顯明之中者，人得而誅之；……明乎人，明乎鬼者，然後能獨行。」	業謂世間有為之事，……是以莫逃人鬼之誅，因果相緣而無已。以道觀照，善惡二業，善猶為幻，況於惡乎？……為善有心，希求福報，妄念一萌，真性已失，物得以誘之，故善惡二業，有一於胸中而不合，離愈為而愈失，又安知所以持靈臺之道哉？	卷72，頁568下	
10	〈庚桑楚〉：「有乎生，有乎死，有乎出，有乎入，入出而無見其形，是謂天門。天門者，無有也。萬物出乎無有，有不能以有為有，必出乎無有，而無有一無有，聖人藏乎是。」	萬物生死出入，……若執於無有猶不免乎有，併無有一無之，乃造真空之妙而萬物萬理具焉，聖人藏乎無有，故能無所不有也。	卷75，頁573上	以空解莊
11	〈列禦寇〉：「賊莫大乎德有心而心有睫，及其有睫也而內視，內視而敗矣！凶德有五，中德為首。何謂中德？中德也者，有以自好而？其所不為者也。」	釋氏說五種眼，唯天眼、肉眼在面，慧、法、佛眼皆在心，彼心眼顯成德之效，此心眼戒敗德之原，不戒乎？	卷101，頁761下	

編序	《莊子》原文	林書註文	卷次、頁碼	備註
1	〈齊物論〉：「彼亦一是非，此亦一是非，果且有彼是乎哉？果且無彼是乎哉？彼是莫得其偶，謂之道樞。樞始得其環中，以應無窮。是亦一無窮，非亦一無窮也。故曰：莫若以明。」	樞者，運開闔之機；環者，虛而未離乎形。樞之體，圓而動，妙有也；環之體，圓而靜，真空也。妙有真空，相資為用，所以應無窮也，非天下之至明，孰能與於此。	卷2，頁33下	以空解莊

編序	《莊子》原文	林書註文	卷次、頁碼	備註
2	〈齊物論〉：「孰知不言之辯，不道之道？若有能知，此之謂天府。注焉而不滿，酌焉而不竭，而不知其所由來，此之謂葆光。」	天府者，自然之藏，萬物所歸，故注焉不滿，酌焉不竭，比性命之情，不增不減，求其所自來而不可得，此之謂葆光。	卷3，頁52上	
3	〈大宗師〉：「聞諸副墨之子，副墨之子聞諸洛誦之孫，洛誦之孫聞之瞻明，瞻明聞之聶許，聶許聞之需役，需役聞之於謳，於謳聞之玄冥，玄冥聞之參寥，參寥聞之疑始。」	冥者，明之藏。參者，一所以絕有，二所以絕無。寥者，空寂之名而後疑無是始也。製此九名，以喻聞道必有漸也。	卷17，頁164上	以空解莊
4	〈胠篋〉：「故曰：脣竭則齒寒，魯酒薄而邯鄲圍，聖人生而大盜起。掊擊聖人，縱舍盜賊，而天下始治矣。」	所謂掊擊聖人者，深惡聖人之迹也，若禪家所謂我當時若見釋迦瞿曇出世，一捧打殺意同。	卷28，頁241下	以禪解莊
5	〈在宥〉：「萬物云云，各復其根，各復其根而不知；渾渾沌沌，終身不離；若彼知之，乃是離之。」	失物云云，指幻化；各歸其根，言空性。幻化有滅，空性無壞，故至於命者，渾渾沌沌，終身不離，若知之，則道離矣。	卷32，頁273上	以空解莊
6	〈至樂〉：「莊子妻死，惠子吊之，莊子則方箕踞鼓盆而歌」。	又鼓盆而歌不亦甚乎？莊子答以其妻始死也，豈得不慨然？及察其本而無生、無形、無氣，則果何自而有哉？冥於真空而莫得其朕也。……則萬物者真空而已。	卷56，頁446下	以空解莊

編序	《莊子》原文	林書註文	卷次、頁碼	備註
7	〈知北遊〉：「東郭子問於莊子曰：『所謂道，惡乎在？』莊子曰：『無所不在。』東郭子曰：『期而後可。』莊子曰：『在螻蟻。』曰：『何其下邪？』曰：『在稊稗。』曰：『何其愈下邪？』曰：『在瓦甓。』曰：『何其愈甚邪？』曰：『在屎溺。』東郭子不應。」	貴而上者，去道愈遠；賤而下者，取道愈近。世人常忽其下賤者，而不知求道為最近。禪家所謂佛在糞堆頭，與此意合。	卷68，頁534上	以禪解莊
8	〈外物〉：「目徹為明，耳徹為聰，鼻徹為顫，口徹為甘，心徹為知，知徹為德。凡道不欲壅，壅則哽。」	反本，……然後六根解脫，眾塵不染，於此所以入道。六者不徹，則為物所壅，相陵賤而害眾矣。	卷89，頁676下	

編序	《莊子》原文	陳書註文	卷次、頁碼	備註
1	〈在宥〉：「汝慎無攖人心。人心排下而進上，上下囚殺，淖約柔乎剛強，廉劌雕琢，其熱焦火，其寒凝冰。其疾俯仰之間而再撫四海之外。其居也淵而靜，其動也縣而天。僨驕而不可係者，其唯人心乎！」	人心本靜，攖之而亂，排謂毀之，進謂譽之，炎涼其外，冰炭其內，機心一發，即偏空際，成心縱蕩，甚於奔馬也。	卷31，頁262下	以空解莊

編序	《莊子》原文	陳書註文	卷次、頁碼	備註
2	〈至樂〉：「支離叔與滑介叔觀於冥伯之丘，崑崙之虛，黃帝之所休。俄而柳生其左肘，其意蹶蹶然惡之。支離叔曰：『子惡之乎？』滑介叔曰：『亡，予何惡！生者，假借也。假之而生生者，塵垢也。死生為晝夜。且吾與子觀化而化及我，我又何惡焉！』」。	夫生者，化空之假借，於空論之，生為塵垢長景，況之死為昏夜也。是故生生者不生，化化者不化，今有生乃常生，忽化乃常，以常生觀常化，則知常生不真，常化不空，變化相通，於理何患哉？	卷56，頁448上	以空解莊
3	〈知北遊〉：「黃帝曰：『彼其真是也，以其不知也，此其似之也，以其忘之也。予與若終不近也，以其知之也。』狂屈聞之，以黃帝為知言。」	黃帝即真君，收視反聽，諸有皆空，以知為是，不知為非者，重增過耳！不言之教即妙有也，且真是與真知皆為道障，尤難除者也。	卷66，頁520上-下	以空解莊
4	〈知北遊〉：「光曜問乎無有曰：『夫子有乎？其無有乎？』光曜不得問，而孰視其狀貌，窅然空然。終日視之而不見，聽之而不聞，搏之而不得也。光曜曰：『至矣，其孰能至此乎！予能有無矣，而未能無無也。及為無有矣，何從至此哉！』」	光耀喻內照，無有喻妙本，內照體乎妙本者也。謂其有邪，則窅然空然，謂其無邪，則有無焉，而未能無無也。	卷69，頁540上	以空解莊
5	〈外物〉：「目徹為明，耳徹為聰，鼻徹為顫，口徹為甘，心徹為知，知徹為德。凡道不欲壅，壅則哽。」	凡動物有知者，皆恃息而生，其六根壅閼而氣息弱者，由欲惡之孽所致，非天之罪也。	卷89，頁677下	

表二：宋・劉辰翁《莊子南華真經點校》

編序	《莊子》原文	劉書註文	頁碼	備註
1	〈逍遙遊〉篇旨。	將求物外之大者，無如海與鵬，而海又不如以鼓動言之，故托之風，其第一義使人知是寓言，且識所以遊者。	頁8	
2	〈逍遙遊〉：「列子御風而行。」	雖列子御風至矣！猶未得為逍遙也，如佛說空空亦未是，直至都無所待，而後謂之遊。	頁15-16	以空解莊
3	〈齊物論〉：「有始也者，有未始有始也者，有未始有夫未始有始也者。」	佛說無法無覺，展轉諦空，皆出於此。	頁54-55	以空解莊
4	〈齊物論〉：「罔兩問景曰：『曩子行，今子止；曩子坐，今子起。何其無特操與？』景曰：『吾有待而然者邪？吾所待，又有待而然者邪？吾待蛇蚹蜩翼邪？惡識所以然！惡識所以不然！』」	寓又寓者也，意奇文奇事又奇，待有所待甚精，相待之無窮，而實者皆無所待，則俱空矣！蛇蚹、蟬翼、影，喻罔兩也，微乎微者也，吾更彼汝邪！	頁71-72	以空解莊
5	〈德充符〉：「故德有所長，而形有所忘。人不忘其所忘，而忘其所不忘，此所謂誠忘。故聖人有所遊，而知為孽，約為膠，德為接，工為商。聖人不謀，惡用知？不斲，惡用膠？無喪，惡用德？不貨，惡用商？四者，天鬻也。天鬻者，天食也。既受食於天，又惡用人！」	人固離之，我固德之，以我接彼，何其勞也。用其所長不能使人無求於我者，商之謂也。佛說空諸所有、空空亦空類此。不求售於天曰天鬻，天鬻猶不切，至天食則實受用者著矣，譬之靈龜，其必有所食矣！	頁138	以空解莊

編序	《莊子》原文	劉書註文	頁碼	備註
6	〈大宗師〉:「古之真人,不知說生,不知惡死;其出不訢,其入不距;翛然而往,翛然而來而已矣。不忘其所始,不求其所終;受而喜之,忘而復之,是之謂不以心捐道,不以人助天,是之謂真人。」	不求其所終,正是不究竟更快活,佛之徒欲究竟甚苦,乃莊子之所深悲,以為不終天年也。	頁144-145	
7	〈駢拇〉:「屬其性乎五聲,雖通如師曠,非吾所謂聰也;屬其性乎五色,雖通如離朱,非吾所謂明也。吾所謂臧者,非所謂仁義之謂也,臧於其德而已矣;吾所謂臧者,非所謂仁義之謂也,任其性命之情而已矣;吾所謂聰者,非謂其聞彼也,自聞而已矣;吾所謂明者,非謂其見彼也,自見而已矣。」	頓後無許多事,林亦何嘗知禪林本色哉?其言修煉亦然。	頁194	以禪解莊
8	〈達生〉:「達生之情者,不務生之所無,以為達命之情者,不務知之所無,奈何?」	雅言要道盡此矣!復有丹經佛髓所不欲聞矣!	頁342	
9	〈達生〉:「忘足履之適也;忘要帶之適也;知忘是非,心之適也;不內變,不外從,事會之適也;始乎適而未嘗不適者,忘適之適也。」	心比二物,猶佛言六賊,以心為累也,忘適之適語嫩而精。	頁358-359	
10	〈山木〉:「向也不怒而今也怒」一段。	一樣《金剛經》,有拍誦者,川老解經,猶是誦,林竹溪只是拍。	頁369	

編序	《莊子》原文	劉書註文	頁碼	備註
11	〈則陽〉：「夫師天而不得師天，與物皆殉，其以為事也若之何？夫聖人未始有天，未始有人，未始有始，未始有物，與世偕行而不替，所行之備而不洫，其合之也若之何？」	師天而不得師天，不成語，與物皆殉最是，道猶釋氏所謂空空亦空，此諸法皆盡，兩若之何，上若之何言天，下面言以為事者，乃與之合，又若何，此喚醒語也。	頁485	以空解莊

表三：明‧程以寧《南華真經注疏》

編序	《莊子》原文	程書註文	頁碼	備註
1	〈齊物論〉：「為是不用而寓諸庸，此之謂以明。」	達磨祖師云：「有人問我西來意，水在長江月在天」，即以明之旨也。	頁45	以禪解莊
2	〈應帝王〉：「壺子曰：『鄉吾示之以未始出吾宗。』」	宗，即禪家之本性。	頁159	以禪解莊
3	〈駢拇〉：「夫適人之適而不自適其適，雖盜蹠與伯夷，是同為淫僻也。」	禪家狂犬逐塊，幻花又生幻果，即是這箇。	頁174	以禪解莊
4	〈讓王〉：「魏牟，萬乘之公子也，其隱巖穴也，難為於布衣之士；雖未至乎道，可謂有其意矣！」	一念不起，萬緣皆空，而後真性始存。牟以公子學道，視韋布之士，薰習猶深，故勝之愈難，所謂身雖隱而心不隱也。	頁661	以空解莊
5	〈天下〉：「建之以常無有，主之以太一，以濡弱謙下為表，以空虛不毀萬物為實。」	物各歸根，體自空虛，毀壞萬物則斷滅頑空矣！故不壞世相而成實相，實即真空不空，謂實相。	頁756	以空解莊

編序	《莊子》原文	羅書註文	卷次、頁碼	備註
1	〈人間世〉：「瞻彼闋者，虛室生白，吉祥止止。」	室猶人身之有心也，虛室無蔽礙，則自然生白而百祥萃止，……陰陽者，流飛九星而以中宮得白為吉祥，亦取其虛空無礙也。	卷5，頁144	以空解莊
2	〈應帝王〉：「無為名尸，無為謀府；無為事任，無為知主。體盡無窮，而游無朕；盡其所受乎天，而無見得，亦虛而已！至人之用心若鏡，不將不迎，應而不藏，故能勝物而不傷。」	如鏡空，明物之來者未嘗迎之，去者未嘗送之，但應物而不為物所傷。	卷8，頁261	以空解莊
3	〈徐無鬼〉：「頡滑有實，古今不代，而不可以虧，則可不謂有大揚搉乎？」	（揚搉）二字想是當時俗語，今禪家升座說法亦然。	卷23，頁609	以禪解莊

表五：明 · 焦竑《莊子翼》

編序	《莊子》原文	焦書註文	卷次、頁碼	備註
1	〈齊物論〉：「孰知不言之辯，不道之道？若有能知，此之謂天府。注焉而不滿，酌焉而不竭，而不知其所由來，此之謂葆光。」	世知不知之為至，不知知而不知為尤至，所謂不言之辯，不道之道是也。此則有即無，色即空，豈非注而不滿，酌而不竭，不知其所由來之天府乎？葆光即知而不知之謂。	卷1，頁96	以空解莊

編序	《莊子》原文	焦書註文	卷次、頁碼	備註
2	〈養生主〉:「指窮於為薪,火傳也,不知其盡也。」	佛典有解此者,曰火之傳於薪,猶神之傳於形;火之傳異薪,猶神之傳異形。前薪非後薪,則知指窮之術妙;前形非後形,則悟情數之感深。	卷1,頁127	
3	〈大宗師〉:「古之真人,其寢不夢,其覺無憂,……翛然而往,翛然而來而已矣!不忘其所始,不求其所終;受而喜之,忘而復之,是之謂不以心捐道,不以人助天。」	人助天者,即老子狹其所居,厭其所生,求益于有生之外者也。而真人不然,則知怖死生、求出離,猶為第二義也。	卷2,頁203-204	
4	〈知北遊〉中「知北遊與無為」之對話。	無為謂之真是也,以其不言也,……淨名經諸菩薩共論不二法門,淨名獨默然無言,意以無言為至矣!乃舍利弗默然,天女不之許也,曰解脱者,不內不外,不在兩間,語言文字亦不內不外,不在兩間,是故無離言語文字,説解脱相也。	卷5,頁600	
5	〈徐無鬼〉:「以目視目,以耳聽耳,以心復心。若然者,其平也繩,其變也循。」	心與耳目並言,即釋典以意與眼、耳、鼻、舌、身為六根同意。	卷6,頁704	
6	〈列禦寇〉:「賊莫大乎德有心而心有睫,及其有睫也而內視,內視而敗矣。」	釋氏所説五種眼,唯天眼、肉眼在面,慧、法、佛眼在心。	卷8,頁876	

編序	《莊子》原文	憨山書註文	卷次、頁碼	備註
1	〈逍遙遊〉全篇	逍遙者，廣大自在之意，即如佛經無礙解脫。佛以斷盡煩惱為解脫，莊子以超脫形骸，泯絕知巧，不以生人一身功名為累為解脫。	卷1，頁154-155	
2	〈齊物論〉全篇	篇中立言以忘我為第一，若不執我見我是，必須了悟自己本有之真宰，脫卻肉質之假我，則自然渾融於大道之鄉。	卷2，頁190	
3	〈齊物論〉：「夫吹萬不同，而使其自已也。咸其自取，怒者其誰邪？」	只在自取怒者其誰一語，此便是禪門參究之功夫，必如此看破，方得此老之真實學問處。	卷2，頁199	以禪解莊
4	〈齊物論〉：「百骸、九竅、六藏，賅而存焉，吾誰與為親？」	若以一件為親，則餘者皆不屬我矣！若件件都親，則有多我，畢竟其中誰為我者？此即佛說小乘析色明空觀法。又即《圓覺經》云：「四大各離，今者妄身當在何處？」此破我執第一觀也。	卷2，頁207	以空解莊
5	〈齊物論〉：「方生方死，方死方生。」	言對待是非，比之生死一般，生而死，死而生。生死循環，無有了期。若將死字作滅字看亦妙。	卷2，頁219	
6	〈齊物論〉：「道之所以虧，愛之所以成。」	直說到此處，方透出一箇愛字為我執之本。	卷2，頁231	
7	〈齊物論〉：「萬物盡然，而以是相蘊。」	言萬物本來道通為一，……但眾人只以一是字蘊成我見，故有生死是非之辯耳。	卷2，頁258	

編序	《莊子》原文	憨山書註文	卷次、頁碼	備註
8	〈齊物論〉：「麗之姬，艾封人也。晉國之始得之也，涕泣沾襟，及其至於王所，與王同筐床，食芻豢，而後悔其泣也。予惡乎知死者不悔其始之蘄生乎？」	故以死為樂，亦非佛之寂滅之樂。以佛證之，正是人中修離欲行，得離欲界生死之苦，而生初禪。禪天之樂，亦非世間人以死為樂也。觀者須善知其義。	卷2，頁259	以禪解莊
9	〈齊物論〉：「萬世之後，而一遇大聖知其解者，是旦暮遇之也。」	意此老胸中早知有佛，後來必定印證其言。	卷2，頁261	
10	〈齊物〉：「罔兩問影」	意謂世人學道，做忘我工夫，必先觀此身如影，如蛇蚹蜩翼，則我執自破矣！	卷2，頁273	
11	〈齊物論〉總結	然忘我工夫，先觀人世如夢，……若觀音聲如響，則言語相空，如此則言自忘矣！言雖忘，而未能忘我，則觀自己如影外之影，觀血肉之軀如蛇蚹蜩翼，此則頓忘我相，不必似前分析也。蓋前百骸九竅，一一而觀，乃初心觀法，如內教小乘之析色明空觀，今即觀身如影之不實，如蛇蚹之假借，乃即色明空，更不假費工夫也。	卷2，頁276-277	以空解莊
12	〈德充符〉：「魯有兀者王駘，……勇士一人，雄入於九軍，將求名而能自要者，而猶若是，而況官天地，府萬物，直寓六骸，象耳目，一知之所知，而心未嘗死者乎？彼且擇日而登假，人則從是也，彼且何肯以物為事乎？」	蓋忘形骸，一心知，即佛說破分別我障也。能破分別我障，則成阿羅漢果，即得神通變化，……此寓六骸，象耳目，一知之所知，即佛說假觀，乃即世間出生死之妙訣，正予所謂修離欲禪也。	卷3，頁346-347	以禪解莊

編序	《莊子》原文	憨山書註文	卷次、頁碼	備註
13	〈大宗師〉全篇總結	上言了無生死，乃造道之極，要在頓悟。	卷4，頁424	以禪解莊
14	〈應帝王〉全篇總結	但以佛法中人天止觀而參證之，所謂天乘止觀。即《宗鏡》亦云老莊所宗自然清淨無為之道，即初禪天通明禪也。	卷4，頁452	以禪解莊

表七：明・陶望齡《解莊》

編序	《莊子》原文	陶書註文	卷次、頁碼	備註
1	〈養生主〉：「老聃死，秦失弔之，三號而出。」	如《楞嚴》波斯匿王，不妨淺釋，何必更求之，會生超生之表，本文不知其盡曉世俗斷滅之惑耳。	卷2，頁57	
2	〈天運〉：「目知窮乎所欲見，力屈乎所欲逐，吾既不及已夫！形充空虛，乃至委蛇。」	形充空虛是悟境全放下，故契此。	卷5，頁229	
3	〈知北遊〉：「仲尼曰：『有先天地生者物邪？物物者非物。物出不得先物也，猶其有物也。猶其有物也，無已。』」	宗門多提父母未生前一著，而曹山四禁曰：「切忌未生前。」正此義也。	卷8，頁366	
4	〈庚桑楚〉：「老子曰：『衛生之經，能抱一乎？能勿失乎？』」	老子所謂衛生之經者，不過放下而已。然先教之以抱一勿失者，又放下之方便法也。	卷8，頁378	

編序	《莊子》原文	袁書註文	卷次、頁碼	備註
1	〈逍遙遊〉全篇	娑婆世界，非其一骨節之虛空處邪？……天地以成住壞空為劫，……聖人知一己之情量，……於眾生相，無彼我見。	卷23，頁795-796	以空解莊
2	〈齊物論〉全篇	趣寂滅，樂悲捨，贊歎戒律，呵斥貪嗔，釋氏之是非也。……嗚呼，是非之衡，衡於六根，六根所常，執為道理，諸儒墨賢聖，詰其立論，皆准諸此。……雖萬釋迦，何處著腳哉？	卷23，頁798-799	
3	〈養生主〉全篇	虛無以葆性，性之寂滅者生，而性之動盪周流，朋從往來者死矣。……古之善養生者，有三家：釋曰無生，儒曰立命，道曰外其身而身存。	卷23，頁801	
4	〈人間世〉全篇	天下之患，莫大於見長於人，……我之伏於諸根者也；道理，我之伏於見聞者也；知解見覺，我之伏於識種者也；……迦文無我故能因人天三乘，菩薩諸根。	卷23，頁805	
5	〈德充符〉全篇	死者七竅具在，何以都無知識？空俄而有氣，氣俄而有根，根俄而有識。根者諸濕之偶聚，如濕熱之蒸而成菌也；識者六緣之虛影，如芭蕉之卷而成心也。蕉落心空，緣去識亡；熱謝菌枯，濕盡形壞。向非覺明真常，客於其中，一具白骨，立見僵仆，辟則無柱之宇，無根之樹，其能一日立於天地間哉？	卷23，頁807	以空解莊

編序	《莊子》原文	袁書註文	卷次、頁碼	備註
6	〈大宗師〉全篇	道若可得，是法非道；道若不可得，是空非道。……夫惟聖人，即生無生，即生故不捨生，無生故不趨生。……尚無生死可了，又焉有生死可趨避哉？	卷23，頁811	以空解莊

表九：明・袁中道《導莊》

編序	《莊子》原文	袁書註文	卷次、頁碼	備註
1	〈逍遙遊〉全篇	人生三界之內，百苦交煎，號為熱海，……其形四倍大於須彌者乎？語之以僊且不信，況僊之上又有無量無邊之神通變化者乎？	卷21，頁2027-2031	
2	〈齊物論〉全篇	人之生也，都緣妄識妄有分別，鼓動妄氣，展轉喉間，逼而聲，乃有妄言等一妄耳。……如華嚴以一念頃三世畢現，過去未來諸佛悉詣道場。……如華嚴佛轉法輪於一眾生身內，而眾生現有為於諸佛身內，則人我齊矣！	卷21，頁2033-2035	
3	〈人間世〉全篇	蓋心之所以不齋者，以有一回在。既有一回在，便有許多道理作主，積美於身，名根不破，與世多事，自不擺脫。若無回，則將平日強出頭硬作主者，逼時拋卻，更無係著，遊戲世間。	卷21，頁2049	
4	〈德充符〉全篇	故學道者，若不厭離色身，生非我想，認取相緣，流浪苦海，終無出頭之日。	卷21，頁2056	

編序	《莊子》原文	袁書註文	卷次、頁碼	備註
5	〈大宗師〉全篇	善生以善死,固譚因果之鼻祖也。吾謂世間學者亦不必論生死之有無也,但當為善耳。善生善死、善夭善終,亦是透脫之津梁矣!……無眾生相矣!俄而外物,無人相矣!俄而外生,無我相矣!	卷21,頁2063-2065	
6	〈應帝王〉全篇	昔有學道者,一鬼尋之七日不見。有大乘菩薩在室,則天人送供不至。蓋修行之士,被鬼神覷破者淺,被鬼神覷不破者深。	卷21,頁2072	

表十:明・李騰芳《說莊》

編序	《莊子》原文	李書註文	卷次、頁碼	備註
1	〈齊物論〉:「喜怒哀樂,……日夜相代乎前,而莫知其所萌。……若有真宰,而特不得其眹。」	不識真宰之我,而但以喜怒哀樂之心為我,則父母未生之前,此我何在?此喜怒哀樂何在?四大各離之後,此我何在?此喜怒哀樂何在?然則我之所執以為我者,其妄明矣!	卷1,頁62	以禪解莊
2	〈齊物論〉:「罔兩問影」一段。	嚴陽尊者問趙州:「一物不將來,如何?」州曰:「放下著。」嚴云:「一物不將來,放下箇甚麼?」州曰:「恁麼則擔取去。」尊者言下大悟。讀此則知是非夢覺,放下擔取,一齊都休,那裡又有待與不待。	卷1,頁73	以禪解莊
3	〈齊物論〉:「故有儒墨之是非,以是其所非而非其所是。」	禪家以惺惺寂寂為樂,以昏住惑亂為病,所以直下明取自心。	卷1,頁90	以禪解莊

編序	《莊子》原文	李書註文	卷次、頁碼	備註
4	〈大宗師〉：「眾人之息以喉。」	眾人情溢氣浮，……至於喘言若哇，心無所見，容易屈服，狀若哇嘔。禪家所謂蝦蟆禪，只跳得一跳是也。	卷3，頁243	
5	〈大宗師〉：「夫藏舟於壑，藏山於澤，謂之固矣！然而夜半有力者負之而走，昧者不知也。」	世間未有一法，不被無常吞卻，……然詳莊子本意，卻說不住之法，念念恆新，物物各住，……智者則了性空無知，念念無生，謂之不遷。	卷3，頁261	以空解莊
6	〈大宗師〉：「偉哉造化！又將奚以汝為，將奚以汝適？以汝為鼠肝乎？以汝為蟲臂乎？」	或問為雞，為馬，為鼠，為蟲，則墮三途惡道矣，此而可為乎？曰：「黃檗有云：『凡人臨命終時，但觀五蘊皆空，四大無我，真心無相，不去不來，湛然圓寂，心鏡一如，……但自忘心，同於法界，便得自在，不為三世所拘繫矣！』」	卷3，頁271-272	以空解莊

表十一：明・譚元春《莊子南華真經評》

編序	《莊子》原文	譚書註文	卷次、頁碼	備註
1	〈齊物論〉全篇	昔有悟《法華》者，因無所住而生其心一句，遂爾大悟。	卷1，頁60	
2	〈德充符〉全篇	內保而外不蕩，成和之修，物不能離，如養丹蓄火，養蘭禁風，令胸中平平焉，……此與《楞嚴》月光童子入定化水何異？	卷1，頁99	
3	〈繕性〉全篇	莊子所謂俗學俗思，猶禪家大乘之於聲聞、辟支也。二乘去佛不遠，苦修實鍊，惟廣大不如佛，呵之與六群生無別。	卷2，頁239	以禪解莊

編序	《莊子》原文	譚書註文	卷次、頁碼	備註
4	〈知北遊〉全篇	此《南華》參也。……參之門，茫茫無際，的的有歸，如禪家宗風，所謂過崑崙，遊太虛，吾神明所棲托之鄉也。	卷3，頁339	以禪解莊

表十二：清・周拱辰《南華真經影史》

編序	《莊子》原文	周書註文	卷次、頁碼	備註
1	〈逍遙遊〉：「且夫水之積也不厚，則負大舟也無力。」	禪者云：「如風箏內外，無非是風，所以運得風箏起。若風只在風箏裡，如何運得風箏起？旨哉言乎！」	卷1，頁42	以禪解莊
2	〈齊物論〉：「道之所以虧，愛之所以成，……有成與虧，故昭氏之鼓琴也；無成與虧，故昭氏之不鼓琴也。」	《楞嚴經》云：「琴瑟箜篌，若無妙指，安發妙音。」吾謂琴遇妙音，妙音愈壞，蓋前籤非後籤，……故知欲覓妙義，去妙玄而可矣！欲覓妙音，去妙指而可矣！無成何虧，斯固因是之微言也。	卷2，頁95	
3	〈齊物論〉：「吾待蛇蚹蜩翼邪，惡識所以然？惡識所以不然？」	子一不真，蚹翼亦一不真，等歸幻質空塵，無有真實。	卷2，頁116	以空解莊
4	〈至樂〉：「子欲聞死之說乎？莊子曰：『然！』髑髏曰：『死，無君於上，無臣於下，亦無四時之事從，然以天地為春秋，雖南面王樂不能過也。』」	釋典云：「人身難得，鬼壽不堅。」	卷9，頁325	

編序	《莊子》原文	周書註文	卷次、頁碼	備註
5	總論〈至樂〉	蓋情識既枯，則我忘，昔仲興禪師一日持鍬子於法堂上，空中作掘勢。霜曰：「作麼生？」曰：「覓先師靈骨。」噫！金剛髑髏向虛空裡葬卻，若有人拾得活身活人真消息，便許觀面相逢，《南華》至樂，一口吞盡矣！	卷9，頁337	以禪解莊

表十三：清・嚴復《莊子評點》

編序	《莊子》原文	嚴書註文	頁碼	備註
1	「內篇」總評	〈逍遙遊〉云者，猶佛言無所住也，必得此而後聞道之基以立。	頁477	
2	評〈逍遙遊〉	即佛氏無所住而生其心之義，佛所謂無所住者，莊所謂逍遙遊也。	頁478	
3	評〈在宥〉	此乃楊朱為我三摩地正法眼藏。	頁499	
4	評〈天地〉	一家之術，如神農氏之並耕，釋氏之忍辱，耶穌之信天，皆其說至高，而為人類所不可用，所謂識其一而不知其二者也。	頁500	
5	評〈秋水〉	故者，即佛住而生心之謂。	頁503	

表十四：馬一浮《莊子箋》

編序	《莊子》原文	馬書註文	頁碼	備註
1	〈齊物論〉：「然則生生者誰哉？塊然而自生耳。自生耳，非我生也。」	自生之説實墮無因論過。	頁825	
2	〈齊物論〉：「咸其自取，怒者其誰邪！」	此言風無自性，物遇之而成聲，非有使之不同者，咸其自取而已。以喻萬物從緣差別之相，悉由心生，法本不異。	頁825	以空解莊
3	〈齊物論〉：「未成乎心而有是非，是今日適越而昔至也。」	妄想銷盡，則是非兩亡，能所俱絕矣。	頁825	
4	〈齊物論〉：「是以無有為有。無有為有，雖有神禹，且不能知，吾獨且奈何哉！」	龐道玄云：「但當空諸所有，慎無實諸所無。」不了諸法實相，妄生是非，是以無有為有，諸佛出世，亦不奈何。	頁825-826	以空解莊
5	〈齊物論〉：「因是已。已而不知其然，謂之道。勞神明為一而不知其同也，謂之朝三。……是以聖人和之以是非而休乎天鈞，是之謂兩行。」	道為真諦，朝三為俗諦，天鈞為第一義諦。兩行者，真俗無礙也。	頁826	
6	〈齊物論〉：「古之人，其知有所至矣。惡乎至？有以為未始有物者，至矣，盡矣，不可以加矣。其次以為有物矣，而未始有封也。」	未始有物，謂諸法性空，性空故無物可得。有物未始有封，謂緣起不無，等同一味，故未始有封。	頁826	以空解莊
7	〈齊物論〉：「是非之彰也，道之所以虧也。道之所以虧，愛之所以成。」	永嘉云：「損法財，滅功德，莫不由斯心意識。」	頁827	

編序	《莊子》原文	馬書註文	頁碼	備註
8	〈齊物論〉：「果且有成與虧乎哉？果且無成與虧乎哉？」	道本寂，不可為成虧，可虧非道也。	頁827	
9	〈齊物論〉：「且吾嘗試問乎女：民溼寢則腰疾偏死，鰍然乎哉？木處則惴慄恂懼，猿猴然乎哉？三者孰知正處？」	此言覺觸、苦樂無定相，各以其習。	頁828	
10	〈齊物論〉：「民食芻豢，麋鹿食薦，蝍且甘帶，鴟鴉嗜鼠，四者孰知正味？」	此明舌根取味塵無定相。	頁828	
11	〈齊物論〉：「毛嬙、麗姬，人之所美也，魚見之深入，鳥見之高飛，麋鹿見之決驟。四者孰知天下之正色哉？」	此明眼根取色塵無定相。	頁828	
12	〈齊物論〉：「自我觀之，仁義之端，是非之塗，樊然淆亂，吾惡能知其辯！」	以明仁義是非總為法塵，由於意識所行名言境界而起分別，豈有定法可說哉？	頁828	
13	〈齊物論〉：「王倪曰：『至人神矣！大澤焚而不能熱，河漢冱而不能寒，……而況利害之端乎？』」	王倪言至人知見盡，自不為三界所攝，豈復更有利害之相也。	頁829	

附錄四
歷代「以佛解老」著作一覽表

編序	作者	生卒年	書名	卷數	見載	備註
1	南齊・顧歡	420-483	《道德經注疏》	6	嚴靈峰主編：《無求備齋老子集成初編》第4冊	偽託存
2	唐・成玄英 著，嚴靈峰 輯校	約601-690	《道德經開題序訣義疏》	1	嚴靈峰主編：《無求備齋老子集成初編》第3冊	存
3	唐・李榮 著，嚴靈峰 輯校	生卒不詳	《老子注》	2	嚴靈峰主編：《無求備齋老子集成初編》第3冊	存
4	唐・喬諷	生卒不詳	《道德經疏義節解》	4	嚴靈峰主編：《無求備齋老子集成初編》第4冊	存
5	唐・杜光庭	850-933	《道德真經廣聖義》	50	《續修四庫全書》第1290冊	存
6	宋・蘇轍	1039-1112	《老子解》	4	嚴靈峰主編：《無求備齋老子集成初編》第5冊	存
7	宋・趙秉文	1159-1232	《道德真經集解》	4	嚴靈峰主編：《無求備齋老子集成初編》第6冊	存
8	宋・李嘉謀	?-1258	《元始説先天道德經》	4	嚴靈峰主編：《無求備齋老子集成初編》第6冊	存

編序	作者	生卒年	書名	卷數	見載	備註
9	宋・林希逸	1193-？	《老子鬳齋口義》	2	嚴靈峰主編：《無求備齋老子集成初編》第6冊	存
10	宋・葛長庚	1194-1289	《道德寶章》	1	嚴靈峰主編：《無求備齋老子集成初編》第5冊	存
11	宋・邵若愚	生卒不詳	《道德真經直解》	4	陸國強等編：《道藏》第12冊	存
12	元・陳致虛	生卒不詳	《道德經轉語》	2	嚴靈峰主編：《無求備齋老子集成初編》第7冊	存
13	元・德異	1232-1308	《老子解》		嚴靈峰輯校：《老子宋注叢殘》	存
14	元・張嗣成	？-1344	《道德真經章句訓頌》	2	嚴靈峰主編：《無求備齋老子集成初編》第7冊	存
15	元・李道純	生卒不詳	《道德會元》	1	四庫全書存目叢書編纂委員會編：《四庫全書存目叢書》子部第259冊	存
16	明・如一校	生卒不詳	《老子鬳齋口義》		嚴靈峰主編：《無求備齋老子集成初編》第6冊	存
17	明・陸西星	1520-1606	《老子道德經玄覽》	2	嚴靈峰主編：《無求備齋老子集成初編》第10冊	存
18	明・徐學謨	1522-1593	《老子解》	2	嚴靈峰主編：《無求備齋老子集成初編》第12冊	存
19	明・焦竑	1540-1620	《老子翼》	3	嚴靈峰主編：《無求備齋老子集成初編》第11冊	存
20	明・憨山	1546-1623	《老子道德經解》	2	嚴靈峰主編：《無求備齋老子集成初編》第9冊	存

編序	作者	生卒年	書名	卷數	見載	備註
21	明・蔣融庵	生卒不詳	《道德真經頌》	1	嚴靈峰主編：《無求備齋老子集成初編》第8冊	存
22	明・陶望齡	1562-1609	《解老》	2	嚴靈峰主編：《無求備齋老子集成初編》第14冊	存
23	日本・林道春	1583-1657	《批點老子廬齋口義》	2	嚴靈峰主編：《無求備齋老子集成初編》第7冊	存
24	明・董懋策	生卒不詳	《老子翼評點》	1	嚴靈峰主編：《無求備齋老子集成初編》第14冊	存
25	明・洪應紹	生卒不詳	《道德經測》	2	嚴靈峰主編：《無求備齋老子集成初編》第15冊	存
26	明・潘基慶	生卒不詳	《道德經集註》	2	嚴靈峰主編：《無求備齋老子集成初編》第15冊	存
27	明・程以寧	生卒不詳	《太上道德寶章翼》	2	嚴靈峰主編：《無求備齋老子集成初編》第16冊	存
28	清・顧如華、孫承澤	生卒不詳、1592-1676	《道德經參補註釋》	2	嚴靈峰主編：《無求備齋老子集成續編》第1冊	存
29	清・牟目源訂	生卒不詳	《呂岩道德經釋義》	2	嚴靈峰主編：《無求備齋老子集成初編》第17冊	存
30	清・鄧晅	生卒不詳	《道德經輯註》	2	嚴靈峰主編：《無求備齋老子集成續編》第6冊	存
31	清・德園子	生卒不詳	《道德經證》	2	嚴靈峰主編：《無求備齋老子集成續編》第8冊	存
32	清末民初・楊文會	1837-1911	《道德經發隱》	1	嚴靈峰主編：《無求備齋老子集成續編》第9冊	存

編序	作者	生卒年	書名	卷數	見載	備註
33	清末民初・嚴復	1854-1921	《老子道德經評點》	1	嚴靈峰主編：《無求備齋老子集成續編》第9冊	存
34	清末民初・葉德輝輯	1864-1927	《葉夢得老子解》	2	嚴靈峰主編：《無求備齋老子集成初編》第5冊	存
35	清末民初・張純一	1871-？	《老子通釋》	1	嚴靈峰主編：《無求備齋老子集成續編》第17冊	存
36	清末民初・丁福保	1874-1952	《老子道德經箋注》	1	嚴靈峰主編：《無求備齋老子集成續編》第13冊	存
37	民國・馬一浮	1883-1967	《老子注》	1	《馬一浮集》第1冊	存
38	民國・劉咸炘	1896-1932	《子二鈔》	1	嚴靈峰主編：《無求備齋老子集成續編》第14冊	存

語言文學類　PG2279　文學視界105

以佛解莊
——以《莊子》註為線索之考察

作　　者／邱敏捷
責任編輯／鄭夏華
圖文排版／莊皓云
封面設計／王嵩賀

發 行 人／宋政坤
法律顧問／毛國樑　律師
出版發行／秀威資訊科技股份有限公司
　　　　　114台北市內湖區瑞光路76巷65號1樓
　　　　　電話：+886-2-2796-3638　傳真：+886-2-2796-1377
　　　　　http://www.showwe.com.tw
劃撥帳號／19563868　戶名：秀威資訊科技股份有限公司
　　　　　讀者服務信箱：service@showwe.com.tw
展售門市／國家書店（松江門市）
　　　　　104台北市中山區松江路209號1樓
　　　　　電話：+886-2-2518-0207　傳真：+886-2-2518-0778
網路訂購／秀威網路書店：https://store.showwe.tw
　　　　　國家網路書店：https://www.govbooks.com.tw

2019年8月　BOD一版
定價：520元
版權所有　翻印必究
本書如有缺頁、破損或裝訂錯誤，請寄回更換

國家圖書館出版品預行編目

以佛解莊：以<<莊子>>註為線索之考察 / 邱敏捷
著. -- 一版. -- 臺北市：秀威資訊科技，
2019.08
　　面；　公分. -- (哲學宗教類；PG2279) (文
學視界；105)
BOD版
ISBN 978-986-326-718-8(平裝)

1. 莊子　2. 研究考訂

121.337　　　　　　　　　　　　108011534

讀 者 回 函 卡

感謝您購買本書，為提升服務品質，請填妥以下資料，將讀者回函卡直接寄
回或傳真本公司，收到您的寶貴意見後，我們會收藏記錄及檢討，謝謝！
如您需要了解本公司最新出版書目、購書優惠或企劃活動，歡迎您上網查詢
或下載相關資料：http:// www.showwe.com.tw

您購買的書名：＿＿＿＿＿＿＿＿＿＿＿＿＿＿＿＿＿＿＿＿＿＿＿

出生日期：＿＿＿＿＿年＿＿＿＿＿月＿＿＿＿＿日

學歷：□高中 (含) 以下　　□大專　　□研究所 (含) 以上

職業：□製造業　□金融業　□資訊業　□軍警　□傳播業　□自由業
　　　□服務業　□公務員　□教職　　□學生　□家管　　□其它＿＿＿

購書地點：□網路書店　□實體書店　□書展　□郵購　□贈閱　□其他

您從何得知本書的消息？

　　□網路書店　□實體書店　□網路搜尋　□電子報　□書訊　□雜誌
　　□傳播媒體　□親友推薦　□網站推薦　□部落格　□其他＿＿＿＿＿

您對本書的評價：(請填代號　1.非常滿意　2.滿意　3.尚可　4.再改進)

　　封面設計＿＿＿　版面編排＿＿＿　內容＿＿＿　文／譯筆＿＿＿　價格＿＿＿

讀完書後您覺得：

　　□很有收穫　□有收穫　□收穫不多　□沒收穫

對我們的建議：＿＿＿＿＿＿＿＿＿＿＿＿＿＿＿＿＿＿＿＿＿＿＿

＿＿＿＿＿＿＿＿＿＿＿＿＿＿＿＿＿＿＿＿＿＿＿＿＿＿＿＿＿＿＿＿

＿＿＿＿＿＿＿＿＿＿＿＿＿＿＿＿＿＿＿＿＿＿＿＿＿＿＿＿＿＿＿＿

＿＿＿＿＿＿＿＿＿＿＿＿＿＿＿＿＿＿＿＿＿＿＿＿＿＿＿＿＿＿＿＿

11466

台北市內湖區瑞光路 76 巷 65 號 1 樓

秀威資訊科技股份有限公司　　　收

BOD 數位出版事業部

....

（請沿線對折寄回，謝謝！）

姓　　名：_____　　年齡：_____　　性別：□女　□男

郵遞區號：□□□□□

地　　址：_____

聯絡電話：(日)_____ (夜)_____

E-mail：_____